Udo Scheer

Vision und Wirklichkeit

Die Opposition in Jena in den
siebziger und achtziger Jahren

Ch. Links Verlag, Berlin

Die Erarbeitung des Manuskriptes erfolgte mit finanzieller Unterstützung durch die Stiftung zur Aufarbeitung der SED-Diktatur und durch die Friedrich-Schiller-Universität Jena.
Gedruckt mit Unterstützung des Landesbeauftragten des Freistaates Thüringen für die Unterlagen des Staatssicherheitsdienstes der ehemaligen DDR.

Die Deutsche Bibliothek – CIP-Einheitsaufnahme

Scheer, Udo:
Vision und Wirklichkeit : Die Opposition in Jena in den siebziger und achtziger Jahren / Udo Scheer. – 1. Aufl. – Berlin : Links, 1999
ISBN 3-86153-186-0

1. Auflage, April 1999
© Christoph Links Verlag – LinksDruck GmbH
Zehdenicker Straße 1, 10119 Berlin, Tel. (030) 44 02 32-0
Internet: www.linksverlag.de
Umschlaggestaltung: KahaneDesign, Berlin
unter Verwendung eines Fotos von Bernd Albrecht
Lektorat: Christian Härtel
Satz: SATZFABRIK 1035, Berlin
Schrift: Times
Druck und Bindung: WB-Druck, Rieden am Forggensee
ISBN 3-86153-186-0

Inhalt

Einleitung

Mißbrauchte Macht vermag alles: Sie kann verhaften, sie kann Informationen zensieren, Statistiken frisieren, Potemkinsche Dörfer errichten. Sie kann aber niemals verhindern, daß jeder Bürger seine eigenen Erfahrungen macht und seine eigenen Anschauungen hat.
(Pavel Kohout, 3. September 1968)

»Wem schreibst du da? Warum steckst du dich da rein? Hat der nicht selber Verstand? Du verdirbst dir nur den Kopf. Du hast Frau und Kind, und das braucht dich. Was braucht der dich? Geh mir weg! Das war doch alles schon mal so. Da hat die SS gewütet und hat die Schuldigen und die Unschuldigen eingesteckt. Dir wird das auch noch so gehen. Das lohnt sich nicht. Laß den, und verdirb dir nicht deinen Kopf.«

Das waren besorgte Worte einer älteren Dame, meiner Schwiegermutter, unter deren Dach wir lebten, als ich im Frühjahr 1977 gerade einen Brief an Lutz Rathenow verklebte – gegen Mitleser. Sie war eine einfache Frau. Sie wollte nichts wissen von jenem Selbstverständnis: Es ist das Vorrecht jeder Jugend, die von der Vätergeneration geschaffene Ordnung auf Tauglichkeit für die eigenen Zukunftsvisionen zu prüfen.

Wahrscheinlich hatten wir diesen Satz damals in unserem Jenaer Freundes- und Bekanntenkreis noch nicht so ausformuliert. Wir lebten ihn, die einen konsequent, die anderen, darunter ich, vorsichtiger. Denn diesen Anspruch zu leben, bedeutete so ziemlich die größte Verletzung staatstragender Tabus in der DDR. Deshalb war im thüringischen Jena der siebziger und frühen achtziger Jahre auch manches anders als anderswo in der DDR.

In diesem besonderen Biotop sammelte ein kritisches, zunehmend subversives Potential an Studenten, Lehrlingen und jungen Arbeitern sehr früh Erfahrungen, die von exemplarischer Bedeutung für die DDR werden sollten.

Anfang der siebziger Jahre fragten wir uns voller Tatenlust:
– Wie lassen sich gesellschaftliche Reformen herbeiführen, Meinungsmanipulation und zentralistische Strukturen abschaffen?
– Wie trägt man revolutionäre Stimmung ins Land?
– Wie läßt sich mit Gedichten, Liedern, Aphorismen und Erzählungen kritisches Bewußtsein in die »Massen« tragen?

Die Situation wurde ernst. Einer, Matthias Domaschk, der Verbindungen zur Charta 77 hielt, überlebte die Verhöre nicht. Einer, der Schriftsteller Jürgen Fuchs, reflektierte später: »Wo zeigt sich der Staat nackt? Wo wird klar, was gemeint ist hinter Präambeln, Phrasen und gehobenen Worten? In den Gefängnissen, den Irrenhäusern, den Kasernen, den Schulen.«[1]

---

1 Fuchs, Jürgen; Hieke, Gerhard: Dumm Geschult? Ein Schüler und sein Lehrer. Berlin 1992, S. 5.

Um den absoluten Machtanspruch der SED ins Wanken zu bringen, waren die durch die Staatssicherheit in »Operativen Vorgängen« (OV) Bearbeiteten, Verurteilten, Ausgebürgerten oder auch im Land Gebliebenen ein viel zu schwacher Störfaktor. – Jedenfalls auf den ersten Blick.

Einer, der philosophische Kopf Siegfried Reiprich, entwarf als Vergleich das Bild von Resistoren, die die Durchsetzung der Herrschaft behindern, die an empfindlichen Stellen im System Wirbel erzeugen, die sich zu Schwingkreisen koppeln und letztlich das gesamte System zu lähmen vermögen.

Außerordentlich wichtig wurden konspirative, kommunikative Netzwerke von Westberlin über Prag, Warschau ... oder auch direkt zu den Leuten in der unabhängigen Friedensbewegung, zu Bürgerrechtlern in Ostberlin, Jena, Leipzig ... Ausgebürgerte stellten Medienöffentlichkeit her und organisierten so Schutz für Widerständige in der DDR, bewirkten die Freilassung politisch Inhaftierter. Besonders der Journalist Roland Jahn beschleunigte Prozesse, die ab Anfang 1989 von Leipzig ausgehend eine finale Wirkung für die zweite deutsche Diktatur haben sollten.

Widerstand war in Jena und der Region bereits in den ersten Jahren nach dem zweiten Weltkrieg zu verzeichnen: zum einen als massenhafte Fluchtbewegung in die Westsektoren, die einsetzte, nachdem die amerikanische Armee, die Thüringen befreit hatte, das Territorium der sowjetischen Besatzungsmacht überließ, zum anderen durch Aktivitäten von kleinen, die Demokratie einfordernden Gruppen.

Die erste in Jena bekannt gewordene widerständige Gruppierung nach 1945 war die liberale Hochschulgruppe um den Philosophieprofessor Hans Leisegang. Bis 1948 versuchte dieser Kreis, wie bürgerlich liberale Kräfte an nahezu allen Universitäten in der SBZ, den zunehmenden Einfluß der SED-Kader auf die Universität und damit auf die Bildungsinhalte zu begrenzen. Nach mehreren Kampagnen setzten SED-Genossen im Oktober 1948 den Verweis Professor Leisegangs von der philosophischen Fakultät der Jenaer Universität durch, weil der »reaktionäre Teil der Studentenschaft sich um ihn sammle«[2], so die Begründung des thüringischen Ministerpräsidenten Werner Eggerath (SED). Professor Leisegang, der betont hatte, daß »die Universität ... kein Priesterseminar und keine Parteischule sein«[3] dürfe, entzog sich der drohenden Verhaftung durch Flucht nach Westberlin.

Eine neue Qualität der Opposition gegen die SED-Diktatur entwickelte der streng konspirativ arbeitende »Eisenberger Kreis«. Vier Jahre lang, bis 24 Mitglieder im Jahr 1958 verhaftet und zu insgesamt 114 Jahren Zuchthaus verurteilt wurden, kämpfte er mit teilweise spektakulären Aktionen für freie Wahlen und die Vereinigung Deutschlands. Soweit bisher bekannt, handelte

---

2 Böttcher, Hans-Richard: Vergangenheitsklärung an der Friedrich-Schiller-Universität Jena. Leipzig 1994, S. 58.
3 Ebenda.

es sich bei diesem in Eisenberg und Jena wirkenden Kreis um die größte und aktivste Widerstandsgruppe in der DDR der fünfziger Jahre.[4]

Der Widerspruch in den späten sechziger und siebziger Jahre wurde wesentlich von der ersten in der DDR aufgewachsenen Generation getragen, eine Generation, die über früheren politischen Widerstand im Land und die verhängten rigorosen Strafen kaum etwas wußte. Die Weiterführung der Konzentrationslager (KZ) in Bautzen, Buchenwald und Sachsenhausen als »Speziallager« bis 1950 (es gab insgesamt mindestens 122 000 meist willkürlich Internierte, von denen 43 000 an Hunger und Krankheiten starben) war in der DDR ebenso Tabuthema wie die »Aktion Rose« – die Kriminalisierung und Enteignung von Pensions- und Hotelbesitzern an der Ostseeküste. Auf diese Weise sollten Ferienheime für die DDR-Gewerkschaft FDGB requiriert werden. Tabu war die Brutalität der Zwangskollektivierung für »Großbauern« – überwiegend ehemalige Landarbeiter, denen die SED während der Bodenreform 1950 bis zu 100 ha Land zugemessen hatte – ebenso wie die Fakten über die Unrechtsurteile und Justizmorde in 3 385 geheimen Schnellverfahren der Waldheimer Prozesse 1950 oder das politische Versagen der SED-Führung, das im Arbeiteraufstand des 17. Juni 1953 mündete. Später verstand es die SED-Propaganda und -Geschichtsschreibung, ihre totalitäre Herrschaftspraxis der Anfangsjahre weitestgehend zu verdecken. Die Generation unserer Eltern schwieg, auch um sich und uns vor möglichen Konsequenzen zu schützen. Zusätzlich begünstigte der »Kalte Krieg« die Ideologisierung und Ablenkung von sozialistischen Mißständen. »Du bist doch für den Frieden?« war eine viel strapazierte stereotype Drohung, um selbst geringfügige Kritik im Ansatz zu ersticken. Mit Hilfe ihres Informationsmonopols und ihres komplexen Zensursystems errichteten die SED-Ideologen wirkungsvolle Wissensschranken. Angesichts der scheinbaren Allmacht des Staates funktionierten die verordneten und selbstauferlegten Sprechblockaden für Betroffene und Zeugen von Repressionen und Staatsverbrechen und die innere Emigration früherer Opponenten – soweit sie noch in der DDR lebten – auf beklemmende Weise.

Schuld am allgegenwärtigen Mangel und an den Mißstimmungen unter der Bevölkerung waren immer der »Klassenfeind« und die durch ihn »Irregeleiteten«. In ritualisierten Versammlungen der Partei-, FDJ- und Seminargruppen wurden Abweichungen von und Zweifel an den Grundpositionen durch entwürdigende Selbstkritik diszipliniert. Diese Rituale bildeten einen schwachen Abglanz der stalinistischen Schauprozesse.

Literatur über die politischen Verbrechen und den Aberwitz unter der Flagge des Kommunismus war für uns Anfang der siebziger Jahre kaum erreichbar. Wirklich schockierende Einblicke in die sozialistische Diktatur vermittelte Alexander Solschenizyns »Archipel Gulag«, der 1974 in deutscher Fassung erschien, uns aber erst ein oder zwei Jahre später erreichte. In dieser Dokumentation über die Grausamkeit gegen die eigene Bevölkerung wurde uns die selbst-

---

4 Vgl. von zur Mühlen, Patrik: Der »Eisenberger Kreis«. Bonn 1995.

zerstörerische Macht des Sozialismus deutlichst bewußt. Bücher wie dieses wurden nur in einem sehr engen Kreis miteinander Vertrauter ausgetauscht.

Impulse gingen auch von der westeuropäischen Studentenrevolte 1968, vom Reiz der sexuellen Befreiung und von der Protestkultur gegen die bürgerliche Ordnung aus. Jeans, lange Haare, Kofferheulen und Feten wurden auch in der DDR zu Markenzeichen alternativer Kultur. Die ersten Wohngemeinschaften entstanden. Funktionäre reagierten einmal mehr aus der Defensive mit einer Mischung aus Kanalisierungsversuchen, etwa mit der Gründung der FDJ-Singebewegung als Alternative zu West-Rock, und mit Unterdrückung. Prägende Erlebnisse waren das Wegfangen auf offener Straße und Abschneiden langer Haare. Angebote wie Verbote vertieften bei manchem Aversionen gegen das sozialistische Ethos, das die Gleichheit der Bedürfnisse aller Bürger postulierte. Trampen und »Kundentreffen« in der ganzen kleinen Republik wurden zum Inbegriff individueller Freiheit. Man lebte an einem festen Wohnsitz, ging einer Arbeit nach, um möglichst nicht dem Vorwurf des »asozialen Verhaltens« ausgesetzt zu werden. In der Freizeit waren Parka, Schlafdecke und Umhängebeutel so praktisch wie symbolträchtig. Wer solchen Nonkonformismus zur Schau trug, erlebte schnell die kleinen Willküräkte der Macht: Ausweiskontrollen, Anmeldepflicht – auch für Feiern –, Zuführungen durch die Polizei, Aufenthaltsverbote. Dabei wollten viele nur etwas selbstbestimmter leben.

Für wohl jeden aus unserem Kreis hatte sich die kapitalistische Ordnung mit der Ermordung Martin Luther Kings 1968 und mit dem bereits vier Jahre währenden Vietnamkrieg zutiefst diskreditiert. Interessanterweise machten wir dennoch, ohne darüber nachzudenken, vor allem westdeutsche Nachrichten zur Grundlage unserer Haltung.

Wichtiger noch als die Protestbewegung von 1968 in Westeuropa war uns der »Prager Frühling«, die Vision eines »Sozialismus mit menschlichem Antlitz«, die Hoffnung auf eine sozialistische Alternative.

Im April 1968 kam es anläßlich der Volksabstimmung zur Änderung der Verfassung der DDR auch in Jena mehrfach zu kritischen Willensbekundungen. So verbreiteten Theologen illegale Flugblätter, auf denen sie forderten, die demokratischen Rechte, vor allem den § 39 – die Religionsfreiheit – nicht einzuschränken. Doch Proteste wie dieser erreichten nur eine kleine Öffentlichkeit.

Dagegen ging beim Einmarsch der Truppen des Warschauer Paktes in die ČSSR eine Welle der Angst vor einem neuen Krieg, vor allem aber eine Welle der Empörung durch das Land. Allein in Jena stellte die Staatssicherheit sieben unterschiedliche Flugblätter fest, vervielfältigt mittels Linoldruck, als handschriftliche Durchschläge oder gesetzt mit Buchstaben aus einem Kinderstempelkasten: »Hoch lebe Dubček! Okkupanten raus aus der ČSSR! Unterstützt das tschechoslowakische Volk!«[5] Der VP-Posten T., wird im Erfassungsbogen der MfS-Kreisdienststelle Jena (MfS = Ministerium für

---

5 BStU ASt (Der Bundesbeauftragte für die Unterlagen des Staatssicherheitsdienstes der ehemaligen Deutschen Demokratischen Republik, Außenstelle) Gera, AKG Dok. 0001.

Staatssicherheit) vermerkt, konnte 138 dieser Flugblätter durch »Nachsuche« an zehn Stellen in Jena Mitte und Nord sicherstellen.

1967/68 hatte sich an der Universität Jena fächerübergreifend eine Gruppe von bis zu 20 Studenten gebildet, die zunächst durch Auftreten, Kleidung und Frisuren ihre Distanz zum propagierten »sozialistischen Menschenbild« demonstrierte. Im Dezember 1970, bei einem Treffen mit ähnlichen Gruppierungen aus Halle und Berlin, legten sie einen Entwurf über »Anspruch und Wirklichkeit des Sozialismus in der DDR« vor, dessen Thesen Ähnlichkeit mit den später durch Michail Gorbatschow propagierten Ideen von »Glasnost« und »Perestroika« hatten.[6] Die »Bearbeitung« der Gruppe erfolgte im Operativen Vorgang »Anarchist« (Reg.-Nr: X/871/73.) Bis November 1973 wurden Studenten aus diesem Kreis exmatrikuliert. Der Kern der Gruppe um Jochen Anton Friedel hatte sich in Anlehnung an Lew Trotzki eine basisdemokratische Erneuerung des Sozialismus von innen heraus zum Ziel gesetzt. Die Gruppe versuchte, durch legale Aktivitäten, vor allem durch Arbeit in Lehrlings- und Studentenklubs, über den Filmklub der Universität, das Studentenkabarett und Singegruppen, ein alternatives sozialistisches Bewußtsein zu fördern, das letztlich zur Ablösung der SED führen sollte. Die Staatssicherheit bearbeitete den Kreis von Januar 1974 bis Oktober 1981 im OV »Revisionist« (Reg.-Nr: X/39/74). Jürgen Fuchs und Bernd Markowsky, anfänglich im »Revisionist« geführt, wurden mit der Eröffnung des OV »Pegasus« (Reg.-Nr: X/66/75) in diesen umregistriert.

Beide Operativen Vorgänge können als Musterbeispiel für den Umgang mit eigenständig Denkenden in der DDR der siebziger Jahren gelten. Besonders die im OV »Pegasus« »Bearbeiteten«, ihre künstlerischen Auseinandersetzungen und ihre gesellschaftliche Einmischung, wuchsen sich zu einem Kapitel DDR-Geschichte aus, das frühzeitig zu einem Stück gesamtdeutscher Geschichte wurde.

Diese Dokumentation stützt sich auf Akten, Aufzeichnungen und Erinnerungen Beteiligter. Sie folgt Ereignissen und Lebenswegen, die Jena zeitweilig zu einem »Weltort« machten.

---

6 Vgl. Böttcher: Vergangenheitsklärung, S. 129.

1973 – Freiräume: Der Arbeitskreis Literatur, eine Gründung gegen die Gleichgültigkeit

Im Jahr 1973 hatte ich mich an einem Literaturwettbewerb beteiligt. Ausgerichtet vom Schriftstellerverband Weimar, schien mir das Angebot, einander mit Geschriebenem zu messen und dabei nicht nur Lobe des Sozialismus in der Wertung zu wissen, hinreichend seriös. Ich bekam einen Preis und mit 400 Mark fast den Gegenwert für meine erste Reiseschreibmaschine Typ »Erika«. Bei ihrem Kauf in der Hauptstadt der DDR notierte der Verkäufer meine Personalien. »Ist eben so«, dachte ich. – Vielleicht, damit ich das rare Stück nicht zum Wucherpreis weiterverscherbele. Daß sie vielmehr darauf achteten, den Kreis einzuengen, falls sich Buchstaben mit diesem Typenbild in Waffen gegen den Staatssozialismus verwandeln sollten, kam mir nicht in den Sinn. Der Schriftstellerverband Weimar lud mich fortan freundlicherweise als Gast seiner Arbeitsgemeinschaft Junger Autoren (AJA) zu seinen Tagungen ein, bis ich – wenn auch ohne Stimmrecht – im Herbst 1976 gegen den Ausschluß Reiner Kunzes votierte. – Ein peinliches Tribunal, bei dem Harry Thürk als Vorsitzender den Hauptwortführer machte, bei dem sich nahezu alle Verbandsautoren aus Feigheit oder Überzeugung gegen Kunze stellten. Nur Inge von Wangenheim und ein junger, immer heißsporniger Kandidat des Verbandes meldeten meiner Erinnerung nach deutliche Kritik an.

Drei Jahre zuvor, bei meiner ersten Einladung, bekam ich vom gleichfalls eingeladenen Jürgen Fuchs den Tip, mir doch mal den eben gegründeten Arbeitskreis Literatur in Jena-Neulobeda anzusehen.

Dort saß am 18. Dezember 1973 ein gutes Dutzend junger Leute um ein Spulentonbandgerät und lauschte Rainer Kirschs »Heinrich Schlaghands Höllenfahrt«, einer wunderbaren Sozialismussatire im Faustgewand. In der Runde auch Sibylle Havemann, die Tochter des Naturwissenschaftlers, Philosophen und kritischen Sozialisten Robert Havemann, und Jürgen Fuchs, die beide in Jena Psychologie studierten. Sie hatten das Stück, das für Bühnenaufführungen in der DDR verboten war, zusammen auf Band gesprochen.

Im Arbeitskreis Literatur herrschte eine erfrischend kritische, in Ansätzen basisdemokratische Atmosphäre. Gegründet hatte ihn der im selben Jahr erst immatrikulierte Geschichts- und Deutschstudent Lutz Rathenow. In den gelegentlich recht radikalen Diskussionen gab vor allem der Wäschereiarbeiter Bernd Markowsky, unterstützt von dem im Universitätshochhaus angestellten Schlosser Gerd Lehmann, den Ton an. Die vorgestellten Bücher, eigene Textversuche und öffentliche Lesungen fanden erstaunliche Resonanz. Dabei waren die Werbemethoden so unorthodox wie der Kreis selbst. Sie reichten bis an die Grenze der Nötigung. Markowsky und Lehmann zogen durch das Lehrlingswohnheim und riefen in die Zimmer: »Heute Abend is' Lesung!« – und die Lehrlinge kamen. Oder Markowsky spielte vor dem Wohnheim Lieder von Biermann vom Band und machte so auf eine Veranstaltung aufmerksam. Er blieb unbehelligt. Wer hätte bei diesem energischen Gesang, der zu revolutionärer Solidarität aufrief, auch an einen Wolf Biermann gedacht! Dafür war der seit neun Jahren viel zu gründlich verboten.

In den Schreibversuchen und Diskussionen ging es nicht selten um die eigene Positionsfindung zwischen dem Ideal, dem Prager Frühling, und der erfahrenen DDR-Wirklichkeit. Wir erhitzten uns an den zentralistischen Strukturen, Meinungsmanipulation, dem Auftrag der Nationalen Volksarmee ... Die Diskussionen erwuchsen aus dem Glauben, die sozialistische Ordnung sei verbesserbar, es fehle nur die richtige sozialistische Haltung. – Eine Haltung, bei der sich der Kreis auf Robert Havemann und Wolf Biermann berufen konnte. Zu beiden bestanden Kontakte, vor allem durch Jürgen Fuchs, etwas später unter anderem auch durch Bernd Markowsky und Wolfgang Hinkeldey. Bei aller Unterschiedlichkeit unserer Erfahrungen standen wir unter dem Einfluß einer sozialistischen Erziehung, die suggerierte, jeder sei ein wichtiges Teil des Ganzen und gerade sein Beitrag sei für die Gesellschaft unentbehrlich.

Immerhin war es noch nicht lange her, daß die SED-Führung mit Walter Ulbricht an der Spitze in der Intelligenz ein notwendiges Übel gesehen hatte, das nicht frei von bürgerlicher Beeinflussung war. Noch 1969 wies der Chefideologe und Mitglied des Politbüros Kurt Hager die »Kulturschaffenden« sehr deutlich zur Räson. Den absoluten Machtanspruch der SED bekräftigte er in unsäglichem Parteideutsch: »Zu diesen Gesetzmäßigkeiten gehört auch die Planung und Leitung der geistig-kulturellen Prozesse durch die Partei und den sozialistischen Staat.«[1] Der Satz war eine Antwort auf kritische Tendenzen unter Schriftstellern wie Rainer Kirsch, Günter Kunert und Reiner Kunze nach dem »Prager Frühling«.

Der nach außen hin überraschende Machtantritt Erich Honeckers am 3. Mai 1971 und der VIII. Parteitag der SED vom 15. bis 19. Juni 1971 wurde allgemein als Signal der Erneuerung verstanden. Manchem mochte es wie Freiheitsglocken in den Ohren geklungen haben, als der neue erste Mann im Staat während der 4. Tagung des Zentralkomitees am 17. Dezember 1971 den neuen Kurs der Partei mit dem berühmten Satz bekräftigte: »Wenn man von den festen Positionen des Sozialismus ausgeht, kann es meines Erachtens auf dem Gebiet der Kunst und Kultur keine Tabus geben.«[2]

Eingebettet in das auf dem VIII. Parteitag verkündete Programm der »Einheit von Wirtschafts- und Sozialpolitik«, erweckte die zugestandene geistige Öffnung einige Hoffnung, bis hin zur Vision, der Sozialismus könnte mit seiner dogmatischen Vergangenheit brechen und eine humanistische, demokratische Ordnung anstreben. Auch im Kulturbereich schien relative Mündigkeit angesagt:

---

1 Hager, Kurt: 10. Tagung des ZK der SED 28./29.4.1969. Grundfragen des geistigen Lebens im Sozialismus. Berlin 1969, S. 61.
2 Jäger, Manfred: Kultur und Politik in der DDR 1945–1990. Köln 1995, S. 140.

14

»Die Schriftsteller und Künstler sollten jedoch auch selbst, vor allem in ihren Verbänden und deren Parteiorganisationen, einen offenen, sachlichen, schöpferischen Meinungsstreit darüber führen, wie der neue Gegenstand immer besser gemeistert werden kann. Das setzt eine enge Verbindung der Künstler mit dem Leben und ihr bewußtes, tiefes Verständnis für die Entwicklung unserer Gesellschaft voraus. Dann werden die Schriftsteller und Künstler ohne Zweifel nicht nur die richtigen, unserer Gesellschaft nützlichen Themen in den Mittelpunkt ihres Schaffens stellen, sondern auch die ganze Breite und Vielfalt der neuen Lebensäußerungen erfassen und ausschöpfen.«[3]

Diese zugestandenen Freiräume wurden »ausgeschöpft«. Bereits auf der 7. Kunstausstellung der DDR in Dresden 1972 waren bisher nicht gesehene Stile und Alltagsreflexionen zu bestaunen.

Erich Honecker vergaß auch nicht, die jungen Leute aufzurufen, eigene Kreativität in die Erneuerung der sozialistische Kulturbrache einzubringen. Zumindest wollten wir, geübt im Interpretieren und zwischen den Zeilen Lesen, das so verstehen, wenn er sagte:»Gegenwärtig wirken über eine Million Bürger, darunter sehr viele junge Menschen, in Volkskunstgruppen und Zirkeln. Diese Bewegung nimmt einen wichtigen Platz im kulturellen Leben ein. Ihre Impulse sollten mehr als bisher genutzt werden, um den kulturellen Alltag in den Kreisen, Städten und Gemeinden zu bereichern.«[4]

Dabei war das Freizeitangebot, abgesehen von »freiwilligen«, mit politischen Phrasen angereicherten Pflichtveranstaltungen der FDJ, von paramilitärischem Treiben in der »Gesellschaft für Sport und Technik« oder von Leistungssportträumen in Sportvereinen, gemeinhin recht bescheiden und ging oft genug auf Eigeninitiativen zurück.

Lutz Rathenow: »Westfernsehen war für Weimar, Erfurt oder Gera alltäglich. Rundfunksender empfingen wir in Thüringen mehr. Intensives Hören frecher Jugendsendungen weckte Sehnsucht nach revolutionären Veränderungen. Der Preis eines Che-Guevara-Posters lag knapp unter dem der Rolling Stones. Freunde dachten wie ich, sicher eine Minderheit, uns reizte jedenfalls die Hauptstadt auch als Möglichkeit, kritische Westinformationen aus erster Hand zu bekommen. Ich traf Maoisten, hörte zum ersten Mal den Begriff ›Anarchosyndikalismus‹. Ich denke an die ›Black Panther Party‹, Sektion Jena, die wir gründeten. Aus Berlin kam erstes Studienmaterial. Darunter haßsprühende Anklagen eines farbigen Bürgerrechtskämpfers gegen die Regierung seines Landes. Wir diskutierten heftig über seine einzige kritische Anmerkung zur sowjetischen Politik: Sie versäume es, die Zentren des amerikanischen Industriekapitals mit Atombomben auszuradieren.«[5]

Das Verbot, Westfernsehen und -rundfunk zu empfangen, war bereits in den sechziger Jahren am Widerstand der übergroßen Mehrheit der Bevölke-

3 Honecker, Erich: Bericht des Zentralkomitees an den VIII. Parteitag der SED. Berlin 1971, S. 77.
4 Ebenda, S. 78.
5 Rathenow, Lutz; Hauswald, Harald: Ostberlin. Die andere Seite einer Stadt in Texten und Bildern. München 1987, S. 15 f.

rung gescheitert. Die Musik von Janis Joplin, Jimi Hendrix, Bob Dylan, den Stones faszinierte uns mit ihrem Protest gegen die Spießigkeit und erzeugte ein diffuses Verlangen nach Freiheit. Dieses Verlangen sollten die Funktionäre der FDJ-Leitungen vor allem über die viel zu wenigen Jugendklubs kanalisieren – Klub zu der Zeit bitte mit »K«, und nicht westlich dekadent.

Lutz Rathenow: »Die meisten der frühen Arbeitskreismitglieder, Markowsky, Hinkeldey, mich und andere, einte das Interesse an Rock-Musik. Wir bevorzugten die härteren Sachen, die durchaus auch in der westlichen Welt zu provozieren wußten. Bei Jugendtanzveranstaltungen, zum Beispiel im ›Kulturhaus Nord‹, lernte ich einige der späteren Arbeistkreismitglieder kennen.«

Rathenow nutzte den frischen Wind in der DDR-Kulturpolitik und schloß, unterstützt von einer Mitarbeiterin des Kulturhauses Neulobeda, im Dezember 1973 einem Vertrag mit dem neu eröffneten Haus in dem tristen Plattenbauviertel mit 14 000 »Wohneinheiten«. Egal. Mit diesem Vertrag konnte er seine zuvor im elterlichen Wohnhaus als »Freitee-Treffen« zelebrierten Zusammenkünfte fortan als »Arbeitskreis Literatur und Lyrik« etablieren. Nebenan gab es Nähzirkel und Kochkurse.

Lutz Rathenow: »Ausgangspunkt war der eigene Freundeskreis. Nach dem Schneeballprinzip brachten die Freunde Bekannte mit. Die sagten neuen Leuten Bescheid. Andere blieben weg.«

Immerhin kamen zu den wöchentlich stattfindenden Dienstagabendveranstaltungen bis zu 30 junge Arbeiter, Oberschüler und Studenten. Zu den Lesungen waren es bisweilen über 100.

Lutz Rathenow: »Anfang 1974 kam die FDJ auf mich zu. Bei einem Gespräch in der Kreisleitung schlug man mir vor, Mitglied ihrer Kreisleitung zu werden. Man gab mir einen Personalbogen für Auslandsreisekader und versprach eine Delegierung zum Bezirkspoetenseminar. Dies wäre der günstigste Beginn für eine DDR-Karriere gewesen. Den Bogen gab ich nicht ab, da ich alle ausländischen Kontakte angeben sollte und ich damals schon einen Schweizer Brieffreund hatte und die Ausweitung anstrebte. Die FDJ wollte sich also einklinken und unseren Arbeitskreis als ihren Erfolg ausgeben. Man hielt mich noch für beeinflußbar.«

Es ging nicht um alles oder nichts, es ging um mehr oder weniger. Literatur, Lieder und die bildende Kunst schienen einen relativen Freiraum für eigenständiges Denken und die Auseinandersetzung mit der gesellschaftlichen Ordnung zu bieten. Zugleich wurde von den Vorsichtigeren der neurotische Gedanke ausgesprochen, die Staatssicherheit nicht durch zu kritische Texte auf den Kreis aufmerksam zu machen.

Werke von Ernst Bloch, Herbert Marcuse und Robert Havemann kursierten. Maoistische und trotzkistische westliche und sozialismuskritische osteuropäische Literatur wurde gelesen, wie man ihrer habhaft wurde, also unsystematisch.

Lutz Rathenow: »Wir waren ziemlich schnell in den Höhen der Weltliteratur, auch wenn wir sie nicht alle verstanden, – sicher auch beeinflußt von einem Schuß Politkitsch von links, Majakowski und ähnliche Leute –, aber von Anfang an mit ziemlich vielen irritierenden Momenten. Ich hatte zum Beispiel

16

Briefkontakte über die in der DDR erhältliche Zeitschrift ›Weltstudenten-
nachrichten‹ gesucht, bekam aus der Schweiz den Brief eines jüngeren Man-
nes, der mir seinen Selbstmord ankündigte: Dies sei der letzte Brief, den er
verschicken würde, und ich sei der letzte, der ein Zeugnis von ihm lesen würde. Er legte einige Gedichte bei. Sie beeindruckten mich tief. Das heißt, ich
konnte mit ihnen gut angeben. Die Freunde rissen sie mir richtig aus den Händen. Es war ein Abend, an dem in Jena im Botanischen Garten eine Orchidee
blühte, die nur eine Nacht blüht. Wir besichtigten sie, und danach war plötzlich der Brief weg. Jemand hatte ihn gestohlen.

Das war auch Arbeitskreis Literatur, daß wir nach der Tagung irgendwo-
hin hingegangen sind. Es gab erschöpfende Welt- und Sinndiskussionen. Natürlich redeten wir auch über Sozialismus. Aber das war einfach auch ein Co-
de für Leben. Es ging nicht unbedingt um Sozialismus, wenn wir ihn
verbessern wollten. So wie man einem Mädchen nicht unbedingt seine Platten-
sammlung zeigen wollte, wenn man es nach Hause einlud, um seine Platten-
sammlung zu zeigen. Interessant war wirklich, daß Kreise von Studenten und
Oberschülern mit Leuten, die aus dem Lehrlings- und Arbeitermilieu kamen,
zusammentrafen.«

Nichts gegen unsere Sachlichkeit [6]
und unseren schnellen Tag!
Aber:
eine Kerze anzünden
mich auf den Bauch legen
und Tschaikowski hören
muß ich auch
(Renate Gröbe)

Rathenow nutzte die erste, ungenehmigt vervielfältigte Gedichtsammlung des
Arbeitskreises zugleich auch geschäftig, um weitere Bekanntschaften anzuknüpfen, auch zu Jürgen Fuchs.

Lutz Rathenow: »1973, die letzten Tage im April, kam ich von der Armee
zurück. Da traf ich Jürgen Fuchs beim Spazierengehen. In einer Umhängeta-
sche hatte ich einige Exemplare der ersten Gedichtsammlung ›Gedichte gegen
die Gleichgültigkeit‹ unseres Arbeitskreises. Mein Vater hatte sie in seinem
Betrieb illegal vervielfältigt. Und die verteilte ich nun, steckte sie auf Verdacht
auch schon mal in einen Briefkasten. Jürgen Fuchs kannte ich natürlich vom
Namen und von seinen Gedichten her. Ich sagte: Ah, du bist Jürgen Fuchs.
Hier habe ich Gedichte von unserem Arbeitskreis. Er darauf: Aha, ihr macht
so auf Massenbasis, auf der Straße verteilen. Es war eine gewisse Sympathie,
und der Kontakt war hergestellt. Ein bißchen spöttelnd hat er das schon gesehen. Zu Recht, auch was die Qualität der Gedichte betraf. Sie waren so, daß
sie im wesentlichen nicht angeeckt sind.«

6 Veröffentlicht in »Gedichte gegen die Gleichgültigkeit I«, einer ersten ungenehmigten
  Ormig-Publikation des Arbeitskreises Literatur.

Bemühen[7]
Sie strich mir die Haare
aus der Stirn,
   setzte den Kamm an,
   rückte den Scheitel
mehr in die Mitte.

Nach ausführlicher Probe
entstand die modernste Variante.

Mehr verändern
wollte sie nicht
an mir.
(Lutz Rathenow)

Antrittsrede eines jungen Möchtegernpoeten[8]
Ich rede verworren und bin
das Produkt meiner Umwelt
Vorläufig
       also:
              verzeiht mir
(Siegfried Reiprich)

Hätte Siegfried Reiprich die künftige Entwicklung vorausahnen können, hätte er vermutlich die letzten drei Worte seines Gedichtes gestrichen.

Jürgen Fuchs war nicht Mitglied des Arbeitskreises, kam jedoch gelegentlich zu Veranstaltungen, Streitgesprächen und Lesungen. Er prägte die Treffen mit seinem souveränen Auftreten und seinem Erfolg und beeinflußte Inhalte und Form des Geschriebenen durch seine dichten, genauen Texte. Vor allem in den späteren Auseinandersetzungen mit den Vertretern der Macht wirkte er beratend aus dem Hintergrund.

Eine nachhaltige Begegnung mit ihm hatte ich im Frühjahr 1975 im Foyer des Universitätshochhauses. Wir trafen uns, weil mir an seiner Einschätzung meiner durch Erich Arendts Stil kräftig gefärbten Gedichtchen gelegen war.

Jürgen Fuchs: »Ich kann mich daran erinnern. Es war eine hektische Begegnung, weil sofort so ein Druck darüber lag.«

Er sah sich immer wieder prüfend um, ob uns jemand beobachten würde.

Jürgen Fuchs: »Das klingt jetzt paranoid, aber das war ganz naheliegend. Schon 1974 ist dieses elende Klima gegen uns gerichtet worden. Und wollen wir ehrlich sein, das war immer so: ›Ist der echt, oder wird mir da was untergejubelt?‹«

Damals wußte ich wenig über seine Biographie, hatte zwar von seiner Auseinandersetzung mit der Sektionsparteileitung gehört, seine »Gedächtnispro-

7 Ebenda.
8 Ebenda.

18

tokolle« gingen von Hand zu Hand, aber ich unterschätzte, daß er kurz vor der Exmatrikulation stehen könne und wie intensiv sich die Staatssicherheit bereits mit ihm befaßte. Ich hatte keinen besseren Rat für ihn als: Er möge vorsichtig sein und abwägen, was er unternehme. »Willst du mein Warner sein«, war die augenblickliche Reaktion.

Jürgen Fuchs: »Ich kann das schon so gesagt haben. Ich hatte damals bereits ein paar ganz gute Gedichte und diese Kurzprosa, die 1977 in ›Gedächtnisprotokolle‹ bei Rowohlt kam, da konnte ich nicht mehr zurück. Und im Politischen, in dem, was ich mit links verbunden habe, bis heute, dieses Machtkritische, dem wollte ich treu sein. Das wies den Stalinismus hart zurück. Daß das einen gewissen Preis hatte, war mir klar.«

Jürgen Fuchs brachte sie auf den Punkt, diese ihm damals schon sehr klare Ahnung:

Diese Angst [9]
Auf halber Zeile:

Das mein Stift
Zerbricht
Bevor alles gesagt

Und
Wer hört mich
Wenn ich schweige

Die Aktivitäten des Arbeitskreises wurden von staatlichen Stellen, auch von der Staatssicherheit, von Anfang an beobachtet, aber man setzte auf Erziehung und Integration. Einige von uns erhielten im April 1974 Einladungen zum Bezirkspoetenseminar nach Greiz. Daraus ergaben sich Kontakte zu dem von 1976 bis 1989 mit Veröffentlichungsverbot belegten und in die Selbstisolation getriebenen Lyriker Günter Ullmann.

Das Bezirkskabinett für Kulturarbeit, eine der Abteilung Kultur der SED-Bezirksleitung untergeordnete Einrichtung zur Anleitung und Kontrolle volkskünstlerisch Interessierter, zu der die Staatssicherheit über einen Verbindungsoffizier Kontakt hielt, veröffentlichte im September 1974 in seiner Zeitschrift »Treffpunkt Klub« ein Sonderheft überwiegend mit Gedichten aus unserem Arbeitskreis und von Jürgen Fuchs.

Den Umschlag der Zeitschrift zierte ein freundliches, geflügeltes Pferd – der Pegasus. Fünf der acht auf der Titelseite genannten Namen – Jürgen Fuchs, Wolfgang Hinkeldey, Lutz Rathenow, Siegfried Reiprich und Udo Scheer – sollten kurz darauf in einem Operativen Vorgang gleichen Namens bearbeitet werden. Zufall? Ein sechster, zugleich Leiter des »Zentrums Junger Autoren« in Gera, fand sich ebenfalls von Beginn an im OV »Pegasus« – von

9 Fuchs, Jürgen: Diese Angst. In: Bezirkskabinett für Kulturarbeit Gera (Hrsg.): Treffpunkt Klub 4/74, S. 10.

der MfS-Bezirksverwaltung Gera geführt als Inoffizieller Mitarbeiter Sicherung (IMS) »Werner Tietz« (ab 1979 IMV [Inoffizieller Mitarbeiter, der unmittelbar an der Bearbeitung und Entlarvung im Verdacht stehender Personen mitarbeitet], ab 1986 IME [IM für einen besonderen Einsatz], Reg.-Nr.: X/260/73).

Lutz Rathenow pflegte bereits damals umfangreiche Korrespondenzen. Er verschickte Texte und erhielt westliche Zeitschriften. Das geschah, wenn auch mit gelegentlichem Schwund, auf dem normalen Postweg. Die Verlage S. Fischer und Hanser sandten kostenlos Bücher, die in der DDR nicht erschienen waren, unter anderem von Miroslav Holub, Günter Kunert, Allen Ginsberg und Franz Kafka. Sie boten uns Einblicke in sonst nicht zugängliche literarische Welten und wurden im Arbeitskreis vorgestellt. Rathenow abonnierte als erster die rumäniendeutsche, damals kaum zensierte Literaturzeitschrift »Neue Literatur«, in der sich Textauszüge von Günter Grass und sogar eine Information über Wolf Biermann fanden. Wir lasen darin Herta Müller, Richard Wagner, Franz Hodjak ...

Lutz Rathenow: »Dieser literarische Freiraum hat aber auch zu Irrtümern geführt. Wir dachten, es sei in Rumänien liberaler als in der DDR. Das war ziemlicher Unsinn. Die Zensurbehörden hielten [die ›Neue Literatur‹] einfach für zu unbedeutend. Unsere Briefe an die Autorengruppe im Banat kamen offensichtlich nie an. Dadurch konnte der Kontakt nach Rumänien nicht hergestellt werden.«

Natürlich wurden auch DDR-Veröffentlichungen vorgestellt: Volker Brauns »Gegen die symmetrische Welt«, Hanns Cibulkas »Lichtschwalben«, Franz Fühmanns »Erfahrungen und Widersprüche. Versuche über Literatur«, Sarah Kirschs »Zaubersprüche«, Günter Kunerts »Kramen in Fächern«, Rolf Schneiders »Reise nach Jaroslaw« ... Die Veröffentlichung von Thomas Braschs Gedichten in der Reihe »Poesiealbum« ließ sich als Zeichen für mehr Toleranz im Zensurwesen deuten und spornte an. Besonders reizvoll auch sein Stück »Lovely Rita«, ein düsterer, dramatischer Existenzkampf einer Frau im Nachkriegsdeutschland. Es gab Pläne, das Stück aufzuführen.

Bernd Markowsky, der streitbare Gegenpol zum meist diplomatisch taktierenden Lutz Rathenow, versuchte den Kreis stärker zu politisieren.

Lutz Rathenow: »Es war die alte Frage: Literatur oder Politik? Damals standen Jürgen Fuchs und ich auf der Seite der Literatur. Selbst Wolf Biermann gab Bernd Markowsky und Gerd Lehmann den Auftrag, auch wieder Liebesgedichte zu schreiben. Mir war klar, daß Markowsky und andere mehr wollten als ich. Ich war zwar politischer als in späteren Phasen des Schreibens, aber mir ging es doch sehr um Sprache, um das Spiel damit. Deshalb war mir am Kontakt mit Leuten wie Jürgen Rennert, Thomas Brasch, Volker Braun, Matthias Biskupek, zu dir und zu anderen gelegen, die ausgleichend sein konnten und die andere Erfahrungen einbrachten. Ich wollte schon Literatur erzeugen und mich über Literatur definieren. Da bestand ein grundlegender Widerspruch, der irgendwann so oder so zum Auseinanderbrechen des Kreises geführt hätte. Es war problematisch, weil Siegfried Reiprich zu der Zeit bei der Armee war. Der fehlte als geistiger Kopf und Motor. Reiprich hätte sicher auch eine vermittelnde Rolle zwischen Markowsky und mir gespielt.«

Es kam zu einem permanenten Streit über die prinzipielle Ausrichtung und schließlich zu einer demokratischen Wahl zwischen Markowsky und Rathenow durch die Mitglieder, die letzterer knapp gewann. Beide kamen weiter miteinander aus.

Bernd Markowsky: »Ich habe nicht so einen Begriff von Freundschaft, wie er landläufig gepflegt wird. Das war in Jena schon so und ist so geblieben. Freunde sind erst dann wirkliche Freunde, wenn sie mich auch kritisieren und umgekehrt, wenn es auch mal hart auf hart gehen kann.«

Lutz Rathenow suchte unermüdlich Möglichkeiten, Öffentlichkeit herzustellen. – Über den Lyriker Wulf Kirsten für eine Arbeitskreislesung im Weimarer Studentenklub, zu Leipziger literarischen Kreisen ..., ihm ging es instinktiv um die Verbindung mit ähnlich Interessierten. Bernd Markowsky nutzte die kleine Autorität der Mitgliedschaft im Arbeitskreis vor allem für Aktionen und politische Reibung.

Bernd Markowsky: »Wir haben uns eine ganze Zeit ganz gut ergänzt. Mal abgesehen von dem, was Lutz damals literarisch gemacht hat. Das war schon nicht so wichtig. Bei mir eigentlich auch nicht.«

Den Widerspruch, nicht nur seine »Reifezeit« sei ein gültiges Lied, nimmt Markowsky heute gelassen.

Reifezeit (Kinderlied)
Komm zu mir in den Garten
Die Kirschen sind doch reif geworden
Mußt nicht länger warten
Stare kommen schon in Horden

Vater hat einen Zaun gebaut
Viel Meter hoch und tief und breit
Daß keiner uns die Kirschen klaut
Du, zerreiß dir nicht das Kleid

Woll'n durch Gras grün springen
Uns mit Kirschen reich beschenken
Was wir fühlen woll'n wir singen
Und sagen was wir denken

Immerhin sorgte dieses Lied zusammen mit einem Kinderlied von Wolf Biermann auf dem »Zentralen Poetenseminar der FDJ« 1974 in Schwerin für außerordentlichen Wirbel.

Bernd Markowsky: »Das ist zu wenig. Es geht eigentlich um etwas anderes. Es geht darum, Orte zu schaffen, an denen man sein, sich treffen kann, zur Sprache finden kann, außerhalb des Gottgegebenen. In Jena war das eine Zeitlang möglich.

Daß ich dahin gekommen bin, hat eigentlich mit der Armee zu tun. Ich lernte dort junge Leute kennen, die, als ich im dritten Halbjahr war, neu ankamen. Ich sollte gerade musterexerzieren vor Offizieren, die auch neu gekommen waren, in Strausberg, ich war als Drucker einer Propagandakompanie zugewiesesn. Die wollten mich disziplinieren. Ich schlurfte halt rum, Gürtel in den Knien, zerbeulte Klamotten. Privatexerzierstunde. Das ging völlig daneben. Plötzlich sammelte sich lauter Volk und lachte. Gut, ich war eben bekannt. So lernte ich einen kennen, der besuchte seinen Freund bei der Armee, und die wiederum hatten Freunde in Jena. Zum Beispiel Elisabeth, die studierte da. Die fuhren jedes Wochenende hin, und wir verabredeten uns mal in Jena. Dann war ich einige Male zu Besuch dort. Da war ich noch Bucheinkäufer im Außendienst in Bernburg. In Jena gefiel es mir gut, die Atmosphäre, die Leute, die ich kennenlernte, aber auch so, die Stadt fand ich interessant.

Getroffen hatten wir uns bei den Mädchen, die hatten eine Dachwohnung bei einer alten Dame, und wir waren zu Gast. Ja, und eines Tages sagte ich einfach: ›Ich bleibe hier.‹ Bei meinen Eltern, wo ich gewohnt hatte, wollte ich sowieso nicht bleiben. Bernburg war für mich tot. Leute, die ich kannte, studierten in Berlin. Bernburg war Provinz, in der sich nichts bewegte, und Jena war Provinz, in der sich was bewegte.

Nach ein paar Schrecksekunden sagten sie: ›Gut, na gut.‹ Das ging vielleicht ein Vierteljahr, aber es war doch ein bißchen eng. Ich kriegte dann ein eigenes Zimmer in der Maxim-Gorki-Straße, nicht beheizbar.

Mich haben die jungen Leute interessiert. Ich hab gelernt, worunter junge Menschen zu leiden hatten. Und ich hab Gleichgesinnte und ein Unruhepotential gesucht. Es gibt ja jede Menge Stoff, an dem du dich reiben mußt. Weil – die Verabredung in der Gesellschaft, wie gelebt werden muß, ist absurd.

Früh mußte ich mit dem Zug immer von Bernburg nach Halle fahren. Das eine Bild ist mir noch ganz gegenwärtig. Ich sehe aus dem Fenster, und da wird einfach jemand, weil er längere Haare hat, von zwei Polizisten an seinen Haaren über den Bahnsteig gezogen. Und wenn es dann nicht möglich ist, aus dem Zug zu springen, Hilfe zu holen, dem Einhalt zu gebieten, setzt sich so was ganz tief fest. Mir geht das heute noch so.«

Siegfried Reiprich: »Mit 16 bin ich von Weimar wieder nach Jena gekommen, wo ich geboren bin. Mein Vater arbeitete da als Leiter der Abbe-Bücherei. Ich hatte sofort – als ganz junges Menschlein – das Gefühl, in Jena herrscht eine andere Aura, nicht nur der Genius loci der Klassik, von Schiller, Hegel, Hölderlin, Ricarda Huch und so weiter, sondern auch durch Zeiss bedingt. Es war eine Aura, die Sympathien zwischen Menschen weckte.«

Jena mit seiner geographischen Lage im Talkessel und mit seiner verhältnismäßig geringen Einwohnerzahl (im September 1975 genau 100 000) bildete ein besonderes Biotop für das Entstehen von Gegenkultur. In der Stadt konzentrierte die Universität viele junge Leute. Und auch die DDR-typische Lehrstellenlösung zeigte Folgen. Im Prinzip funktionierte die Berufslenkung landesweit ja nach dem Muster: »Sie haben die Wahl – Betonfacharbeiter oder

Facharbeiter für Agrotechnik. Und Sie – mit diesen guten Noten gehen Sie zu Carl Zeiss. Was wollen Sie werden, Dreher oder Fräser?«

So entstanden Entwurzelungsgefühle unter Lehrlingen, damit das Bedürfnis nach Anschluß, nach Verwurzelung. Etwas, das Jochen Friedel (OV »Revisionist«) bewußt für seine unabhängige Lehrlingsarbeit nutzte.

Da über das »einheitliche Bildungssystem« durchschnittlich nur 15 Prozent der Schüler zur Erweiterten Oberschule (EOS) zugelassen wurden, gab es unter den Lehrlingen und den jungen Facharbeitern in der Zeiss-Stadt ein beachtliches intellektuelles Potential. – Auch mit gesellschaftskritischen Ansätzen.

Der sozialistische Alltag war in Jena ähnlich trist wie anderswo. Er bot beste Voraussetzungen, mit Gleichgesinnten etwas Eigenes zu versuchen. Jena blieb überschaubar, Freunde konnten bequem zu Fuß erreicht werden. Kommunikation war unabhängig von Telefon und Post möglich. Auf diese Weise entwickelten sich im Jenaer Mikrokosmos Beziehungen, die für spätere Aktionen und Solidarisierungen einen enormen Stellenwert bekamen.

Poetenbewegung und der
Operative Vorgang »Pegasus«

Ohne den in Unterwellenborn bei Saalfeld lebenden Pädagogen, Literatur- und Kunstwissenschaftler Dr. Edwin Kratschmer hätte es den Arbeitskreis Literatur in Jena vermutlich so nicht gegeben. Die Energien wären anderweitig zum Ausbruch gekommen. Von diesem Mann kamen ganz wesentliche Impulse auch für unseren Kreis. Er selbst schrieb über den Anlaß seines Engagements für die Lyrik Jugendlicher:

> »1963 war ich Deutschlehrer an einer Oberschule. Ich hatte in einer zehnten Klasse über (Lehrplan-)Gebühr lang Brecht behandelt, besonders dessen ›Buckower Elegien‹, die gar nicht im Lehrplan standen. Am Ende einer solchen Unterrichtsstunde legte ein Schüler – Peter Beitlich – wortlos einen Zettel auf den Lehrertisch: ›Im Wasser schwimmt der Mond ... tief unten der Mond ... Ich bin nicht gesprungen.‹ Das Eingeständnis einer Suizidabsicht. Ein Hilferuf? ... Für mich eine jähe Schrecksekunde, zugleich aber auch eine Sternstunde mit der Erfahrung, daß ein paar Verse Hochdruckventil sein konnten, Notsignal, Todesschrei. Wir saßen nun halbe Nächte zusammen, zwei, drei Schüler stießen hinzu, wir sprachen über das Schreiben, lasen, diskutierten, verwarfen.«[1]

Unter dem Deckmantel der 6. Arbeiterfestspiele der DDR faßte Edwin Kratschmer 1964 im Selbstverlag 23 dieser Gedichte in dem Bändchen »Und Mut gehört zum Wort« zusammen. Eine Provokation. »In fünf Tageszeitungen wurden seitenlange Verrisse geliefert, als hätten da einige Schüler an den Festen des Staates gerüttelt.«[2]

Die zentrale Studentenzeitung »Forum« stieg in die Diskussion ein und geißelte das durch Kratschmer dokumentierte Selbstverständnis junger Leute, weil es zu sehr vom propagierten sozialistischen Jugendbild abwich. Auch im Schriftstellerverband monierte man, in der Sammlung fehle die »große Perspektive« der Jugendlichen.

Edwin Kratschmer, der sehr genau um die Ventilfunktion dieser Lyrik wußte, schaltete trotz aller Kritik republikweit Annoncen und lud junge Leute ein, ihm Gedichte zu schicken. So entstand mit der Zeit eine Sammlung von rund 100 000 Texten, in denen sich über ein Vierteljahrhundert die Befindlichkeiten DDR-Jugendlicher unverfälscht spiegeln. 1996 stellte Kratschmer sein Archiv der Jenaer Universität für Forschungszwecke zur Verfügung. Eine Auswahl dieser Gedichte bildete seit 1967 die Grundlage für die Anthologiereihe »Offene Fenster«. Bis 1976 gab er sie gemeinsam mit Bernd Jentzsch her-

---

1 Kratschmer, Edwin: Dichter, Diener, Dissidenten. Sündenfall der DDR-Lyrik. Jena 1995, S. 225.
2 Ebenda, S. 226.

aus, bis der nach der Biermann-Ausbürgerung in einem Schreiben an den Staatsratsvorsitzenden seine Nichtrückkehr von einer Dienstreise in die Schweiz mitteilte. Danach stellte Kratschmer die Ausgaben bis 1985 gemeinsam mit seiner Frau Margret und Hannes Würtz zusammen. Für eine ganze Lyrikergeneration wurde »Offene Fenster« zu einer ersten Visitenkarte und ungemein wichtig für das Bekanntwerden untereinander.

Lutz Rathenow: »Edwin Kratschmer war mein maßgeblicher Kontakt bis 1973. Durch ›Offene Fenster‹ bekam ich Kenntnisse von und Kontakte zu Richard Pietraß, Gabriele Eckart, Uwe Klabunde, Martin Morgner. Der las im Arbeitskreis und bekam deshalb später Schwierigkeiten.«

Jürgen Fuchs: »›Schriftprobe‹ und ›Nicht hinauslehnen‹ waren Gedichte, über die ich mich auch heute nicht schämen muß. Die hinterließen bei Lesungen eine starke Wirkung. Und dank Kratschmer rutschten sie bei den Weltfestspielen 1973 in ›Offene Fenster‹. Man kann auch darüber lachen: ›Ha, ha! *Offene Fenster*! Jugendlyrik!‹ – Überhaupt nicht. Sie hatten eine große Auflage und eine große Wirkung unter jungen Leuten. Das war eine ganz wichtige Angelegenheit mit einer politischen Klarheit. Ihm war das natürlich bewußt.«

1970 und 1972 förderte Edwin Kratschmer als Seminarleiter auf dem ersten und zweiten Zentralen Poetenseminar in Schwerin das kritische Selbstbewußtsein der Teilnehmer.

Edwin Kratschmer: »Von der Poetenbewegung haben wir uns getrennt, als der FDJ-Zentralrat die Regie übernahm. Es war nicht mehr unsere Sache.«

Zwischen ihm und dem fast 20 Jahre jüngeren Jürgen Fuchs war während dessen Studium in Jena eine enge Freundschaft entstanden. Nach der Abschiebung von Fuchs drang Oberstleutnant Henry Müller, MfS-Bezirksverwaltung Gera Abt. XX, in größeren Abständen über Jahre immer wieder in den Lehrer, mit ihnen zusammenzuarbeiten. Doch Kratschmer weigerte sich eben so oft, den »Staatsfeind«, der seit dem 15. Juli 1982 im OV »Opponent« (Reg.-Nr: XV 5752/82) und seit dem 25. März 1983 im Zentralen Operativen Vorgang (ZOV) »Opponent« bearbeitet wurde, in Westberlin zu besuchen und im Auftrag der Staatssicherheit zu beeinflussen.

Im Jahr 1983 gab Kratschmer dem jahrelangen Druck nach und quittierte den Schuldienst an der Erweiterten Oberschule Saalfeld. Seine Operative Personenkontrolle (OPK) »Lyriker« (Reg.-Nr: X/462/78) vermerkte dazu, »daß K. seinem Erziehungsauftrag als Lehrer an der sozialistischen Schule nicht gerecht geworden ist«. – Eine Beurteilung, die beinahe wörtlich bereits in einer Stellungnahme des Kreisschulrates zu dem Bändchen »Und Mut gehört zum Wort« an den Leiter der Ideologischen Kommission der SED-Kreisleitung Saalfeld vom 15. September 1964 zu finden ist. Der hochrangige Führungsoffizier Oberstleutnant Müller bescheinigte ihm im Widerspruch dazu in seinem Abschlußbericht vom 24. März 1983 »ausgezeichnete pädagogische Fähigkeiten« und eine »anerkannte Perfektion«. Seine Haltung sei nicht staatsfeindlich, aber von Objektivismus geprägt. Trotz langfristiger Gewinnungsversuche sei der Vorlauf-IM (VIM) nicht zur konspirativen Zusammenarbeit bereit. Der »VIM-Vorgang« wurde zur »Ablage« gebracht.

Dr. Edwin Kratschmer und seine Frau lebten trotz staatlicher und staatssicherheitlicher Bedrängung den Mut der Ehrlichkeit, die für ihn zum Wort gehört. In den achtziger Jahren schlug er sich, unterstützt durch seine Frau, als Ausstellungsorganisator für das Kulturhaus Unterwellenborn und als Außenlektor verschiedener Verlage durch. 1990 nahm er einen Lehrauftrag am Germanistischen Institut der Universität Jena an. Dort wurde er auch zum maßgeblichen Initiator der in den neuen Bundesländern einmaligen Reihe der »Poetik-Vorlesungen zur Beförderung der Humanität«. Seiner Einladung folgten, seit Jürgen Fuchs die Reihe 1993 eröffnet hat, mehr als 20 Schriftsteller, unter ihnen Herta Müller, Wolf Biermann, Lew Kopelew, Tadeusz Różewicz, Andrzej Szczypiorski. Sie alle boten Einblicke in das Wechselspiel zwischen kritischen Welt- und Gesellschaftsbeobachtungen, Biographien und literarischer Einmischung.

Edwin Kratschmers Idee, Werkstattage für junge Schreibende einzurichten, wurde 1972 von der FDJ-Bezirksleitung Gera instrumentalisiert. Sie bereitete »Maßnahmen« vor, eine »Bezirksarbeitsgruppe schreibender Jugendlicher« zu gründen, die in Seminaren und literarischen Werkstätten von staatsnahen Schriftstellern und Literaturwissenschaftlern anzuleiten seien. Aus diesem Konzept entwickelte die Abteilung Kultur des Rates des Bezirkes 1974 unter eigener Kontrolle und Anleitung das »Zentrum Junger Autoren«. Als Leiter fungierte ein freiberuflicher Autor, vom MfS als IM »Werner Tietz« geführt. In Zusammenarbeit mit dem Schriftstellerverband Gera oblag es diesem »Zentrum« bis zu seiner Auflösung 1990, junge Schriftsteller des Bezirks zu fördern. Gleichzeitig bildete es den verlängerten Arm der SED/MfS gegen Autoren, die sich staatskritisch artikulierten. Es hatte »die durch die feindliche, politisch-ideologische Diversion und Kontakttätigkeit vorgetragenen subversiven Angriffe gegen die sozialistische Kunst- und Literaturentwicklung ... rechtzeitig zu erkennen, aufzuklären und in ihrer feindlichen Wirksamkeit zu paralysieren«[3].

Zuständig dafür waren die nach der Zuspitzung der kulturpolitischen Situation 1974/75 geschaffenen Abteilungen XX des MfS (Einsatzbereich Kultur, Kirche, Opposition). Deren Handlungsgrundlage bildete die »Richtlinie 1/76« des Ministers für Staatssicherheit, die die Beobachtung auffällig gewordener Personen u.a. durch Post- und Telefonkontrollen, Abhörtechnik und konspirative Wohnungsdurchsuchungen regelte sowie die Bearbeitung durch gezielte »Zersetzungsmaßnahmen« wie systematische Diskreditierung des öffentlichen Rufes, Organisierung beruflicher und gesellschaftlicher Miß-

---

3 BStU ASt. Gera: Oberleutnant Jahn, Rolf: Die Realisierung der Einheit von Erkennen feindlicher Ziele und Absichten der politisch-ideologischen Diversion und der offensiven vorbeugenden Verhinderung ihrer gesellschaftsschädigenden Auswirkungen durch den Einsatz von IME-Schlüsselpositionen im Prozeß der politisch-operativen Sicherung und Durchdringung des Bereiches Literaten/Texter im Bezirk Gera. Diplomarbeit Reg.-Nr.: VVS JHS 0001–278/84. Eine Diplomarbeit, so phrasenreich wie ihr Titel, in der ihr Verfasser in den wenigen konkreten Abschnitten überwiegend eine Disziplinierungs- und Zersetzungsstrategie gegen den OV »Mentor«, Udo Scheer, entwarf.

erfolge, Erzeugen von Mißtrauen und konspirativer Einsatz von Inoffiziellen Mitarbeitern.[4]

Das Geraer »Zentrum Junger Autoren« darf als Vorläufer und Modell für die am 11. November 1981 vom Sekretariat des ZK der SED verabschiedete »Konzeption zur Arbeit mit jungen Schreibenden und anderen am Schreiben Interessierten« angesehen werden. Nach dieser Konzeption waren von allen Bezirkskulturkabinetten Bezirksliteraturzentren zu schaffen. Geplant waren sie vor allem als Einrichtung gegen die sich ausweitenden literarischen und subkulturellen Szenen. – Szenen, die hauptsächlich formalistische, ästhetische und thematische Alternativen zur Staatskultur suchten.[5]

Im Unterschied zur Subkultur der achtziger Jahre in Berlin, Dresden, Erfurt, Leipzig verstand der Arbeitskreis Literatur in Jena literarische Artikulation durchaus noch als Möglichkeit gesellschaftlicher Einmischung. Bis zum Sommer 1974 blieben diese Ambitionen weitgehend unbeachtet von der FDJ- und SED-Kreisleitung. Zugleich erfuhr unser Kreis in diesem Sommer den Höhepunkt seiner offiziellen Anerkennung. Lutz Rathenow erreichte in Gesprächen mit der Bezirksleitung, Abt. Kultur und der FDJ-Bezirksleitung, daß mit Georg Krippendorf, Bernd Markowsky, Lutz Rathenow, Siegfried Reiprich und Udo Scheer fünf Vertreter des Arbeitskreises, begleitet durch eine FDJ-Delegationsleiterin, zum Zentralen Poetenseminar nach Schwerin fahren durften.

Die Teilnahme machte uns schon ein bißchen stolz. Immerhin stellten wir die einzige Abordnung aus dem Bezirk Gera.

Auf dem Seminar erregte unser Auftreten Aufsehen bis in den Zentralrat der FDJ in Berlin. Ausgelöst wurden die »Ereignisse von Schwerin« zweimal durch Bernd Markowsky.

Zu den Poetenseminaren gehörten immer auch Lesungen und Literaturdiskussionen in Betrieben und gesellschaftlichen Einrichtungen. Bernd Markowsky und ich wurden in eine NVA-Kaserne geschickt.

Bernd Markowsky: »Johannes Würtz, Seminarleiter und Literaturredakteur der ›Jungen Welt‹, schwadronierte über die lyrischen Auslassungen, die er mit der Leserbriefpost erhalte. Ein Soldat fragte, ob auch Post von Armeeangehörigen darunter sei. In seiner Antwort ließ Würtz das Wort ›pornographisch‹ fallen. Währenddessen hatte ich in einem herumliegenden Armeemagazin geblättert und stieg mit dem Satz in das ›Nichtgespräch‹ ein: ›Ich habe hier was gefunden, einen Beitrag zum Thema Pornographie in der Lyrik.‹[6] – Und las den Text vor mit dem abschließenden Kommentar: Das nenne ich politische Pornographie. Nach schweren Sekunden des Schweigens meldete sich ein Oberleutnant zu Wort, daß Soldaten ihre Waffen lieben müßten.

---

4 Vgl. Ministerium für Staatssicherheit. Der Minister: Richtlinie 1/76 zur Entwicklung und Bearbeitung von Operativen Vorgängen (OV), BStU, ZA, BdL-Dok. 3234.
5 Vgl. Sekretariat des ZK der SED: Protokoll Nr. 89 vom 11.11.1981. SAMPO-BA, ZPA, J IV 2/3/3295.
6 Oberleutnant Rainer Westphal: »An die Geliebte«. In: Armeerundschau 7/74, S. 11. Ein Gedicht, das seinen Höhepunkt in der Metapher fand, die Mpi sei die Braut des Soldaten.

Und das im Zeitalter der Massenvernichtungswaffen! Und so landeten wir schnell in einer lebendigen Debatte über Feindesliebe und Overkill, an der sich auch mehr und mehr die schüchternen jungen Rekruten beteiligten.«

Der Oberleutnant brach ab, er habe eine dringende Aufgabe wahrzunehmen. Er sei in ein paar Minuten zurück, dann könnten wir draußen weiterreden.

Wie wir später hörten, wurde dieser »Vorfall« von den Seminarleitern in ihrer allabendlichen Beratung ausgewertet.

Am Abend darauf war Talentschau auf einer Bühne auf der grünen Wiese angesagt. Wer wollte, trug Gedichte und Lieder vor den rund 100 jungen Poeten und nicht viel weniger Seminarleitern und Funktionären vor. Als ein junger Mann und ein Mädchen ein schwungvolles, auf FDJ-Singeclub getrimmtes Lied des ermordeten chilenischen Liedermachers Victor Jara beendet hatten, stand Bernd auf und fragte in die Runde, ob er etwas vortragen solle? Und so trat er auf die Bühne, in der Hand die Gitarre, und fand es nicht so gut, was seine Vorsänger aus dem Lied gemacht hatten, vor allem, daß die letzte Strophe fehle, und er rezitierte sie, die vom Rückzug in die Berge und der Vorbereitung einer neuen Revolution handelte, aus dem Gedächtnis. Dann sang er sein Kinderlied »Reifezeit« und – ohne den Verfasser zu nennen – ein Kinderlied von Wolf Biermann.

André François, der Friedensclown[7]
1
André François, der Friedensclown
la la la la la la laaaaaaaaaaaaaa
Hat großgemalte Augen
François François François
Hat einen breiten Mund
la la la la la la laaaaaaaaaaaaaa
Wenn er bis an den Goldzahn lacht
Dann wird das Kind gesund

2
André François, der Kinderclown
la la la la la la laaaaaaaaaaaaaa
Hat einen weiten Mantel
François François François
Hat viele weiße Tauben drin
la la la la la la laaaaaaaaaaaaaa
Die fliegen in den Himmel hin
Bis in die Sonne rinn

---

7 Samisdatabschrift (Samisdat [russ.] = im Selbstverlag erschienene verbotene Literatur), im Besitz des Verfassers; Biermann, Wolf: und als ich von Deutschland nach Deutschland. Lieder mit Noten, Gedichte, Balladen aus dem Osten, aus dem Westen. Köln 1979, S. 392 f.

3
André François, der Säuferclown
la la la la la la laaaaaaaaaaaaaaa
Hat eine rote Nase
François François François
Hat einen Sack voll Kinder
la la la la la la laaaaaaaaaaaaaaa
Kaninchen im Zylinder
Die spieln Harmonika

4
André der liebe Plattfußclown
la la la la la la laaaaaaaaaaaaaaa
hat lulatschlange Latschen
François François François
Hat Haare aus Spaghetti
la la la la la la laaaaaaaaaaaaaaa
Die frißt sein grüner Teddy
Der Teddy ist ga gaaa

5
André François le clown d'la paix
la la la la la la laaaaaaaaaaaaaaa
Hat eine kleine Geige
François François François
Hat eine reife Feige
la la la la la la laaaaaaaaaaaaaaa
Die schmeckt so süß und milde
Wie scharfe Paprika
Du siehst es auf dem Bilde
Von André François François

Unvermittelt lief der Lyriker Heinz Kahlau, der vor Biermanns Berufsverbot mit ihm befreundet war, auf die Bühne, als säßen ihm Furien im Nacken. Er wollte Markowsky herunterholen, aber FDJ-Funktionäre in der ersten Reihe hinderten ihn daran. Aufgeregt erklärte er ihnen, was vorging.
Siegfried Reiprich: »Der Text war wirklich unverfänglich – aber leider von Wolf Biermann. Nach einer Weile machte sich Unruhe breit. Manchem schwante doch, was hier vorging. Zurückgekehrt in die Unterkunft, ging die Hysterie der FDJ-Betreuer los. Wir sollten uns distanzieren. ›Wir? Nein!‹
Lutz Rathenow und ich waren, vielleicht weil wir beide aus einem ›parteigebundenen Elternhaus‹ stammten und weil man von uns positiven Einfluß auf die Gruppe erwartete, zur Nacht aus dem Gemeinschaftszimmer geholt – Pardon: ›zu einer Aussprache gebeten‹ – und dann bis weit nach Mitternacht getrennt bearbeitet worden. Für mich waren der Betreuer der Lyrikecke in der ›Jungen Welt‹, Hannes Würtz, und ein Staatslyriker von

der Bezirksebene zuständig. Die hitzige Debatte war eine innere Befreiung: Angesichts der Absurdität der offiziellen Reaktion brannte eine Sicherung durch, und ich sagte das erste Mal in meinem bewußten Leben (ich war 19 Jahre alt) halbwegs offen und ehrlich, was ich dachte: daß die von Honecker und Hager nach dem VIII. Parteitag der SED verkündete freiere Kulturpolitik nur halbherzig durchgeführt werde, daß die ›Junge Welt‹ mit Schönfärberei und Phrasendrescherei an den wirklichen Problemen der jungen Leute vorbeirede, fragte, wovor sie denn Angst hätten, man werde ja schließlich nicht mehr erschossen, wenn man seine Meinung sagte. Hannes Würtz machte einen unglücklichen und betroffenen Eindruck.«[8]

»Am Donnerstag morgen gegen acht Uhr wurden alle Zimmerbewohner außer Bernd Markowsky von den Seminarleitern Herrn Dr. Dr. Weisbach und Herrn Eggers, der sichtlich angetrunken war, aus dem gemeinsamen Schlafraum gewiesen.

Markowsky: ›In der Annahme, daß endlich eine Aussprache erfolgen sollte, bat ich Herrn Eggers und Herrn Weisbach, Platz zu nehmen. Eggers sagte, daß es mir ja wohl klar sei, daß sie Maßnahmen ergreifen müßten. Ich fragte, ob ich mitschreiben dürfe.‹

Weisbach: ›Da mußte aber schnell schreiben. Wenn du deine Sachen gepackt hast, kannste schreiben.‹ Markowsky: ›Was soll das heißen?‹

Weisbach: ›Verstehste nich, biste nich von hier? Du sollst dich auf die Socken machen, verschwinden. Komm, beeil dich. Dalli, dalli! Pack deinen Koffer.‹ Markowsky: ›Von wem kommt das?‹

Weisbach: ›Vom Lieben Gott.‹

Eggers: ›Das ist Beschluß aller Seminarleiter.‹

Weisbach: ›Du hast 'ne Viertelstunde Zeit. Wir warten draußen.‹

Sie verließen das Zimmer. Markowsky packte seine Sachen und ging in den Speisesaal.

Er setzte sich an unseren Tisch, um uns zu informieren und zu frühstücken. Dr. Weisbach und Herr Eggers nahmen am Nebentisch Platz. Wir, die anderen Mitglieder des Arbeitskreises, forderten, da eine schriftliche Delegierung vorlag, auch eine schriftliche Begründung seines Ausschlusses.

Eggers: ›Im Prinzip könnt ihr so was schon verlangen, aber ihr müßt uns überlassen, wie wir vorgehen.‹

Daraufhin ging Markowsky zur Verantwortlichen des FDJ-Zentralrates, Waltraud Böhm. Er bat sie um eine schriftliche Begründung.

Böhm: ›Wir haben eine Begründung. Aber die kriegst du nicht. Wo hast du deine Sachen? Komm mit.‹

Er wurde hinausbegleitet. Dort standen u. a. Helfried Schreiter, Erhard Scherner, Reinhard Weisbach, Gerd Eggers. Er wurde aufgefordert, ins vorgefahrene Taxi einzusteigen: ›Der Zug fährt gleich.‹

Markowsky: ›Bis wohin geht das Gelände des Pädagogisches Institutes? Das werde ich verlassen.‹

8 Reiprich, Siegfried: Der verhinderte Dialog. Meine politische Exmatrikulation. Berlin 1996, S. 76.

Böhm: ›Unser Gelände geht so weit, daß du jetzt ins Auto einsteigst.‹
Dr. Weisbach packte ihn am Arm und zerrte ihn hin. Bernd riß sich los mit
der Frage, ob er einen Haftbefehl habe. Weisbach lachte.
Bernd verließ das Gelände, und wir erklärten, daß wir unter diesen Umständen das Poetenseminar ebenfalls verlassen müßten, da wir weder mit
dem Beschluß, Bernd hinauszuwerfen, einverstanden sein könnten noch
mit den angewandten Praktiken.
Es wurde gesagt: ›Na dann haut doch ab.‹«[9]
Die demonstrative und geschlossene Abreise stellte einen Eklat dar. So etwas
hatten die Funktionäre des FDJ-Zentralrates, die FDJ-Delegationsleiter aus
den Bezirken und die als Seminarleiter ausgewählten staatstragenden Schriftsteller und Literaturwissenschaftler noch nicht erlebt. Auch wenn der Vorfall
nicht von allen Teilnehmern sofort wahrgenommen wurde – das Poetenseminar fand das einzige Mal nicht zentral im Schweriner Schloß statt, sondern
wegen dessen Rekonstruktion in Ausweichobjekten – funktionierten der
Buschfunk und vermutlich gezielt gestreute Gerüchte zuverlässig. Nach einem
dieser Gerüchte wäre nur Lutz Rathenow delegiert gewesen, und wir vier wären illegal mitgefahren, um die Veranstaltung zu sabotieren. – Ein Unding in
der DDR mit ihrem hochperfektionierten Anmeldungs- und Erfassungsproce-
dere. Aber diese Darstellung kursierte selbst auf der SED-Kreisebene in Jena.
  Im Arbeitskreis verstanden wir Markowskys Ausschluß als Willkürakt und
forderten eine Aussprache mit den zuständigen Jenaer Funktionären. Die verlief jedoch im Sande – jedenfalls nach außen hin.
  Fünf Monate später, im Eröffnunsbericht des Operativen Vorgangs »Pegasus« vom 27.1.1975, wird unter den zusammengetragenen Informationen von
der Staatssicherheit vermerkt:
»Zu der erfolgten Aussprache beim Rat der Stadt Jena mit Markowsky ver-
trat Fuchs die Meinung, daß Markowsky in Schwerin politisch gut durch-
dacht aufgetreten sei. Fuchs solidarisierte sich voll inhaltlich mit der negativen Meinung von M.«
Im Herbst 1974 hatte sich Jürgen Fuchs in eine außerordentlich kontrovers
geführte DDR-Lyrikdebatte eingemischt und mit seinem Beitrag für beträcht-
liches Aufsehen gesorgt. Ausgelöst wurde der Streit durch eine Betrachtung
des Lyrikers Andreas Reimann. In der Zeitschrift »Sinn und Form: Beiträge
zur Literatur« beklagte er den Niedergang der Form und das idealistisch ab-
gehobene Pathos in den Gedichten der Nachwuchslyriker.[10] Diesen Text
»wichtiger Halbheiten«, der die Schönfärberei als Folge der ideologischen Erziehung und Reglementierung bewußt ausspare, konterte Jürgen Fuchs mit
Blick auf die Wirklichkeit:
»Wie aber, wenn dieser verkommenen Form ein verkommener Inhalt entspricht. (...) Somit verweist die Klage, daß Schüler keine eigene Handschrift

9 Scheer, Udo: Gedächtnisprotokoll über Vorkommnisse während des Zentralen Poe-
   tenseminars der FDJ in Schwerin, 21.–23.8.1974.
10 Vgl. Reimann, Andreas: Die neuen Leiden der jungen Lyrik. In: Sinn und Form 3/
   1974, S. 439 ff.

besitzen, auf die von Lehrern und anderen Amtspersonen verteilten und in ihrer Anwendung überwachten Schablonen. (...) Die subjektiven Ursachen für den Verschleiß der Lyrik liegen ... vielfach am mangelnden Mut, das auszusprechen, was ist. So wichtig und dringlich zum Beispiel die Entlarvung der verfeinerten Form der Unterdrückung ist, so wichtig und dringlich ist die völlige Entlarvung des bürokratischen Zentralismus im eigenen Erlebnisbereich.«[11]

Und Jürgen Fuchs zitiert Rosa Luxemburg. In einer DDR, in der wohl jeder Jungpionier mit Inbrunst die Verse sang: »Dem Karl Liebknecht haben wir's geschworen, der Rosa Luxemburg reichen wir die Hand«, unternahm er bewußt den Versuch, an die Überzeugung dieser streitbaren linken Demokratin anzuknüpfen:

»Wie weiter? Soll ein Dekret über den Aufschwung des Formbewußtseins erlassen werden? Vielleicht mit der Verordnung von Odenstrophen und Literaturpäpsten? ›Das Negative, den Abbau kann man dekretieren, den Aufbau, das Positive, nicht. Neuland. Tausend Probleme. Nur ungehemmt schäumendes Leben verfällt auf tausend neue Formen, Improvisationen, erhellt schöpferische Kraft, korrigiert selbst alle Fehlgriffe.‹ (Luxemburg).«[12]

Dieser Aufsatz, der auch im RIAS verlesen wurde, sollte die letzte kulturpolitische Einmischung sein, die von Jürgen Fuchs in der DDR gedruckt wurde. Er hatte darin bereits auf den Punkt gebracht, was eine seiner Maximen werden sollte: »Sprechen wir Klartext«.

Mit Lutz Rathenow führte die Sektionsleitung an der Jenaer Universität vom Herbst 1974 an Gespräche, in denen ihm vorgeworfen wurde, er bereite mit dem Arbeitskreis die Konterrevolution vor. Hatten die zuständigen Funktionäre und Mitarbeiter der Universität und aus dem Kulturbereich bisher auf Integration gesetzt, begannen nun Einschüchterungsversuche in Einzelgesprächen. Das Ziel: Disziplinierung, immer verbunden mit der Drohung des Ausschlusses vom Studium, und republikweites Immatrikulationsverbot.

Lutz Rathenow: »Nachdem auch mein Leserbrief in ›Sinn und Form‹ abgedruckt worden war, verlangte die Sektionsleitung, ich dürfte nichts mehr ohne ihre Einwilligung an DDR-Zeitschriften schicken. Das leuchtete mir nicht ein.«

Zeitgleich wurde auch die Staatssicherheit aktiv. Siegfried Reiprich, der noch reichlich vier Monate Grundwehrdienst in einem NVA-Regiment bei Gotha abzuleisten hatte, wurde am 18. Dezember 1974 zum MfS-Verbindungsoffizier, dem »Memfis« der Einheit bestellt. Verunsichert – im November hatte er während eines Kurzurlaubs in Jena Wolf Biermann kennengelernt – erzählte er seinen Stubenkameraden von dem zu erwartenden Verhör und bat sie, falls er nicht zurückkäme, Belastungsmaterial zu vernichten und seine Freundin und spätere Frau Christine zu benachrichtigen. Zu seiner Verblüf-

---

11 Vgl. Fuchs, Jürgen: Umschau und Kritik. Sinn und Form 5/74, S. 1091 ff.
12 Ebenda.

fung waren jedoch die Genossen Zelt und Schiffel von der MfS-Kreisdienststelle Jena nicht angereist, um ihn zu vernehmen, sondern um ihn als Inoffiziellen Mitarbeiter zu werben. Ihre Legende: Sie fühlten sich für die gesunde Entwicklung literarischer Talente in Jena verantwortlich und wollten, daß Reiprich sie hierin unterstütze. Im Gegenzug versprachen sie, sein Studium zu fördern, und stellten materielle Anreize in Aussicht. Reiprich lehnte mit der Bemerkung ab, er könne seine Freunde nicht beschatten, und Widersprüche würden sie auch ohne MfS in der Gruppe klären.

»Um sie von der Wiederholung der Anwerbung abzuschrecken, fuhr ich im nächsten Ausgang heimlich nach Jena (unerlaubte Entfernung vom Dienstort) und erzählte Jürgen Fuchs und allen erreichbaren Freunden von dem unsittlichen Stasi-Ansinnen, in der Hoffnung, irgendwo werde schon eine undichte Stelle sein, die Genossen von der unsichtbaren Front würden die ›Nichteinhaltung der Konspiration‹ mitkriegen und aufgeben.«[13]

Diese undichte Stelle gab es unter den aufgesuchten Freunden nicht, aber die Stasi-Mitarbeiter ließen ihn dennoch vorerst in Ruhe.

Subversive MfS-Aktivitäten wie diese wurden im Arbeitskreis zwar in Einzelfällen ebenso wahrgenommen wie demonstrativ geöffnete Post. Doch die Dimension und die Intensität der gegen uns gerichteten Vernetzung zwischen Kulturhaus-Leitung, Arbeitsstellen, Universitätsparteileitung, SED-Kreisleitung und der Kreisdienststelle (KD) des MfS lagen außerhalb unserer Vorstellungskraft. Beispielsweise fanden sich die vom Kulturhaus Jena-Neulobeda geforderten Jahresarbeitsprogramme des Arbeitskreises umgehend bei der Staatssicherheit wieder. Dazu im Dezember 1974 die Information: »Rathenow will Dr. Kratschmer, Unterwellenborn (als politisch negativ operativ bekannt) für die ›Erhöhung des Niveaus der Zirkelarbeit‹ zu Rate ziehen.«

Anders als die Staatssicherheit verstanden wir uns nicht als leibhaftige Staatsfeinde. Die Worte »Widerstand« oder »Opposition« lagen in dieser Zeit allenfalls am Rande unseres Selbstverständnisses. Nicht nur, weil sie Straftatbestände darstellten. Uns ging es nicht um die Abschaffung des Sozialismus, sondern um seine Verbesserung.

Lutz Rathenow: »Hier waren wir an einer interessanten philosophischen Frage. ›Staatsfeind‹, der Begriff war für uns, Markowsky, Lehmann, Hinkeldey, auch für mich und andere eine Ehre, wie das Wolf Biermann mal sagte. Der Staat sollte ja abgeschafft werden. Der Sozialismus war eine Übergangszeit. Also hatte jeder aufrechte Linke ein Staatsfeind zu sein.«

Die »Staatsfeindschaft« trug durchaus kokette Züge, fand ihren Niederschlag unter anderem in Satiren. – Auch eine literarische Form, an der sich die Berichte- und Maßnahmepläneschreiber störten. In einer Zuarbeit der Abteilung XX zu Lutz Rathenow für die Abteilung IX (Strafermittlung) des MfS heißt es: »Zum Arbeitskreis am 8.10.74 führten Markowsky und Rathenow eine Diskussion über ›Herrensprache und Sklavensprache‹. – ›In unserem heutigen System kann man nicht klar schreiben, welche politische Haltung man bezieht. Es ist möglich, Vergleiche zu finden und Bilder.‹«

13 Vgl. Reiprich: Der verhinderte Dialog, S. 77–80.

Bereits vor der Eröffnung des OV »Pegasus« im Januar 1975 berichteten die IMS (Inoffizieller Mitarbeiter Sicherung) »Regina« (Reg.-Nr.: VIII/821/71) eine Oberschülerin, und die IMV (Inoffizieller Mitarbeiter Verdacht Feindtätigkeit) »Peter« (Reg.-Nr.: X/48/74, 1980 von BV Potsdam übernommen) ihrem Führungsoffizier Leutnant Schmidt, KD Jena, über die Treffen im Arbeitskreis. Allein die 20 Berichte der IMS »Regina« in neun Monaten und 15 Berichte der IMV »Peter« in elf Monaten vermitteln heute ein atmosphärisches Bild über die Aktivitäten innerhalb des Arbeitskreises. Insgesamt sind von 39 Inoffiziellen und Gesellschaftlichen Mitarbeitern Sicherheit (GMS) jeweils zwischen einem und 40 Berichte (IMV »Helmut Falke«) in dem über zwei Jahre geführten und vier Bände füllenden OV »Pegasus« erhalten.

»Tonbandabschrift   Jena, den 9.1.1975
Quelle: IM »Regina«
erhalten: Genosse Schmidt

Lyrikzirkel vom 23.12.1974
(...) Da es der letzte Lyrikzirkel im Jahr 1974 war, hatte Lutz Rathenow einige Leckerbissen mitgebracht. Darunter eine Zeitung aus der Schweiz, aus der er uns einen Artikel vorstellte und einige Auszüge daraus vorlas. Dabei handelte es sich um psychologische Kriegführung, und zwar wurde ein fingierter Kriegszustand der BRD und der DDR vorgestellt. Die DDR will dabei durch die Ostschweiz ihre Truppen führen, um die BRD von dieser Seite angreifen zu können. Die Schweizer Regierung weigert sich, die Truppen dort durchmarschieren zu lassen. Dabei kommt es zu einem Flugblattabwurf seitens der DDR und die Regierung der DDR droht mit 3 Atombombenabwürfen auf 3 verschiedene Städte der Schweiz. Dabei würden rund 50 000 Menschen vernichtet werden. Die Weigerung der Schweizer Regierung bleibt jedoch bestehen und daraufhin erfolgt der Abwurf der Atombomben. Es wird festgestellt, daß dabei weniger Menschen als vermutet umgekommen sind.
Dieser fingierte Tatbestand sollte als eine Prüfung für einige angehende Offiziere angesehen werden. Die Soldaten wurden gefragt, wie sie sich in solcher Situation verhalten würden. Als ein Beispiel wurde ein Soldat angeführt, der ziemlich aufgelöst war, weil er seine Familie in diesem Gebiet hatte, und der Befragte antwortete darauf, er habe selbst dort Frau und Kind. Überhaupt fielen die Antworten so aus, daß sie nur auf Beruhigung oder Aufklärung hinausliefen.
Außerdem hatte Lutz Rathenow noch eine Literaturzeitschrift aus der Schweiz dabei, und zwar heißt sie ›Poesie‹. Lutz R. kennt diese Zeitschrift scheinbar sehr gut. Er besitzt einen Überblick über die verschiedenen Ausgaben und ihre Inhalte. Er äußerte allerdings, daß die Schweizer Literaten nur mittelmäßig sind und er sie nicht so gut findet wie unsere Schriftsteller. Dabei fügte er noch an, daß die Schweizer Literaten wahrscheinlich nicht jede Möglichkeit zur Entwicklung haben wie unsere Schriftsteller.

Dann folgten einige selbstverfaßte Gedichte von Wolfgang Hinkeldey, der den Ablauf seiner ›Hochzeit‹ in einer Neufassung brachte, dann ein Gedicht über Neulobeda, das sehr pessimistisch klang und deshalb eine ziemlich umfangreiche Diskussion auslöste. (...)
Danach folgten noch einige allgemeine Sachen in Bezug auf den Lyrikzirkel.
Lutz Rathenow war der Meinung, daß sich so viele Mitglieder wie möglich an literarischen Ausscheiden beteiligen und so bekannt werden.
1975 soll die Arbeit etwas organisierter verlaufen, d. h. Rathenow will mit der französischen Literatur beginnen und dann einzelne Vertreter der deutschen, englischen und russischen Literatur mit anfügen und vergleichen. Dann findet eine Ausstellung von Bildern statt, und zwar stellt die Dieter Sonntag aus. Da wollen die Mitglieder des Lyrikzirkels mit teilnehmen und über diese Bilder Gedichte oder auch Prosastücke schreiben ... oder ihre Meinung dazu äußern. Außerdem sollen die verschiedenartigsten Lesungen stattfinden. (...)«[14]

Bei dem genannten Maler handelt es sich um keinen »Dieter«, sondern um Gerd Sonntag. Dessen Ausstellung im FDJ-Studentenklub »Rosenkeller« im März 1975 – inszeniert als Versuch seiner öffentlichen Demontage – sollte ein einschneidendes Ereignis werden.

Das kontrovers diskutierte Gedicht von Wolfgang Hinkeldey über die Tristesse der Neulobedaer Plattenbausiedlung ist heute ein emotionales Dokument der Enttäuschung über die Auswucherungen sozialistischer Wirklichkeit.

Jena-Neulobeda[15]
(Zone der Arbeiterregale)
Grau
Hocken tapezierte Wohnwaben
Viereckig im Feld

Fenster
Starren mit hundert Blicken
Blöde mich an

Zwischen Asphalt
Verkünden Disteln
Die Farbe des Chlorophylls

An zählbaren Bäumen
Ein Blatt
Pro Wohneinheit

---

14 OV »Pegasus«, Reg.-Nr.: X 66/75, Bd. I, Bl. 32 f.
15 Groth, Joachim-Rüdiger: Literatur im Widerspruch. Gedichte und Prosa aus 40 Jahren DDR. Köln 1993, S. 156.

»Tonbandabschrift   Jena, den 29.01.1975
Quelle: IMV »Peter«
erhalten: Gen. Schmidt

Am Dienstag, d. 21. Jan. 1975, besuchte ich den Arbeitskreis Literatur im
Kulturhaus Neulobeda. Es waren nur sehr wenig anwesend, da an diesem
Abend Bettina Wegner in einem Lehrlingswohnheim eine Veranstaltung
hatte. (...)
Lutz stellte folgende Bücher vor:
Czechow: ›Schafe und Wolke‹
Endler: ›Sandkörnchen‹
Anschließend wurden einige Gedichte verlesen. (...)«[16]
Mit dem literarischen Durchblick hatte die junge Inoffizielle Mitarbeiterin
»Peter« ähnlich wie die Schreibkraft des MfS in der KD Jena einige Schwie-
rigkeiten. Handelte es sich bei »Czechow« doch um Heinz Czechowski, der
später vor dem Hintergrund der Biermann-Ausbürgerung aus der SED aus-
treten und 1982 in die BRD übersiedeln sollte. Sein Gedichtband trug nicht
den Titel »Schafe und Wolke«, sondern »Schafe und Sterne«. Bei Adolf End-
lers Band handelte es sich nicht um »Sandkörnchen«, sondern »Das Sand-
korn«. Auch mit unseren Textversuchen und ihren teilweise verschlüsselten
Aussagen tat sich IMV »Peter« recht schwer. Ihre Qualität lag in der analyti-
schen Darstellung der Mitgliederstruktur, die der MfS-Kreisdienststelle eine
zusätzliche Bestätigung für die Eröffnung des OV »Pegasus« gewesen sein
dürfte:
 »Zum Charakter des Zirkels:
Nach meiner Meinung zeichnen sich im Arbeitskreis Literatur mehrere
Tendenzen ab. Ich glaube eine Gruppe zu erkennen, zu der Jürgen *Fuchs*
und Wolfgang *Hinkeldey* gehören. Eine weitere, die sich um Lutz *Rathenow*
gebildet hat, zu der u. a. Udo *Scheer* und *Matthias* [Biskupek] gehören.
Zwischen den beiden Gruppen, mit einer stärkeren Tendenz zu der Gruppe
um *Fuchs* stehen Bernd *Markowsky* und Gerd *Lehmann* . (...)
Die von *Fuchs* geäußerten Ansichten kommen Bernd *Markowsky* und Gerd
Lehmann entgegen. Sie scheinen ständig bemüht, ihre gedankliche Eigenständigkeit und persönliche Freiheit zu fordern. Sie üben somit einen anar-
chistischen Einfluß auf ihre Umgebung aus.
Im Gegensatz dazu kritisiert Lutz *Rathenow* und auch *Matthias* und Udo
Scheer die Verhältnisse in unserem Staat, wobei er meines Erachtens keine
grundlegende Veränderung in unserem Staat beabsichtigt. (...)
Jürgen *Fuchs* verhält sich im Literaturzirkel zurückhaltend. Er antwortet
nur auf Kritiken seiner Gedichte. Er gibt Ratschläge, technische Ratschläge zum Verfassen von Gedichten. Er ist intelligent. Er ist meines Erachtens
außerordentlich mißtrauisch [kursiv gesetzte Namen im Original ge-
sperrt].«[17]

16 Abt. XX, OV »Pegasus«, Bd. 1, Bl. 52.
17 Ebenda, Bl. 54 f.

In der MfS-Kreisdienststelle leuchteten die roten Lämpchen auf. Hier zeichnete sich ein Vorgang ab, durch den sich die Provinzoffiziere ausgezeichnet profilieren konnten:

»Kreisdienststelle Jena   Jena, den 27.01.1975
Referat PiD/RV

Eröffnungsbericht
zum op. Vorgang »Pegasus«, Reg.-Nr. /75
(...)
2. Bekanntwerden und Begründung der Bearbeitungsrichtung
Die o. g. Personen [Fuchs, Rathenow, Hinkeldey, Markowsky] wurden im Prozeß der op. Durchdringung des Lyrikzirkels im Kulturhaus Neulobeda bekannt.
Sie bilden den Führungskern dieses Zirkels und es besteht der Verdacht, daß sie strafrechtlich relevante Handlungen im Sinne des § 106, Abs. 1, Ziffer 1 und 3 des StGB und des § 146, Abs. 1 und 3 begehen. (...)«[18]
Im Anschluß wurden die bis dahin eingelaufenen Erkenntnisse diverser Spitzel auf drei Seiten zusammengefaßt und daraus die Schlußfolgerung gezogen:
»Im Ergebnis der bisherigen operativen Bearbeitung zeigte sich, daß die genannten Personen durch die Herstellung und Verbreitung eigener Gedichte sowie die Verbreitung der Kopien von Hetzgedichten des *Biermann* [im Original gesperrt] im negativen Sinne gesellschaftlich wirksam sind.
Die genannten Schriften richten sich gegen die Grundprinzipien der sozialistischen Gesellschaftsordnung in der DDR und ihre Repräsentanten.
Diese Gedichte sind geeignet, gegen die sozialistische Entwicklung aufzuwiegeln sowie politisch noch nicht gefestigte junge Lyrikinteressierte zu verführen und das Interesse dieser Jugendlichen für Lyrik und Literatur zu mißbrauchen.
Da die Handlungsweisen des genannten Personenkreises eine nicht unbeachtliche Wirksamkeit erreicht haben, macht sich eine Liquidierung der Feindtätigkeit und die Zurückdrängung der Wirksamkeit von Fuchs, Rathenow, Hinkeldey u. a. dringend notwendig.
Mit der Vorgangsbearbeitung und Liquidierung der feindlichen Tätigkeit erfolgt gleichzeitig der op. Durchdringungsprozeß des Schwerpunktbereiches ›Mißbrauch der Lyrik‹ sowie eine nachhaltige gesellschaftliche Einflußnahme auf die Zirkel ›Junge Lyriker‹ im Schwerpunktbereich, was den Festlegungen im Jahresplan der Abt. XX und der KD Jena entspricht.«[19]
Nicht nur der »imperialistische Klassenfeind«, auch Gedichte waren nach dem Selbstverständnis der MfS-Abwehroffiziere in der Lage, den Sozialismus zu gefährden. Die »nicht unbeachtliche Wirksamkeit« des Arbeitskreises ließ sie im Verborgenen schweres Geschütz auffahren: »Durchdringung« und »Liquidierung der Feindtätigkeit«.

---

18 OV »Pegasus«, Bd. 1, Bl. 10.
19 Ebenda, S. 13.

Diktatur entlarvt sich in ihrer Sprache. Diese Sprache stößt auf, und sie stößt ab. Ihre aufgeblähten Adjektive, Genitivkonstruktionen, Substantivierungen, ihre stupiden Aufforderungen »durchzuführen« und »insbesondere« ihre nachdrücklichen Füllwörter gaben der Sprache der Nachrichten, der offiziellen Kommuniqués und der Parteibeschlüsse eine Struktur, die auf der frühen kommunistischen Agitationssprache aufbaute. Im militärischen und Sicherheitsbereich konserviert, lebte vor allem der Wortmüll der vorausgegangenen katastrophalen Diktatur deutscher »Übermenschen« weiter.

Nun rüsteten sie zum Kampf gegen den »Schwerpunktbereich Mißbrauch der Lyrik«, gegen eine Gruppe junger sozialistischer Idealisten, die nicht mehr tat, als ihre Erfahrungen in Lyrik- und Prosaversuchen öffentlich zu diskutieren. Und das kritisch naiv, humorvoll frech und bisweilen seismographisch sensibel. Eine solche »Feindtätigkeit« rief neben der Kreisdienststelle des MfS in Jena auch die Abteilung XX in der MfS-Bezirksverwaltung Gera auf den Plan. In wöchentlichen Vorgangsberatungen und Rapporten waren fortan »alle Maßnahmen durch koordinierten Kräfteeinsatz« abzustimmen.

Ziel war es, den Arbeitskreis zu »zersetzen«. Dafür galt es, Belastungsmaterial zu sammeln, um bei Bedarf staatsfeindliche Handlungen konstruieren zu können, die es der sozialistischen Strafjustiz ermöglichten, Exempel zur Abschreckung Gleichgesinnter zu statuieren. Dazu bildete die MfS-Kreisleitung Jena eine »zeitweilige Vorgangsgruppe«, bestehend aus Leutnant Schmidt, KD Jena, als Leiter und unter Mitarbeit von Oberfeldwebel Stephan und Leutnant Schiffel, Abt. XX/7 BV Gera. »Unmittelbare operative Einflußnahme/Leitung/Kontrolle und Mitwirkung« erfolgte durch Leutnant Linßner, Referatsleiter PiD (Politisch ideologische Diversion) der KD Jena, und Hauptmann Wirkner, Referatsleiter Abt. XX/7 BV Gera. Noch eine Ebene darüber waren Hauptmann Eck, stellvertretender Leiter der KD Jena, und Hauptmann Hohberger, stellvertretender Abteilungsleiter Abt. XX BV Gera, für die Kontrolle und Anleitung der »Bearbeitung« der im Operativen Vorgang Erfaßten zuständig. Bestätigt wurde diese Konzeption durch Major Erhardt [i. V. Eck], den Leiter der KD Jena, und durch Oberstleutnant Müller, den Leiter der Abt. XX in der BV Gera [i. V. unleserlich]. Seit Februar 1976 verdiente Oberstleutnant Horn als Beauftragter des Leiters der Bezirksverwaltung seine Sporen als Leiter dieser Vorgangsgruppe.[20]

Bearbeitung im Operativen Vorgang bedeutete allgemein wie auch in unserem Fall: Informationsbeschaffung und Auswertung aller erreichbaren »Quellen« wie Meldestellen der Volkspolizei, Kaderakten aus den Betrieben, Berichte staatlicher Kontaktpersonen und Gesellschaftlicher Mitarbeiter Sicherheit (GMS) in Universität, FDJ, Kulturhaus, Wohngebiet, »zielgerichteter Einsatz von Inoffiziellen Mitarbeitern«, bei ausreichenden Verdachtsmomenten Post- und Telefonüberwachung, konspirative Wohnungsdurchsuchungen und Einsatz von Abhörtechnik.

---

20 Vgl. ebenda, Bl. 58–62.

Da Inoffizielle Mitarbeiter die größten Effekte erbrachten, bildete die »operative Durchdringung des Schwerpunktbereiches«, also das Einschleusen von IM in den Arbeitskreis bzw. das Erschleichen des Vertrauens von Mitgliedern, die Hauptstrategie. In der »Gliederung« vom 4. Februar 1975 wurden als Aufgaben für die vorerst fünf einsetzbaren Inoffiziellen Mitarbeiter IMV »Peter«, IMS »Regina«, IMS »Werner Tietz«, IMV »Tilo Buchholz (Reg.-Nr.: X/560/64)«, IMV »Elke Knoll« festgelegt:
Umfassende Informationen über
– den Personenkreis im Literaturzirkel,
– Verbindungen in der DDR und im Ausland,
– politisch ideologische Positionen,
– negative und feindliche Aktivitäten,
– Widersprüche innerhalb der Gruppe.
Von besonderem Interesse waren in der ersten Phase die Kontakte zu Reiner Kunze, Bettina Wegner, Sibylle Havemann, Gerulf Pannach, dem »Biermann von Leipzig« und Texter der Renft-Combo, zu den im OV »Revisionist« Bearbeiteten und zur AG »Junge Autoren« um Dr. Edwin Kratschmer in Saalfeld/Unterwellenborn. Neben der Vorgangsgruppe Leutnant Schmidt wurde die Mitwirkung der MfS-Abteilung VIII zur »konspirativen Wohnungsdurchsuchung und Beobachtung«, der Abteilung 26 zur Telefonüberwachung und der Abteilung XX/2 zum Schriftvergleich festgelegt.

Das eingesetzte Instrumentarium zur Verhinderung »staatsfeindlicher Aktivitäten« bestand aus:
– Disziplinierung durch Aussprachen, Förderangebote und Drohungen (Studienplatz, Wohnung, Berlinverbot ...) und Behinderungen – vor allem in der beruflichen Entwicklung,
– Isolation von anderen negativ eingestuften Personen durch Einberufung zur Armee, Verbreitung von Gerüchten einer IM-Tätigkeit, Inhaftierung, Abschiebung in die Bundesrepublik,
– Zerrüttung, moralisch, aber auch psychisch, nicht selten verbunden mit der Zerstörung von Familie und Freundschaften,
– Kriminalisierung, wobei es durchaus zur Methode gehörte, daß Inoffizielle Mitarbeiter den Bearbeiteten im Auftrag des MfS zu Straftaten von politischem Protest bis Steuervergehen zu bewegen versuchten, damit ein Ermittlungsverfahren durch die Abt. IX eingeleitet werden konnte.

Ermittlungsverfahren waren nicht selten verbunden mit Stasi-U-Haft von unbestimmter Dauer – nicht weil Verdunklungsgefahr gegeben war, sondern als gezielte Maßnahme zur Zermürbung der Inhaftierten und zur Verunsicherung der Freunde. Das Spektrum der im »Besonderen Teil« des Strafgesetzbuches der DDR vom 12. Januar 1968 vorgesehenen Paragraphen war für derartige Ermittlungsverfahren so breit gefächert und dehnbar, daß bei Bedarf jederzeit Strafprozesse möglich wurden. Gegen mißliebige kulturelle und gegen staatskritische Aktivitäten kamen vorzugsweise folgende Paragraphen zur Anwendung:

§ 98 Sammlung von Nachrichten, die gegen die DDR gerichtete Organisationen, Gruppen und Personen unterstützen – Freiheitsstrafe von 2 bis 12 Jahren.

Der Paragraph wurde mit dem 3. Strafrechtsänderungsgesetz vom 28. Juni 1979 in einer Phase verstärkter politischer Repression erweitert in:

§ 99 Landesverräterische Nachrichtenübermittlung von »der Geheimhaltung nicht unterliegenden Nachrichten zum Nachteil der Interessen der DDR« – Freiheitsstrafe 2 bis 12 Jahre.

§ 100 Staatsfeindliche Verbindungen – Freiheitsstrafe von 1 bis 5 Jahre, 1979 verschärft in: Landesverräterische Agententätigkeit – Freiheitsstrafe 1 bis 10 Jahre.

§ 106 Staatsfeindliche Hetze, »mit dem Ziel, die sozialistische Staats- und Gesellschaftsordnung der Deutschen Demokratischen Republik zu schädigen oder gegen sie aufzuwiegeln«, durch:

1. das Einführen, Herstellen oder Verbreiten von Schriften, Gegenständen oder Symbolen, die die gesellschaftlichen Verhältnisse diskriminieren,
2. das Androhen von Verbrechen gegen den Staat,
3. das Diskriminieren von Repräsentanten oder gesellschaftlicher Einrichtungen – Freiheitsstrafe 1 bis 5 Jahre. 1979 erweitert und verschärft in Freiheitsstrafe von 2 bis 10 Jahre.

§ 107 Staatsfeindliche Gruppenbildung – Freiheitsstrafe von 3 bis 12 Jahre. 1979 umgeändert in Verfassungsfeindlicher Zusammenschluß (im MfS-Sprachgebrauch weiterhin: »Staatsfeindliche Gruppenbildung«) – Freiheitsstrafe 1 bis 5 Jahre.

§ 219 Ungesetzliche Verbindungsaufnahme – Geldstrafe oder Freiheitsstrafe bis 3 Jahre. 1979 Verschärfung in: Geldstrafe oder Freiheitsstrafe bis 5 Jahre.

§ 220 Staatsverleumdung – Geldstrafe oder Freiheitsstrafe bis 2 Jahre. 1979 als »Öffentliche Herabwürdigung« erweitert und verschärft in: Geldstrafe oder Freiheitsstrafe bis 5 Jahre.

§ 249 Gefährdung der öffentlichen Ordnung durch asoziales Verhalten – Geldstrafe oder Freiheitsstrafe bis 5 Jahre. 1979: Geldstrafe oder Freiheitsstrafe bis 2 Jahre.[21]

Für den Bereich Kultur/Opposition wurden die Paragraphen 106 und 249 mit Abstand am häufigsten herangezogen. Paragraph 249 war auf jeden DDR-Bürger anwendbar, der keiner regelmäßigen Tätigkeit nachging und keine Steuernummer besaß. – Eine Steuernummer zu erhalten und freiberuflich künstlerisch tätig sein zu dürfen, setzte die Mitgliedschaft in einem der Künstlerverbände voraus. Eine fast unüberwindliche Schwelle, sofern Ruf und Dossier dem Antragsteller eine kritische Einstellung gegenüber dem SED-Staat bescheinigten.

21 Strafgesetzbuch der Deutschen Demokratischen Republik – StGB –. Berlin 1969, S. 68, 70, 71, 107, 116;
Strafgesetzbuch der Deutschen Demokratischen Republik – StGB –. Berlin 1988, S. 34–36, 59, 64.

Auf die zunehmenden Emanzipationsbestrebungen im Kulturbereich in den Jahren 1977 und 1978 reagierte das Ministerium für Justiz mit dem 3. Strafrechtsänderungsgesetz, einer Verschärfung der politischen Strafjustiz. Neu aufgenommen wurde unter anderem der § 219, Absatz 2: »... wer Schriften, Manuskripte oder andere Materialien, die geeignet sind, den Interessen der Deutschen Demokratischen Republik zu schaden, unter Umgehung von Rechtsvorschriften an Organisationen, Einrichtungen oder Personen im Ausland übergibt oder übergeben läßt ... wird mit einer Freiheitsstrafe bis zu fünf Jahren ... bestraft.«[22] Dieser Abschnitt zielte direkt auf Schriftsteller. Das Corpus delicti konnte ein Gedicht oder ein Romanmanuskript sein, dessen Veröffentlichung die DDR-Zensur verhindert hatte, oder es konnte auch eine Information über politisch Inhaftierte sein.

§ 220 schließlich war der Willkür- und Gummiparagraph, der es bei Bedarf gestattete, jede kritische Äußerung als Verleumdung zu ahnden.

22 Ebenda, S. 59.

1975 – Willkür und Exempel:
Justizunrecht in der Gartenstraße, Auftrittsverbote, politische Exmatrikulation

Das erste Halbjahr 1975 brachte eine bemerkenswerte Fülle an Ereignissen in und um den Arbeitskreis Literatur und zugleich eine Reihe außerordentlicher Konsequenzen.

Den Auftakt bildete am 18. Januar – wenn auch nur mit indirektem Bezug zum Arbeitskreis – ein Polizeieinsatz in der Jenaer Gartenstraße 7. Kommuneähnliche Wohnungen wie diese gab es mehrere in der Stadt, und sie waren manchem ein Dorn im Auge. Am Abend des 18. Januar wurden mehr als 15 Gäste wegen »ruhestörendem Lärm« während einer Verlobungsfeier zum Teil unter brutalen Schlägen in das Volkspolizei-Kreisamt (VPKA) verbracht und vernommen. Vermutlich wäre das Muskelspiel der Macht damit beendet gewesen, hätten nicht einige mit Eingaben und Anzeigen auf die Polizeiwillkür reagiert. So mündete das Ganze in einem der dubiosen Verfahren politischer Unrechtsjustiz.

Wolfgang Diete, damals Krankenpfleger im Karolinenheim Apolda, Wehrdienstverweigerer, bearbeitet im OV »Parasit« (Reg-Nr.: X/534/82), bis zur Ausreise der Familie mit ihren zwei Kindern 1982 nach Westberlin zweieinhalb Jahre Fensterputzer, ist ein Mann, der in sich ruht, wenn er heute über diese Zeit erzählt:

»Die Gartenstraße 7 war unsere erste Wohnung. Ponder und ich sind durch Jena gelaufen, haben leerstehende Wohnungen aufgelistet, dem Rat der Stadt, Abteilung Wohnungswesen, vorgelegt und gesagt, da stehen Wohnungen leer. ›Wir suchen eine Wohnung. Wie sieht es aus?‹ Sie haben wohlwollend genickt, wollten es in den nächsten 14 Tagen prüfen. Inzwischen sind wir weiter durch Jena gezogen, haben die nächste Liste zusammengestellt. Nach 14 Tagen sagten sie: ›Wir haben alles geprüft. Die Wohnungen sind entweder in der Vergabe, werden rekonstruiert oder für Katastrophenfälle freigehalten.‹

Wir: ›Das ist hübsch. Hier ist die nächste Liste.‹ Das Ganze spielten wir vier Mal. Dann haben sie uns die Gartenstraße 7 zugewiesen. Ein Hinterhaus, oberhalb der Uni-Klinik. Inzwischen ist es weggerissen und einem Neubau gewichen. Die Wohnung: Zwei Zimmer und zwei halbe Zimmer, Klo die Treppe hoch, ein Spülbecken in der Küche. Das war's dann auch. Okay, für uns hat sie erst mal gereicht. Dann zog die Freundin von Ponder dazu und ein halbes Jahr später meine Freundin Maria. Und da allgemein großer Wohnungsmangel herrschte, trafen sich viele Leute bei uns. Wir haben gefeiert. An den Wochenenden, wenn wir Wanderungen machten, war bei uns ein Ausgangspunkt. Es war schon viel Bewegung gewesen. Und das hat den Behörden sicher Kopfzerbrechen bereitet.

Es war eine sehr kleine Wohnung, rund 40 Quadratmeter. Aber strecken-
weise haben bei uns sechs, acht Leute gewohnt. Als das mit dem Polizeieinsatz
passierte, war mein Bruder von der Armee zurück und wohnte auch da.

Der eigentliche Anlaß: Ponder und Doris hatten zu ihrer Verlobung gela-
den. Es war ein netter Abend, ganz normal, wie Feten damals so abliefen.
Man saß rum, redete, rauchte, hörte Musik, trank Wein und Bier. Wir hatten
Salate gemacht. Gegen halb zehn klingelte es. Da standen zwei Uniformierte.
Sie hätten einen Anruf wegen ruhestörenden Lärms erhalten. Wir haben ganz
normal reagiert: ›Okay, wir werden uns darum kümmern. Alles entspannt.‹
Noch während wir redeten, fuhren draußen die nächsten Polizeiwagen vor.
Wenn ich mich recht erinnere, ein Wartburg und zwei Mannschaftswagen. Einer von denen erklärte, daß die Veranstaltung jetzt beendet sei und sie die Personalien feststellen wollten. Das in der Wohnung! Rund 40 Leute und dazu
zehn, 15 Polizisten drin, die deutlich nervös waren. Die hatten einen Einsatz-
befehl. Sonst wären sie nicht innerhalb von ein paar Minuten angerückt. In
dieser Situation kam es zu Gedränge, Geschubse und der Befehl: ›Gummiknüppel raus!‹ Meine damalige Freundin und jetzige Frau haben sie in einen
großen, gerahmten Spiegel im Flur gestoßen. Der ging zu Bruch, und später
behaupteten sie, Maria hätte mit einer Scherbe in der zerschnittenen Hand einen Polizisten bedroht. In Wirklichkeit hat sie die Scherbe vor seine Füße geworfen. Es gab Geschrei, Gedränge. Sie schlugen mit ihren Gummiknüppeln
zu und zerrten die Leute an den Haaren raus, prügelten sie auf die Mannschaftswagen. Zwölf, 15 Leute. Da fielen dann Worte wie: ›Ihr Schweine! Ihr
geht vor wie die Faschisten!‹ Ponder, der Wohnungsinhaber, wurde nicht zugeführt. Ich auch nicht. Ich hatte damals ein Gipsbein. Die Auswahl schien
völlig willkürlich. Auch Maria ist damals nicht zugeführt worden, obwohl sie,
wie sich später herausstellte, eine gefährliche Terroristin mit Spiegelscherbe
war.

Wir, der Rest, saßen da und haben uns gefragt: ›Was machen wir jetzt damit?‹ Ein Teil hat wie immer, wenn Menschen handeln müssen, gesagt, man
sollte abwarten, mal sehen, was passiert. Der andere Teil meinte: Das kann
nicht sein!

Gegen Mitternacht sind wir, vielleicht 15 Leute, zum Anger marschiert.
Der diensthabende Offizier war sogar Willens, zuzuhören und sagte, wenn das
so gewesen ist, müssen wir es prüfen. Gegen zwei, halb drei die Nacht wurden
die Zugeführten laufen gelassen.«

Bernd Markowsky: »Die ganze Geschichte war ja völlig wahnsinnig. Ich
war mit Jonny [Gerd Lehmann], mit dem ich damals eng befreundet war. – die
meisten Sachen haben wir ja auch zusammen gemacht – in Weimar. Da wurde
das erste Mal ein Pop-Musical aufgeführt. Wir guckten es uns an, dachten, vielleicht interessant. In der Pause sprach uns jemand an: ›Wißt ihr, was passiert
ist?‹ Wir sind zurückgefahren und fanden alle in der größten Aufregung vor.«

Offenbar lief dieser Polizeiübergriff in eigener Regie ab, eine gute Übung für
andere Einsätze: »Spielen wir mal Aufmischen!« Unterlagen, die die Hintergründe erhellen könnten, waren nicht zu recherchieren. Die MfS-Vorgangsgruppe »Pegasus« um Leutnant Schmidt registrierte die Geschehnisse in ihrem

»Sachstandsbericht« vom 13. März 1975 nur am Rande, nur als Polizeieinsatz gegen eine als Verlobungsfeier getarnte Fete. Dabei war ihnen unter Bezug auf IMV »Elke Knoll« einzig erwähnenswert, daß bei derartigen Feten »allgemein Gedichte und Kurzprosa mit reformistischem und revisionistischem Inhalt« verbreitet werden, die die »politisch-moralische Festigkeit« Jugendlicher untergraben. Eine Feststellung, die wohl auf die eigene Bedeutung im »Kampf« gegen die PiD, die »Politisch-ideologische Diversion«, hinweisen sollte.

Bernd Markowsky: »Natürlich hätte die Stasi auch in der Gartenstraße ihre Zugriffsmöglichkeit gehabt. Aber möglicherweise war ihnen das zu peinlich. Ich habe meinen Stasi-Vernehmer [während der U-Haft] gefragt, und er sagte: ›Wir kennen die Akten.‹

Ich: ›So, dann sagen Sie mir mal, was Sie davon halten. Das ist doch Unrecht!‹

Darauf hat er nichts gesagt, hat verschämt gegrinst. Dann war das Thema weg. Mein Eindruck war, man wollte ein Exempel statuieren.«

Wolfgang Diete: »Wir schrieben Eingaben, nicht als gemeinschaftliche Eingabe, wir haben uns gesagt, das könnte als Gruppenbildung ausgelegt werden, sondern Einzeleingaben an den Leiter des Volkspolizeikreisamtes, die SED-Kreis- und Bezirksleitung, an den Staatsrat.

Wir saßen gerade beim Frühstück, da klingelte es. Zwei in Zivil und drei Uniformierte: ›Wir haben einen Hausdurchsuchungsbefehl für Herrn Kurz‹, also für Ponder. Viertelstunde später Klingeln: Fünf Leute draußen: ›Wir haben einen Hausdurchsuchungsbefehl für Maria Neumann.‹ Viertelstunde darauf noch mal fünf: ›Wir haben einen Hausdurchsuchungsbefehl für Herrn Achim Dömel‹, meinen Bruder.

Das hing damit zusammen, daß Maria und Achim damals nicht bei uns gemeldet waren. Sie rückten zur gleichen Zeit in die Wohnungen ein, aber in die falschen.«

Die MfS-Vorgangsgruppe Schmidt registrierte als Ergebnis der Wohnungsdurchsuchung in ihrem Sachstandsbericht vom 13. März 1975: »In letzter Zeit konnten offizielle Informationen darüber erarbeitet werden, daß in diesen Kreisen SA-Liederbücher (Ausgabe 1933) im Umlauf sind (wurden von VP-Kräften bei Hausdurchsuchungen sichergestellt, Gartenstr. 7).«

Das war für das MfS eine verwertbare Information für mögliche Ermittlungsverfahren, da kein »Quellenschutz« wie bei IM-Berichten oder illegalen Hausdurchsuchungen notwendig war. Das polizeiliche Durchsuchungsergebnis konnte bei Bedarf offiziell als Belastungsmaterial verwendet werden.

Wolfgang Diete: »Bei der Durchsuchung wurde wohl ein SA-Liederbuch gefunden. Wobei, es gab nie einen Hang zu rechtsgerichteter Gesinnung, sondern das war eher so was wie eine Kuriosität. Ich wußte gar nicht, daß Ponder so was gehabt hat. Sie haben es mitgenommen. Dazu 120 Tonbandspulen. Er war Blues-Fan. Alles über Blues, dessen er habhaft werden konnte, hat er auf Bänder überspielt. Worauf die aber Rücksicht genommen haben, ich hab gesagt: ›Das ist mein Zimmer.‹ Da sind die auch nicht rangegangen.

Nach den Hausdurchsuchungen wurden die Leute zugeführt. Aus der Gartenstraße die Maria, die Doris, der Ponder, der Achim. Insgesamt waren es etwa zehn oder zwölf Leute. Die Verdachtsmomente: ›Widerstand gegen staatliche Maßnahmen‹ und ›Staatsverleumdung‹.

Bei den Eingaben hatten wir uns gesagt, wir können nicht bloß schreiben, die haben geknüppelt, sondern wir müssen fairerweise auch sagen, in dem Zusammenhang sind sie auch als ›Schweine‹ und ›das ist ja wie bei den Faschisten‹ beschimpft worden. Dieses Eingeständnis bildete letztlich die Grundlage für die Verurteilungen.

Am Abend sind, glaube ich, sieben Leute in die U-Haft nach Gera überführt worden. Von denen wurden wohl fünf verurteilt. Das Verfahren lief schon etwa eine Woche nach der Festnahme. So daß es für uns unheimlich problematisch wurde, eine Verteidigung zu organisieren.

Das Verfahren ist in Gera verhandelt worden, obwohl eigentlich Jena zuständig war. In die Gerichtsverhandlung ist keiner von uns reingekommen. Keiner ist als Zeuge gehört worden. Zeugen waren nur Polizisten, die am Einsatz beteiligt waren. Ich kann mich erinnern, daß sie im Vorbau vor dem Sitzungssaal in einer Ecke standen, sich offensichtlich unwohl fühlten und wir in der anderen Ecke unseren ganzen moralischen Protest und Zorn in die Blicke legten.«

Menschen sehen sich ungerecht behandelt. Sie gehen den offiziellen Beschwerdeweg, glauben an ihr Recht. In diesem Fall erstatten sie Anzeige gegen die sozialistische Staatsgewalt, nur beachten sie nicht, diese Staatsgewalt ist eine – nicht jedem und nicht jederzeit offensichtliche – Diktatur. Die zeigt ihre Fratze, erklärt sie zu Gegnern, zu Feinden. Kläger werden zu Angeklagten. Denn das ist ein Wesen der Diktatur: Ihre Herrscher müssen keine Fehler eingestehen oder korrigieren. Es gibt keine andere Instanz, die sie zur Verantwortung ziehen darf. Das wäre Demokratie. Also maßregeln sie auch nicht ihre »Organe«, ihre »Volkspolizei«. Zu maßregeln ist, wer ihre knüppelnden Polizisten »Schweine« nennt, das ist »öffentliche Herabwürdigung«, Paragraph 220, Geldstrafe oder Freiheitsstrafe bis zu zwei Jahren, zu maßregeln ist, wer in den Spiegel gestoßen, ihnen mit blutender Hand eine Spiegelscherbe vor die Füße wirft, das ist »Widerstand gegen staatliche Maßnahmen«, Paragraph 212, Freiheitsstrafe bis zu drei Jahren. »Im Namen des Volkes.«

– Aber Jena ist ein aufmüpfiges Pflaster. Darum beschleunigtes Verfahren, darum in Gera, darum keine Entlastungszeugen, keinen Zutritt zur Verhandlung.

Am 31. Januar 1975 verfügt die Staatsanwaltschaft Jena Ermittlungsverfahren gegen neun Personen. In dieser Verfügung wird das einzige Mal aktenkundig erwähnt: »Die Anzeigen der Bürger Kurz, Diete, Dömel, Heinz, Weinz sind in die Ermittlungsverfahren einzubeziehen.«[1]

Offenbar sind sie für das Strafmaß ohne Belang, ebenso wie die Wohnungsdurchsuchungen bei jedem der Anzeigenschreiber. Die Staatsanwaltschaft Jena beantragt am 11. Februar ein »beschleunigtes Verfahren« gegen sechs der Verhafteten, und sie beantragt: »Die Hauptverhandlung soll im Gebäude des

---

1 Staatsanwaltschaft Gera – Archiv: AZ 221/75 S28/75 Jena, Bd. 1.

Bezirksgerichtes Gera durchgeführt werden.«[2] Termin: 14. Februar 1975. Man ist unter sich. Richter und Staatsanwalt verstehen sich. Gründe für diesen Verhandlungsort und die Eile müssen nicht aktenkundig gemacht werden. Alle fünf Hauptangeklagten werden beschuldigt nach Paragraph 220/1/2: »Öffentliche Herabwürdigung«. Peter Rösch kommt glimpflich davon. Ihm ist nicht mehr nachzuweisen als die Worte »Schweine« und »das ist ja wie bei den Nazis«: 500 Mark Geldstrafe.

Bei den übrigen kommt Paragraph 212/1 hinzu: »Widerstand gegen die Staatsgewalt«:

Achim Dömel »drohte mit den Fäusten einem Angehörigen der Volkspolizei«[3]: Sechs Monate.

Maria Neumanns Tatbestand nimmt eine bemerkenswerte Wandlung. Versuchte sie noch laut Ermittlungsverfahren, »mit einer Spiegelscherbe nach einem VP-Angehörigen zu schlagen«[4], heißt es im Urteil: »Die Angeklagte Neumann warf mit einer Spiegelscherbe nach einem VP-Angehörigen. Sie traf ihn aber nicht, da dieser VP-Angehörige von einem anderen Genossen beiseite geschoben wurde. Die strafbare Handlung blieb im Versuch stecken.«[5] – Neun Monate.

Horst-Werner Schmidt und Bernd Tetzner, wegen Widerstandshandlungen bei der Zuführung: je ein Jahr.

In einem abgetrennten Verfahren werden der Wohnungsinhaber Kurz am 10. April zu sechs Monaten, ausgesetzt auf Bewährung und 300 Mark Geldstrafe, und seine Verlobte Doris zu 500 Mark Geldstrafe verurteilt.

Am 29. Mai 1975 beantragt die Staatsanwaltschaft Jena für Achim Dömel »auf Weisung zentraler bezirklicher Organe der Rechtspflege ... Strafaussetzung auf Bewährung, ... da der Strafzweck erfüllt ist«[6]. Mehr brauchen sich Dienststellen in einer Diktatur nicht mitzuteilen. Keine Rückfragen. Achim Dömel wird am 4. Juni entlassen.

Ein fast gleichlautender Antrag bringt Maria Neumann am 30. Juni die Freiheit. Bernd Tetzner und Horst-Werner Schmidt werden am 29. August und 2. September freigelassen.

Bemerkenswert an diesem Vorgang: In den im Staatsarchiv Rudolstadt aufbewahrten Protokollen der SED-Kreisleitung Jena findet sich keine Stellungnahme, kein Wort zu den Polizeiübergriffen in der Gartenstraße. Die Polizeiakten des Volkspolizei-Kreisamtes Jena – und zwar exakt die des ersten Quartals 1975 – fehlen vollständig. Im Jahresbericht des Chefs des VPKA werden weder der Einsatz noch seine Folgen erwähnt. Als sei den Führungskadern etwas aus den Händen geglitten, das im nachhinein besser zu vertuschen sei.

2 Ebenda, Bd. 3.
3 Ebenda.
4 Ebenda, Bd. 1.
5 Ebenda, Bd. 3.
6 Ebenda.

Freunde der Verhafteten organisierten zur Bezahlung der beiden aus Apolda verpflichteten, wenig erfolgreichen Rechtsanwälte einen Soldaritätseinsatz: Weidenschneiden im Saaletal bei Dorndorf. Der Erlös: 398,84 Mark.

Peter Rösch: Aus der ganzen DDR gingen Spenden ein, insgesamt über 4 000 Mark zur Bezahlung der Rechtsanwälte, der Geldstrafen und zur finanziellen Unterstützung der aus der Haft Entlassenen. Eine solche Solidarität hatte es bisher nicht gegeben. Das hat Mut gemacht. Wir spürten, daß wir nicht im luftleeren Raum lebten.

Wolfgang Diete und Nobi fuhren nach Berlin, wollten durch ein Gespräch im ZK die Freilassung der Verurteilten erwirken. Zwar wurden sie am Eingang für Besucher und Bittsteller abgefertigt, aber ihr Engagement wurde sehr wohl registriert. Professor Friedrich Karl Kaul, der sich als Verteidiger in bundesdeutschen KPD-Prozessen einen Namen gemacht hatte, empfing sie, hörte sich ihre Forderung nach Gegenüberstellung mit den Polizeizeugen an und versprach zu prüfen. Marcella Kunze und ihr Freund Willi, der die Polizeiaktion in der Gartenstraße miterlebt hatte, erzählten Reiner Kunze die Geschichte, und sie baten ihn, etwas zu unternehmen.«

Am 27. Februar 1975 berichtet IMV »Rainer Barth... »Im Zusammenhang mit diesem Ereignis ... will Reiner Kunze die beiden Ereignisse in Bad Köstritz und diese Verhaftung auf der Verlobungsfeier zum Anlaß nehmen, ein neues literarisches Werk zu schaffen.«[7]

Wolfgang Diete: »Zunächst ist gar nichts passiert. Inzwischen waren die ersten Monate vergangen. Ich durfte Maria zweimal im Knast besuchen. Es war schrecklich. Sie hatte überhaupt nicht verstanden, was mit ihr passiert war, warum sie verurteilt worden war. Sie war jung, 18 Jahre.«

Ob Kaul oder Kunze oder die Solidarität der Freunde letztlich den Ausschlag für die unerwartete und vorzeitige Haftentlassung gab, ist unklar. Charakteristisch aber ist auch in diesem Fall nicht nur die willkürliche Strafzumessung, sondern auch der willkürliche Umgang mit Begnadigungen. Sie kennzeichnen das politische Strafrecht der DDR-Justiz als Unrechtsjustiz.

Wolfgang Diete: »Sie alle sind nach vier bis fünf Monaten vorzeitig entlassen worden. Dabei wurden Maria und Achim ein paar Tage zuvor beim Kassibern erwischt. Maria hat in der Wäscherei und in der Küche gearbeitet und Achim bei den Malern. Da konnten sie kassibern. Sie hätten eigentlich Strafverschärfung bekommen müssen. Bei der Entlassung sagte man ihnen nur: ›Die Strafe hat ihren Zweck erfüllt.‹«

1992 erhielten die Verurteilten vom Landgericht Gera Rehabilitierungsschreiben. Wogegen jedoch keine Rehabilitierung hilft: Sie wissen bis heute nicht, wofür sie eingesperrt wurden.

Auszug aus dem Schreiben eines der Verurteilten an die DDR-Gerichtsbarkeit mit der Forderung nach Kassation des Urteils, Schadensersatz und Wiedergutmachung:

---

7 OV »Pegasus«, Bd. 1, Bl. 83.

»Hiermit möchte ich meinen gerechten Protest zu der Entscheidung des Bezirksgerichts vom 10.4.1975, in der der erste Strafsenat meine Berufung als offensichtlich unbegründet verworfen hat, bekunden ... Die Ausführungen meines Anwalts, der meinen berechtigten Freispruch forderte, wurden in provokanter Weise übergangen. Die Begründung der Entscheidung, die lediglich darin besteht, daß Zeugen bei der Beweismittelaufnahme eindeutige Aussagen zu meinen Vergehen gemacht haben, stimmt nicht mit der Wahrheit überein. Nur ein Polizist, also ein Zeuge, und nicht von Zeugen in der Mehrzahl, wie in der Entscheidung des Senats behauptet wird, der noch dazu an dem menschenunwürdigen Einsatz in der Gartenstraße 7 in Jena am 18.1.1975 teilnahm und gegen den sich daraufhin meine Anzeige richtete, sagte gegen mich aus ...

Weiterhin drohte mir der Strafvollzugsbeamte bei der Entlassung aus der U-Haftanstalt, indem er sagte, daß wir nun hoffentlich gelernt haben und nicht mehr Eingaben gegen polizeiliche Maßnahmen schreiben, denn was dabei rauskommt, haben wir ja gesehen, und so wird es uns immer gehen ...

Es belastet mich also nur die Aussage eines Polizisten. Meine Eigenbeschuldigung, die ich während des 20-stündigen Verhörs gemacht habe, entspricht nicht der Wahrheit und steht im Widerspruch zu den Aussagen in den vorangegangenen Verhören des gleichen Tages und des folgenden Abends ... Seltsamerweise wurden diese Ermittlungen nicht zum Gegenstand der Beweismittelaufnahme gemacht. Meine Eigenbeschuldigung widerrief ich auch, sobald ich Gelegenheit dazu erhielt ...

Der Tatbestand ist der, als ich die staatsverleumderische Äußerung gesagt haben soll, sah ich, wie einer meiner Gäste, der keine strafbare Handlung beging, brutal von hinten durch einen deutschen Volkspolizisten mit dem Gummiknüppel mehrere Male auf Kopf und Schulter geschlagen wurde. Dies teilte ich Diete mit, da es sich um seinen Bruder handelte, indem ich sagte: ›Jetzt haben sie Achim von hinten geschlagen.‹ Nun gut, ich soll angeblich meine Worte mit ›Schwein‹ bekräftigt haben. Ein Volkspolizist ist kein Schwein, das ist offensichtlich. Er ist ein Mensch.«[8]

Auf Anraten der Freunde schickte der Verurteilte dieses Schreiben nicht ab. Er ging nicht in Berufung, um sich so vor weiteren Repressionen zu schützen.

Nach diesen Ereignissen kam es zu ersten Ausreiseanträgen. Bei vielen, die in Jena bleiben wollten, setzte eine stärkere Politisierung ein.

Wolfgang Diete: »Das geschah über die Auseinandersetzung mit Literatur, diese eingebundenen Bücher über Eurokommunismus und die Charta 77, die weitergereicht wurden, über Irrwege unter Stalin – Rinder-Offenställe, oder Weizen, der zum Vorkeimen ins Wasser gelegt wurde und vergammelte. Wir haben in jugendlichem Überschwang gesagt, wir setzen uns damit auseinander: Was heißt Sozialismus? Und wir erarbeiten eine umfassende Systemkritik. Wir haben Lesekreise gebildet, Bücher gelesen, über die reihum jeder referiert hat. Das war vom Sommer 1975 bis zur Biermann-Ausbürgerung.«

---

8 Abschrift Samisdatprotokoll, undatiert 1975, im Besitz des Verfassers.

Nach den polizeilichen Hausdurchsuchungen in der Gartenstraße entwarf auch der Leiter der Vorgangsgruppe »Pegasus«, Leutnant Schmidt, einen »Plan der konspirativen Durchsuchung« der Wohnung von Wolfgang Hinkeldey und der seines Bruders Martin. Da beide Kontakte zu den Bewohnern der Gartenstraße hatten und Martin Hinkeldey Tramper war, hoffte Genosse Schmidt, belastendes Material zu finden.[9] Bestärkt wurde er durch Hinweise wie denen der IMV »Peter«: »daß Martin möglicherweise derjenige in der Gruppe ist, der die Gedichte, die nie veröffentlicht werden können, sowie Bänder von Biermann und Pannach unter Jugendlichen in der Republik verbreitet«[10].

Von besonderem Interesse bei der Hausdurchsuchung sollten sein: »1 Schnellhefter DIN A4 mit der Aufschrift ›Staatsbürgerkunde‹, enthaltend Hetzgedichte von Biermann, Pannach u. a.« Darüber hinaus sollten nach dem Durchsuchungsplan festgestellt und gesichert werden: »selbstgefertigte Gedichte der Vorgangspersonen (Fuchs, Graf-Hinkeldey, Markowsky, Rathenow)«, »Schund- und Schmutzliteratur«, »literarische Werke, die in der BRD oder im kapitalistischen Ausland verlegt werden«, alle Verbindungen zu Einrichtungen, Verlagen, Personen in die BRD, nach Westberlin, ins kapitalistische Ausland, in die ČSSR und innerhalb der DDR, alle Hinweise, die auf kriminelle Delikte schließen ließen, und alle Hinweise auf interne und öffentliche Veranstaltungen des Arbeitskreises Literatur. Auch an die Schreibmaschine war gedacht. Von ihr waren Schriftproben zu nehmen. Auf eineinhalb Seiten beschrieb der Plan die Vorbereitungen zu den konspirativen Wohnungsdurchsuchungen, von der Sicherung der Abwesenheit der beiden Hinkeldeys bis zur vorbeugenden Überprüfung, ob es größere Haustiere oder knarrende Treppen gäbe. Über die Ausführung des Planes enthält der OV »Pegasus« keine Hinweise.

Wolfgang Hinkeldey: »Ob eine Haussuchung stattgefunden hat, kann ich nicht quittieren. Mir hat nichts gefehlt.«

Anlaß für die offizielle Kampfansage gegen Jürgen Fuchs bot die Ausstellung des jungen Jenaer Malers Gerd Sonntag in der »Gucke«, dem Ausstellungsraum des Kulturbundes im damaligen Rathaus in Bad Köstritz. Im Rahmen seiner Gemäldeausstellung waren für den 7. und 8. Februar 1975 vom Kulturbund zwei Lesungen mit Fuchs und Auftritte der Liedermacherin Bettina Wegner aus Berlin und des Liedermachers Gerulf Pannach aus Leipzig vereinbart worden. Diese Veranstaltung vor den nonkonformen Bildern von Gerd Sonntag – er war bereits mit 18 Jahren auf der Bezirkskunstausstellung vertreten, und eines seiner Bilder, vorgesehen für die 7. Dresdener Kunstausstellung, verschwand auf unerklärliche Weise – stellte ein Novum in der Region dar. Dessen waren sich die Veranstalter und die ihnen übergeordneten Funktionäre der SED-Bezirksleitung, Abteilung Kultur, durchaus bewußt. Von diversen staatlichen und Parteieinrichtungen, einschließlich SED-Bezirksleitung, wurden am 7. Februar so viele Kader nach Köstritz delegiert,

9 Vgl. OV »Pegasus«, Bd. 1, Bl. 72 f.
10 OV »Pegasus«, Bd. I, Bl. 81.

daß die Veranstaltung den Charakter einer geschlossenen Weiterbildung in Sachen »Staatsfeinde« erhielt. Nach Gerulf Pannachs Beobachtung befand sich auch ein MfS-Mitarbeiter der Bezirksverwaltung Leipzig unter den Besuchern.

Jürgen Fuchs las an diesem 7. Februar unter anderem »Die Vorladung«, eine Erzählung, die gemessen an den kommenden Ereignissen prophetisch den seelischen Druck und die Selbstzweifel eines Menschen darstellt, der vorgeladen, aber über den Grund der Vorladung im Unklaren gelassen wird. Und er las:

Das Fußballspiel
Aber ich habe es doch erlebt: das will noch nichts besagen, andere haben ganz anderes erlebt, und nur unter uns, junger Freund, vergessen Sie die militärischen Geheimnisse nicht, wenn Sie sowas schreiben.

Nein, ich werde nicht vergessen, was uns dieser Unterfeldwebel oder Unterwachtmeister, wie er sich gern nannte, am zweiten Tag im Vorbeigehen sagte: Damit wir uns gleich richtig verstehen, wer hier durchdreht und Faxen machen will, der muß sich schon was Besonderes einfallen lassen, hier gab's schon alles: Aufhängen, Fenstersturz, Tabletten, auf Wache abknallen, alles schon dagewesen.

Gar nichts Besonderes, nur ein Sonnabendnachmittag im Juni, die Kaserne ruht, ein angeketteter Schäferhund bellt, einige Soldaten spielen Fußball. Die drei Schüsse waren kaum zu hören, etwas dämpfte den Schall.

Na und, der Posten am Tor ist tot, das kommt vor, seine Herzteile hängen oben im Postenpilz, der ist grün, ganz grün wie Bäume und Sträucher.

Dann wird er abgedeckt, dann wird er abgeholt, dann wird Sand gestreut, weil dort doch jemand lag, in seinem eigenen Blut an einem Sonnabendnachmittag, und ich spielte Fußball, zwanzig Meter entfernt.

Und offiziell? Kein Grund zur Panik, Genossen, er war etwas schwermütig veranlagt, das kommt vor, nahm sich alles sehr zu Herzen, zu Hause stimmte etwas nicht, und überhaupt, was weiß denn ich, was sich so einer dabei denkt.

Dann wurden die Lautsprecher eingeschaltet. Musik, Schlager und Märsche.

Als wir am Abend zur Essensbaracke marschierten, überholten uns lachend zwei Unteroffiziere und rissen Witze über diese Schwächlinge, denen man eben keine scharfe Munition geben kann.

Das ist ein Einzelfall, werden Sie sagen, weil es um einen einzelnen Menschen geht, aber um mich geht es auch, ich spielte zufällig mit vier anderen ein wenig Fußball in irgendeiner Kaserne.[11]

Bettina Wegner sang zur leisen Gitarre ihre traurig-schönen Lieder, in denen immer auch ein »Trotzdem« und ein »Gerade darum« mitschwang, Lieder, die wunderbar solidarisieren und Kraft spenden konnten.

11 Fuchs, Jürgen: Gedächtnisprotokolle. Reinbeck bei Hamburg 1977, S. 22 f.

Wenn meine Lieder nicht mehr stimmen
Wenn meine Lieder nicht mehr stimmen
und keiner hört mir zu
da laß ich die Gitarre schwimmen
und setze mich zur Ruh.

So viele Leute, die ich kenne
die singen schön und aus Beruf
zuviel, als daß ich Namen nenne
versaun der Ehrlichkeit den Ruf.

Wie oft hör ich: Was soll ich machen?
Ach, Ehrlichkeit bringt nicht viel ein
da sing ich lieber seichte Sachen
kassier mein Geld und sag nicht nein.

Dann stelln sie sich auf eine Bühne
und singen irgendwelchen Mist.
Mensch, besser daß ich nichts verdiene
eh ich singe, was nicht ist.

Dann gibt's noch solche, die was zeigen
die singen nicht, die machen frei
und achten drauf, daß beim Verneigen
vom Körper was zu sehen sei.

Vergessen über Brust und Beinen
daß es noch Wirklichkeiten gibt
worüber ganze Völker weinen.
Das Schlimme ist: Die sind beliebt.

Ich glaube, es ist nicht so bitter
daß mich nicht jeder brauchen kann.
Ich will nicht singen wie ein Zwitter
nur vorher fragen: Kommt das an?

Wenn meine Lieder nicht mehr stimmen
und jeder hört mir zu
da laß ich meine Gitarre schwimmen
und setze mich zur Ruh.[12]

Und Gerulf Pannach knallte ihnen zu harten Gitarrenriffs seine Reime auf die sozialistischen Perversionen vor den Latz.

---

12 Wegner, Bettina: Wenn meine Lieder nicht mehr stimmen. Reinbeck bei Hamburg 1979, S. 11 f.

Lied vom FDJ-Funktionär oder
wie man ihm die roten Hosen runterzieht
Wie oft schon vernahm man
durch singen, sagen, berichte
gedichte in allen größen,
von menschen, guten und bösen
wollt bitte mir erlauben
singend einen abzustauben
der sich gibt, sehr wie ich meine
progressiv, doch nur zum scheine
für die scheine zum bezahlen
trifft er seines lebens wahlen
angeln, daß die schwarte kracht
nach beziehungen und macht
im gewand von marxens lehre
stets im auge die karriere

weil er's vernünftig fand:
hauptsache ist, mit dem arsch an die wand
er wäscht die hand
in einem impotenten tränenmeer
seiner schmach und er bedauert sehr
daß noch immer er der größte nicht
kämpft er täglich noch um sein gewicht
in betrieb, institution und auf der bühne
nach dem wahlspruch:
teile herrsche – tret und diene!
Wenn man ihm die roten hosen runterzieht
man sein wahres antlitz sieht (...)[13]

Heute ist nur noch schwer nachvollziehbar, welche impulsive Wirkung, welche Verbundenheit gemeinsame Auftritte von Schreibenden und Liedermachern hervorriefen. – Zumal es durchaus nicht selbstverständlich war, daß die beiden Szenen zusammenkamen.

Allein aus Jena wollten rund 70 Leute zu diesem Liederabend nach Bad Köstritz. Vom Veranstalter war mit einem unterdrückten Grinsen zu erfahren, für den 7. Februar seien keine Karten mehr erhältlich. Also fuhren wir am 8. Februar. Vor der »Gucke« eröffnete der Kreissekretär des Kulturbundes, die Veranstaltung falle aus »technischen Gründen« aus, Gründe, die er nicht näher erläutern müsse. Die Verärgerung war groß, und es wurde laut vermutet, hinter dem Verbot stecke die Staatssicherheit.

Bernd Markowsky: »Bei der zweiten Veranstaltung passierte mir so eine Merkwürdigkeit. Wir waren schon auf dem Heimweg. Ich wollte bloß mal gucken, was noch so im Ort ist. Ich ging in irgendeine Gaststätte. Dort stellte

13 Samisdatabschrift 1975, im Besitz des Verfassers.

sich heraus, da saßen die MfS-Leute ziemlich angeheitert und feierten den 25. Geburtstag der Gründung der Stasi. Ich war schon dabei, mich auf einen Wortwechsel einzulassen. Gott sei Dank haben Lutz Leibner und Jonny Lehmann gesehen, wo ich verschwunden war, und zogen mich da wieder raus.«

In einem Brief vom 13. Februar 1975 forderte ich vom Rat des Bezirkes, durchaus ein wenig provokativ, eine genauere Erklärung dieser »technischen Gründe«. Es war ein mit Lutz Rathenow abgesprochener Test der offiziellen Reaktion. Knapp zwei Wochen später bot mir der stellvertretende Abteilungsleiter Kultur und der zuständige Kreissekretär des Kulturbundes an, »ein Gespräch durch[zu]führen«. Sie versuchten sehr freundlich, meine Motive herauszufinden, wollten wissen, ob der Brief eine abgekartete Sache sei, und hielten die »technischen Gründe« für die Absetzung aufrecht. Ich blieb auf Distanz, monierte die Unglaubwürdigkeit ihrer Aussage. Das brachte die Funktionäre dazu, die Veranstaltung zunehmend erregt und mit drohendem Unterton zu einem »Vorkommnis« zu erklären, das die DDR diskriminiere und die politisch negative Einstellung von Fuchs, Wegner, Pannach beweise. Das Gespräch nahm wohl nicht den von ihnen gewünschten Verlauf – Verständnis für ihre Maßnahme und Distanzierung von der Veranstaltung – sondern kulminierte in der Feststellung, vielleicht komme es noch so weit und »diese Leute« bestimmen, was sie für eine Kulturpolitik machen.

Im MfS-Sachstandsbericht über den Liederabend spielten »technische Gründe« keine Rolle: »Der Inhalt der Darbietung richtete sich laut offiziellen Quellen eindeutig gegen unseren Staat und die Ziele unserer sozialistischen Kulturpolitik.«[14]

Bettina Wegner und Gerulf Pannach erhielten Auftrittsverbot für den Bezirk Gera und Jürgen Fuchs für die gesamte DDR. Gegen das SED-Mitglied Fuchs wurde »in Abstimmung mit unserem Organ« ein Parteiverfahren eingeleitet und die »Wiederholungsveranstaltung ... in Koordination unseres Organs mit den verantwortlichen Organen der Partei und des Staatsapparates abgesetzt.«[15]

Doch noch funktionierte das Verdikt nicht perfekt. So las Jürgen Fuchs auf Vermittlung des Lyrikers Günter Ullmann und Jürgen Kornatz und Rudolf Kuhl, zwei Jazzer der mehrfach verbotenen Formation »media nox«, im Greizer Kulturbund-Klub »Alexander von Humboldt«. Dessen Kreissekretär, vom MfS geführt als IMB »Paul Bonkarz« (Reg.-Nr.: X/639/68, ab 1978 Neubrandenburg), soll die Tür eigenhändig und verschwörerisch vor möglichen Lauschern geschlossen haben.[16]

Anfang März 1975 traten Fuchs und Pannach im Weimarer Studentenklub »Kasseturm« auf. IMS »Ilga Abert« (Reg.-Nr.: X/434/73) hob vor allem ihre Aufforderung an die Jugendlichen hervor, sich in den Sozialismus, wie er existiere, einzumischen. Und sie berichtete, der Jenaer Jugenddiakon Thomas

14 OV »Pegasus«, Bd. 1, Bl. 138.
15 Vgl. ebenda.
16 Vgl. Lahann, Birgit: Genosse Judas, Berlin 1992, S. 131.

Auerbach habe mit den beiden einen Auftritt in der Jungen Gemeinde Jena-Stadtmitte vereinbart und wolle dafür die Verantwortung übernehmen.[17]

Das enge Zusammenspiel zwischen MfS und den Kultureinrichtungen hätte uns zu diesem Zeitpunkt wohl nicht mehr überrascht. Doch dieses Ministerium ging noch weiter, es nahm direkten Einfluß auf die heilige kommunistische Kuh, auf die Einleitung von Parteiverfahren, dieses SED-interne Erziehungs- und Bestrafungsritual.

Die Beweggründe seines Eintrittes in die SED während des Studiums erörterte Jürgen Fuchs mit seinem Reichenbacher EOS-Lehrer Gerhard Hieke, der 1968 zeitweilig vom Schuldienst suspendiert worden war:

»Eine kleine Fraktion nur ... äußerte dieselbe Begründung wie du für den Eintritt in die Partei: es sozusagen von innen heraus versuchen. Ich habe dann zwar auch diese Entscheidung getroffen, aber die bestand schon zu drei Vierteln in der Absicht, die ›Gedächtnisprotokolle‹ zu schreiben. Und indem ich die schrieb, du sie nachvollziehen konntest, wußtest du, daß ich ein ziemliches Risiko einging. Denn wenn man das machte, mit einem Rest von ‚Mal sehen, was da rauskommt‘ und ›Es muß ja nicht unbedingt schiefgehen‹, vor allem aber mit dem Vorsatz: ›Das muß unbedingt dokumentiert werden!‹, dann war das schon eine Entscheidung zur Tat ...«[18]

Der Eintritt in die SED war eines der späteren Kapitel in Jürgen Fuchs' politischer Biographie. Ermutigt durch Biermann und Havemann, wollte er die »Wallraff-Methode« nutzen, um am Privileg der intern Informierten teilzuhaben.

Jürgen Fuchs: »Die Motive meiner Einmischung erklären sich, ironisch gesagt, aus der ›operativen Erfassung‹. 1965/66, als Schüler in Reichenbach, kam es zu den ersten operativen Erwähnungen. Im Zusammenhang mit Gerhard Hieke, der Deutschlehrer bei mir wurde. 1968 zum Beispiel bekam er harte Schwierigkeiten. Man ging in seinen Unterricht hinein, sagte, er würde zu häufig bürgerliche Philosophen erwähnen, er vermittle eine falsche Vorstellungen von Bertolt Brecht. In diesem Umfeld war ich ein Schüler, der es sehr gut fand, was dieser Lehrer sagte, der Seminare bei Ernst Bloch und Hans Mayer in Leipzig besucht hatte, der mit seinem Wissen bei uns an der Schule als tolle Ausnahme gelten konnte. Gegen Gerhard Hieke lief eine ›Operative Personenkontrolle‹. Und da gab es Schüler, die mit ihm sympathisierten. Da spielte auch ich eine Rolle. Wir haben gesagt, wenn er weiterhin Schwierigkeiten bekommt, gehen wir nicht mehr zur Schule.

Schüler aus unserer Klasse fuhren an die tschechische Grenze, wollten nur gucken. Die war vollgestopft mit Militär. Einer kam und sagte, er solle durch die Staatssicherheit angeworben werden, nur weil er mit dem Moped dort hochgefahren ist. Er weinte.

In der Akte von Hieke gibt es einen Vermerk, daß ich als ›Kontaktperson‹ der Stasi eingetragen wurde. Es gab eine Vorladung beim Direktor, wo die Staatssicherheit saß und fragte: ›Was ist das für ein Lehrer?‹ In der Beurtei-

17 Vgl. OV »Pegasus«, Bd. 1, Bl. 138.
18 Fuchs, Jürgen/Hieke, Gerhard: Dumm geschult. Berlin 1992, S. 52.

lung stand dann, mit dem Fuchs ist nichts anzufangen, unzuverlässig: Einberufung zur Armee. Das geschah sofort nach dem Abitur. Auf dem Einberufungsbefehl stand GR 15. Ich wußte nicht, was das heißt, Grenzregiment 15: Johanngeorgenstadt, Ausbildungslager.

Ich fragte: ›Wo werden wir eingesetzt?‹ – ›Naja, an der Westgrenze.‹ Ich stand nie an der Grenze vorn. Aber sie haben auch Unzuverlässige eingezogen. Es waren Stasi-Truppen voller Bespitzelung: Abiturient, intelligent. Ehe der zum Studium darf, erst mal sehen, ›was ist denn das für einer?‹

Dann bekam ich während der Armee Schwierigkeiten, als Utz Rachowski von der Oberschule in Reichenbach verwiesen wurde, ich als älterer Verführer. Wir hatten uns auch während der Armeezeit getroffen, sprachen über gemeinsame Lektüre. Da was Ernst Fischers Tagebuch über Hieke mit reingesickert. Wir haben Lenins ›Staat und Revolution‹ unter dem Aspekt der Anmaßung der Kommunisten gegen die Demokratie gelesen. Ein anarchistisches Element lag da schon drin. Es hieß: Der Fuchs darf nicht studieren. Staatsgefährdendes Verhalten. Hier hat sich mein Hauptmann, Rödiger hieß der, Acht-Klassen-Schule, viel Alkohol, dem ich die Parteilehrjahr-Sachen auf Schreibmaschine getippt habe, geweigert, eine schlechte Beurteilung zu schreiben. Trotzdem die Zurücknahme meiner Vorimmatrikulation in Jena.

Zwei Lehrer sind von Reichenbach zur Universität gefahren, haben interveniert. Als ich von der Armee kam, kam die überraschende Zusage zum Studium der Sozialpsychologie. Es war der Wechsel von Ulbricht zu Honecker. Diese Losung: ›Keinen zurücklassen, jeden gewinnen!‹ Das neue größere Bewußtsein hieß jetzt: Wir nehmen die hinein in die Gesellschaft und passen auf sie auf. Das war auch die moderne Stasi-Haltung: Wir werden mit den Leuten leben müssen.

Ich bin zum Studium gegangen, und wo bin ich hingekommen? Ins Studentenwohnhein Jena-Zwätzen. Die Zimmerverteilung in diesen Baracken wurde vorgegeben, da lag ein Oberleutnant Wiegand, Stasi-Offizier, der mich dann massiv bespitzelt hat, später Vernehmer, im Bett über mir. In der Seminargruppe: Weitere Offiziere der Staatssicherheit. Wozu sitzen die hier? Wo geht das hin, fragten Lilo und ich. Wir hatten ja auch Psychotherapie und Diagnostikausbildung. Der Kontrollaspekt und der Wissensaspekt, der war auch für ihre Anwendungen sehr reizvoll.

Dann kam es zu der Entscheidung, mich als IM anzuwerben. Dieses Strickmuster: Kriegen wir ihn an die Leine oder nicht? Das galt auch für andere ›Pegasus‹-Leute. In der Hälfte der Fälle versuchten sie es nicht bei den sogenannten Positiven. Ihr Ansinnen hatte auch den Charakter von Disziplinierung. Sie wollten Leute im kritischen Milieu exponieren, an sich binden. Das hieß ja nicht gleich IM-Verpflichtung. Das hieß: ›Führen Sie mit uns Gespräche. Tauschen Sie sich mit uns aus über die Probleme, die Sie haben. Ihre Meinung ist gefragt.‹

So ein Gespräch fand statt in der Universitätsparteileitung und eins im Gästehaus der Uni. Mit Zuschließen des Zimmers, Abnehmen des Schlüssels. Es ist in ›Magdalena‹ beschrieben.[19] Das Ergebnis: Nichteignung. ›Er wird das

19 Vgl. Fuchs, Jürgen: Magdalena. Berlin 1998, S. 347–349.

nicht geheimhalten, will das nicht machen.‹ Danach kam die erste operative Erfassung in OV ›Revisionist‹, 1975 die Umregistrierung in ›Pegasus‹. Die ›Führung‹ hatte bereits die HA XX in Berlin, wegen der Kontakte zu Biermann, Havemann.«

Die interne Abstimmung der MfS-Bezirksverwaltung, MfS-Kreisleitung und Universitätsparteileitung funktionierte. Jürgen Fuchs erhielt die Aufforderung zur »Aussprache«. Er nutzte diese und weitere Aussprachen zur Erweiterung der DDR-Dokumentarliteratur um eine eigene Form, die »Gedächtnisprotokolle«. – Studien par excellence über Innenansichten diktatorischer Gewalt, über Methoden der Macht und Ausgeliefertsein, über taktische Hinterhalte und konsequentes Widerstehen.

»gedächtnisprotokoll
aussprache in der universitätsparteileitung der friedrich-schiller-universität jena am 12.3.1975 17 uhr, uni-hauptgebäude

anwesend: prof. keßler (prorektor)
dr. tennigkeit (1. sekretär upl)
merkel (sekretär der upl)
schulze (parteisekretär der sektion psychologie)
fuchs (als vorgeladener)

tennigkeit: wir wurden durch die staatliche leitung der universität davon in kenntnis gesetzt, daß in bad köstritz eine veranstaltung durchgeführt wurde, an der du teilgenommen hast. wir betrachten diese veranstaltung als einen ernsten und gravierenden politischen vorfall, der außerordentlich negative tendenzen zum ausdruck bringt. du hast der uni dabei keinen guten dienst erwiesen. ganz im gegenteil, der partei und der uni wurden großer schaden zugefügt. wir sind hier zusammengekommen, um diese vorkommnisse parteilich aufzuklären. ich möchte gleich vorweg sagen, daß wir hier nicht mit dem künstler sondern dem genossen fuchs reden. von kunst verstehen wir nicht so viel, d. h. wir sind keine spezialisten. auf die politische wirkung deiner literarischen produkte kommt es an. (...)

fuchs: trennung in künstler und genosse kann ich nicht akzeptieren, wenn hier mit dem genossen gesprochen wird, dann auch mit dem künstler. (...)

tennigkeit: zurück zu bad köstritz. du sagst, daß alles in ordnung war. ich möchte bloß ein paar titel anführen: vertrauensmann, 1. mai, das schillerdenkmal, das wird alles durch den dreck gezogen ...

merkel: fdj-sekretär, das mit den roten hosen ...

tennigkeit: ach ja, hier werden die vertreter der partei- und staatsorgane in unverschämter weise durch den dreck gezogen. BRÜLLT: das sind machwerke. wir werden diese beleidigungen nicht länger zulassen, das kann ich ihnen sagen. hier ist die grenze erreicht. hier hört der spaß auf und der blutige politische ernst beginnt. In klarer sprache ausgedrückt: du stehst auf drei fehlpositionen: 1. du begibst dich hier auf die position der kritiker am real existierenden sozialismus und begünstigst damit die ideologische diversion des gegners, arbeitest ihm direkt in die hände. 2. du forderst freiheit der kritik, kritisches engagieren. du stehst damit auf der position der 2 000 worte in der ČSSR von 1968 ...

fuchs: die ich nicht einmal kenne ...

tennigkeit: das spielt keine rolle. damit hilfst du mit, die konterrevolution vorzubereiten. milde gesagt, ist das die position des pluralismus. 3. ist es eine absolut unmarxistische betrachtungsweise, den staat und die gesellschaft so zu betrachten, wie du es tust. das ist eine kritische position. der sozialismus ist für dich eine kette von fehlleistungen. (...)
man muß euch prinzipiell beurteilen, mehr nicht. wer solche lieder macht wie der pannach, ist ein mensch, bei dem ich ein großes fragezeichen machen muß. so, jetzt hast du die drei punkte gehört, die deine fehlpositionen beschreiben. diese fragen wollen wir jetzt diskutieren.

fuchs: welche fragen? das waren nur behauptungen, anschuldigungen, beleidigungen. welche fragen sollen denn diskutiert werden? PAUSE. wer kennt denn, was ich in köstritz gelesen habe? ich meine jetzt nicht diese halben mitschriften. vielleicht wäre es gut, das einmal zu hören. ZUSTIMMUNG. ich werde drei kleine prosastücke lesen: ›das interesse‹, ›die vorladun‹, ›das fußballspiel‹. KESSLER SUCHT IN SEINEN PAPIEREN. vielleicht können sie die orginale diesen unleserlichen durchschlägen zuordnen, dann können sie besser vergleichen.

keßler: das fußballspiel habe ich hier. aber von den anderen stücken steht hier nichts. LESEN DER VORVERHÖRE.

tennigkeit: NACH LANGEM BETROFFENEN SCHWEIGEN. eine richtung ist erkennbar; der menschenfeindliche moloch staat. der sozialismus drangsaliert den einzelnen, der wehrloses opfer der institutionen ist. das ist ein bild unserer gesellschaft ... das ist ungeheuerlich!

merkel: darstellung der gestapo.

keßler: ich kannte ja nur dieses fußballspiel. aber das war noch ziemlich der einzelfall. aber hier diese ersten beiden sachen so allgemein auf das typische aus, warum beleidigen sie uns. das ist ein schlag mitten ins gesicht des sozialismus. ZEIGT AUF SEINE GOLDRANDBRILLE.

tennigkeit: wo spielt denn das? hier bei uns? was haben sie sich eigentlich dabei gedacht, als sie das geschrieben haben?

fuchs: ich habe dabei auch an sie gedacht. SCHWEIGEN. herr professor, sie sagen, diese verhöre sind ein schlag ins gesicht des sozialismus, und zeigen dabei auf ihr gesicht. sie sind aber nicht der sozialismus, sondern die vertreter einer bürokratie, die den sozialismus fürchten, auch wenn sie vorgeben, ihn aufzubauen. (...)
ihr sorgt euch um die wirkung dieser biographischen mitschriften. in köstritz, in greiz, in weimar gab es durchaus wirkungen, da kamen junge leute und sagten: das kennen wir, genauso ist es, und erzählten dann von sich und ihren problemen ... daß hier keine resignation ausgedrückt wird, daß du nicht stillhältst, das freut uns, das ist gut. solche stellungnahmen habe ich gehört. und in köstritz waren doch die organe anwesend. ich rief zwei mal zur diskussion auf, warum meldete sich niemand, es waren doch alle da: rat des bezirkes, bezirksvorstand des kulturbundes, partei – und am nächsten tag waren es »technische gründe«.

tennigkeit: nun sag mal deine politischen ansichten. wie würdest du sie verallgemeinern, ich meine, auf einen nenner bringen?

fuchs: auf ihren nenner bringen, der sich leicht mitschreiben läßt, so wie sie ihre anklage in drei punkten formulierten, knapp und falsch, meinen sie das?

tennigkeit: ich meine die theorie, die dahinter steckt.

fuchs: das gedankengebäude, aus dessen obersten fenster (rechts) der klassenfeind lugt ...

tennigkeit: wie du willst, nenne es, wie du willst. (...)
merkel: was willst du eigentlich erreichen, sollen deine zuhörer am anschluß der lesung die ämter dieses bürokratischen staates stürmen, oder was?

fuchs: wenn dieser ganze staat so aussieht, wie du ihn gerade beschrieben hast, dann müssen wir uns etwas einfallen lassen, das ist richtig. (...)

tennigkeit: aha, naja, du hast uns gefragt, warum wir uns getroffen fühlen: weil wir uns identifizieren mit diesem staat und seinen organen, deshalb. warum fühlt sich denn keiner aus diesem kreis bedrängt und drangsaliert, warum nur du? kann sein, du bist egozentrisch veranlagt, oder noch schlimmer. wir müssen vielleicht ohnehin ganz andere maßnahmen einleiten und außerdem eine harte sprache sprechen. jawohl, das ist richtig, du provozierst uns ja dazu. (...)
fuchs: (...) auf klemperer brauche ich sie nicht hinzuweisen, aber das die sprache des vierten reiches ungehindert in der ddr ausgesprochen werden darf, das ist doch furchtbar. sie fragen mich nach meiner aufgabe als genosse: solche schlimmen vorgänge muß ich signalisieren, das ist meine aufgabe.

tennigkeit: du machst dich damit zum handlanger des imperialismus, der wartet doch nur auf solche signale.

fuchs: die handlanger sind doch die, die solche vorladungen inszenieren, solche interessen vertreten und auf diese art verhindern, daß sich der sozialismus in der ddr von seiner bürokratischen sklerose befreit. das sind die handlanger und helfershelfer, nicht die, die mit künstlerischen mitteln diese misere zu entlarven versuchen. (...)

tennigkeit: also gut, die zeit ist vorgerückt, es ist schon 19 uhr, eine einigung konnte nicht erzielt werden, im gegenteil, es wurde sichtbar, daß es zwischen unseren standpunkten keine versöhnung geben kann. hier müssen wir eine prinzipielle entscheidung treffen. SIEHT DEN PROFESSOR AN. DER NICKT. so, das wär's.

fuchs: was heißt das? wird ein parteiverfahren eröffnet?

tennigkeit: z.b. die partei der arbeiterklasse ist kein sammelsurium von irgendwelchen auffassungen und theorien. ein mitglied der partei schreibt solche sachen ... gegen die partei, gegen den staat, gegen das statut, das ist ungeheuerlich.

fuchs: was auch immer sie jetzt sagen, diese vorladung war nur eine peinliche bestätigung meiner prosatexte, niemand wird mich daran hindern können, auch diese abendliche großtat literarisch zur diskussion zu stellen. Ich habe mir auch heute vieles notiert, ich werde nichts vergessen.«[20]

Jürgen Fuchs stritt einen einsamen Streit. Am 24. April 1975 wurde er im Eilverfahren aus der SED ausgeschlossen. Zuvor erfolgte im »Monatsbericht April« eine Information von der SED-Kreisleitung Jena-Stadt an Gen. Herbert Ziegenhahn, Mitglied des ZK der SED und Erster Sekretär der Bezirksleitung Gera. Nach diesem Bericht stellten sich – neben einem Investitionsvorhaben »Wanne 43« im VEB Glaswerk Schott Jena – der Arbeitskreis Literatur und Jürgen Fuchs als Schwerpunktprobleme für die Jenaer Kreisleitung dar: »Mit Fuchs wurde durch die GO-Leitung und Genossen der Universitätsparteileitung die Auseinandersetzung geführt. Fuchs beharrte dabei auf seinen parteifremden Positionen. (...) Das Parteiverfahren gegen ihn ist eingeleitet und wird am 24.04. in einer außerordentlichen Mitgliederversammlung der Grundorganisation durchgeführt. Unter Leitung der UPL wird der Grundorganisation in der Vorbereitung geholfen, damit alle Genossen die feindlichen Positionen von Fuchs durchschauen. «[21]

Am 28. Mai 1975 wurde Jürgen Fuchs durch den Rektor der Friedrich-Schiller-Universität vom Studium beurlaubt und ein Disziplinarverfahren wegen Schädigung des Ansehens der Universität eingeleitet. Am 5. Juni schloß

20 Samisdatabschrift 1975, im Besitz des Verfassers; Fuchs: Gedächtnisprotokolle, S. 13–27.
21 Thüringer Staatsarchiv Rudolstadt, BPA SED Gera IV C-2/3/706 Bl. 84.

ihn die Hochschulgruppenleitung der FDJ aus dem Jugendverband der DDR aus. Am 17. Juni wurde er exmatrikuliert. Seine Diplomarbeit über das Argumentationstraining für leitende Angestellte und Gewerkschafter in Großbetrieben war zu dem Zeitpunkt bereits mit »sehr gut« bewertet worden.

»Nachdem mich der Vorsitzende des Disziplinarausschusses, Prof. P., aufgefordert hat, auf einem Stuhl in der Mitte des Raumes Platz zu nehmen, eröffnet er die Sitzung indem er seine persönliche Meinung zu meinen Arbeiten bekanntgibt: ›Als ich das gelesen hatte, stand für mich fest: Das reicht für eine Anklage wegen Staatsverleumdung.‹«[22]

Nach einer kurzen Scheinberatung, bei der Fuchs den Raum zu verlassen hatte, verkündete Prof. P. den Exmatrikulationsbeschluß: »Wenn Sie sich von ihren Arbeiten distanzieren, können sie sich melden, frühestens in einem Jahr, es geht ja wohl nur noch um eine Prüfung.«[23]

Es ging um mehr als um einen Ausschluß vom Studium. Es ging um die Demonstration von Macht und um Einschüchterung. So überrascht es nicht, daß der Stellvertretende Minister für Hoch- und Fachschulwesen Fuchs' Einspruch gegen die Exmatrikulation als unbegründet verwarf und das Büro von Erich Honecker nicht auf seine Eingabe reagierte.

Nicht nur im Arbeitskreis löste diese Exmatrikulation Empörung aus. Fuchs' Gedächtnisprotokolle kursierten. Unterschriftensammlungen und Protestschreiben wurden erwogen. Die letztlich ohnmächtige Wut vermischte sich mit der Betroffenheit über die Unverhältnismäßigkeit, mit der der Apparat die Auseinandersetzung mit den Mißständen im eigenen System unterband. Der von Jürgen Fuchs gebrauchte Begriff eines »bürokratischen Zentralismus« setzte sich fest. Jürgen Fuchs, seine Frau Lilo und ihre gerade geborene Tochter Lili folgten der Einladung der Familie Havemann. Sie nahmen Quartier in deren Sommerhäuschen in Grünheide, um der inzwischen permanenten Stasi-Überwachung in Jena zu entgehen. Ohne Erfolg. Bis zu seiner Verhaftung im November 1976 wurde er durch die HA XX des MfS in Berlin im OV »Spinne« (Reg.-Nr.: XV 3970/76) bearbeitet.

Jürgen Fuchs: »Das Politische war mir immer wichtig. Die Freiheitsfrage. Aber da war auch schon das Literarische. Aber Literatur als Mittel der politischen Artikulation war für mich überhaupt kein wesentliches Moment. Ich war begeistert von Sprache. ›Levins Mühle‹ oder ›Böhlendorf und Mäusefest‹ von Bobrowski habe ich laut gelesen. Ich mochte den Klang der Worte. Von der Lektüre her spielte Borchert eine große Rolle, Böll auch, Dostojewski. Mit 14, 15 habe ich Nietzsche gelesen, nicht nur Zarathustra, auch die Sprüche und andere Sachen. Ich war ein richtig früher Leser und habe recht viel verstanden. Recht früh kamen auch schon die ersten Skizzen im Schreiben. Ich habe nach einem Ausdruck gesucht, war begeistert von Kunst, Literatur, Malerei, Platten. Das Zimmer hing mit Bildern voll. Das Matthäus-Evangelium versuchte ich auswendig zu lernen, weil mir die Sprache so gut gefiel. Von Brecht konnte ich viel auswendig. Das war ein Gefühl von Freiheit: Lite-

---

22 Fuchs: Gedächtnisprotokolle, S. 84.
23 Ebenda, S. 85.

ratur, Kunst, auch Philosophie und dann die beschleunigenden Anregungen durch Lehrer Hieke und als er rausgeschmissen wurde, durch Dr. Ingeborg Hochmuth, eine weitere ausgezeichnete Lehrerin. Es hat mir gut getan in diesem verfluchten Provinznest Reichenbach. Vor dem Fenster ein Bach, der seine Farben wechselte, wie es aus der Färberei reinfloß, wo Ratten rumrannten, wo auch Ängste waren, da habe ich angefangen, das in den schwarzen Heften zu beschreiben. Das war die Reaktion eines künstlerisch talentierten Menschen auf seine Umwelt.

Ich bin in einer gespaltenen familiären Lage aufgewachsen: Die Großmutter Olga – bekennende Kirche gegen die Nazis. Die anderen, die eher mitmachten, die sagten: ›Anpassen.‹ Was für mich übrig blieb, als ich ins Leben startete, war diese Umgebung: Stadtrand, Textilindustrie, dreckige Luft. In der Nähe Uranabbau, Auerbach, Ronneburg, Seelingstädt, mit all den Risiken, die immer noch verdrängt werden. Der Vater Elektriker, ein Haushalt, in dem Kultur nicht diese Rolle spielte, aber die religiöse, dem Wissen, dem Geistigen nahe Atmosphäre durch Großelternteile. Olga, die Bauersfrau, die Bibelseiten auswendig konnte, die früh freundlich lachte. Sprüche aus dem Alten Testament gegen die Gottlosen, eher lachend vorgetragen, was denen alles noch blüht.

Dazu Bücher, über den Buchhandel, durch Lehrer zugesteckte oder über Edgar Stognienko, meinen Schwager, der Gorki, Twain, Dostojewski, Tolstoi mitbrachte. Ich habe es gierig aufgenommen, bin bis heute dankbar für dieses tolle Erlebnis.

In der Zeit hatte ich auch suizidale Augenblicke. Ich wollte so nicht leben, so geduckt in dieser verfluchten Erziehungsgesellschaft, in der mir klar wurde, daß das mit der führenden Rolle der Arbeiterklasse nicht stimmt. Diese Häuser ohne richtiges WC, und alle stanken nach Scheiße, wenn es Sommer war. Irgendwie hatte ich die Schnauze voll, neben all der Begeisterung für Kunst, Natur, Freiheit ... Vogtland hat hohe, schöne Brücken, die Göltzschtalbrücke – warum sollte man da nicht runterspringen? Es gibt doch gerade in der Pubertät dieses: Leben – Tod sehr radikal. Und dann gab es eine Antwort: ›Weil du gerne liest, weil du gerne Freundinnen hast, weil du vielleicht noch etwas vorhast, weil vielleicht noch irgendein Auftrag besteht. Welcher Auftrag? – Schreiben.‹

Ich bin nach Greiz gefahren, zu Reiner Kunze. Die Kontakte waren relativ früh da, '67, '68. Da war ich 17, 18. Ich habe ihn '68 erlebt. Ich habe gestaunt, was der macht. Und er: ›Was machen Sie?‹ Da hatte ich das mit dem Bach, kaputter Natur, Ratten, Lehrer, die das oder das sagen, Halstücher, die im Wind wedeln ... Er hat gespürt, das da was kam, und hat mich nie zurückgewiesen. Er sagte höchstens in seiner Art, wie er pädagogische Ratschläge gibt: ›Um Himmels Willen, bilden Sie sich aus, das ist alles viel zu früh!‹ Dann Jena. Der Staat sagte auch nicht gleich: ›Den müssen wir schlachten.‹ Der sagte: ›Den versuchen wir zu gewinnen.‹ Poetenbewegung. Es gab einen Toleranzbereich, das Ziel: ›in unserem Sinn‹ entwickeln. Also hieß es, mit ihnen sprechen.

Ich habe Richard Pietraß kennengelernt, der gute Nachdichtungen gemacht hat, zum Beispiel aus dem Polnischen, ein sprachbegabter Mensch.

Rainer Kirschs ›Schlaghands Höllenfahrt‹ war in ›Theater heute‹ abgedruckt. Wir haben es auf Band gesprochen, es aufgeführt, viel gelacht dabei, Kirsch eingeladen. Das war diese Atmosphäre, Stefan Heym war in Jena, Hermlin mit seiner mutigen Stellungnahme für Solschenizyn: ›Wir alle werden den Archipel Gulag noch lesen müssen.‹ Rainer Kirsch las im Arbeitskreis Literatur, Havemann war bei meiner Lesung. Die waren ja so perplex, das ist aus den ›Pegasus‹-Akten gar nicht zu ersehen. Das haben die im OV ›Leitz‹ [Operativer Vorgang gegen Robert Havemann] abgehandelt.

Christa und Gerhard Wolf haben in Jena in der Wagnergasse gelesen. Ich habe ihnen Sachen gegeben, und Gerhard Wolf sagte: ›Das ist alles sehr gut. Die Prosa führt direkt ins Gefängnis. Machen wir erst mal einen Gedichtband. Eine sehr schöne Haltung.‹ Auch von Günter Kunert Lob.

Biermann kannte ich ja schon aus Berlin, vorgestellt durch Pannach im Vorfeld der Weltfestspiele. Wir sind in seine Wohnung gegangen. Pannach hatte damals das Lied ›Eigene Leute sind keine Meute, mit denen man machen kann was man will‹. Es ging um bessere Tonbandaufnahmen für die Renft-Combo mit Biermanns Technik. Er frage mich: ›Und, was machst'n du?‹

– ›Ich schreib auch 'n bißchen.‹ Da habe ich ihm ›Schriftprobe‹ vorgetragen. Ich sehe ihn noch in seinem Sessel, sehr forsch in seinen Meinungsäußerungen, fast arrogant. Er las einiges durch, sagte: ›Das ist sehr gut. Wie heißt du? Aha.‹

Hinterher war ich wie berauscht, dachte: ›Wo führt das alles hin? Stimmt das, was er sagt? War das wirklich Biermann?‹ Er hat mir sofort eine Veröffentlichung der Kurzprosa angeboten, die er noch besser fand, zu der er den Zusatz machte: ›Das kann ich nicht.‹

Ich war noch jung. Das alles war sehr schön für mich. Auch Kunze war solidarisch und wollte das fördern. Er hatte Kontakte zur Bayerischen Akademie der Schönen Künste. Blödsinnigerweise habe ich die Texte mit einem Einschreibebrief nach München geschickt. Der wurde abgefangen.

Im Rowohlt-Literaturmagazin sollten ein paar Texte kommen. Corino hat sich gemeldet. Klunker vom ›Deutschen Allgemeinen Sonntagsblatt‹ kam zu Havemann nach Grünheide raus: ›Wohnt der Fuchs hier? Ich habe von dem was gelesen.‹ Über Lektüre stellten sich Kontakte her.

Dann gab ich Teile der ›Gedächtnisprotokolle‹ an Girnus, den Chefredakteur von ›Sinn und Form‹. ›Drucken Sie das bitte.‹ Sie haben abgelehnt. Es kam dann während meiner Haft bei Rowohlt. Das war schon ein literarischer Weg.«

Für diese »Gedächtnisprotokolle« erhielt Jürgen Fuchs auf der Buchmesse in Nizza 1977 den »Internationalen Pressepreis«. In der Bundesrepublik erfand man das Stigma »Betroffenheitsliteratur«. Jürgen Fuchs sei ihr »erster erfolgreicher Vertreter«[24]. Ein Mal, wie es Sklaven von ihren Besitzern eingebrannt bekamen. Heute klebt die westliche Gesellschaft fest haftende Etiket-

---

24 Munzinger-Archiv/Internat. Biograph. Archiv 00/00, K 015 214–4 Fr.-ME 1.

ten an: »Betroffenheitsliteratur«. Oberflächlich. Abschließend. Eilig: Es gab Übersetzungen in sechs Sprachen. – »Ach so? Das Nächste!«

Observationen und Sanktionen gegen die öffentliche Auseinandersetzung mit dem verordneten Sozialismusbild

Bevor auch der Arbeitskreis Literatur zu einem vollendeten Siegel für Staatsfeindlichkeit wurde, regte Lutz Rathenow immer wieder an, wir sollten uns möglichst oft an Wettbewerben beteiligen, damit jeder für sich, aber auch der Kreis bekannter werde. Das hatte seinen guten Grund. Denn ohne einen frühen in der Studentenzeitung »Forum« erschienenen Beitrag über die Schwierigkeiten, den Lyrikkreis zu gründen, und ohne diverse Talentnachweise wäre es nicht zum Vertrag mit dem Kulturhaus Neulobeda gekommen.

Lutz Rathenow: »Eines war mir klar: Wenn es nicht mehr möglich sein würde, in der Öffentlichkeit Präsenz zu zeigen, würde der Arbeitskreis auch nicht mehr lange existieren können. Es kam allerdings dazu, daß sich unsere Problemsicht zunehmend in die optimismus- und lebensbejahenden DDR-Vorgaben verwickelte. Der Appell, weiter im DDR-Wettbewerb mitzumachen, war somit sicher der letzte verzweifelte Versuch, einen Bruch zu vermeiden, der längst geschehen war.«

Für das Jahr 1975 forderte die Kulturhausleitung Jena-Neulobeda, wie schon für 1974, einen Arbeitsplan. Also wurden Lesungen mit Schriftstellern aufgenommen, deren Werke uns wichtig waren, zu denen teilweise auch Kontakte bestanden: Sarah Kirsch, Christa Wolf, Volker Braun, Heinz Czechowski, Adolf Endler, Franz Fühmann, Stefan Heym, Günter Kunert. Für Richard Leising, Richard Pietraß und Jürgen Fuchs – vor seinem Auftrittsverbot vereinbart – lagen bereits Finanzierungszusagen vor. Doch nach dem Lieder- und Leseabend in Bad Köstritz kam die Reihe nicht mehr zum Tragen. Die Kulturhausleitung blockte: Zu den vereinbarten Terminen stünden keine geeigneten Räumlichkeiten zur Verfügung.

Verhandlungen mit der Leitung des Hauses, eine Gedichtmappe herauszugeben, scheiterten trotz Rathenows am 3. März 1975 brieflich gegebener Zusicherung, »politisch spektakuläre Sachen« auszuklammern. Veröffentlichungen, das war ihnen klar und unser Ziel, sollten unseren Stellenwert erhöhen. Andererseits, Publikationen ohne Druckgenehmigung herzustellen, war in der DDR verboten und ein schwieriges Unterfangen. Die Vervielfältigungstechnik in den Betrieben und Institutionen – zumeist Hektographie (Ormig) und Wachsmatrizverfahren – war den Sicherheitsbereichen zugeordnet. Jede Möglichkeit, etwas ohne Genehmigung zu kopieren, sollte ausgeschlossen werden. Lutz Rathenow gelang es, seinen Vater, der Direktor der Städtischen Verkehrsbetriebe war, ein zweites Mal dafür zu gewinnen, eine Gedichtsammlung »Gegen die Gleichgültigkeit« im Ormigverfahren vervielfältigen zu lassen. Der Hinweis »Internes Informationsblatt« schützte den Vater letztlich jedoch nicht. 1977 kam es zur Funktionsenthebung. Hier spielten das Verhalten des Sohnes und auch die Gedichtsammlungen eine Rolle. Dabei hatte der Sohn kritischere Texte vorsorglich nicht aufgenommen. An dieser zweiten Ausgabe, die vor allem Bernd Markowsky als anpasserisch kritisierte, entzündete sich ein grundsätzlicher Streit über Anspruch und Ziele des Arbeitskreises.

Lutz Rathenow: »Ich hatte Gedichte von Bernd Markowsky nicht hineingenommen, um Wirkungsmöglichkeiten für andere nicht einzuschränken. Ich muß mich hier zu instinktiver Selbstzensur zugunsten einer öffentlichen Wirksamkeit in die DDR bekennen.«

Immerhin waren hier Texte – bei allen Schwächen in ihrer Auswahl, für die DDR sehr unüblich, in einer Art Samisdatpublikation erschienen. Schon dadurch weckten sie Interesse und machten den Kreis bekannt.

Auch nicht zu unterschätzen war das Bekanntwerden über »Tramper« wie Martin Hinkeldey, der republikweit in den Gefilden des Blues und Jazz zu Hause war. Er verbreitete mit Schreibmaschine vervielfältigte Gedichte seines Bruders Wolfgang, von Biermann, Fuchs, Kunze und aus dem Arbeitskreis, aber auch Gedächtnisprotokolle, diese besonders durch Fuchs kultivierte dokumentarische Form.

Fast zeitgleich mit der Eröffnung des OV »Pegasus« fanden sich wie zufällig Mitarbeiter der Sektion Literatur/Kunstwissenschaft als Beobachter bei den Arbeitskreistreffen ein. Ein Jahr später berichtete die Universitätsparteileitung über die Situation in einer Information an die Abteilung Wissenschaft/Volksbildung/Kultur der SED-Kreisleitung Jena-Stadt in gewohnt hölzernem Stil:

»Die Universitätsparteileitung stand besonders seit dem vergangenen Jahr [1975] vor der Aufgabe, in verstärktem Maße Auseinandersetzungen mit einzelnen negativen Kräften zu führen, die vor allem im Rahmen der Kulturarbeit falsche und zum Teil gegnerische Positionen vertraten.«[1] (...) »Entsprechend dem Beschluß der UPL vom 5. Februar 1975 wurde eine Kulturkommision der UPL gebildet, die eine konsequente Umsetzung der kulturpolitischen Linie der Partei an der Friedrich-Schiller-Universität, in den Veranstaltungen der geistig kulturellen Bereiche sichern hilft und die entsprechenden Maßnahmen dazu festlegt.«[2]

Dieser Beschluß korrespondiert mit der »Konzeption« der MfS-Kreisdienststelle Jena »zur zielstrebigen Bearbeitung des OV ›Pegasus‹ der KD Jena« durch

» – Erhöhung der Informationstätigkeit an Partei- und Staatsführung zur nachhaltigen Unterstützung einer gesellschaftswirksamen Zurückdrängung/Einschränkung/Verhinderung der Verbreitung hetzerischer bzw. negativ wirkender Aktivitäten und Verhaltensweisen.

– ›Konzentrierte‹ Bearbeitung und ›umgehende‹ Liquidierung/Zurückdrängung/Zersetzung/Verunsicherung aller negativer Einflüsse der Vorgangspersonen«[3].

1 Thüringisches Staatsarchiv Rudolstadt: BPA SED Gera, Reg.-Nr: 4982, S. 12.
2 Ebenda, S. 16.
3 OV »Pegasus«, Bd. 1, Bl. 59.

Die Vorgangsgruppe »Pegasus« des MfS forderte in diesem Stadium vor allem eine »erhöhte Informationstätigkeit« über den Arbeitskreis und sein Umfeld. Das geheime Zusammenspiel mit der Universität, den Parteiebenen und Kulturverantwortlichen funktionierte beispielhaft.

Nach der Veranstaltung in der »Gucke« verhinderte die Kulturhausleitung in Neulobeda die vereinbarte Lesung mit Jürgen Fuchs in ihrem Haus. Doch der Arbeitskreis umging das Verbot und lud Fuchs ein, seine Texte bei einem der dienstäglichen Arbeitstreffen vorzustellen. Es machte Spaß, die Funktionäre und ihren Machtanspruch trickreich ins Leere laufen zu lassen. Zu dieser wie üblich öffentlichen Veranstaltung am 25. Februar 1975 erschien plötzlich eine Mitarbeiterin des Hauses und verlangte von jedem, sich mit Namen, Adresse und Arbeitsstelle in eine Anwesenheitsliste einzutragen. Die IMS »Regina« zählte für ihren Bericht 31 Teilnehmer. Für einige waren die Adreßliste und die Notizen, die sich diese Frau B. machte, die erste bewußte Wahrnehmung der Überwachung des Kreises, für andere war es bereits die Vorahnung des Endes eines Status quo.

Da Jürgen Fuchs erkrankt war, las Bernd Markowsky dessen Gedichte, die zum Teil in »Offene Fenster« und in der »Auswahl 74« abgedruckt waren. Und er las Prosatexte aus dem Zyklus »Vorverhöre«. Von denen löste besonders »Das Fußballspiel« eine emotionsgeladene Diskussion über das Verhältnis von Individuum und Gesellschaft aus – auch die Frage, wie weit die Gesellschaft Mitschuld an Selbstmorden trage. Eine junge Frau, die sich als Genossin der SED vorstellte, warf (dem nicht anwesenden) Autor polemisch vor, er nehme zunehmend eine pessimistische Grundhaltung ein und sei auf Konfrontation mit der sozialistischen Ordnung aus. Damit provozierte sie in der bereits gereizten Stimmung eine hitzige Diskussion, die in eine elementare Kontroverse über den Gegenstand der Kunst im Sozialismus mündete.[4]

Die Arbeitskreishospitanten von der Jenaer Universität bestätigten dem MfS, was dessen Inoffizielle Mitarbeiter bereits berichtet hatten. Nutzbringend war ihr Bericht dennoch, denn als offiziell benennbare Quelle erhoben sie dieses Wissen in den Status einer auch offiziell verwertbaren Information. Zusammengefaßt in der Zuarbeit zu Rathenow für die Abteilung IX, Strafermittlung, lautet ihre Einschätzung:

»14.03.1975: Schreiben der FSU, Sektion Literatur- und Kunstwissenschaft, über die Arbeit mit dem Zirkel Neulobeda:
– Zirkel ist mißtrauisch gegenüber Diskussionspartnern. Man will sich nicht kontrollieren lassen.
– Kritik unserer Schwächen sei manchmal nötiger als die Imperialismuskritik.
– Probleme würden nicht ehrlich genug aufgedeckt und angesprochen.
– In der Tendenz folgt der AK den Ansichten von Fuchs, die er in ›Sinn und Form‹ Sept./Okt. 1974 ganz provozierend zum Ausdruck brachte: ›So wichtig und dringlich zum Beispiel die Entlarvung der verfeinerten Formen der imperialistischen Unterdrückung ist, so wichtig und dringlich ist die

---

4 Ebenda, Bl. 106 ff.

völlige Entlarvung des bürokratischen Zentralismus im eigenen Erlebnisbereich.‹

– R. nannte als Ziel des Arbeitskreises Literatur die Literaturverbreitung, wobei sie ›der ganze Vielfalt unserer Literaturentwicklung gerecht zu werden versuchen...‹«

Dazu gehörten auch satirische Versuche, bei denen vor allem Matthias Biskupek, Wolfgang Hinkeldey und Lutz Rathenow einiges Talent bewiesen. Anders als in einer Gesellschaft, in der jedem (fast) alles zu sagen gestattet ist, war es schon ein Kitzel, die Mächtigen vorzuführen, die Zuhörerschaft in einem befreienden Lachen miteinander zu verschwören.

Feiertag
Das Volk steht auf der Tribüne. Rechtzeitig hat es seine Plätze eingenommen. Unter ihm der Vorbeimarsch – mit leichter Verspätung wie meist. Die Parade des Regierers und seiner engsten Vertrauten. Neunundneunzig Minister in Zehnerreihen laufen vorbei. (...) Das Volk klatscht herzlich. Die Tribünen sind geräumiger als im Vorjahr – der Herrscher selbst hat mit Hand angelegt. (...)
Die Minister kommen ins Schwitzen. Sie halten schlecht Gleichschritt. Weil sie die Sache nicht ernst genug nehmen, denken die meisten Leute. Das Volk übt ständig an ihnen Kritik – leider mit wenig Erfolg.
Im Rollstuhl der Kriegsminister flucht ununterbrochen. Endlich die dreihundert Berater des Regierers. Sie bieten einen besseren Anblick. Und eindrucksvoll die Gedankenpolizei dahinter. Ihr Stechschritt sitzt. IMMER EIN OFFENES OHR FÜR DIE PROBLEME DES VOLKES – dieses Transparent wird von Mitarbeitern in die Höhe gehalten. Das Volk ist zufrieden.
(...)
Die Demonstration strengt an, der Regierer seufzt beim Jubeln.
Aber er hält durch bis zum Ende. Das Volk steigt dann befriedigt von der Tribüne, und die Minister halten nach einem Bockwurststand Ausschau.[5]
(Lutz Rathenow, 1975)

Bereits Anfang März 1975 hatte die Vorgangsgruppe des MfS ihren Kenntnisstand über den Arbeitskreis, seine Aktivitäten und politische Einordnung in einer ausführlichen »Zusammenfassung« niedergeschrieben. Die Strukturanalyse – drei Gruppen um Fuchs, Markowsky und Rathenow – deckte sich dabei weitgehend mit der im Januar von der IMV »Peter« gegebenen Einschätzung. Die Leutnants Schmidt und Schiffel von der operativen Vorgangsgruppe »Pegasus« gingen mit Eifer daran, die Gefährlichkeit der Gruppe in einer fünfzehnseitigen Bestandsaufnahme herauszuarbeiten:
»Was spricht für die Existenz einer Gruppierung mit reformistisch-revisionistischer Zielstellung?

---

5 Rathenow, Lutz: Die lautere Bosheit. Satiren Faststücke Prosa. Remchingen 1992.

Für die Existenz einer Gruppierung mit reformistisch-revisionistischer Zielstellung sprechen eine Vielzahl von Gedichten sowie mehrere Äußerungen, die Lutz *Rathenow* gegenüber IM machte. (...) Er meint, die besten [Gedichte] könnten nicht zu Poetenseminaren, Leistungsvergleichen eingeschickt werden, da sie die Zensur nicht überstehen würden. (...)

Für revisionistische Tendenzen sprechen auch folgende Tatsachen:

– Die Mehrzahl der Einladungen geht offenbar an *umstrittene* Autoren und Schriftsteller, besonders solche, die sich kritisch mit der sozialistischen Realität auseinandersetzen ...

– Die überwiegende Anzahl der Arbeiten der AK-Mitglieder sind kritisch bis satirisch, dabei oft in hohem Maß verschlüsselt und vielfältig ausdeutbar.

– Die ständige Verbindung mit *J. Fuchs*, der von sich selbst sagt, er gehöre keiner AG oder keinem Zirkel an, *man* sei aber miteinander im Gespräch, und er habe immer ein paar Stühle und einen Personenkreis, wo man miteinander spreche.

– Teilnahme an nicht offiziell bekannt gemachten Lesungen von Autoren (Biermann), zu denen nur durch *Flüsterinformation* eingeladen wird.

– Intensive Verbreitung der Arbeiten in *ausgewählten* Kreisen, ohne Kenntnis der Öffentlichkeit (Stud. Kreise, Gleichgesinnte in den einzelnen Bezirken).

– Pflege eines engen Kontaktes zu *Prominenten* der Lyrik, wie z. B. Biermann und Kunze.

– Provokatorisches Auftreten von *Markowsky* zum Poetenseminar in Schwerin und das solidarische Auftreten des gesamten AK.

– Die Meinung von *Fuchs, Rathenow, Markowsky* und anderen, daß es ihnen gestattet sei, mit den Mitteln der Kunst ihre Meinung zu sagen. (...)

Politisch-ideologische Positionen

Laut IM zeigt ein Teil der Lyrik, die von den Mitgliedern des AK stammt, daß sie mit den Verhältnissen in der DDR nicht zufrieden sind.

In diesen Gedichten könne von keiner helfenden Kritik gesprochen werden, sondern sie zeugen vielmehr zur [sic!] Schwarzmalerei und rufen unter den Zuhörern Pessimismus hervor. (...)

Fuchs, Rathenow, Markowsky und möglicherweise noch andere Mitglieder des Kerns des Zirkels sind Vertreter der sogenannten These von der *absoluten Freiheit*.

Markowsky hat z. T. maoistische Anschauungen (Theorie vom Konsumterror). Vom IM wird er auch als Anarchist bezeichnet. (...)

Die revisionistische Haltung *Markowskys* wird dadurch unterstrichen, daß er bevorzugt mit Marx- und Leninzitaten arbeitet, um sie dann als nicht identisch mit unserer sozialistischen Wirklichkeit zu bezeichnen. In Lokalen singt M. die albanische Hymne.

Von *Fuchs* werden besonders die gesellschaftlichen und staatlichen Organisationen und insbesondere die Schutz- und Sicherheitsorgane angegriffen. (...)«[6]

6 OV »Pegasus«, Bd. 1, Bl. 111 f., 116.

Vielleicht waren die beiden Leutnants ja auch noch ein wenig aufgeregt bei so viel Gegner, bei so viel Bewährungsmöglichkeit. Da konnte der Kausalzusammenhang zwischen Marx- und Lenin-Zitaten und der mit ihnen nicht übereinstimmenden sozialistischen Wirklichkeit schon mal durcheinanderrutschen. Oder sie waren nicht mehr ganz nüchtern, wenn »in den Gedichten« nicht von »helfender Kritik« gesprochen wurde, weshalb sie »zur Schwarzmalerei [zeugen]«. Stasi-Sprache war eben Glückssache, sobald sie sich von der vertrauten – aus der Sprache des Dritten Reiches entlehnten – Kampfrhetorik entfernte. Die in dieses Buch aufgenommen Aktenzitate sind in Rechtschreibung und Grammatik größtenteils vorsichtig korrigiert. Dieser Auszug nicht, verrät er doch einiges über die Güteklasse der Schiffel-Schmidtschen Satzgebilde und damit über die Personen. – Was ihre Qualität in der »Bearbeitung« von »feindlich-negativen Personen« keinesfalls mindern mußte.

Die Stasi-Offiziere der Vorgangsgruppe »Pegasus« wußten, dieser Operative Vorgang war ein Glücksfall unter den Operativen Vorgängen. Mit diesem Gegner hatten sie ein auszeichnungs-, vielleicht sogar beförderungsträchtiges Objekt gefunden. Hier ließ sich etwas aufbauen und aufbauschen: vorerst von reformistisch, revisionistisch bis maoistisch anarchistisch, mit Kontakten zu kritischen Schriftstellern, dazu die aktive Verbreitung auch eigener verschlüsselter literarischer »Machwerke« und die pessimistische Beeinflussung von Zuhörern. – Ein vergleichsweise hochkarätiges Feindbild.

Neben dem Anspruch des Arbeitskreises, Öffentlichkeit herzustellen, gab es immer auch Treffen in mehr oder weniger engen Freundes- und Bekanntenkreisen. Dahinter stand das Bedürfnis nach Räumen und Orten außerhalb staatlicher oder staatskirchlicher Einmischung. Das in der Gartenstraße 7 vollzogene Exempel tat dem keinen Abbruch. Die willkürlichen Verurteilungen bewirkten eher das Gegenteil. Sie führten, vor allem nach der Auflösung des Arbeitskreises, zu einer stärkeren Politisierung, zur Bildung von »Lesekreisen«.

Auch Feten spielten in diesem Prozeß eine Rolle. So veranstaltete Wolfgang Hinkeldey mit zwölf Freunden am 15. Februar 1975 eine »Lyrikfete«, bei der Jürgen Fuchs einmal mehr aus seinen »Vorverhören« las. Die IMV »Peter« war dabei und vermerkte in ihrem Bericht, über den Inhalt sei nicht diskutiert worden, aber Fuchs habe die Manuskripte zur Weiterverbreitung verteilt. Im Gespräch habe man sich kritisch mit der »Sklavensprache« als Form literarischer Verschlüsselung und mit der »Herrensprache« auseinandergesetzt. Jürgen Fuchs plädierte für Reden und Schreiben im »Klartext«, auch wenn dafür mit Konsequenzen zu rechnen sei. Anschließend habe der Kreis über die Nachteile debattiert, sich in die BRD abschieben zu lassen, um Öffentlichkeit für die DDR herzustellen.[7]

Ähnlich offene Selbstverständigungen waren im Arbeitskreis nur noch üblich, wenn wir glaubten, unter uns zu sein. Ansonsten galt Lutz Rathenows Strategie, »daß bei Gefahr der Anwesenheit von politischen Funktionären, sei es von seiten der FDJ oder der Partei, wesentlich schwieriger verständliche

---

7 OV »Pegasus«, Bd 1, Bl. 85 f.

Lyrik zum Vortrag gebracht wird, damit die sich den Kopf zerbrechen können«[8].

Dieser Satz muß den Genossen, für die Lyrik nicht gerade ein elementares Lebensbedürfnis darstellte, ziemlich aufgestoßen sein, er wird mehrfach in »Zwischenberichten« und »Zusammenfassungen« zitiert und als »Sicherheitsmaßnahme« des Arbeitskreises interpretiert.

Wir wurden berechnender. Im Sachstandsbericht vom 13. März 1975 findet sich der Hinweis des IMS »Fritz Schellhorn« (Reg.-Nr: X/34/70 und X/760/79): »Dabei ist besonders hervorzuheben, daß ... interne Absprachen stattfinden, die der Festlegung von Verhaltensnormen und der Art und Weise ihres künftigen Wirkens dienen.«[9] Durch IMS »Paul Bonkarz« »konnte erarbeitet werden, daß Prof. Havemann an einer solchen Aussprache im internen Kreis in der Wohnung von Gerd Sonntag am Wochenende 01./02.03.1975 teilnahm. Es nahmen teil: Fuchs, Sonntag, Havemann, Sibylle, Lehmann und zwei noch unbekannte Personen ...«[10]

Mitte März 1975 konnten Frank Rub und Gerd Sonntag im Studentenkeller »Rose« einige ihrer Bilder zeigen. Eine Diskussionveranstaltung am 19. März sollte die »Gemäldeausstellung Junger Künstler« im wahrsten Sinne des Wortes abschließen. Etwa 500 Personen hatten die dreitägige Werkschau gesehen und ca. 100 waren zur offenen Podiumsdiskussion erschienen. Welches Gewicht dieser Veranstaltung beigemessen wurde, unterstreichen die Berichte der IMV »Peter«[11], des Klubleiters des Studentenkellers »Rose«, vom MfS geführt als IME »Jürgen Junk«[12] (Reg.-Nr.: X/325/70), eines Theologiestudenten, geführt als IMV »Coja«[13] (Reg.-Nr.: X/630/71), und eines Malers, geführt als IMV »Tilo Buchholz«[14].

Darüber hinaus gaben die Veranstalter eine offiziell verwendbare »Einschätzung der Diskussion zur Ausstellung ›Junge Künstler‹, FDJ-Studentenklub ›Rose‹«[15], unterzeichnet von Dr. Peter R., Leiter des zentralen Klubrats, vom Klubleiter der »Rose« und Karin K., stellvertretende Sekretärin der HSGL. Sie protokollierten die Teilnahme des Ersten Sekretärs der FDJ-Kreisleitung, Gen. Lutz Utecht, des Zweiten Sekretärs, Gen. Wolfgang Albertin, mehrerer Kunsthistoriker der Universität, u. a. Prof. Zinserling und Prof. »Fritz Funken«, vom MfS geführt als IMS (Reg.-Nr.: X/237/69) und des Sekretärs der HSGL, als IME »Kämpfer« (Reg.-Nr.: X/259/83) vom MfS geführt. Aus dem Publikum notierten sie die Anwesenheit von Sibylle Havemann, Jürgen Fuchs, Bernd Markowsky und Lutz Rathenow.

Angelegt war die Podiumsdiskussion als Versuch der Demontage der ausstellenden Maler Frank Rub und Gerd Sonntag. Beide malten mit dem An-

---

8 Ebenda, Bl. 99.
9 Ebenda, Bl. 144.
10 Ebenda.
11 Ebenda, Bl. 155 f.
12 Ebenda, Bl. 165 f.
13 Ebenda, Bl. 161 ff.
14 Ebenda, Bl. 192 f.
15 Ebenda, Bl. 149 f.

spruch, die Wirklichkeit, die sie sahen, in ihrer Kunst nicht zu schönen. Frank Rubs meist dunkle, gegenständlich sperrigen Gemälde schrien die verdrängten Konflikte nur so heraus. Gerd Sonntag dagegen versuchte sich vergleichsweise harmonischer an prallen Formen in der Tradition des frühen Picasso. Ein Student eröffnete die Diskussion wie bestellt mit der Einschätzung, die Bilder hätten auf ihn deprimierend gewirkt, worauf Gerd Sonntag sofort mit Gegenfragen reagierte. Ursprünglich sollten Jürgen Fuchs und Lutz Rathenow den Abend mit einer Lesung eröffnen. Aber die scheiterte an der zensorischen Forderung des Klubleiters der »Rose«, der verlangt hatte, die Texte vorher zur Begutachtung vorzulegen. Als Zeichen des Protestes wollte Gerd Sonntag am Ende der Diskussion Jürgen Fuchs' »Gedächtnisprotokolle« seiner Vorladung vor die Universitätsparteileitung verlesen. Dazu kam es nicht. Denn die dreistündige Diskussion verlief tumultartig. Bereits im Vorfeld hatte Prof. »Funken« mit der Bemerkung »Ich bringe mein Buschmesser mit« für Zündstoff gesorgt. Angesichts der Malweise der beiden, vor allem des die Gemüter erregenden Gemäldes »Alter Genosse« von Gerd Sonntag – die Auslegungen reichten von Säufer bis Arbeitsloser in den USA –, schwirrten Begriffe wie Plagiat und pessimistische Bildaussage durch das mittelalterliche Kellergewölbe. Der Diskussionsleiter Dr. R. war überfordert, als er versuchte, die Veranstaltung parteilich im Einklang mit den SED-Positionen zu moderieren. Die Mehrheit stand auf seiten der jungen Maler und ihrer Bilder und verlangte lautstark das Recht auf eigene Sichtweise und freie Interpretation durch den Betrachter. – Ein Desaster für die Veranstalter.

Zustandegekommen war die Ausstellung durch das Klubratsmitglied Rolf Störtzer, der schlitzohrig an der Klub- und FDJ-Leitung vorbei gemeinsam mit den beiden Malern vollendete Tatsachen geschaffen hatte. Gegenüber dem IMV »Coja« äußerte er vergnügt, »daß das erste Mal seit Bestehen des Kellers eine ... geistige Auseinandersetzung zwischen dogmatischen Marxisten und echten Revolutionären ... auf diesem Forum zum Ausdruck gekommen sei«[16].

Der offizielle, durch die Klubratsleitung abgegebene Bericht relativierte ihre Panne im parteisprachlichen Gestus:

»Im Ergebnis der 3-stündigen Diskussion wurde deutlich die politische Verantwortung des Künstlers herausgearbeitet und der Zusammenhang von Kunst, Politik und Ideologie, ausgehend vom Standpunkt des Marxismus-Leninismus. In der Diskussion wurde sichtbar, daß die beiden Künstler, als auch ihre Anhänger, etwa 50 Prozent der Teilnehmer, diesen Standpunkt nicht anerkennen wollten. Sie vertraten die Auffassung, Kunst ist unpolitisch, der Künstler arbeite weder für eine Klasse noch für eine Masse, demnach sei Kunst ideologiefrei ... Es wurde deutlich, daß die Künstler versuchten, mit diesen Argumenten ihre eigenen politischen Positionen zu verdecken.«[17]

---

16 Ebenda, Bl. 161.
17 Ebenda, Bl. 149.

IME »Jürgen Junk« vermerkte in seinem Bericht besonders die Anweisung des HSGL-Sekretärs Gen. Wächter, »daß die Bilder mit negativer Wirkung fotografisch gesichert werden«[18].

IMV »Tilo Buchholz« informierte über nachträgliche »Aussprachen« mit Frank Rub und Gerd Sonntag. Dabei habe Frank Rub zurückhaltend reagiert. Gerd Sonntag fühlte sich in seinem künstlerischen Selbstverständnis bestätigt. Für ihn sei Jena politisch und kulturell gesehen tiefste Provinz, das Leben auf diesem Gebiet spiele sich in Berlin ab, weshalb er dorthin ziehen wolle.[19]

Lutz Rathenow: »Ich schrieb ins Gästebuch, daß die Ausstellung in der ›Rose‹ besser war als die Dresdener Kunstausstellung. Das wurde als Provokation verstanden und war wiederum Anlaß für Gespräche. Ich hatte es drauf, etwas zu provozieren, mich zu entschuldigen und zurückzuziehen und dabei etwas zu produzieren, das mir neue Unruhe einbrachte.«

Gelegentlich besuchte auch Gerd Sonntag den Arbeitskreis. Dann trug er seine neuesten, meist langen, expressiven Gedichte vor. Oder wir trafen uns bei ihm in der Altbauwohnung und begutachteten die jüngsten Gemälde in seinem Atelier auf dem zugigen Dachboden. Genauso selbstverständlich waren Besuche bei dem Malerehepaar Eve und Frank Rub in ihrer zum Malen eigentlich viel zu kleinen Wohnung. Oder wir schauten, woran der Holzplastiker Lutz Leibner gerade arbeitete. Mit Frau und Kind wohnte er in einem Zimmer plus Küche. Zwei Drittel ihrer Altbauwohnung nahmen das »Atelier« und die »Galerie« mit einer beachtliche Anzahl der an Barlachs Figuren erinnernden Plastiken ein.

Lutz Rathenow regte an, die bildenden Künstler und ihre Werke literarisch vorzustellen. Ihm selbst gelang 1978 die Aufnahme eines solchen Porträts von Lutz Leibner und Gerd Sonntag in der von Joachim Walther herausgegebene Anthologie »Mir scheint, der Kerl lasiert«[20]. Dabei war über ihn seit seiner Exmatrikulation im Jahr zuvor de facto Veröffentlichungsverbot verhängt. Der Text versteckte seine politische Brisanz, Gruppenbildung und indirekt die Schilderung ihrer Überwachung, hinter geschickt erzählten Impressionen über die künstlerischen Arbeiten, Ateliers, Familien und Besucher. Dank Joachim Walther passierte der Beitrag tatsächlich die Zensur – in der erste Auflage. In der zweiten sucht man ihn vergebens.

Nach dem Eklat in Bad Köstritz erstaunte es, als für den 16. April 1975 eine »Songveranstaltung mit Bettina Wegner« im FDJ-Studentenklub »Rose« angekündigt war. Über diesen Liederabend geben im OV »Pegasus« ein IM-Bericht von IMV »Tilo Buchholz«[21] und eine offizielle Information der Klubleitung[22] ausführlich Auskunft. »Buchholz« wußte zu berichten, Bettina Wegner habe sich nach dem im Bezirk Gera verhängten Auftrittsverbot in einer

18 Ebenda, Bl. 166.
19 Vgl. ebenda, Bl. 192.
20 Walther, Joachim (Hrsg.): Mir scheint, der Kerl lasiert. Dichter über Maler. Berlin 1978, S. 227 ff.
21 OV »Pegasus« Bd. 1, Bl. 206 ff.
22 Ebenda, Bl. 202 ff.

Eingabe an das ZK beschwert. Auch ohne Parteimitgliedschaft empfinde sie sich als Genossin und weise alle Angriffe zurück, denen zufolge ihre Lieder zweideutig seien. Als Reaktion habe ihr ein Funktionär des »Oktoberklubs« mitgeteilt, gegen sie bestehe kein Auftrittsverbot, und er habe ihr zusätzliche Veranstaltungen und einen Plattenvertrag angeboten.[23]

Die Jenaer Organisatoren blieben vorsichtig. Die FDJ-Leitung der Universität wahrte zwar den Schein einer öffentlichen Veranstaltung, beschränkte den Verkauf jedoch auf 100 Eintrittskarten. 50 davon gingen direkt an zuverlässige Genossen. Die restlichen 50 kamen in den Freiverkauf und wie üblich zum Großteil unter der Hand an Bekannte der Klubmannschaft. Entgegen den sonstigen Gepflogenheiten wurde keiner der zahlreich Wartenden auf Stehplätze eingelassen. Der Liederabend, im ersten Teil mit jiddischen und im zweiten Teil mit eigenen Titeln, verlief ohne besondere Ereignisse. – Außer: Dem delegierten Publikum fehlte der Bezug zu einigen der Lieder, wie diesem, das Bettina Wegner 1969 geschrieben hatte:

Magdalena[24]
Magdalena war so schwarz
und hatte große Hände
wen sie liebte
streichelte sie in die Wände
weiß und kalkig ward ihr Liebster endlich noch
dabei liebte Magdalena jeden doch.
Magdalena

Tausend Leben hat sie wohl
zu Tod gedrückt
manchmal glaubt sie selbst
sie wird verrückt
weil sie immer wieder lieben muß
dabei tötet jeden schon ihr Kuß.
Magdalena

Ach, die langen Haare gehen bis zum Knie
doch vier Tage überlebt man mit ihr nie.
Nimm nie ihre Hand, die sie dir gibt
ach, sonst hat dich Magdalena totgeliebt.
Magdalena

Gerd Sonntag und Frank Rub klärten ihren Freund, einen Maler, auf, bei »Magdalena« handele es sich nicht, wie er dachte, um eine Hure, sondern um die Stasi-Zentrale in Berlin, Magdalenenstraße. Pikanterweise ahnten sie

---

23 Vgl. ebenda Bl. 209.
24 Wegner: Wenn meine Lieder nicht mehr stimmen, S. 71.

nicht, daß dieser von der Stasi als IMV »Tilo Buchholz« (Reg.-Nr.: X/560/64) geführt wurde.

Nach der Veranstaltung wurden die noch immer draußen Wartenden eingelassen. Um unliebsame Diskussionen zu verhindern, lud der Vorsitzende des Klubrates, Dr. R., die Liedermacherin zusammen mit der Stellvertretenden Sekretärin der FDJ-Hochschulleitung und den übrigen Klubratsmitgliedern zum Essen in den »Schwarzen Bären« ein. Da durchgedrungen war, Bettina Wegner wollte bei Gerd Sonntag übernachten, sicherte IMV »Tilo Buchholz« die lückenlose Überwachung, indem er zusammen mit Jürgen Fuchs und Lutz Leibner bei Gerd Sonntag auf ihr Eintreffen wartete. Gerd Sonntag und Eve und Frank Rub hatten sich dem Klubtroß angeschlossen. In der Gaststätte entspann sich ein heftiger Disput über Parteidisziplin und das Selbstverständnis, Genosse zu sein. IMV »Tilo Buchholz« nutzte die Zeit in Sonntags Wohnung und interessierte sich für Jürgen Fuchs' »Gedächtnisprotokolle«, verabschiedete sich aber schließlich, als die anderen einige Zeit nach Mitternacht noch immer nicht eingetroffen waren. Damit war die Observationskette zwar unterbrochen, aber der Gast hatte auch ein Tagwerk zu verrichten, in diesem Fall als Lehrer an der Jenaer Volkskunstschule.

Größere Aufregung rief das Arbeitskreistreffen am 8. April mit einer Lesung des Eisenacher Diakons Thomas Neubauer hervor, eine Veranstaltung, zu der 28 Personen gekommen waren, obwohl nichts angekündigt war. Inzwischen eine notwendige Vorsichtsmaßnahme, damit die Kulturhausleitung den Raum nicht kurzfristig absagen konnte. Über diesen Streich informierte die SED-Kreisleitung Jena-Stadt sogar ihren Ersten Sekretär der Bezirksleitung, Gen. Herbert Ziegenhahn, und legte Gegenmaßnahmen fest:

»Auf Grund neuer Erscheinungen – Einladung eines Pfarrers Neubauer aus Eisenach, der im Zirkel negativ in Erscheinung getreten ist – am 08.04., ohne vorher die Kulturhausleitung von der beabsichtigten Veranstaltung zu informieren – wird gesichert, daß Thema und Gäste für jede Veranstaltung des Zirkels vorher von der Abteilung Kultur zu bestätigen sind.

Des weiteren drängt sich die Schlußfolgerung auf, daß im Zuge der jetzt zu führenden Auseinandersetzung zumindest Markowsky und Lehmann aus dem Zirkel entfernt werden müssen, die sich offensichtlich für die Einladung dieses Pfarrers engagiert hatten.«[25]

Tatsächlich war diese Lesung über Thomas Auerbach, den Diakon der Jenaer »Jungen Gemeinde Stadtmitte«, der mit Thomas Neubauer befreundet war, und durch Vermittlung von Bernd Markowsky und Gerd Lehmann zustande gekommen. Neubauers Geschichten und Gedichte hatten wenig mit dem erwünschten »Sozialistischen Realismus« gemein. Was er vortrug, waren naturalistisch drastische, teils erotische, vor allem aber gesellschaftskritische Texte über offiziell ignorierte Zustände in der DDR. So schilderte er im »Porträt über die Marie aus Karl-Marx-Stadt« das Leben in einem abbruchreifen Haus. Es ist die Geschichte des Scheiterns einer jungen Frau mit drei Kindern von drei verschiedenen Männern, an die sie jedesmal die Hoffnung geknüpft

---

25 Thüringisches Staatsarchiv Rudolstadt, BPA SED Gera IV C-2/3/706, Bl. 85.

hatte, aus ihrem Wohnloch zu entkommen. Der letzte ging in den Westen, wollte sie nachholen, 1961. Die Mauer kam dazwischen. Sie qualifizierte sich zur Meisterin, um sich zu emanzipieren, verliebte sich aber in ihren Leiter und geriet erneut in eine Beziehung zwischen Bett und Prügel ohne jede Perspektive.

In einem Bericht der Direktorin des Kabinetts für Kulturarbeit des Rates der Stadt Jena, der »Gesellschaftlichen Mitarbeiterin Sicherheit« Genn. B., an die SED-Kreisleitung Jena-Stadt, Abteilung Kultur, protokollierte sie uns freundlicherweise die Titel der vorgetragenen Prosastücke und Gedichte:
»Pfarrer Neumann (sic!) trug folgende Erzeugnisse vor:
– Ob die Tiere ihre Schlachtung spüren?
– Ost-West-Gefängnis
– Charlie Bergmanns Kreuzigung
– Porträt über die Marie aus Karl-Marx-Stadt
– Zu Brechts Ballade von der Kindsmörderin Marie Ferrar (sic!)
– Der alte Mann.«[26]
Daß der Diakon während seiner Lesung betrunken war und zwischendurch ein mitgereister Freund den Part des Lesenden übernehmen mußte, tat der Veranstaltung kaum Abbruch. Vielmehr ließ sein Zustand innere Konflikte ahnen. Die an diesem Abend gemachte Erfahrung, wie ähnlich und tabulos andere auch außerhalb unseres Kreises den realsozialistischen Alltag literarisch beschrieben, war vermutlich nicht nur mir ein wichtiger Impuls für künftiges Schreiben. Diakon Thomas Neubauer stellte bald darauf einen Ausreiseantrag. Die DDR-Behörden willigten schnell ein.

Die vom Kern den Arbeitskreises teils offensichtlich demonstrierte, teils verhalten gezeigte Ablehnung, sich den staatlichen Spielregeln unterzuordnen, eskalierte in einem eigendynamischen Prozeß.

Das war die Situation: Vorladungen und Auftrittsverbot für Jürgen Fuchs, Aussprachen mit Lutz Rathenow, Verhinderung von Schriftstellerlesungen durch die Kulturhausleitung, Verhinderung einer »Lyrik-Disko« im Jugendklub, bei der Bernd Markowsky beratend mitgewirkt hatte. Zeitgleich verkündete die SED-Führung auf ihrem VI. Plenum des ZK die Zulassung einer »Vielfalt der Handschriften« in der Kunst und Kultur. Wolfgang Hinkeldey testete diese These und schrieb seinen

Staatsempfang[27]
Händeschütteln, Bruderkuß
Marschmusik, Salut ein Schuß
Stillgestanden und Hurra
Tageslosung: Blahblahblah

Hymnenspiel, Begrüßungsworte
Frontabschnitt zur Staatseskorte

26 OV »Pegasus« Bd. 1, Bl. 189 ff.
27 Groth: Literatur im Widerspruch, S. 49.

Straßensperren, Fähnchentand
Große Worte an der Wand

Offner Wagen, bunte Bänder
Arbeitsvolk säumt Straßenränder
Alle Freude im Gesicht:
Planerfüllung ist heut nicht

In das große Staatsgebäude
Führt ein roter Teppich heute
Orden werden angehangen
Dann wird ans Buffet gegangen

Pralle Dekolletés geleiten
Führende Persönlichkeiten
Rundfunk-Fernsehreportagen
Lichtgeblitz der Zeitungspagen

Nächsten Tag muß kräftig ran
Im ganzen Land der Arbeitsmann
Sonderschichten sind zu fahren
Summen gilt es einzusparen

Denn die Zeit ist nicht mehr lang
bis zum nächsten Staatsempfang

Das Gedicht reichte er als Beitrag zum Bezirkspoetenseminar der FDJ ein. Es führte umgehend zum Besuch des Literaturreferenten des Rates des Bezirkes, Gen. Volker Hartdung, und des Jenaer Stadtrates für Kultur, Gen. Jürgen Moser, im Arbeitskreis. Hauptsächlich ging es ihnen wohl darum, sich einen Eindruck zu verschaffen. In der Diskussion zeigten beide sich nicht sonderlich geschickt. Hartdung erklärte, Hinkeldeys Gedicht sei nicht akzeptierbar, das darin dargestellte Sozialismusbild stimme nicht. Moser erklärte Bettina Wegner, Jürgen Fuchs und Gerulf Pannach zu Konterrevolutionären. Als Schlußfolgerung legten sie eine engere Zusammenarbeit der »staatlichen Organen« mit dem Arbeitskreis fest.[28]

Lutz Rathenow: »In dieser Zeit merkte ich, daß die Situation ernst wurde, daß wir so nicht weitermachen konnten. Ich habe bestimmte Texte im Arbeitskreis ausgeklammert, um die Arbeit nicht zu gefährden. Gleichzeitig haben wir versucht, verstärkt an linkes Denken anzuknüpfen, auch um uns nicht als Feinde bezeichnen zu lassen.«

28 Vgl. OV »Pegasus« Bd. 1, Bl. 148.

Das staatliche Instrumentarium gegen den Arbeitskreis Literatur und taktische Gegenaktivitäten seiner Mitglieder

Das Aussprachekarussell kam in Fahrt. Am 24. März 1975 wurde Lutz Rathenow zur Leitung der Sektion Geschichte bestellt. Das Gesprächsprotokoll ging von der Universität direkt an die MfS-Kreisdienststelle und von dort als Zusammenfassung an die Abteilung Strafermittlung des MfS in Gera:
»In einer Aussprache am 24.03.75 in der Sektion Geschichte äußerte R. u. a.:
– Nicht alle Ansichten von Fuchs könne er unterschreiben, müsse aber nochmals die künstlerische Qualität seiner Gedichte betonen.
– Den von Fuchs geprägten Begriff vom »bürokratischen Zentralismus« hält R. für allgemein verwendbar.
– Der Grundorientierung auf optimistische, lebensfrohe Lyrik könne er sich nicht anschließen, sie sei ihm zu einseitig.
In dem Gespräch wurde deutlich, daß R. noch nicht im Sinne des Studenten- und Absolventenbildes der Sektion auftritt und eine gründliche Auseinandersetzung über die Kulturpolitik von Partei und Regierung noch aussteht.«
Lutz Rathenow: »Ja, ich hatte manchmal in der Woche vier bis fünf Aussprachen. Das ging immer abwechselnd Sektionsleitung, Universitätsparteileitung, FDJ-Kreisleitung, Bezirksleitung, alle wollten wissen, ›auf welcher Seite der Barrikade‹ ich stehe. Das hing auch mit der ČSSR zusammen. ›Jetzt schreiben Sie ein Kafka-Gedicht‹, hieß es, ›was soll das? Wir werden keinen Jenaer Frühling zulassen‹. Das hat natürlich einen gewissen Größenwahn geschürt, weil man das Gefühl bekam, man sei eine wichtige Person. Und es hat einem gleichzeitig Komplexe bereitet. Denn ich war ja nach wie vor nicht unbedingt auf den Rausschmiß scharf.«[1]
Während des Arbeitskreistreffens am 25. März 1975 berichteten Wolfgang Hinkeldey und Bernd Markowsky über Einzelgespräche mit dem Jenaer Stadtrat für Kultur, Gen. Jürgen Moser. Nach ihrem Eindruck habe der sich ein Bild von ihnen machen wollen. Hinkeldey warnte er zugleich, mit solchen Personen aus dem Arbeitskreis in engeren Kontakt zu treten, die »stark reaktionäre und staatsfeindliche Tendenzen aufweisen« würden.[2]
Die Zuarbeit für die Abteilung IX, Strafermittlung, enthält die Zusammenfassung der Niederschrift des Gen. Moser gegen Hinkeldey:
»Am 26.03.75 [vermutlich falsch datiert] führte der Stadtrat für Kultur, Moser, ein Gespräch mit H. wegen seiner negativen Aktivitäten im AK Literatur Jena-Neulobeda. H. äußerte, in keinerlei Opposition zu unserem

---

1 Chotjewitz-Häfner, Renate; Gansel, Carsten (Hrsg.): Verfeindete Einzelgänger. Berlin 1997, S. 107.
2 Vgl. OV »Pegasus« Bd. 1, Bl. 167.

Staat zu stehen. Er behalte sich das Recht vor, im AK Literatur offen seine Meinung zu sagen, ohne irgend jemand provozieren zu wollen.«
Während des Arbeitskreises am Abend des 25. März stand Moser unvermittelt in der Tür und forderte Rathenow auf mitzukommen. Sein Auftreten wirkte wie eine Machtdemonstration. Dem Abend tat es keinen Abbruch. Im Kreis war es üblich, reihum Schriftsteller und ihre Werke vorzustellen. An diesem Abend bot Matthias Biskupek seine Annäherung an Tadeusz Różewicz und dessen groteskes Stück »Der komische Alte
In der Aussprache, erzählte Rathenow später, habe ihn Moser darauf hingewiesen, als Leiter sei er für Inhalte und politische Tendenzen verantwortlich, die im Arbeitskreis diskutiert würden. Aber auch Rathenow lehnte jede Einschränkung der Meinungsfreiheit ab und erklärte, es sei ein Grundprinzip, daß jeder innerhalb des Kreises seine Meinung sagen könne.
Lutz Rathenow: »Der Staat war bis zu einem gewissen Punkt dankbar für die Unruhe, die wir ihm brachten. Dann hatten wir den Punkt überschritten, und da ist es eine der Wesenheiten der sozialistischen Ideologie, daß es manchmal nur eines Satzes zur Verwandlung von fortschrittlich in feindlich bedarf.«
Diesen Umschlag von progressiv in negativ bestätigt eine »Einschätzung/ Beurteilung des R.« durch die FDJ-Kreisleitung vom 16. April 1975, gegeben an die Kreisdienststelle des MfS, in der es zusammengefaßt für die MfS-Abteilung IX in Gera heißt:
»Als Leiter des Lyrikzirkels im Kulturhaus Neulobeda ist er nicht in der Lage, die Aufgabenstellung unserer sozialistischen Kulturpolitik umzusetzen. Er behandelt aufgeworfene reaktionäre Meinungen der Klubmitglieder als mögliche Diskussionspunkte und begegnet ihnen in keiner Weise mit einer parteilichen, eindeutigen Haltung. Aufgrund seiner passiven, unklaren, zweifelnden Haltung zu Problemen unserer Zeit und des negativen Einflusses der Mehrheit der Zirkelmitglieder ist Lutz Rathenow nicht fähig, eine leitende Funktion zu übernehmen.«
Unser Selbstverständnis – Meinungspluralismus und Öffentlichkeit – nagte an den sozialistischen Maximen von Unterordnung unter kollektives Denken und Handeln und Anpassung an die Linie der Partei. Deshalb verfügte die SED-Bezirksleitung Gera Mitte April »Aussprachen«. Sie beauftragte den Prorektor der Universität, Gen. Prof. Keßler, auf Lutz Rathenow, Gerd Lehmann, Bernd Markowsky, Kerstin Graf, Wolfgang Prokosch und Udo Scheer einzuwirken, der Stadtrat für Kultur, Moser, hatte sich Wolfgang Hinkeldey vorzunehmen, und der Stadtschulrat, der Theaterdirektor und der für Propaganda zuständige Funktionär der Industrie-Kreisleitung (Carl Zeiss) weitere Arbeitskreismitglieder in ihrem Zuständigkeitsbereich. Diese Aussprachen zur »gezielten Einflußnahme« und »Prüfung« wurden zum Teil auch auf niedrigere Ebenen delegiert, besagte der Parteiauftrag der SED-Bezirksleitung doch auch: »Differenzierte Aussprachen durch Genossen der Arbeitsstellen«.[3]

3 OV »Pegasus«, Bd. 1, Bl. 195.

Bernd Markowsky: »In der DDR durfte man ja nicht arbeitslos sein. Als ich in die Stadt kam, war ich es für drei Monate. Ich wollte mich zuerst in einer Druckerei bewerben. Ich bin hingegangen und traf auf einen Betriebsleiter, der war hysterisch, Choleriker, schrie alle völlig grundlos an und führte sich auf wie die Karikatur eines Fabrikbesitzers im Westen. Es war klar, da konnte ich nicht arbeiten. Ich suchte Arbeit und fand keine. Da wurde ich auch schon mal vorgeladen. Ich wurde gefragt, wie, was und warum. Ich habe gesagt, ich habe mich da und da beworben. Eigentlich wollte ich bei ›Schott & Gen.‹ arbeiten, im Glaswerk. Das Ergebnis meiner Gesundheitsuntersuchung dauerte mehrere Monate. Dann bin ich einfach rumgegangen und habe nach Arbeit gefragt. So kam ich in die Uni-Klinik. Die sagten, ›ja, wir brauchen jemanden in der Wäscherei.‹ Ich hab mir nichts weiter vorgestellt, dachte, Arbeit so weit unten wie möglich ist immer gut. Ich wollte ja lernen, so viel wie möglich sehen vom wirklichen Leben. Sie haben gesagt, ›Sie sind zu hoch qualifiziert, wir werden uns darum kümmern, daß Sie woanders hinkommen.‹ Das passierte natürlich nicht. Was dann zu einer völlig verrückten Situation führte, als ich zum Gespräch mit dem Parteisekretär mußte. Die ganzen Nasen saßen da rum und warfen mir vor, ich würde mich in der Wäscherei verstecken.«

Ich arbeitete damals in einer Konstruktionsabteilung des VEB Keramische Werke Hermsdorf. Während einer Überstundenaktion, wir waren nur zu zweit, kam unerwartet der etwa gleichaltriger Kollege und Genosse an mein Reißbrett. Er interessierte sich dafür, wer Rathenow sei und was dieser Arbeitskreis so mache. Dabei hatte ich unter den Kollegen weder den Kreis noch Namen erwähnt. Seine Antwort auf meine Frage, woher er darüber wisse, fiel vage aus. Grund genug, ebenfalls ein wenig zurückhaltend zu sein. Ich rezitierte ihm ein jüngst gereimtes Gedichtchen:

Geschichte von zwei sonderbaren Schweinen
mit je drei Beinen
sie treffen sich und meinen
ein viertes Bein wäre fein.
Also nimmt das eine dem anderen ein Bein
und ist ein echtes Schwein.
Das andere läuft seither auf zwein.

Als ich ihn fragte, was er davon halte, grinste er etwas unsicher. Mit meiner Erklärung, eben das – ein Austausch über Literatur – sei es, was im Arbeitskreis ablaufe, war sein Wissensdurst gelöscht.

Insgesamt dürfte der in der SED-Bezirksleitung ausgetüftelte Plan, über die Genossen in den Arbeitsbereichen zusätzliche Informationen zu erlangen, nicht zuletzt wegen deren Wissenslücken ein ziemlicher Flop geworden sein. Ihre Ergebnisse finden sich jedenfalls nicht in den Akten.

Weit effizienter war da der Einsatz der Inoffiziellen Mitarbeiter. Dabei gingen die Führungsoffiziere im Vorgang »Pegasus« recht weit. »Regina«, vermerkt der »Operativ- und Maßnahmeplan« vom 1. April 1975, konnte sich auf Grund ihrer Leistung bei der »operativen Bearbeitung« vom IMS zum

IMV qualifizieren, zum Inoffiziellen Mitarbeiter Abwehr Feindtätigkeit. Wohlwollend registrierten die Mitarbeiter der Vorgangsgruppe »Reginas« Bereitschaft, auch ihren Körper im Dienste der Aufklärung einzusetzen.

»Ich habe ihm [Rathenow] mitgeteilt, daß ich mich an einem Gedicht versucht habe. Lutz entgegnete darauf, daß ich es doch gleich hätte vorstellen können. Das habe ich dann aber abgebogen und ihm erklärt, ich wolle es ihm vorher lieber noch mal zeigen. Er lenkte daraufhin ein und meinte, er wolle es sich mal ansehen.«[4]

Wie weibliches Raffinement an der Longe der Staatssicherheit eingesetzt wurde, beschreibt Reiner Kunze trefflich in seiner Geschichte »Besuch«[5]. Darin eröffnet sich die ganze psychologische Trickkiste einer IM, die voller Berechnung versuchte, Jürgen Fuchs zu einer intimen Beziehung zu verleiten.

Zur IMV »Regina« vermerkt der Operativ- und Maßnahmeplan vom 1. April 1975 im Stasi-trockenen Stil:

» – Entsprechend der bisherigen Auftragsstruktur/Verhaltenslinie gelang es ihm [der IM], im Arbeitskreis anerkannt zu werden und erste persönliche Kontakte zu *Rathenow* herzustellen.

– Entsprechend der neu erarbeiteten Auftragsstruktur ist das persönliche Verhältnis zu R. auszubauen und in ein Vertrauensverhältnis umzuwandeln.

– In der operativen Bearbeitung ist dieses Verhältnis auf Gerd *Lehmann* zu erweitern.«[6]

Auch mit der IMV »Peter« hatte die Vorgangsgruppe »Pegasus« einen guten Griff getan:

» – Dem IM gelang allgemein zum Führungskern des AK ein gutes Verhältnis aufzubauen und [er] wird von den Mitgliedern des AK akzeptiert.

– Entgegen der bisherigen Auftragsstruktur/Verhaltenslinie gelang es dem IM noch nicht, zu *Fuchs* (über *Sonntag*) einen persönlichen Kontakt herzustellen. Diese Zielstellung wurde in die neue Auftragsstruktur/Verhaltenslinie eingearbeitet.

– Obwohl nicht geplant, entwickelte sich auf Initiative *Hinkeldey*, Martin ein persönliches Verhältnis zum IM. Dadurch war es dem IM möglich, an »Feten« in der Wohnung des H. teilzunehmen.«[7]

Auch für die IMV »Elke Knoll« aus Karl-Marx-Stadt plante die Stasi-Vorgangsgruppe den horizontalen Einsatz:

» – Der IM hat bereits seit längerer Zeit Kontakt zu *Hinkeldey*, Martin. Dieser geht so weit, daß der H. dem IM die Verhaltenslinie, die er in Berlin von *Biermann* erhalten hatte, erläuterte.

– Auf der Basis der Auftragsstruktur/Verhaltenslinie vom 10.03.1975 wird der IM den persönlichen Kontakt zu *Markowsky*, Bernd aufbauen.

---

4 Ebenda, Bl. 229.
5 Kunze, Reiner: Die wunderbaren Jahre. Frankfurt/M. 1976, S. 69 ff.
6 OV »Pegasus« Bd. 1, Bl. 170.
7 Ebenda, Bl. 171.

– Des weiteren erarbeitet der IM Informationen über Verbindungen der Vorgangspersonen zu den Kreisen der Tramper und die Art und Weise der Vorbereitung [gemeint ist wohl: Verbreitung] dekadenter Lyrik durch diese.«[8]

Wolfgang Hinkeldey: »Im Anschluß an die Arbeitskreisabende wurde gelegentlich ausgewertet, wer die Spitzel sind. Die ›stillen Mädchen‹ waren sowieso im Verdacht. Wir waren uns eigentlich im klaren darüber, denn Biermann hatte uns schon zeitig über die Arbeitsweise der Stasi aufgeklärt. Die IMV ›Elke Knoll‹ ist aus Karl-Marx-Stadt. Sie ging auch mir zeitweilig an die Wäsche und war oft in unserer Wohnung. Ich kannte sie durch meinen kontaktfreudigen Bruder.«

Neben den drei IM, die sich auch mit ihren weiblichen Reizen den tieferen Zugang zum Zentrum des Arbeitskreises zu erschließen trachteten, hatte die Staatssicherheit vorerst nur zwei weitere Inoffizielle Mitarbeiter im Dauereinsatz »Pegasus«:

»IMV *Tilo Buchholz* der BV Gera
– Der genannte IM hat einen sehr guten Kontakt zu Gerd *Sonntag*. An S. erfolgt auch der direkte Einsatz.
– Aufklärung der Verbindungen des S., sowie der internen Zusammenkünfte in seiner Wohnung mit Führungskräften des AK und *Biermann* und *Havemann*. (...)

IMS *Werner Tietz*
– Dem IM ist es bisher noch nicht gelungen, direkt in den AK einzudringen bzw. an Einzelpersonen des Führungskerns heranzukommen.«[9]

Im Arbeitskreis selbst trat der Leiter des »Zentrums Junger Autoren«, vom MfS geführt als IMS »Werner Tietz« (Reg.-Nr.: X/260/73, am 8. Februar 1979 zum IMV und am 1. August 1986 zum IME erhoben), nicht in Erscheinung. Durch seine enge Verbindung mit der Abteilung Kultur im Rat des Bezirkes Gera und seine im Auftrag geführten Diskussionen war das von der Staatssicherheit geforderte »Vertrauensverhältnis« nicht herstellbar. Andererseits war das Reservoir an geeigneten, literarisch ambitionierten IM-Spezialisten begrenzt. So mußte die Vorgangsgruppe im »Sachstandsbericht« vom 30. Juni 1975 einräumen:

»Der IMS ›Werner Tietz‹ wurde in die Bearbeitung des OV *Pegasus* und des gesamten Schwerpunktbereiches ›Mißbrauch der Lyrik‹ eingeführt, da er in der Lage ist, auf Grund seiner Position im gesellschaftlichen Leben Informationen zu uns interessierenden Sachverhalten zu erarbeiten.
Allerdings sind gerade seine gesellschaftliche Stellung und seine positive politische Einstellung ein objektives Hemmnis für einen direkten Einsatz des IM an OV- bzw. operativ interessanten Personen. (...)
Der IM berichtete bisher ausführlich über Veranstaltungen des Zentrums Junger Autoren des Bezirkes, über Veranstaltungen der FDJ-Lyrikbewe-

8 Ebenda.
9 Ebenda.

gung und andere, zu denen die uns interessierenden Personenkreise in Erscheinung traten. In diesem Zusammenhang berichtete er über Aktivitäten, Verhaltensweisen, Äußerungen und Gespräche mit den Genannten, die wesentlich zu deren ›Wer-ist-wer-Aufklärung‹ beitrugen.«[10]

Dazu nutzte »Werner Tietz« vor allem seine Funktion als Leiter des »Zentrums Junger Autoren«.

Lutz Rathenow und ich hatten uns bewußt für eine Mitarbeit in diesem »Zentrum« entschlossen, zum einen, um den staatlichen Stellen einen, wie wir meinten, durch uns bestimmbaren Einblick in unsere literarischen Versuche zu geben, zum anderen, um Inhalte der Zentrumsarbeit zu beeinflussen. Wir hatten die phantastische Vorstellung, wir könnten das »Zentrum« ein wenig unterwandern. Eine völlige Fehleinschätzung der Verhältnisse. Ein damaliger Nachwuchsschriftsteller, der, von der Leipziger Bezirksverwaltung des MfS als IMS »Milan« (Reg.-Nr.: XVIII/1440/73) geführt, seine Sporen verdiente, wußte zu berichten:

»R. und Sch. bemühen sich stark, ihren Einfluß im Zentrum auszubauen. Insbesondere versuchen sie unter dem Vorwand hoher künstlerischer Qualität ... die geplante literarische Zeitschrift des Zentrums unter ihre Kontrolle zu bekommen. Z. B. fordern sie die Möglichkeit, Einzelhefte von sich ... herausgeben zu dürfen und behalten sich die Redaktion selber vor.«[11]

Zweimal im Jahr fanden Wochenendseminare in der Kulturakademie Rudolstadt, dem ziemlich verfallenen ehemaligen Schloß der Charlotte von Stein, statt. Die Zimmerbelegungen legte die Leitung des Hauses fest. Auffällig oft wurden mir in den Zwei- bis Vierbettzimmern die Schlaf-»Genossen« »Werner Tietz« oder der Hauptreferent für Literatur des Rates des Bezirkes, vom MfS geführt als IMS »Hans Blume« (Reg.-Nr.: X/83/79, am 16. Februar 1989 vom IME zum FIM [Führungs-IM] befördert), zugeteilt. In den spätabendlichen Bettgesprächen interessierten sie sich für literarische Vorhaben, verwiesen auf die Strafbarkeit von Westveröffentlichungen, registrierten meine Reaktion, fragten nach ehemaligen Jenaern. Wie wenig ich auch erzählte, es war zu viel, wie die Berichte des IMV »Werner Tietz« zeigen:

»Im Gespräch lenkte ich vorsichtig auf die zwischen *Scheer* und *Rathenow* bestehenden Verbindungen. Darauf sagte mir *Scheer*, daß er seit Weihnachten 1978 keine Verbindungen mehr zu Rathenow habe und nicht sagen kann, was dieser gegenwärtig macht. Mir ist aber aus vorherigen Gesprächen bekannt, daß *Scheer* stabile persönliche und postalische Verbindungen zu Rathenow unterhält, die er mir bei diesem Gespräch bewußt verschwieg.«[12]

Lutz Rathenow lebte seit Ende 1977, nach seiner Exmatrikulation und einem kurzen Intermezzo als Transportarbeiter, in Berlin. Mit einer trickreich verschafften Steuernummer des Theaterverbandes arbeitete er als freier Schriftsteller. An solchen Informationen wäre der vorsichtige Gesprächslenker be-

---

10 Ebenda, Bl. 291.
11 Ebenda, Bd. 3, Bl. 196.
12 OV »Mentor«, Reg.-Nr.: X/606/79, Bd. 1, Bl. 154.

stimmt interessiert gewesen. Rathenows OV »Assistent« (Reg.-Nr.: XV/6114/80) wäre möglicherweise früher eröffnet worden. Aber auch ohne diese Auskunft war die »Zentrums«-Veranstaltung für »Tietz'« damaligen Führungsoffizier und Referatsleiter der BV Gera, Abt. XX/7, Major Wirkner, ergiebig genug. Zu dieser Zeit arbeitete das MfS mit der Strategie, die Veröffentlichung meiner Texte und Lesungen möglichst zu verhindern und über Inoffizielle Mitarbeiter Selbstzweifel an meinen literarischen Fähigkeiten zu schüren. Gleichzeitig sollte eine stärkere Bindung an das »Zentrum« erfolgen, indem »Werner Tietz« ab und an einige meiner Texte in die vom Zentrum Junger Autoren herausgegebene Hefte »Versuche« aufnahm. Ich lieferte zwar Texte, der geringen Bedeutung der Hefte halber, und auch weil in mir der unter Schriftstellern gewöhnliche Veröffentlichungsdrang weniger ausgeprägt war, aber nicht im gewünschten Maß. Die Treffen waren immer auch ein Abtasten.

Vor der »Zentrums«-Tagung vom 18. und 19. Mai 1979 hatte ich mal wieder keine Texte zur Verfügung gestellt, hielt es aber für an der Zeit, »Werner Tietz« anzudeuten, daß ich eine größere literarische Arbeit über Journalismus und die Wirklichkeit in einem sozialistischen Großbetrieb konzipierte.

»Ich sagte ihm, daß es äußerst kompliziert ist, einen solchen Stoff literarisch zu verarbeiten, ohne dabei den Boden des sozialistischen Realismus zu verlassen.«[13]

Womit »Werner Tietz« sehr recht hatte, denn ihm war klar, mir war an einer wirklichkeitsnahen und nicht sozialistisch realistischen Auseinandersetzung gelegen. Er bot sofort seine Unterstützung bei der Arbeit am Manuskript an:

»Mit diesen Angeboten wollte ich erreichen, daß
– ich meine Verbindungen/Kontakte zu Udo *Scheer* objektiv motiviert verstärken und festigen kann,
– daß ich Kenntnis vom Inhalt seiner Prosa-Arbeit erhalte, um von vornherein Förderung und Einflußnahme in die richtigen Bahnen lenken zu können.

Zu diesen Angeboten/Vorschlägen hatte *Scheer* keine Meinung, sondern eröffnete mir, daß er bereits auf ›privater Basis‹ Verbindungen zu einem Verlag aufgenommen habe, er darüber jedoch noch nicht sprechen will.«

An diesem Punkt hatte ich, wie sich zeigen sollte, schon zu viel geplaudert. Die Grenze war überschritten. Die Information hatte wesentlichen Anteil an der »Qualifizierung der OPK *Mentor* zum OV«:

»Durch den IMV ›Werner Tietz‹ konnte in Verbindung mit eingeleiteten operativ-technischen Maßnahmen [Postkontrolle und Kontrolle der über das Betriebstelefon geführten Gespräche] operativ bedeutsame Informationen zur OPK-Person selbst sowie zu seinen Verbindungspersonen erarbeitet werden, die seine Einstellung zur DDR, zur Literatur sowie zu seinen Verbindungspersonen widerspiegeln. So konnte herausgearbeitet werden:
– daß *Mentor* vorgibt, mit den Grundfragen der Politik von Partei und Regierung einverstanden zu sein und deshalb fest zur DDR zu stehen. Dies

---

13 Ebenda, Bl. 153.

kann nur eine Schutzbehauptung des *Mentor* sein, um seine wahren Absichten und Einstellungen zu tarnen (...)
– daß die OPK-Person gegenwärtig eine größere Prosa-Arbeit, die sich inhaltlich mit Problemen und Widersprüchen des Arbeitsbereiches seines Betriebs beschäftigt, schreibt.«[14]

Im Jahr 1990 gab »Werner Tietz« noch ein letztes, umfangreicheres Heft der Reihe »Versuche« unter dem doppeldeutigen Titel »Bewahrte Texte« heraus, darunter Texte, die in der DDR keine Veröffentlichungschance gehabt hatten, erstmals auch Gedichte des bis 1989 unter Veröffentlichungsverbot stehenden Greizer Lyrikers Günter Ullmann. Bei einem Treffen, in dem es um die Textauswahl ging, sagte ich »Werner Tietz« auf den Kopf zu, ich vermute, daß er für die Staatssicherheit gearbeitet habe, ob er darüber sprechen wolle. Er leugnete jede inoffizielle Zusammenarbeit.

Seine IM-Akten sind vernichtet. So blieb seine Stasi-Spur nach heutigem Erkenntnisstand nur in Operativen Vorgängen, aufgefundenen Berichten, Personeneinschätzungen, Gutachten zu literarischen Arbeiten und Einsatzrichtlinien erhalten. – Aber die tragen, wie häufig beim MfS, keine eigenhändige Unterschrift. Sein Name dürfte ebenso wie der des FIM »Hans Blume« nach den Stasi-Unterlagengesetz heute nicht mehr in den IM-Zusammenhang gebracht werden, hätten die Aktenvernichter in der Eile nicht die »Operativgeldabrechnungen«, die quittierten Belege für Aufwendungen und Prämien, übersehen.

Bei einer zufälligen Begegnung Mitte der neunziger Jahre erklärte er mir: »Für einen wie mich ist es angebracht, in die zweite Reihe zurückzutreten.« Immerhin dieses.

Doch noch planten die Leutnants Schmidt und Schiffel von der Vorgangsgruppe »Pegasus«, angeleitet durch den Leiter der Abteilung XX der Bezirksverwaltung Gera, Oberstleutnant Müller, die »Weiterführung der Verunsicherung/Zersetzung durch zielgerichtete Parteiinformation unter Einbeziehung der staatlichen Organe und gesellschaftlicher Organisationen sowie geeigneter IM«[15] gegen unseren Kreis. Die Vorgangsgruppe beschloß in ihrem »Operativ- und Maßnahmeplan« vom 1. April 1975 wöchentliche »Vorgangsabsprachen« in der Bezirksverwaltung Gera und monatliche »Koordinierungsabsprachen« mit der Bezirksverwaltung Karl-Marx-Stadt. Sie legten einen Eifer an den Tag, als könnten unsere Gedichtchen tatsächlich den Staatssozialismus der DDR aus den Angeln heben.

Genaugenommen war es letztlich solcher Kleingeist, die unverhältnismäßige Angst vor freiem Denken, die Unterdrückung und Verfolgung jeder wachen Initiative, jedes Ausbruchs aus dem Staatskorsett, der, wie es Andrej Sacharow prägnant formulierte, diesen Sozialismus zum Blinddarm, zum Wurmfortsatz der Geschichte und damit überflüssig machte. Natürlich spielte die Ahnung des bevorstehenden wirtschaftlichen Bankrotts in den achtziger

14 Ebenda, Bl. 13.
15 OV »Pegasus«, Bd. 1, Bl 172.

Jahren eine Rolle, auch die Verärgerung über willkürliche Reisebeschränkungen, aber den vom System geforderten Verzicht hatte fast jeder als Normalität erfahren und sich darauf eingerichtet. Entscheidender war, daß der sich permanent verfestigende Dogmatismus keine gesellschaftlichen Experimente und keine Alternative innerhalb des Systems zuließ. Die Verlogenheit der Einheitspartei fand ihren Niederschlag bereits im Artikel 2 der Verfassung der DDR: »Alle politische Macht wird in der Deutschen Demokratischen Republik von den Werktätigen ausgeübt.« Wirklichkeit wurde das erstmals im Herbst 1989. Bis dahin bestand die herrschende Klasse aus den Nomenklaturkadern der SED. Deren Auswahl und Profilierung erfolgte über langfristige, geheime Kaderprogramme. Für Außenstehende sollten die Mechanismen der Macht undurchschaubar bleiben. Untereinander zitierten diese Genossen gern den Jossef Stalin zugeschriebenen Satz: »Kader entscheiden alles.«

Hier entschieden sie: »Weiterführung der Verunsicherung/Zersetzung... unter Einbeziehung der staatlichen Organe ...«, und sie entschieden, »diese Koordinierung auf weitere Diensteinheiten auszudehnen«.

Nachdem bereits im März 1975 Postzollfahndung, die Kontrolle des grenzüberschreitenden Briefverkehrs für Fuchs, die Brüder Hinkeldey, Markowsky und Rathenow angeordnet worden war, wurde nun zusätzlich festgelegt:
– Telefonüberwachung (Abt. 26/Maßnahme A) bei Rathenow, dessen Eltern zu den wenigen gehörten, die einen Anschluß besaßen,
– akustische Raumüberwachung (Abt. 26/Maßnahme B), also Verwanzung, »nach operativer Notwendigkeit« bei Fuchs und Sonntag,
– Vorbereitung von Personenbeobachtungen (Abt. VIII),
– Vorbereitung von konspirativen Hausdurchsuchungen (Abt. VIII),
– Einsatz der Schriftfahndung, Beschaffung von Hand- und Maschinenschriftproben der Vorgangs- und von Verbindungspersonen.

Außerdem waren »die Zielpersonen zu den Höhepunkten (1. und 8. Mai) möglichst lückenlos unter Kontrolle zu halten«[16].

Dafür erfand die Vorgangsgruppe »Pegasus« die Aktion »Fundament«. Sie legte fest, wie eine verstärkte Überwachung von Mitgliedern des Arbeitskreises erfolgen sollte. Bei Martin Hinkeldey, Gerd Lehmann und Bernd Markowsky kam die IMV »Peter« und bei Lutz Rathenow die IMV »Regina« zum Einsatz. Beide IM sollten zugleich sichern, daß die vier nicht zum zentralen Treffen der Deutsch-Sowjetischen Freundschaft nach Halle fahren würden. Als weitere Maßnahmen legte die Vorgangsgruppe unter anderem fest:
» – ... Aufklärung ... bestehender Verbindungen ... [in das] sozialistische Ausland ... und ... in das KA [kapitalistische Ausland].
– Anfertigung von Gutachten über die Produkte des AK Literatur über den IMS ›Fritz Funken‹ (Möglichkeit der offiziellen Gestaltung der Gutachten ist gegeben [Als Dozent an der Sektion Literatur/Kunstwissenschaft in der Universität Jena übernahm der Professor auch offiziell Einschätzungen literarischer Arbeiten]). Das erarbeitete Material ist gleichzeitig der Ab-

16 Ebenda.

teilung IX, der Juristischen Hochschule Potsdam, Lehrstuhl Strafrecht und M/L zur Einschätzung zu übersenden.

Mittel und Methoden der Verunsicherung

(...) – Schaffung von Paten zur positiven Beeinflussung und Lenkung (wobei zu prüfen ist, ob bereits vorhandene IM der Partei als Paten vorgeschlagen werden können). (...)

– Ausnutzung ethisch-moralischer Schwächen zur Schaffung von Spannungen im genannten Personenkreis und Erarbeitung entsprechender Legenden und Kombinationen.

– Einleitung von Maßnahmen zur Verhinderung der weiteren Veröffentlichung von Produkten dekadenter Lyrik, vordringlich von *Fuchs* in der Zeitschrift ›Sinn und Form‹, Verlag Neues Leben und bezirklichen Publikationsorganen.

– Einberufung von 4 Personen zur NVA: *Markowsky, Sonntag, Scheer* und *Graf* [Wolfgang Hinkeldey]. Information an entsprechende DE der NVA (HA I) zur Gewährleistung der op. Kontrolle bzw. Weiterbearbeitung.

– [Gegen] die Personen ... *Sonntag* und *Markowsky* vorhandenes Mißtrauen seitens der Gruppierung wird über IM forciert.

– Aufklärung und Dokumentation der Methoden der Vervielfältigung von Produkten der dekadenten Lyrik. (...)«[17]

Die gezogenen Register zur Informationsbeschaffung und »Zersetzung« erreichten inzwischen einen beachtlichen Grad. Die Disziplinierung durch »Schaffung von Paten« zielte besonders auf den peripheren Kreis.

Siegfried Reiprich: »Der Kommunismus ist die große Utopie vom neuen Menschen. Als Weg konnten sich die Führer nur vorstellen, diesen Menschen über Erziehungsdiktatur zu formen.«

Wo Disziplinierung durch Erziehung und Patenschaften keinen Erfolg versprach wie im Kern des Arbeitskreises, setzte die Vorgangsgruppe auf die »Schaffung von Spannungen« perfiderweise durch Gerüchte, der und der spitzele für die Stasi. Doch diese Gerüchte zeigten noch relativ wenig Wirkung. Die Offenheit untereinander verhinderte die Distanzierungs- und Isolierungsabsichten. Später, in Zeiten großer Verunsicherung, nach der Verhaftungswelle zur Biermann-Ausbürgerung, nach Verhören angesichts des verblüffenden Wissens der Vernehmer, funktionierte diese Zersetzungsstrategie nachhaltiger. Auch nach den Ausbürgerungen hielt sich dieses verletzende Virus des Mißtrauens. So berichtete mir eine Person von Gerüchten über Bernd Markowsky. Gestreute Gerüchte, er sei ein Stasi-Spitzel, zeigten Wirkung an der Peripherie: Der ist ja tatsächlich häufig mit Fotoapparat anzutreffen, fährt in die ČSSR und das Polen der Solidarność!

So plump ging das. Die Tatsache, daß er die Fotografie als Ausdrucksmittel für sich entdeckt hatte und seit 1982 mehrere Ausstellungen zur polnischen Gewerkschaftsbewegung, zum polnischen Theater, über Kraków, aber auch Fotoreportagen über Gefängniswärter, Leichenwäscher, Kohlenträger und

17 Ebenda, Bl. 175 f.

Gerichtsvollzieher in Westberlin gemacht hatte, änderte wenig am Mißtrauen in manchen Köpfen.

Um den Kern des Arbeitskreises aufzulösen, nahm das MfS Einfluß auf die zuständigen Wehrkreiskommandos der Nationalen Volksarmee. Doch nur Gerd Sonntag wurde zum Grundwehrdienst eingezogen – im November 1975. Die HA I, die Armeeabteilung des MfS, wurde beauftragt eine OPK, eine »Operative Personenkontrolle« anzulegen. Das bedeutete mindestens: Spitzel auf der Stube und Postüberwachung.

Ich erhielt ebenfalls den Musterungsbefehl, doch da ich zu der Zeit an der Entwicklung des ersten Kleinkassettenrecorders der DDR »MR 76«, später »mira«, ein vom ZK kontrolliertes Staatsplanthema, beteiligt war, genügte offenbar der Einspruch des Betriebsdirektors, um den »Ehrendienst« nicht antreten zu müssen. Vermutlich besaßen dieses neue Konsumgut und die »allseitige Bedürfnisbefriedigung der Bevölkerung« einen höheren Stellenwert, als die Zersetzung des Arbeitskreises. Daran änderte auch die im »Sachstandsbericht« vom 30. Juni erneut festgeschriebene Maßnahme zur Einberufung, diesmal um den Jenaer Jugenddiakon Thomas Auerbach auf fünf Personen erweitert, nichts. Bernd Markowsky und Wolfgang Hinkeldey hatten, was den Stasi-Mitarbeitern möglicherweise entgangen war, bis 1973 gedient, und Einberufungen zum Reservistendienst bereits nach zwei Jahren waren noch nicht üblich.

Thomas Auerbach verweigerte schon in den sechziger Jahren den Armeedienst. Offenbar scheute man damals noch Maßnahmen gegen den Diakon. Sie hätten zu Protesten der Kirche führen können.

Nach dem Vorbild von Pfarrer Walter Schilling in Braunsdorf hatte Auerbach die »offene Arbeit« in Jena eingeführt, bei der die jungen Leute Themen und Inhalte weitgehend selbst bestimmten. Ein Nebeneffekt: Auch die JG wurde zunehmend politisiert. Es gab Überlappungen mit den Kreisen, die Wohnungslesungen veranstalteten, verbotene Bücher kursierten und es gab Veranstaltungen der Jungen Gemeinde, in denen Wolfgang Hinkeldey, Bernd Markowsky und später auch Lutz Rathenow mit ihren Texten auftraten.

Heute arbeitet Thomas Auerbach in der Forschungsabteilung des Bundesbeauftragten für Stasiunterlagen, hat unter anderem Brisantes über die geplanten Isolierungslager[18] im inneren Krisenfall der DDR und eine Studie über die Spezialkampfgruppen des MfS in der Bundesrepublik[19] veröffentlicht.

Außer der aktenreichen, geordneten Unordnung seines Arbeitszimmers und dem ständig im Gebrauch befindlichen Aschenbecher fällt besonders ein Plakat neben der Tür auf. Darauf in warmen Tönen, kaum vergilbt, »Väter-

18 Auerbach, Thomas; Sailer, Wolf-Dieter: Vorbereitung auf den Tag X. Die geplanten Isolierungslager des MfS. In: Der Bundesbeauftragte für die Unterlagen des Staatssicherheitsdienstes der ehemaligen Deutschen Demokratischen Republik, Reihe B, Berlin, Nr. 1/95.
19 Auerbach, Thomas: Einsatzgruppen an der unsichtbaren Front. Die Sabotagevorbereitungen des MfS gegen die Bundesrepublik Deutschland. Berlin 1999.

chen Stalin« freundlich lächelnd, weitblickend, umrahmt von drei zu ihm auf-
strebenden DDR-Jungpionieren. Ein Bild, wie es die frühe DDR-Massenpro-
paganda über jenen Diktator vermittelte, der unter anderem verantwortlich
war für fünf- bis sechseinhalb Millionen Hungertote nach der Zwangskollektivierung 1932/33 und allein für 680 000 Hingerichtete in der Zeit des »Großen
Terrors« 1937/38[20]. Nicht von ungefähr muß jeder, der Auerbachs Arbeits-
zimmer verläßt, an diesem Plakat vorbei, auf dem gedruckt steht: »Das ist der
Frieden«.

Thomas Auerbach: »Man war für etwas, aber auch gegen etwas. Dieses gemeinsam gegen etwas sein hat Zusammenhalt geschaffen, Spannungen über-
brückt, die es auch gab. Aber ich muß sagen, in den siebziger Jahren gab es
noch nicht diese unerträgliche Auseinandersetzung, die in den achtziger Jahren in der Szene stattfand. Im Gegenteil, man hatte breite Kontakte, hat sich
mit allen unterhalten.

So kamen wir auch schnell mit den ›Revisionist‹- und ›Pegasus‹-Leuten zusammen. Da entstand ein Austausch, wir haben politische Entwürfe diskutiert. Und mit den ›Pegasus‹-Leuten kam dazu noch die künstlerische Schiene
mit Werkstätten und Lesebühnen.

Es waren Visionen da. Man hat sich mehr ergänzt und mehr Informationen
voneinander bekommen, war offener, auch eher bereit, andere zu akzeptieren,
als das später der Fall war. Das hat, denke ich, auch mit der Hippie-Bewegung zu tun gehabt. Das, worüber sich wirklich alle einig waren, war der Pazi-
fismus.

Bei mir ging es aufgrund der Wehrdienstverweigerung die ersten Jahre, ’71,
’72, immer bis an die grüne Karte. Jeden Herbst, wenn die Zeit der Einberufung kam, begann so ein Nervenkrieg: Sie haben sich zu stellen, Einberufungs-
überprüfung. Ich bin hingegangen, habe die Verweigerung bestätigt, sie später
dann nicht nur religiös sondern auch politisch begründet. Das weitere wurde
immer abgeblasen. Ich denke, daß man einfach Aufsehen vermeiden wollte.
’73, ’74 habe ich auf hohen Blutdruck gemacht, so mit Kaffeebohnen kauen
und Kernseife und so. In der Uniklinik bescheinigten sie den. Da hatte ich erst
einmal Ruhe. Die letzten beiden Jahren ging’s wieder los. Einberufungsüber-
prüfung. Verweigerung. Ich saß auf gepackten Sachen. Die Volkspolizei kam
nicht. Erst eine Woche später kriegte ich dann einen Schrieb: Zurückgestellt.
Ich war mir damals schon klar, daß ich in einen schärferen Konflikt mit dem
Staat geraten würde. Wobei man sich vorher überhaupt nicht vorstellen kann,
wie das im Gefängnis wirklich ist.«

Im Frühjahr 1975 wurde die Präsenz von Mitarbeitern offizieller Stellen im
Arbeitskreis zunehmend lästig. Als am 6. Mai die für diesen Abend vergat-
terte Mitarbeiterin des Kulturhauses, Hella W., gegen 20 Uhr meinte, ihrer
Aufsichtspflicht Genüge getan zu haben und das Treffen verließ, analysierte
Siegfried Reiprich: »Die Atmosphäre im AK ist derzeit untragbar. Sie hat sich

---

20 Vgl. Chlewnjuk, Oleg: Das Politbüro. Mechanismen der Macht in der Sowjetunion der
    dreißiger Jahre. Hamburg 1998.

gegenüber dem Anfang des AK vor 2 Jahren sehr verschlechtert, keine interessanten Diskussionen und eine strenge Selbstzensur.«[21]

Ab Mitte Mai gaben sich der Stadtrat für Kultur, Genosse Moser, der Erste Sekretär der FDJ-Kreisleitung, Gen. Utecht, und der Literaturreferent des Rates des Bezirkes, Volker Hartdung, zusätzlich die Klinke in die Hand.

Lutz Rathenow hatte in Aussprachen vor den Vertretern der Universität, der Abteilung Kultur, des Kulturhauses ... seine Absicht erklärt, als Leiter zurückzutreten und vorgeschlagen, daß Markowsky, Hinkeldey, Reiprich und Scheer die Leitung übernehmen sollten.

Lutz Rathenow: »Im wesentlichen haben wir diese Spannungen relativ gut gelöst. Und durch meine Empfehlung, Euch als künftige Leiter des Arbeitskreises einzusetzen, habe ich mich von den staatlichen Stellen nicht gegen den Arbeitskreis ausspielen lassen.«

Die Auflösung des Arbeitskreises lag zu diesem Zeitpunkt keineswegs im Interesse der Staatssicherheit. Sie sah ihr dichtes Informationsnetz gefährdet. Auch die staatlichen Stellen waren aufgeschreckt und entwickelten zeitgleich eine eigene Strategie für die Fortführung des Arbeitskreises. So unterbreitete die SED-Kreisleitung Jena ihrem Ersten Sekretär der SED-Bezirksleitung, Gen. Herbert Ziegenhahn, im Monatsbericht Juni 1975 nach ausgiebiger Analyse Vorschläge zur Umgestaltung des Arbeitskreises in ein Instrument der Partei:

»(...) Zusammenfassend kann das Ergebnis dieser langwierigen und mit großer Geduld geführten Aussprachen so gewertet werden, daß sich im Zirkel über einen längeren Zeitraum revisionistische Auffassungen herausgebildet und verfestigt haben, denen nicht konsequent entgegengetreten wurde. Es erwies sich als politisch notwendig, die bisherigen Zirkelmitglieder Markowsky, Hinkeldey, Scheer und Biskupek aus dem Zirkel zu entfernen. Wobei mit den SED-Kreisleitungen Stadtroda bzw. Rudolstadt abgesprochen ist, daß sich Scheer und Biskupek in ihren Heimatkreisen (nach gründlicher Prüfung) in entsprechenden Zirkeln weiterbetätigen können.«[22]

Anlaß für diese Entscheidung war vermutlich Rathenows Vorschlag, uns als neue Leitung einzusetzen.

Siegfried Reiprich bemerkte zu den tieferliegenden Gründen:

»So lächerlich es auch erscheint, wenn auf freche junge Spatzen mit ideologischen Kanonen geschossen wurde, so sollte man jedoch nicht vergessen, daß die DDR weder durch wirtschaftlichen Erfolg noch durch nationale Identität oder gar demokratische Willensbildung legitimiert war. Kommunistische Regimes waren quasitheokratische Staaten, begründet auf eine religiös-ideologische Weltanschauung. Ein Angriff auf die Dogmen war immer auch ein Angriff auf die Macht.«[23]

---

21 OV »Pegasus«, Bd. 1, Bl. 235.
22 Thüringisches Staatsarchiv Rudolstadt, BPA SED Gera IV C-2/3/706, Bl. 89.
23 Reiprich: Der verhinderte Dialog, S. 7.

Damals ahnte ich natürlich nicht, daß eine von der SED-Bezirksleitung abgesegnete Strategie hinter der Einladung steckte, die ich vom für Kultur zuständigen Genossen in der Stadtrodaer SED-Kreisleitung bekam. Nach dem Versuch, etwas über unseren Arbeitskreis zu erfahren, eröffnete er mir, die Leitung des Arbeitskreises würde umgebildet und der Zirkel bliebe künftig ausschließlich Jenaer Mitgliedern vorbehalten. Da im Kreis Stadtroda keine erwähnenswerten literarischen Zirkel existierten, der Genosse mich aber offenbar nicht völlig verprellen sollte, gestand er mir nach einigem Winden eine Lesung in der »Galerie im Flur« im Volkshaus Stadtroda zu. Betrieben wurde diese Galerie durch die ebenfalls unter Stasi-Beobachtung stehenden bildenden Künstler Barbara und Manfred Neuhäuser. Im übrigen ignorierte ich das mir ausgesprochene Arbeitskreisverbot. Schließlich stand dessen Existenz auf der Kippe, und es liefen Gerüchte um, ein »bewährter Genosse« solle die Leitung übernehmen. Diese Entwicklung wollte ich schon selbst beobachten. Wie zutreffend die Gerüchte waren, bestätigt der interne Monatsbericht der SED-Kreisleitung Jena:

»Welche Schlußfolgerungen haben wir gezogen:
1. Die Entwicklung des Lyrikzirkels am Kulturhaus Neulobeda muß weiterhin straff politisch geführt werden. Es sind Bemühungen zu unternehmen, geeignete und interessierte Genossen für die Mitarbeit im Zirkel zu gewinnen, um die politische Haltung der Zirkelmitglieder von innen zu beeinflussen.
2. Für die Arbeit des Lyrikzirkels am Kulturhaus ist eine genaue Arbeitsordnung auszuarbeiten (Mitgliedschaft, Arbeitsplan usw.), der von der Leitung des Kulturhauses zu bestätigen ist.
3. Die Leitung des Zirkels übernimmt Genosse Jähnig, Mitglied der UPL und Redakteur der Zeitung ›Sozialistische Universität‹. Die Parteiorganisation der Sektion Literatur- und Kunstwissenschaften übernimmt die politische und fachliche Patenschaft über den Zirkel. (...)«[24]

Damals hätten wir vermutlich über den Auftrag der Kreisleitung, literarisch talentierte Genossen zu finden, unsere Späße gemacht. Denn bei etwas weniger Machtblindheit hätten sie erkennen können, daß die von ihnen geplante literarisch verbrämte Parteiversammlung schwerlich der Ort sein dürfte, an dem sich die ursprünglichen Mitglieder des Arbeitskreises austauschen würden.

Zum Arbeitskreisabend am 27. Mai ließ sich Lutz Rathenow entschuldigen. Er war kurzfristig zu einer Aussprache zur FDJ-Leitung in der Universität beordert worden.

Lutz Rathenow: »Der Arbeitskreis spielte in den Gesprächen an der Universität eine immer geringere Rolle, weil es an der Uni genügend Schwierigkeiten gab. Da mein Kontakt zu Jürgen Fuchs Anlaß für Auseinandersetzungen war, ich mich außerdem weigerte, Reserveoffizier zu werden, war mein Studium durch den Arbeitskreis selbst nicht so sehr gefährdet. Als ich dann den Rücktritt ankündigte, überhaupt nicht mehr. Da entstand die absurde Kon-

24 Thüringisches Staatsarchiv Rudolstadt, BPA SED Gera IV C-2/3/706, Bl. 91 f.

stellation, daß ich im Arbeitskreis weiterarbeiten sollte, denn die Uni rechnete mich natürlich im Vergleich mit Jürgen Fuchs und Bernd Markowsky zu den milderen Kräften. Ich bekam in den Gesprächen eher Probleme, warum ich mich weigerte weiterzuarbeiten. Und der Parteisekretär, Gen. R., bekundete sein Interesse, ich sollte doch mal beginnen, meine Autobiographie zu schreiben und meine wahre Haltung zum Arbeitskreis darlegen, er wäre gern der erste Leser dieses Textes. Auch damals konnte ich in den Aussprachen schon manchmal schmunzeln.«

Ein oder zwei Tage später trafen wir uns – Wolfgang Hinkeldey, Lutz Rathenow, Siegfried Reiprich und ich – bei Jürgen Fuchs in der Wohnung, um unser weiteres Verhalten zu beraten. Jürgen Fuchs argumentierte dafür, den Arbeitskreis als Modell und Muster für andere Gruppen zu erhalten.

Lutz Rathenow: »Der Arbeitskreis wurde mir lästig, weil er literarisch nichts mehr brachte. Wir lernten nichts mehr voneinander, sondern sicherten uns ab. Im nachhinein betrachtet, finde ich es sehr bemerkenswert, wie wir in einem Zustand, in dem man sich als Gruppe leicht auseinanderdividieren kann, wo Kreise und Kontakte leicht zerbrechen, das doch ganz gut gelöst haben.«

Wir beschlossen, Rathenow sollte der Kulturhausleitung seinen Rücktritt schriftlich mitteilen, und bis zur Neukonstituierung würden Hinkeldey, Markowsky, Reiprich und ich die Leitung kommissarisch übernehmen. Wir wollten auf Zeit spielen und sagten die Treffs für den 3. und 10. Juni unter dem Vorwand ab, die Wahl gründlich vorbereiten zu müssen.

Vor der Wahlversammlung am 17. Juni, es war der Tag, an dem auch Jürgen Fuchs exmatrikuliert wurde, sickerte durch, der Stadtrat für Kultur würde statt einer Wahl das Mitglied der Universitätsparteileitung, einen Redakteur der Universitätszeitung, als Leiter einführen. Daraufhin boykottierten die meisten von uns spontan die Veranstaltung. Wolfgang Hinkeldey, Christine und Siegfried Reiprich schickten wir als Beobachter. Außer ihnen waren »Serjoscha«, eine Philosophiestudentin, die den Lyrikzirkel der Universität leitete und als Bindeglied zur UPL fungierte, anwesend sowie die beiden IMV »Peter«, »Regina« und der Leiter in spe, Gen. Wolfgang Jähnig. Als erstes sprach Gen. Moser an diesem Abend Hausverbot für Wolfgang Hinkeldey und den nichtanwesenden Bernd Markowsky aus. Daraufhin erklärte Siegfried Reiprich spontan, daß er sich ebenfalls als ausgeschlossen betrachte und verließ zusammen mit seiner Freundin Christine den Raum. Damit war der neue Kreis unter sich und Gen. Moser appellierte: »Wir lassen mit unserer Macht nicht spielen (...) Unsere Aufgaben bestehen darin, ehrlich zu arbeiten und unsere Positionen zu festigen, damit der Arbeitskreis eine wirksame Rolle bei der Entwicklung der Kunst spielt.«[25]

Die Neugründung dieses Alibi-Arbeitskreises war eine Totgeburt am Tropf der Partei. Der nächste Treff am 24. Juni wurde, abgesehen von den beiden IM, von allen Mitgliedern des alten Kreises ignoriert. Das war ein gutes Ge-

25 OV »Pegasus«, Bd. 1, Bl. 276.

fühl. Wir lösten den Arbeitskreis auf und verstanden den Schritt als ein Stück Selbstbehauptung. Wir schrieben:

»Der Kulturhausleitung zur Kenntnis:
Nach einer Reihe von Vorkommnissen, die den Prinzipien der Eigenständigkeit des AK Literatur und der Unterstützung durch die Kulturhausleitung zuwiderlaufen, hat die gegenwärtige kollektive AK-Leitung folgenden Beschluß gefaßt: Der Arbeitskreis Literatur, der 1973 im Kulturhaus Neulobeda seine Arbeit aufnahm, existiert seit dem 24.06.1975 nicht mehr. Gez. Scheer«

Lutz Rathenow: »Ein Teil des Arbeitskreises ging in die Illegalität und war ein erster Indikator dafür, daß es nicht mehr möglich sein würde, die kulturpolitischen Forderungen einer neuen Generation in den Schranken der DDR-Kultur zu halten.«

Lutz Rathenow selbst zog sich ein wenig zurück, um sich stärker auf sein Studium, auf das Schreiben und das Herstellen neuer Kontakte zu konzentrieren.

Jürgen Fuchs stellte in einem Offenen Brief an den Zentralrat der FDJ und die Kulturkonferenz der FDJ in Weimar vom 11./12. Juli 1975 die Situation in Jena in mehreren Punkten zur Diskussion:

 – Auftrittsverbot für Gerulf Pannach, Bettina Wegner und Jürgen Fuchs,
 – Verhinderung des Arbeitskreises Literatur,
 – Ächtung seiner Person als Schriftsteller.[26]

Damit legte Jürgen Fuchs den Finger auf eine wunde Stelle. Als »Sofortmaßnahme zum ›Offenen Brief‹ des Fuchs« ordnete Leutnant Schmidt von der MfS-Vorgangsgruppe »Pegasus« an:

»Einleiten von Maßnahmen über die Bezirksleitung der FDJ, die Diskussion und Beratung über den ›Offenen Brief‹ zu unterbinden bzw. einzuengen. Durch Ref. XX/2 der BV.«[27]

Nach der Selbstauflösung des Kreises kam es zu einer Neuorientierung. Vor allem Bernd Markowsky und Wolfgang Hinkeldey beteiligten sich an Lesekreisen in privaten Wohnungen und testeten verstärkt Möglichkeiten politischer Einmischung.

Siegfried Reiprichs Solidarisierung gegen das Hausverbot von Wolfgang Hinkeldey und Bernd Markowsky sollte für ihn später noch drastische Folgen haben. Seine spontane Reaktion genügte der Sektionsleitung Philosophie neben anderen fadenscheinigen Gründe für seine Exmatrikulation im März 1976, obwohl er während der Ereignisse im Kulturhaus im Juni 1975 sein Studium noch nicht begonnen hatte.

Mit ihm begann das Aussprachenkarussell in der Jenaer Universität am 6. Januar 1976. Reiprich, dem verboten worden war, sich Notizen zu machen, hat diese und weitere Verhandlungen, die sich zum Tribunal gegen ihn verdichteten, in Gedächtnisprotokollen festgehalten.

---

26 OV »Spinne«, Reg.-Nr.: XV/3970/76, Bd. 1, Bl. 70f.
27 Ebenda, Bl. 72.

Die Anwürfe wurden zunehmend feindselig, seine Gegenüber zeigten sich stolz, Vertreter dieses Staates zu sein. Der Direktor für Erziehung und Ausbildung der Sektion Philosophie, Dr. Berg:
»›... Sie hätten sich entscheiden können, für oder gegen Moser, für oder gegen den Staat. Und *Sie* haben sich gegen ihn entschieden. Also ich hätte mich prinzipiell auf die Seite Mosers gestellt. Sie haben sich auf die Seite von Graf [Wolfgang Hinkeldey] gestellt.‹
Dr. Höfer [Reiprichs Seminargruppenbetreuer] (brüllt): ›Sie haben eine öffentliche Demonstration veranstaltet!‹
S. Reiprich: ›Wie soll ich denn das allein gemacht haben, eine Demonstration?‹
Dr. Höfer (wütend, wobei nicht ganz klar ist, ob echt oder gespielt): ›Also wenn Sie denken, daß Sie uns hier wortklauberisch mit irgendwelchen philologischen Tricks kommen können, haben Sie sich geirrt! *Wir* haben hier noch ganz andere Diskussionen bestanden.‹
(Einiges Hin und Her. Gebrüll, komme kaum zu Wort)
Dr. Berg: ›...Sie haben einen öffentlichen Bericht über eine sogenannte *Spitzelanwerbung* durch das MfS gegenüber der FDJ-Leitung gegeben.
Dr. Höfer (außer sich): ›Spitzel! Spitzel! Die gab es in der Nazizeit, Leute, die die Antifaschisten denunzierten! Oder drüben im Bundesverfassungsschutz, die Berufsverbote initiieren. Und Sie *diffamieren* so unsere Sicherheitsorgane!‹
Dr. Berg (wehleidig): ›Die Organe hatten Vertrauen zu Ihnen. Sie dachten, das ist ein junger Mensch, dem wir Vertrauen schenken können. Sie haben das Vertrauen mißbraucht.‹«[28]
Am 22. März wurde Reiprich exmatrikuliert und erhielt republikweit Studienverbot. Die Gründe: »idealistischer Standpunkt, Verleumdung des Staates, vorbehaltlose Unterstützung von Fuchs, Diffamierung des Politunterrichtes der NVA und Solidarisierung mit dem Konterrevolutionär Dubček«[29].
Er wurde zur üblichen Strafe für unbotmäßige Studenten vergattert: »Bewährung in der Produktion«, in diesem Fall bei gesundheitsschädigender Arbeit in der Glasschneiderei des VEB Glaswerk Schott Jena. Erst nach einem ärztlichen Attest über Anzeichen von Silikose und beginnende Lärmschwerhörigkeit erlaubte ihm die Betriebsleitung einen Arbeitsplatzwechsel. Seine wiederholten Anträge auf Zulassung zum Studium wurden im Zusammenspiel zwischen dem MfS, der Universität und der Kaderleitung des Betriebes verhindert. Bereits sechs Wochen nach Reiprichs Exmatrikulation sah die »Konzeption« der Vorgangsgruppe »Pegasus« zu seiner Person vor, eine offizielle Zusammenarbeit mit dem MfS vorzutäuschen und ihn dadurch vom Freundeskreis zu isolieren. Oberstleutnant Horn, der neue Vorgangsleiter »Pegasus«, hatte den Korb nicht vergessen, den Reiprich eineinhalb Jahre zuvor während seiner Armeezeit den beiden Spitzelwerbern Gen. Schiffel und Zelt gegeben hatte:

28 Reiprich: Dialog, S. 15.
29 Ebenda S. 57.

»Die bisherigen operativen Erfahrungen führen zu der Schlußfolgerung, daß ein Ausstreuen von Gerüchten über eine angebliche Zusammenarbeit mit dem MfS im Kreise der Vorgangspersonen nicht wirksam wird. Deshalb werden gemäß gestellter Zielsetzung folgende operativen Mittel/Methoden angewandt:
– Veröffentlichung einer Fotomontage in der Zeitung einer befreundeten Partei. Dieses Foto zeigt *Reiprich* und einen in Jena bekannten Mitarbeiter des MfS, wobei das Motiv des Bildes zur Aussage ›Frühling in Jena‹ o. ä. paßt. (...)
Mehrfache anonyme Zusendung dieser Zeitungsfotos an ausgewählte Zielpersonen aus dem OV *Pegasus* in Jena und Berlin mit dem Hinweis der Verbindung des *Reiprich* zum MfS.
Verstärkung des hervorgerufenen Verdachtes ... durch weitere operative Maßnahmen wie *unvorsichtige* Treffbestellung, ungeschickte Verbindungsaufnahme ...
Differenzierter IM-Einsatz zur Unterstützung ... (z. B. Märtyrerrolle *Reiprichs* als besonders raffinierte Methode des Eindringens des MfS in die interessierenden Personenkreise darstellen, Ausnutzung der Tatsache, daß *Reiprich* bereits während seiner Armeezeit vom MfS angesprochen wurde u. a.)«[30]
Über die Veröffentlichung dieser Fotomontage »in der Zeitung einer befreundeten Partei«, der »Thüringischen Landeszeitung«, wurde nichts bekannt. Gerüchte seiner inoffiziellen Tätigkeit für das MfS gingen allerdings um. Es ist bezeichnend für den Charakter dieser »Inoffiziellen Mitarbeiter« und ihrer hauptamtlichen Hintermänner: Selbst die Verachtung der Bevölkerung für ihr schmutziges Treiben nutzten sie, um andere als ihresgleichen zu diffamieren. Doch wer Reiprich etwas näher kannte, zweifelte am Wahrheitsgehalt. Nach der Biermann-Ausbürgerung ersannen die Jenaer Stasi-Strategen um Oberstleutnant Horn einen ebenso heimtückischen Plan zu seiner Isolation. Wie mehrere Freunde sammelte auch Reiprich Unterschriften gegen die Ausbürgerung. Die übergroße Mehrheit wurde zugeführt, verhört, acht Personen blieben neun Monate in U-Haft. Siegfried Reiprich ließ man völlig unbehelligt. Das schuf Mißtrauen. Auch bei Jürgen Fuchs. Der Vernehmer in der U-Haft zeigte ihm kurz Blätter mit Reiprichs Handschrift und bemerkte wie beiläufig, der verhalte sich kooperativer.
Im März 1977 legte die MfS-Kreisdienststelle Jena eine OPK gegen Reiprich an. Im September 1979 erhielt er über eine Delegierung des Betriebes die Erlaubnis, an der Carl-Zeiss-Ingenieurschule für Feinwerktechnik ein Fachschulstudium aufzunehmen. Er schätzte es schnell als langweilig und hochgradig verschult ein, wurde »Hilfsassistent Physik« und fühlte sich dennoch weit unterfordert. Nach seinem Antrag, zur Universität wechseln zu dürfen, wurde er am 6. Dezember 1979 zum Studienjahresleiter gerufen. Dort sah er sich zwei MfS-Mitarbeitern gegenüber. Sie beabsichtigten, seine politische Haltung zu prüfen, er sollte sich von früheren Ansichten und Freunden distanzie-

30 OV »Pegasus« Bd 3, Bl. 35 f.

ren. Reiprich lehnte ab. Danach wurde ihm auch dieses Studium unerträglich gemacht. Er suchte sich Arbeit als Telegrammbote und stellte zusammen mit seiner Frau Christine am 20. Februar 1980 einen Ausreiseantrag. Am 20. März 1980 eröffnete das MfS gegen ihn den OV »Opponent« (Reg.-Nr: X/231/80) wegen »staatsfeindlicher Verbindungsaufnahme« und »landesverräterischer Nachrichtenübermittlung«. Ab September 1980 bis März 1981 kamen Olaf und Jutta Tomaszewski, Detlef Pump, Klaus-Dieter Boost, Roland Jahn, Christine Thiele, Petra Falkenberg und Christine Reiprich hinzu. Die Staatssicherheit versuchte, ihnen jetzt »staatsfeindliche Gruppenbildung« nachzuweisen. Doch das seit 1974 über diesen Kreis zusammengetragene und neu erspitzelte Material (13 Bände á 250 bis 400 Blatt) reichte nicht aus, ein Ermittlungsverfahren zu eröffnen. Wirklich staatsfeindliche Aktivitäten, wie der Versuch, den Wehrdienstverweigerer Gerd Wagner mit Hilfe der polnischen Solidarność in das westliche Ausland zu schmuggeln, blieben dem MfS verborgen. Sie hatten, da sich die Flucht als blinder Passagier als zu riskant erwies, den Fall in der bundesdeutschen Botschaft in Warschau beraten. Wagner ging ins Gefängnis und wurde nach einem Jahr von der Bundesregierung freigekauft.

Reiprich schätzt ein: »Wie sich heute aus den Akten schlußfolgern läßt, war im Frühjahr 1981 nicht klar, ob wir nicht doch in den Knast gehen würden.«[31] Es traf andere. Am 10. April 1981 die Jenaer »Blase«, Peter Rösch, und »Matz«, Matthias Domaschk. Sie wollten zu einer Fete nach Berlin, wurden daraufhin aus dem Zug heraus verhaftet. Am 12. April starb Matthias Domaschk in der Geraer Stasi-U-Haft.

Christine und Siegfried Reiprich bekamen die Aufforderung, die DDR am 13. August 1981 bis 24.00 Uhr zu verlassen. Das Stasi-interne Kalkül dabei: Da übergesiedelte Personen allgemein Anpassungsschwierigkeiten in der BRD hatten, würde Reiprich mit seinen idealisierten Vorstellungen von der Linken im Westen um so gründlicher scheitern.

Reiprich: »Ich hatte im Westen keine Lust, das Heer hohlschwätzender Politologen zu bereichern und studierte in Kiel Ozeanographie und Geophysik.«

Bis März 1988 verbrachte er eineinhalb Jahr auf einer Antarktisstation. Seine Sicht zurück, die Geschichte seiner politischen Exmatrikulation, ihre Begleitumstände und Folgen liegen in »Der verhinderte Dialog« schlüssig und packend dokumentiert vor.

Nach der Selbstauflösung des Arbeitskreises beschränkte ich meine Kontakte von Hermsdorf aus im wesentlichen auf Lutz Rathenow und Matthias Biskupek in Rudolstadt, besuchte gelegentlich Gerd Sonntag und Lutz Leibner und versuchte mich in meiner Freizeit an einem Roman, für den ich mit dem Mitteldeutschen Verlag einen Vorvertrag erreicht hatte. 1987 kam ich zu der Einsicht, daß dieses für DDR-Bürger geschriebene Buch in der DDR nie erscheinen würde. Meine Lektorin IMS »Birgit Schulz« hatte zu viele verzögernde Änderungsforderungen.

31 Reiprich: Dialog, S. 149.

In der OPK »Reagens« (Reg.-Nr.: X 1197/88) zur jungen Schriftstellerin Anke Müller, sie sollte wegen ihrer friedensbewegten und gesellschaftskritischen Aktivitäten vom MfS an ihrer »Öffentlichkeitswirksamkeit« gehindert werden, findet sich dank unserer Bekanntschaft auch die Auskunft zu »... SCHEER, Udo ..., der seit ca. 10 Jahren an seinem Manuskript ›Das Delta‹ literarisch tätig ist und zunehmend oppositionelles und politisch negatives Gedankengut verarbeitet«[32]. Zehn Jahre wurden es letztlich nicht ganz, dafür hat sich in der Schublade mit dem Urmanuskript inzwischen reichlich weiteres Material angesammelt, darunter auch die Fachschularbeit des MfS-Oberleutnants Willing, Tristan mit dem abstoßenden Titel:

> »Wie erfolgt auf der Grundlage der Richtlinie 1/79 der Einsatz von IME in Schlüsselpositionen aus staatlichen Organen und gesellschaftlichen Organisationen beim rechtzeitigen Erkennen von Personen aus Kreisen von Nachwuchsautoren, die zum politischen Untergrund neigen, ihre politisch-operative Bearbeitung, ihre wirksame Zurückdrängung und Disziplinierung.«[33]

Gleich darunter liegt die Diplomarbeit des Oberleutnants Jahn, Rolf:

> »Die Realisierung der Einheit von Erkennen feindlicher Ziele und Absichten der politisch-ideologischen Diversion und der offensiven vorbeugenden Verhinderung ihrer gesellschaftsschädigenden Auswirkungen durch den Einsatz von IME-Schlüsselpositionen im Prozeß der politisch-operativen Sicherung und Durchdringung des Bereiches Literaten/Texter im Bezirk Gera.«[34]

Titel wie Inhaltslosigkeit zum Thema Verhinderung des Romans »Das Delta« und Disziplinierungsvorschläge gegen ihren Autor zeugen von der Geduld des Papiers und von der Blütezeit sozialistischer Phrasologie.

Matthias Biskupek verdiente sein Geld zu dieser Zeit als Systemanalytiker im Chemiefaserkombinat Schwarza, probierte sich später als Regieassistent am Rudolstädter Theater und als Dramaturg und recht erfolgreicher Texter für das Geraer Kabarett »Fettnäppchen«. Seit 1983 ist er freiberuflicher Autor von rund 15 Büchern mit unterhaltenden Tritten gegen alle möglichen Schienbeine, bisweilen auch gegen die eigenen, mit satirisch scharfem Biß aber auch satirisch verkürztem Blick. Zum Ausgleich trug er Texte zu nicht viel weniger Künstlerbüchern bei und schrieb eine ausgezeichnete Biographie über Karl Valentin.

Wenn es um DDR-Vergangenheit geht, spielt bei ihm bisweilen überspielte Unsicherheit mit. Und so schildert er in der »Weltbühne« auch den Beginn seiner kleinen Geheimdienstliaison: 1987, während einer Zugreise gen München auf den Spuren von Karl Valentin, »riß ein Herr blitzschnell die Abteil-

---

32 OPK »Reagens«, Reg.-Nr: X/1197/88, Bl. 10.
33 MfS JHS 213/82.
34 MfS JHS 0001–278/84.

tür auf. Ob ich ihm ein paar Fragen beantworten würde? Ich weiß jetzt, daß meine Bereitwilligkeit der entscheidende Fehler war.«[35]

So also, durch die Befragung eines oberfränkischen Grenzschutzbeamten, will Biskupek zum IM geworden sein. Dahinter verbirgt sich ein häufiges Phänomen: Verdrängungsarbeit statt Aufarbeitung.

Nicht 1987, sondern vermutlich 1980 besuchten sie ihn mit der griffigen Legende, sie hätten Informationen, er sei in den Akten des BND verzeichnet und vorgesehen für Agententätigkeit. Deshalb seien weitere Kontakte nötig, außerdem interessierten sie sich für seine literarische Arbeit. Später baten sie ihn, 15 der raren Fettnäppchenkarten zu besorgen, und er ließ gedankenlos an der Kasse fallen, für wen die seien, erzählte Biskupek, als er mich nach der Aktenöffnung besuchte. Er sei auch nicht argwöhnisch geworden, als Hauptmann Rohrbach und Hauptmann Schrodetzki von der MfS-Kreisdienststelle Rudolstadt nach Gera auf seine Arbeitsstelle kamen, angeblich, um in der Bezirksstadt einkaufen zu können.

Matthias Biskupek: »Ja, ich habe wirklich geglaubt, sie brauchten vor ihrer Dienststelle einen Vorwand. Ro. kam dann und rief mich in ein anderes Zimmer. Und dann fragten sie mich, ob ich in ihrem PKW mit zurückfahren wolle.«

Im November 1981 meldeten seine beiden Führungsoffiziere die mündliche Verpflichtung zum IMS »Kurt« (Reg.-Nr.: X/1012/81).

Matthias Biskupek: »Ich habe nie einen Bericht für die Stasi geschrieben oder gegeben. Eine Einschätzung für die Bezirksleitung der SED zur Arbeit der jungen Literatur; ja, ganz öffentlich. Was dann auch zu einem heftigen Wirbel führte und den Bezirksliteraturreferenten zur Einschätzung veranlaßte: In Biskupeks Brief ist eine absolute Gefährlichkeit drin.

Ich hatte mich sechs bis acht Mal mit der Stasi getroffen und wahrscheinlich – wie sich jetzt zeigt – viel zu viel ausgeplaudert. Aber ich habe immer viel erzählt und sah keinen Grund, ausgerechnet der Stasi etwas zu verschweigen. Die Gespräche liefen nie so, daß sie spezielle Fragen stellten, etwa: ›Nun erzählen Sie mal über den Scheer.‹ Sie interessierten sich einfach. Hartdung wollte da viel Spezielleres wissen, zum Beispiel wie ich Dich einschätze.«

Nur, wer mit dem Teufel Suppe aß, brauchte eben einen längeren Löffel, als ihn Matthias Biskupek besaß. So plauderte er und dachte, Hauptmann Rohrbach interessiere sich für Rathenow. Statt dessen schrieb der auf: »Interessant war, daß Scheer sehr bedrückt war von der Verhaftung des Lutz Rathenow [19.11.1980 wegen ungenehmigter Buchveröffentlichung in der BRD], und diese Bedrücktheit hat die Quelle aus Gedichten herausgelesen, die Scheer in diesen Tagen verfaßt hat.«[36]

Bei der mit mir vorgesehenen Vernehmung im Ermittlungsverfahren gegen Rathenow sollte diese Information ein wesentlicher psychologischer Anknüpfungspunkt sein. Dank internationaler Proteste kam Rathenow nach zehn Ta-

---

35 Biskupek, Matthias: Mein bedrückendes Stasi-Erlebnis. In: Die Weltbühne vom 9.3.1993, S. 313.
36 OV »Mentor«, Bl. 259.

gen wieder frei, und das Ermittlungsverfahren wurde einen Monat später eingestellt. Biskupeks Plauderei hatte keine Folgen.

Im Frühjahr 1993 trafen wir uns zu einem ausführlichen Gespräch. Ich konnte ihn verstehen. Er hat sich benutzen lassen, unwissentlich, wissentlich. Es war das normale Verhalten in der DDR.

Einige Monate später schlug die Debatte um die Stasi-Verstrickungen der Thüringer Schriftsteller Gerhard Hendel und Henning Pawel einige Wellen. In einer Glosse zeigte Biskupek ziemliches Verständnis für sie und schrieb über sich:

»(...) Da die Stasi, wie ich seit 1991 sicher weiß, mich seit 1980 als IM in ihren Unterlagen führte, – meine Führungsoffiziere waren wohl vor allem Führungsunterlagenführer – müßte ich Täter gewesen sein, was durchaus in mein eigenes Bild von mir paßte. Leider aber erforschte die Stasi mich umfassend in operativen Vorgängen und Personenkontrollen und stellte aktenkundig fest, daß ich entgegen meinen Erinnerungen, in welchen ich mich bis heute als positiv freundlichen, der Zukunft und der DDR zugewandten Schriftsteller verklärte, negativ-feindlich war. Nie werde ich vor mir selbst zugeben, solches und also Opfer gewesen zu sein. Am wenigsten aber will ich als tärndes Opfer, als Täpfer dastehen. Ich wollte immer bis aufs I-Tüpfelchen zu verantworten wünschen, was ich geschrieben habe. Mit allen orthographischen Fehlern seit 1957.

Wie also kommen ich und alle um Aufklärung bemühten Kollegen aus diesem Geruch, in der DDR vorwiegend Spitzelprosa geliefert zu haben, heraus? Indem wir uns zu allem, was wir je geheim oder öffentlich aufschrieben, bekennen, ja, das haben wir verbrochen: diesen lyrischen Liebesseufzer und diese Unterschrift unter den Pionierausweis. Was aber andere über unser vermeintliches Denken notierten, die staatssichernden Protokollanten, ist mindestens so mißtrauisch zu beachten wie Literaturkritik. (...)«[37]

Das Schutzschild sollte humorig sein. Das erwarten seine Leser von Biskupek. Auch daß er maßnehme am Schienbein des Gegenübers.

Die Akte des IMS »Kurt« enthält die überdurchschnittlich hohe Zahl von sieben Kontaktgesprächen, bis es zur Verpflichtung kam. Der folgten zehn von seinen Führungsoffizieren notierte Gesprächsberichte im Zeitraum 1981 bis 1983. Der Abschlußbericht vom 21. August 1986 vermerkt: »Aufträge nahm er zwar entgegen, eine Erfüllung erfolgte nicht, was er mit Ausflüchten zu begründen versuchte ... Möglichkeiten für eine Bindung von ›Kurt‹ an unser Organ sind nicht mehr gegeben.«[38]

Die Staatssicherheit zeigte sich auch in diesem Fall nachtragend. 1988 legte sie gegen Biskupek eine OPK »Touristik« (Reg.-Nr. X/683/88) an. Der Grund: Seine Westkontakte und Bemühungen um Studienreisen ins kapitali-

---

37 Biskupek: Matthias: Wie haben die Dichter gesungen. Die Thüringer Stasi-Schriftsteller – Eine Herausrede. In: Ostthüringer Zeitung vom 18.6.1994.
38 IMS »Kurt«, X/1012/81 Bl. 57.

stische Ausland, Kontakte zu »feindlich-negativen Personen« wie zu Rathenow und Unterlaufen der Kulturpolitik der DDR.

Seine – jetzt Vorgangsbearbeiter – trugen zwei Bände über den Unsicherheitsfaktor Biskupek zusammen:

– »entwickelte sich ... zum Spiritus rector für U. Scheer, ... um ... Scheers Buchvorhaben zu unterstützen«[39],

– setzt sich als verantwortlicher Redakteur der Filmfestivalzeitung »Goldener Spatz« für Texte von Rathenow ein,

– gab einem RIAS-Reporter ein ungenehmigtes Interview über die Schwierigkeiten des Kabaretts mit der Zensur,

– versucht eine ungenehmigte Veröffentlichung in der Westberliner Literaturzeitschrift »Litfass«,[40]

– versucht gemeinsam mit Scheer, das »Zentrum Junger Autoren« in Gera zu spalten.[41]

Die Aufnahme als Kandidat des Schriftstellerverbandes wurde aus diesen Gründen 1981 verhindert. Seit 1981 erfolgten sporadische Post- und Telefonüberwachung, lückenlos von Mai 1988 bis November 1989.

Nur aus wenigen Kreisen der DDR sind die zwischen MfS und SED-Kreisleitungen jährlich neu abgestimmten Listen des »Vorbeugekomplexes«[42] der potentiellen Staatsfeinde erhalten geblieben, die im inneren Krisenfall festzunehmen (Kz [Kennziffer].: 4.1.1.), zu isolieren (Kz.: 4.1.3.), zu überwachen (Kz.: 4.1.4.) oder zu erfassen (Kz.: 4.1.5.) gewesen wären. In Rudolstadt war das der Fall:

»Der B. besitzt eine feindlich-negative Einstellung zum Sozialismus, zur DDR und zu den soz. Ländern. Im Rahmen seiner Schriftstellertätigkeit versucht er, sozialismusfeindliches Gedankengut zu verbreiten. Des weiteren pflegt er Kontakte zu Personen des politischen Untergrundes. In Spannungssituationen und im VZ ist mit feindlich-negativen Aktivitäten zu rechnen. Es ist deshalb erforderlich, den B. zu isolieren.

Vorschlag zur Einstufung:

Kennziffer: 4.1.3. [Isolierungslager].«[43]

---

39 Vgl. OPK »Tourist«, Reg.-Nr.: X/683/88, Bd. 1, Bl. 97.
40 Vgl. Ebenda, Bl. 119.
41 Vgl. Ebenda, Bl. 140.
42 Auerbach, Thomas; Sailer, Wolf-Dieter: Vorbereitung auf den Tag X. Die geplanten Isolierungslager des MfS. Der Bundesbeauftragte für die Unterlagen der Staatssicherheit der ehemaligen Deutschen Demokratischen Republik, Reihe B, Berlin, Nr. 1/95, S. 24.
43 Archiv BStU, Ast. Gera: Auskunftsbericht zur Kennziffer 4.1.3, Rudolstadt, 20.6.1989, Biskupek Matthias.

Stasi-Lyrikclub kontra Junge Gemeinde, »illegale Lesekreise« und der Versuch, den Kommunismus westlicher Prägung zu importieren

Nicht nur der Arbeitskreis Literatur, auch die Junge Gemeinde (JG) Stadtmitte in Jena war eine Alternative zur staatlich gesteuerten Jugendkultur. Beide auf den ersten Blick so ganz und gar verschiedenen Kreise hatten Gemeinsamkeiten. Beide wirkten nach dem Prinzip der offenen Arbeit, waren in die Öffentlichkeit gerichtet, und beide suchten die kritische Auseinandersetzung mit der gesellschaftlichen Ordnung zur eigenen Orientierungsfindung.

In der JG trafen sich Schüler und Lehrlinge, die sich von der FDJ-Bewegung nicht gerade angezogen fühlten, die Ausgrenzungen spürten oder Ablehnung im Elternhaus, wenn sie die altersüblichen Fragen stellten, die mit »Frag nicht so viel« beiseite geschoben wurden. In der offenen Arbeit mußte sich niemand verstellen, konnte alles diskutiert werden, von Familien- und Liebesproblemen bis zur Wehrdienstverweigerung oder dem Berlinverbot während der Weltfestspiele 1973. Der besondere Reiz: Jeder, der wollte, brachte Themen ein. Oft waren es genau die in der Schule und beim Studium tabuisierten. Sie wurden in Gruppen vorbereitet und im großen Kreis diskutiert. Thomas Auerbach stellte die Räume zur Verfügung, bisweilen auch gegen die eigene Kirchenleitung.

Thomas Auerbach: »Wir haben ja nicht nur Programme gemacht. Wir haben miteinander gelebt, wir haben uns in unseren Buden getroffen, wir waren unterwegs miteinander. Wir haben Feste gefeiert, mit allem, was dazu gehört. Das hat ein Wir-Gefühl erzeugt, man hat sich gegenseitig Anerkennung gegeben. Heute sehe ich auch, daß das ein Stück Notgemeinschaft war.«

Bernd Markowsky: »Es geht immer darum, Räume zu schaffen, in denen man sich aufhalten kann, ohne sofort deprimiert zu sein, wo man sich austauschen kann, ohne sofort vor eine Wand gestellt zu sein. Ich hatte mir die JG natürlich angeschaut, am Anfang schon, als ich nach Jena kam, und fand sie ambivalent. Es gab immer was, das ich gut fand, aber es war oft auch wie ein eingelaufenes Spiel. Da durfte man das und das sagen. Und dann gab es wieder religiöse Rituale. Ein bißchen was Muffiges halt. Aber nach einer Weile lernte ich Tommy [Thomas Auerbach] näher kennen, weil wir im selben Haus wohnten, Zimmer an Zimmer, da sah ich, daß sich auch was bewegte, etwas sich öffnete.«

Thomas Auerbach: »Ich kann nicht sagen, daß ich die Arbeit in der JG politisiert habe, das wurde von außen hereingetragen. Wir haben das aufgegriffen. Es war allerdings so, daß meine eigene Politisierung schon ziemlich früh begann. Wir waren vier Geschwister, die anderen sind alle vor 61 in den Westen gegangen. In der Schule war ich ziemlich gut im Zeichnen. Wir sollten etwas über den Pioniergeburtstag malen, also habe ich Karikaturen über Pioniere in Jeans beim Schrottsammeln gemalt. Am nächsten Tag wurde die ganze Klasse verhört, da ging es dann um Wild-West-Hefte, um Mickey-Mäuse und so. Nach der Konfirmation ging ich in die JG, wurde Jugendkonventvorsitzender und hab dann mit 18 den Wehrdienst aus religiösen Gründen verweigert, auch den Bausoldatendienst, und bekam's wieder mit der Stasi zu tun. So richtiger Druck wurde zunächst nicht ausgeübt. Man wollte mich bei meinem Ehrgefühl packen, wie wichtig ich wäre, und daß ich doch zur Verbesserung des Verhältnisses Kirche-Staat beitragen könnte. Ich hab ihnen, als das ein halbes Jahr so ging, gesagt, ›unterhalten sie sich doch mit meinem Superintendenten, ich bin hier nur ein kleines Würstchen‹. Sie darauf: ›Gut, dann müssen Sie die Konsequenzen tragen.‹

Ende der sechziger Jahre war es noch so, wer in eine kirchliche Ausbildung ging, den stellten sie vom Wehrdienst zurück. Ich kam in die Diakonausbildung nach Eisenach. Damals wurden die Langhaarigen noch verfolgt. Da haben wir – wir hatten bereits Kontakt mit Walter Schilling aus Braunsdorf – in Eisenach mit der offenen Arbeit angefangen. Als ich Anfang 1971 als Stadtjugendleiter nach Jena kam, gab es schon einen Oberschülerkreis, und so hat sich die offene Arbeit auch dort schnell entwickelt. Das Programm wurde von den Leuten bestimmt, die kamen. Das war eine bunte Mischung, wie es sie in keinem anderen Kreis in Jena bis dahin gab. Vorher gingen Studenten in die Studentengemeinde und die anderen in die JG. Nun trafen sie sich miteinander. Ich habe mich einfach zurückgenommen. So kam es zu einer Politisierung, schon bevor die ›Pegasus‹-Leute dazugestoßen sind. Das war auch beeinflußt durch die Gartenstraßen-Leute.

Es war ja auch so, daß die Auseinandersetzung mit der modernen Theologie, mit der Befreiungstheologie und so weiter den Sinn sehr geschärft hat für Ungerechtigkeiten. Wir waren geprägt von '68, vom Versuch eines Sozialismus mit menschlichem Antlitz, und es war klar, daß wir den Sozialismus in der DDR verbessern wollten. Weil wir dieses Konzept hatten, kam es zum Kontakt mit den ›Pegasus‹-Leuten. Sie kamen zu unseren Veranstaltungen. Ab '72 organisierten wir ja bereits Werkstätten, in denen wir verbotene bildende Kunst zeigten, wo wir junge Lyriker auftreten ließen, die sonst nirgends auftreten durften. So hat sich in Jena ein Beziehungsgeflecht entwickelt. Das spielte sich nicht nur in der JG ab, aber auch da. Wir hatten ja zwei Abende der offenen Arbeit die Woche, einen Programmabend und eine Lesebühne, wo wir verbotene und nicht erhältliche Literatur vorgestellt haben.

Es war damals so, daß man sich in der ganzen Republik kannte. Es wurde viel getrampt. Unsere Leute waren im sozialistischen Ausland, in Polen zu den Jazz-Jamborees und so. Da war es nur natürlich, daß die Arbeit sehr bald sehr kritisch von der Kirchenleitung gesehen wurde, besonders in Jena, wo sie ziemlich konservativ war. Die fragten, warum wir ausgerechnet diese Leute ranholen, ›dieses langhaarige Gesindel, diese Spinner‹. Die staatlichen Stellen reagierten genauso. Ich habe damals oft mit dem stellvertretenden Oberbürgermeister verhandelt. Das ging so weit, daß ich bei dem auf der Matte stand, wenn Leute gesagt hatten, die Stasi versuche, sie zu erpressen. Das war mehrfach bei Oberschülern, zum Beispiel aus der Becher-Oberschule, der Fall. Er hat das dann geregelt. Er hat angerufen und gesagt: ›Genossen, so geht das nicht.‹

Natürlich war er ein Staatsfunktionär, aber er wußte, wir holen ihm die Problemjugendlichen von der Straße, die er nicht mehr erreicht. Er hat auch gesagt, daß er uns dafür dankbar ist.

In der offenen Arbeit hatten wir die Strategie, wir machen hier nichts Geheimes, wir machen alles öffentlich. In Auseinandersetzungen um jugendliche IM – die haben wir damals nicht so genannt – sagten wir: ›Liebe Leute, wenn ihr erpreßt werdet, wenn ihr in die Fänge der Stasi geratet, dann gibt es nur eins, sagt es weiter. In dem Moment seid ihr sie los.‹ Das wußten wir damals schon. Es war klar, wenn wir anfangen, untereinander kein Vertrauen zu haben und uns gegenseitig bezichtigen, dann spielen sie uns kaputt. Ich denke, das war das Plus der offenen Arbeit, weshalb sie es bis ’76 nicht geschafft haben, diese Arbeit zu zerschlagen.«

Lutz Rathenow: »Hier begann eine neue Qualität, eine Vernetzung verschiedener potentiell staatsfeindlicher Zentren. Wenn es etwas Vorbildhaftes aus dieser Zeit gab, von dem auch andere Kreise hätten lernen können, so war es der Umgang mit dem MfS. Ich hatte damals schon die ersten Leute kennengelernt, die mir gegenüber zugaben, Spitzel gewesen zu sein. Es wurde offen darüber geredet, wenn einer zum Werbegespräch ging. Manchmal wurden den Offizieren Grüße ausgerichtet. Die Anwerbungen wurden so erfolgreich sabotiert.«

Die Arbeit der JG stand schon zeitig im Blickfeld des MfS. Seit 1972 wurde jede Veranstaltung von IM beobachtet und in ihren Berichten ausführlich dokumentiert. Im Zentrum der Bearbeitung stand jedoch auch nach der Selbstauflösung des Arbeitskreises Literatur dessen Kern.

Im Juni 1975 zog die MfS-Vorgangsgruppe die Zwischenbilanz: Jürgen Fuchs spreche Fehler und Mängel in der Gesellschaft direkt und nicht verschlüsselt in »Sklavensprache« an. Seine Exmatrikulation habe keine Veränderung in seinem Verhalten bewirkt. Er setze den Sozialismus dem Faschismus gleich, strebe nach absoluter Freiheit, Mängel und Mißstände gehörten für ihn zum Wesen der sozialistischen Gesellschaft. Der Universitätsparteileitung spreche er die Bereitschaft zur ehrlichen Auseinandersetzung mit den Ideen des Marxismus/Leninismus ab.

Das reichte als Steckbrief für einen hochgradigen Staatsfeind. Nach Fuchs’ Umzug zusammen mit seiner Frau Lilo und seiner kleinen Tochter Lili zur Familie Havemann nach Grünheide wurde er im März 1976 mit einiger Verspätung aus dem OV »Pegasus« ausregistriert und durch die Hauptabteilung XX des MfS in Berlin im OV »Spinne« (Reg.-Nr. XV/3970/76) weiter bearbeitet.

Zu Bernd Markowsky vermerkt die MfS-Zwischenbilanz: Er gehöre, wie die mit ihm geführten Aussprachen zeigten, zu den Nichtbelehrbaren des Führungskreises. Im letzten halben Jahr habe er seine Kontakte zu Auerbach und zur JG verstärkt. Sein Verhalten gegenüber den Vertretern der Staatsmacht sei provokatorisch und aggressiv. Damit fand auch er sich unter der Rubrik »Feind« wieder.

Lutz Rathenow wurde im Ergebnis der Aussprachen als »Suchender« eingeschätzt. Er sollte für die Mitarbeit im neuen Arbeitskreis Literatur gewonnen werden, den neuen Leiter unterstützen und damit gleichzeitig noch besser kontrollierbar sein.

Gerd Sonntag erschien ihnen zum einen gefährlich, weil er die politischen Ansichten von Fuchs teile, zum anderen schien er ihnen beherrschbar, da er die Aufnahme in den Verband Bildender Künstler anstrebte, und zwar, wie IMV »Tilo Buchholz« herausgefunden hatte, nicht um eine politische Plattform zu erhalten, sondern als Erwerbsmöglichkeit. Was er wirklich wollte, war malen und ausstellen. Sicherheitshalber verhängten sie über ihn verstärkte Überwachung.[1]

Doch schon zwei Monate später sah es die MfS-Vorgangsgruppe als erforderlich an, eine neue Zielsetzung festzulegen. Als Gründe führte sie an, »daß

– sich die Vorgangspersonen ... in die Konspiration zurückgezogen haben,
– der Versuch der Erhaltung der Arbeitsfähigkeit des alten Arbeitskreises ... ergebnislos verlief. Trotz Einsatz eines neuen Leiters und festgelegter Maßnahmen ist er bis zum gegenwärtigen Zeitpunkt nicht arbeitsfähig,
– im Ergebnis der Abschlußdokumente der Europäischen Sicherheitskonferenz spekulative (sic!) Reaktionen und ... erweiterte Kontakttätigkeit und Kontaktpolitik auf dem Gebiet der Kultur, insbesondere des Mißbrauchs der Lyrik, zu erwarten sind.«[2]

»Insbesondere« der Hinweis auf die Bedeutung »des Mißbrauchs der Lyrik« war wohl als Hinweis auf die Bedeutung ihres eigenen Wirkens gedacht. Aber die Staatssicherheit vermutete nicht zu Unrecht, mit der Umsetzung der Schlußakte von Helsinki könnten verstärkt unruhestiftende Gedanken die Abschirmung der DDR durchdringen und daraus etwas – nicht Spekulatives, sondern – Spektakuläres erwachsen.

Natürlich wurden Erwartungen in die am 1. August 1975 von 33 Staaten, einschließlich DDR und Vatikan, unterzeichnete Vereinbarung gesetzt, auch in Jena. Leute aus dem Umfeld der JG vervielfältigten das neun eng beschriebene Seiten umfassende Dokument mit der Schreibmaschine. Besonders wichtig erschien uns der Abschnitt VII, die »Achtung der Menschenrechte und Grundfreiheiten, einschließlich der Gedanken-, Gewissens-, Religions- und Überzeugungsfreiheit«. Darin hatte sich auch die Regierung der DDR dazu bekannt, »die wirksame Ausübung der zivilen, politischen, wirtschaftlichen, sozialen, kulturellen sowie anderen Rechte und Freiheiten, die sich alle aus der dem Menschen innewohnenden Würde ergeben und für seine volle und freie Entfaltung wesentlich sind [zu] fördern und ermutigen.«

Dieser Satz weckte Hoffnung auf allmähliche geistige und kulturelle Öffnung, auf Reisemöglichkeiten. Was für eine Vision!

1 Vgl.OV »Pegasus« Bd. 1, Bl. 282–300.
2 Ebenda, Bd. 2, Bl. 21 f.

Dagegen richtete die MfS-Vorgangsgruppe ihre neue Zielsetzung, und das war die Wirklichkeit:

- Erarbeitung von Beweisen strafrechtlich relevanter Handlungen der Vorgangspersonen,
- Verhinderung der Bildung einer eigenständigen Gruppierung um die Vorgangspersonen sowie der Verbreitung ihrer dekadenten Lyrik,
- Verunsicherung und Schüren von Spannungen durch zielgerichtete IM-Aktivitäten bei Fuchs, Hinkeldey und Rathenow,
- Aufnahme von Sonntag in den Verband Bildender Künstler, um ihn im Kreis der Vorgangspersonen als Unsicherheitsfaktor darzustellen,
- Einleitung der Maßnahme 26 B (Wanzen) bei Sonntag,
- Nachweis staatsfeindlicher und allgemein krimineller Handlungen (...).[3]

Neben der verschärften »Feindbearbeitung« sollte der Operative Vorgang mit diesem »Operativ-und Maßnahmeplan« eine selten kuriose Blüte treiben. Nach der Resonanz des Arbeitskreises waren die MfS-Strategen offensichtlich beeindruckt, welche Anziehungskraft »insbesondere« der Lyrik innewohnte. Nur, die Partei hatte sich mal wieder als dilettantisch erwiesen. Ihre Lyrikinitiative unter dem Zeitungsredakteur Jähnig war kläglich gescheitert. Also nahm das MfS jetzt die Lyrik mal selbst in die Hand und würde zeigen, wie man gute Gedichte und erfolgreiche Lyrikzirkel macht:

»Die Zielstellung besteht darin, unter Führung und Kontrolle der Partei in Jena-Neulobeda einen neuen Arbeitskreis Literatur und Lyrik zu bilden. Dieser Arbeitskreis ist zum Sammelpunkt der Lyrikinteressierten in Jena zu entwickeln. Er dient als Gegenpol für lyrisch negativ wirkende Personen, insbesondere der Vorgangspersonen. Mit Hilfe der spezifischen Mittel und Methoden des MfS ist diese Zielstellung zu unterstützen.«[4]

Dieser »Gegenpol« war nach dem Willen seiner geistigen Väter »aus ausgewählten Lyrikinteressierten und vom MfS und der Partei empfohlenen Personen zusammen[zu]setzen«. Seine Attraktivität war zu sichern durch »Einbeziehung namhafter Persönlichkeiten der DDR und aus den künstlerisch literarischen Kreisen«. Verantwortlich dafür sollte der vom MfS, Kreisdienststelle Jena, als GMS »Heinz Bach« (Reg.-Nr.: AGMS 524/85c) geführte Direktor des Jenaer Stadttheaters sein. Als besonderer Anreiz zur Mitarbeit war eine Anthologie des Arbeitskreises geplant, möglichst im Reclam-Verlag, in Zusammenarbeit mit dem IMB »Hans« (BStU, ZA AIM 9203/91). Und noch eine Idee kam den »Pegasus«-Offizieren. Sie beschlossen die Wiederbelebung der Universitätssinggruppe »Idem aliter« und legten fest, die musikalisch begabte VIM »Heike Baum« solle für diese Singgruppe die vom Lyrikkreis noch zu dichtende Lyrik vertonen.[5]

Der Auftrag, die Singgruppe »Idem aliter« wiederzubeleben, ging an den IMV »Klaus-Peter Bronsky« (Reg.-Nr: X/156/74), einen Medizinstudenten

---

3 Vgl. ebenda, Bl. 21–28.
4 Ebenda, Bl. 29.
5 Vgl. ebenda, Bl. 30.

und Parteigruppenorganisator. Für die Mitwirkung sollte er vor allem Siegfried Reiprich gewinnen. Denn der spielte recht leidlich Gitarre. Im Stasi-Sprachgebrauch hieß ein solcher Auftrag: »Heranführen eines geeigneten IM«.

Christine und Siegfried Reiprich wohnten jungverheiratet und auf Vermittlung ihres Vaters in einem massiven Gartenhaus oberhalb der städtischen Bebauungsgrenze. – »Ein Haus ohne Wasseranschluß«, berichtete IMV »Bronsky« nach seinem ersten Besuch. Und er lieferte gleich noch eine Grundrißskizze des Häuschens und seiner Zimmereinrichtung mit. Sein Versuch, Reiprich für die Singegruppe zu interessieren, scheiterte an dessen Mißtrauen.[6]

Bei einer zufälligen Begegnung Anfang Januar 1976 auf dem Weg zur Mensa sagte ihm Reiprich ins Gesicht: »Mit uns wird das nichts, du, ich glaube, daß du mit der Stasi zusammenarbeitest.«[7] »Bronskys« Führungsoffizier Leutnant Schmidt analysierte daraufhin eiligst sechs Möglichkeiten, wie es zur Enttarnung gekommen sein könnte, sie reichten vom möglichen Gesehenwerden in einem PKW des MfS bis zum Fehlverhalten bei der Verbindungsaufnahme. Sie mußten blitzartig eine plausible Erklärung verbreiten, damit ihr Spitzel nicht »verbrannte«.

Siegfried Reiprich: »Die siebente und richtige Möglichkeit kam ihnen nicht in den Sinn – Intuition.«[8]

Das große kulturelle Kampfziel des MfS-Kreisdienststelle war gesteckt und hieß: Schaffung des neuen Arbeitskreises Literatur und Lyrik bis zum IX. Parteitag der SED im Mai 1976. Die MfS-Vorgangsgruppe »Pegasus« stieg beflügelt in das Kulturmanagement ein und begann, mit Unterstützung von Parteiarbeitern auf verschiedenen Ebenen das zu simulieren, was in unserem Arbeitskreis als eigendynamischer Prozeß entstanden war: Kultur und Kommunikation.

Als Paten unter der Ägide der Partei und der Staatssicherheit traten in folgender Rangordnung an:

»Genosse Schulze, SED-Bezirksleitung [Sonderbeauftragter],
Genosse Kathe, Leiter der Abteilung Kultur, Rat des Bezirkes,
Genosse Exner, Sekretär der FDJ-Bezirksleitung,
Genosse Hartdung, Referent für Literatur, Rat des Bezirkes,
Genosse Albig, Leiter des Arbeitskreises Literatur, Rat des Bezirkes,
Genosse Utecht, 1. Sekretär FDJ-Kreisleitung Jena-Stadt,
Genosse Moser, Stadtrat für Kultur, Rat der Stadt Jena,
Genosse B., Leiter des Kulturhauses Neulobeda
Genosse T., Abt.-Ltr. Wissensch./Volksb./Kultur SED-KL,
Genossin K., FDJ-HSGL«[9].

6 Vgl. ebenda, Bl. 86 ff.
7 Reiprich: Dialog, S. 90.
8 Ebenda, S. 92.
9 Thüringisches Staatsarchiv Rudolstadt, BPA SED-Kreisleitung Jena Stadt, Reg.-Nr.: IV/C-4/06/190, Bl. 99.

Das Gremium kam zu dem einhelligen Schluß, »den Zirkel Junger Lyriker wieder arbeitsfähig zu machen«, mit einem »interessanten Arbeitsplan« und dem Angebot, »Gespräche mit den ehemaligen Zirkelmitgliedern ... [zu] führen, auf die wir Wert legen«. Ab und zu gibt es sogar etwas zum Schmunzeln in diesen Akten: Auf die Mitwirkung von »Biskupek, Matthias, Rudolstadt und Scheer, Udo, Hermsdorf« wurde ausdrücklich kein Wert gelegt.

Richtig wortgewaltig schlug sich die Parteipoesie ein Vierteljahr später, im November 1975, in der zweiten Beratung zur »Neubildung des Lyrikzirkels« nieder:

»*Politisch- ideologische und politisch organisatorische Konzeption* ...
Auf der Grundlage der Beschlüsse des VIII. Parteitages und der 6. ZK-Tagung der SED wird zur weiteren Bereicherung des kulturellen Lebens der Arbeiterklasse und der anderen Werktätigen und insbesondere der literarisch interessierten und begabten jungen Arbeiter, der Studenten und Schüler am Kulturhaus Neulobeda ein Arbeitskreis Literatur gebildet.

1. Politisch ideologische und kulturpolitische Aufgabenstellung

– Die führende Rolle der Arbeiterklasse und ihrer marxistisch-leninistischen Partei ... Die Grundfragen unserer marxistisch-leninistischen Weltanschauung (...) Talente und Fähigkeiten der Zirkelmitglieder prinzipienfest, behutsam, beharrlich und stets von den ständig zu sichernden sozialistischen Grundpositionen ausgehend, zu fördern und zu entwickeln. (...)
– Im Arbeitskreis wird durch den zu entwickelnden schöpferischen Meinungsstreit die Diskussion zu den Grundfragen des sozialistischen Realismus in der Literatur geführt. (...)«[10]
Und so weiter und so fort zog sich dieses Programm über drei eng beschriebene Seiten. Nur über die einzusetzende Leitung gab es noch Unstimmigkeiten und der Zieltermin IX. Parteitag rückte bedrohlich näher. Deshalb erfolgte Anfang Dezember durch die SED-Kreisleitung Jena Stadt, Abteilung Agitation und Propaganda, die
»Festlegung
bezüglich Bildung und Arbeitsweise des Arbeitskreises Literatur Jena
1. Der Arbeitskreis ist eine kulturpolitische Einrichtung in Jena und wird von Jena geleitet
2. Als Leiter dieses Arbeitskreises wird festgelegt
Leiter: Gen. Dr. Strützel, Sektion Lit./Kunstw. der FSU
Mitglieder der Leitung: Gen. Schlingelhof, Leiter des Stadttheaters Jena
Gen. Jähnig, Redakteur der Universitätszeitung
Genn. Erdmute Weber, Sektion Lit./Kunstw. der
FSU, Forschungsstudentin
(...)

10 Ebenda, Bl. 105 ff.

6. Gen. K. legt fest, daß Gen. Kathe, Rat des Bezirkes Gera, und Gen. Exner, FDJ-BL, ab sofort nicht mehr in diese Probleme reinreden, da dieser Arbeitskreis unter voller Verantwortung der staatlichen Organe Jenas arbeiten muß.«[11]

Nach dieser energischen Initiative zur Bereicherung der wahrhaften sozialistischen Kulturlandschaft wartet die vom MfS zur Vertonung auserkorene VIM »Heike Baum« wohl noch heute auf die von dem Arbeitskreis zu dichtende Lyrik. Denn der Hybrid aus MfS-Eingebung und Parteiauftrag mit einem Anteil von 50 Prozent inoffizieller Quellen in der Leitung (IMS »Ute Krahl«, Reg.-Nr.: AIM X/218/82, und GMS »Heinz Bach«) schaffte es zwar, sich Ende Dezember 1975 zu gründen, fortan aber ward nichts mehr von ihm gehört.

Im selben Zeitraum versuchte eine Gruppe von etwa zehn Leuten um Bernd Markowsky und Lutz Rathenow, neben der JG für sich ein weiteres öffentliches Podium zu schaffen. Sie planten eine experimentelle Theatergruppe und als erstes ein Stück des in der »Spektrum«-Reihe des Verlages Volk und Welt gedruckten französischen Dramatikers Jean Anouilh. Der Autor war dafür bekannt geworden, daß er seine pessimistische Weltsicht in antike Themen kleidete. Die Gruppe plante szenische Lesungen weiterer Stücke, darunter die Grotesken des polnischen Dramatikers Slawomir Mrożek und Lutz Rathenows Groteske »Das Spiel. Zimmer 312«. Auch an Lesungen eigener Gedicht und Prosa war gedacht.

Nachdem sie im Städtischen Theater und im Sportlerheim abgewiesen worden waren, versuchte Michael Blumhagen, der Sohn des bekannten Orchesterleiters an der Jenaer Philharmonie, Günter Blumhagen, den Lehrer der Mal- und Zeichenklasse an der Volkskunstschule Jena als Vermittler für ihr Projekt zu gewinnen. Die Bedingungen in diesem Haus waren günstig. Im Klubkeller gab es eine Kabarettbühne, und in der Schule existierte eine Schauspielklasse, der es an männlichen Darstellern mangelte. Als Gegenleistung erhoffte die Gruppe von K., dem Lehrer der Schauspielklasse, einige Tips. Der Haken: Der um Unterstützung gebetene Vermittler wurde vom MfS als IMV »Tilo Buchholz« geführt.

Im drei Berichten hielt er im November 1975 seinen Führungsoffizier Unterleutnant Zelt auf dem laufenden und warnte, »daß das wirklich ein Zentrum wird, ... um ihre Dinge ans Publikum zu bringen, die sie auf Lager haben«[12].

In einem anderen Bericht beschrieb er, wie geschickt der Kreis den Direktor der Volkskunstschule für sein Vorhaben gewann:

»Von der Truppe wurde geschickt Lutz Rathenow und ein gewisser Hans-Albrecht Weber[13], der bis dahin mir noch nicht bekannt war. Dr. F. [Direktor der VKS] hat dann ein längeres Gespräch mit den beiden geführt, und sie haben wahrscheinlich durch eine recht geschickte taktische Füh-

---

11 Ebenda, Bl. 107 f.
12 OV »Pegasus«, Bd. 2, Bl. 69.
13 Hans-Albrecht Weber, ein Geschichtsstudent, spielte und inszenierte in der Evangelischen Studentengemeinde. Später gab er seinen Lehrerberuf auf, um die kirchliche Spielgruppe »Die Boten« in Berlin zu leiten.

rung des Gesprächs ... erreicht .., daß sie nicht nur einen Probenraum, sondern auch die Genehmigung bekommen, bis zum Abschluß und zur Entwicklung des Schauspiels Schauspiellesungen durchführen zu dürfen oder
auch Lyriklesungen vor einem internen oder größeren Publikumskreis, den
sie ... als kritische Zuhörer einbeziehen wollten. F. hat ... in der Leitung die
Sache vorgetragen. (...) In dem Gespräch hat dann der Koll. K. ... dem Gespräch eine völlig andere Wendung gegeben, [indem] K. gesagt hat, dies wäre eine Gruppe unerwünschter Jugendlicher, die schon in Jena-Neulobeda
aus dem Kulturhaus rausgeflogen wären, weil sie mit ihrer Lyrik, die sie
verbreiteten, gegen unsere kulturpolitischen Ansichten verstießen. (...)
Wenn sich Dr. F. absolut sein Genick brechen wolle, er dann nur diese
Leute ins Haus zu holen brauche. (...)
Mit Koll K. gab es ein ähnliches Gespräch ... und er behauptete, diese
Gruppe wäre eine maoistisch-terroristische Untergrundbewegung. Es wären gefährliche Leute, von denen ich mich unbedingt zurückziehen
sollte.«[14]

Der Versuch, sich als Gruppe in die Öffentlichkeit zurückzumelden, war an
zwei wachsamen Volkskunstschullehrern gescheitert.

Etwa zeitgleich mit dem Entzug des öffentlichen Raumes für den Arbeitskreis Literatur hatten sich im Sommer 1975 »illegale Lesekreise« gebildet.
Leute aus der JG, aus dem ehemaligen Arbeitskreis und dem Gartenstraßen-
Kreis fanden sich in kleinen Gruppen zum politischen Selbststudium zusammen.

Renate Ellmenreich: »Irgendwie kamen wir auf die Idee, wir müßten dezen-
tral und konspirativ arbeiten. Das war sicher angeregt durch einige linke
Westfreunde und durch unsere zunehmend größer werdende Bibliothek. Die
kam so zustande: Ich bin nach Ostberlin gefahren, mit einem normalen grünen Rucksack voller Papier, bin Ostbahnhof ausgestiegen, habe einen Kaffee
getrunken und gewartet, bis der Transitzug Berlin-Zoo – Warschau kam. Der
hielt Ostbahnhof. Mein Freund Bernd Lehmann aus Westberlin stieg aus dem
Zug. Auf dem Rücken das Double meines grünen Rucksacks. Er trank einen
Kaffee und als er wieder einstieg, hatte er nur noch Papier im Rucksack und
ich die Bücher. Walfred Meier hat die Bibliothek damals konspirativ verwal-
tet. Es waren um die 100 Bücher. Wir hatten ein Ausleihsystem, so daß ständig Bücher im Umlauf waren. Auch ich wußte bis nach der Verhaftung nicht,
wo er sie versteckt hielt. Erst drei Wochen, nachdem alle verhaftet waren, erfuhren die Stasi davon. Dann stürmten sie in das Haus, wegen zwei Bücher-
koffern. Das war auch schön.
Für die Lesekreise haben wir uns in kleine Gruppen von fünf bis sieben
Leuten aufgeteilt, eine Gruppe tagte in der Gartenstraße bei Wolfgang Diete,
eine in der Maxim-Gorki-Straße bei Bernd Markowsky, eine am Steinweg bei
Achim Dömel, eine bei Klaus-Dieter Siegel in der Lutherstraße und eine bei
mir ›Am Rähmen‹. Wir hatten uns verschiedene Aufgaben gestellt. Bernd zum
Beispiel entwarf das Programm für eine zu erneuernde SED. Bibes [Marian

14 OV »Pegasus«, Bd. 2, Bl. 69 f.

Kirstein] Gruppe hatte ein richtiges neues Parteistatut ausgearbeitet. Meine Gruppe befaßte sich mit der Neuorganisation der staatlichen Organe. Es wurden Aufzeichnungen gemacht. Und reihum wurde sich vorbereitet. Frag mal Blase [Peter Rösch], den hab ich was gestriezt. Der wollte absolut kein Buch in die Hand nehmen. Aber jeder war mal dran, hatte ein Buch durchzuarbeiten und für die anderen zu referieren. Bläschen hat sich arg gequält. Der erzählt heute noch davon, war richtig stinksauer auf mich.

Ich glaube, das Gute war, es gab keinen Chef. Natürlich hat Tommy alle gekannt, und wir haben alle Gruppen gekannt. Aber untereinander kannte nicht jeder jeden. Es war eine abgestufte Konspiration. Wir sind fast jedes Wochenende wandern gegangen. Auf diesen Wanderungen haben wir uns immer wieder abgestimmt. Im Wald konntest du einfach frei reden. Solche Wanderfreunde waren wir sonst ja eigentlich nicht alle.«

Thomas Auerbach: »Die Zusammenarbeit im Lesekreis ist besonders auch über die Repressionen entstanden, denen unsere Freunde vom ›Pegasus‹-Kreis ausgesetzt waren. Die Idee der Konspiration wurde nicht von mir hineingetragen. Es war nicht meine Praxis zu sagen, jetzt wollen wir mal alles geheimhalten. Die Ergebnisse dieser Arbeit wurden ja dann auch öffentlich. Wir haben uns an der Parteitagsdiskussion beteiligt, es sind Aktionen entstanden, wo wir in die Betriebe hineingewirkt haben, wo wir beispielsweise an den Jugendförderplänen mitgearbeitet haben. Man kann nicht sagen, daß wir ein konspirativer Kreis gewesen sind. Die Stasi hat uns später dazu machen wollen. Sie hat uns gemeinsame politische Ziele aufoktroyieren wollen, weshalb uns dann *staatsfeindliche Gruppenbildung* unterstellt wurde und nicht nur *staatsfeindliche Hetze*. Aber konspirativ, was ich heute über Konspiration weiß, darüber kann ich nur lachen. Wir haben so Sachen diskutiert, die auf abenteuerlichen Wegen zu uns kamen, vieles, was Anarchie und Trotzkismus betraf, Isaak Deutscher oder die Auseinandersetzung mit den Streiks der polnischen Arbeiter um 1970 in Szczecin, Ungarn '56.«

Bis Dezember 1975 wußte die Staatssicherheit erstaunlicherweise nichts von der Existenz dieser Zellen.

Zum Kern gehörten Thomas Auerbach, Jugenddiakon, Bernd Markowsky, Wäschereiarbeiter, später Fräser im VEB Carl Zeiss, Marian Kirstein, ebenfalls Arbeiter bei Zeiss, Wolfgang Hinkeldey, Beleuchtungstechniker im Stadttheater Jena, Wolfgang Diete, Pfleger im kirchlichen Pflegeheim Apolda, Achim Dömel, Schriftmaler, Klaus-Dieter Siegel, Maschinist im Heizkraftwerk Jena Süd, Renate Groß [Ellmenreich], Katechetin, Matthias Domaschk, Feinmechanikerlehrling mit Abitur, Thomas Grund, Glasapparatebläser, Walfred Meier, Theatermitarbeiter und Peter Rösch, Feinmechaniker.

Es gab keine Spitzel unter ihnen, bis Thomas Auerbach ein JG-Mitglied Mitte November zu einem der Lesekreise einlud. Was damals keiner wußte, der Neue kam im Stasi-Auftrag, geführt von der MfS-Kreisdienststelle als IMV »Helmut Falke« (Reg.-Nr.: X/800/71) in die JG, um Auffälliges dort an seinen Führungsoffizier, Leutnant Schmidt, weiterzutragen.

In einem seiner Berichte erklärte »G.« alias »Falke« seine ursprüngliche Fehleinschätzung des Lesekreises und sein irrtümliches Desinteresse daran:

»G. äußerte, daß er noch immer Zweifel an diesem Kreis habe. Er meinte, daß er diese Leute wahrscheinlich nicht verstehen wird bzw. daß sie ihn nicht verstehen.

A. [Auerbach] war darüber sehr verwundert und äußerte: Wieso denn dies ...

G. sagte, daß das doch meistens Studenten wären, wie z. B. dieser Bernd *Markowsky,* und ob A. denn meine, daß diese Leute etwas von der Arbeiterwelt verstehen würden?

A. sagte, daß sich G. da irre, denn Markowsky und die meisten anderen, das sind meistens Arbeiter.

G. entschuldigte sich daraufhin und meinte, ... daß dann diese ganze Sache vollkommen in einem anderen Licht gesehen werden muß.«[15]

Renate Ellmenreich: »Eigentlich war er ein Mensch, bei dem du immer so denkst: ›Ach Gott, ein armes Schwein. Der muß einem leid tun.‹ Auf dieser Welle ist er auch geritten. Damit ist er bei Tommy Auerbach bis zum Schluß durchgekommen. Dabei war der absolut skrupellos.«

Seine bisherige Nachlässigkeit machte »Falke« in der Folgezeit mehr als wett. Mit über 40 Berichten stellte er die sprudelndste Quelle innerhalb des Operativen Vorgangs dar. Seine Informationen sollten für die Bespitzelten verhängnisvolle Folgen haben.

Doch fürs erste konnte die MfS-Vorgangsgruppe dank seiner Hilfe eine von der FDJ-Kreisleitung zugegangene »Information über einen Vorfall am 27.11.1975 gegen 15.30 Uhr« richtig einordnen:

»Zum obengenannten Zeitpunkt suchten 2 Jugendliche im Alter von 20 bis 25 Jahren, beide ca. 1,80–1,85 m groß, studentenähnlich gekleidet (grüne Kutten), beide mit Vollbart und langen Haaren, Farbe mittelbraun und dunkelbraun, die FDJ-KL Jena-Land auf. ... Sie führten einen Zettel mit sich, auf dem schon ca. 15 Unterschriften standen. Weiterhin wiesen sie auf die Frage der Genn. P., von wem aus die beauftragt wären, darauf hin, daß sie nichts mit der Partei zu tun haben, sondern als Arbeiter kommen. Hinzu kommt noch, daß sie bemerkten, bei dieser Aktion Geld einsammeln zu können, weil viele Bürger beim Unterschreiben gefragt hätten, wer denn das Geld einsammeln würde. ... Genn. P. sah die Gruppe gegen 17.00 Uhr vor der Volksbuchhandlung am Holzmarkt ...«[16]

Wolfgang Diete und Bernd Markowsky hatten, ohne staatliche Stellen zu fragen, Unterschriften gegen den rechten Putschversuch und zur Solidarität mit der Nelkenrevolution in Portugal gesammelt. Auf Thomas Auerbachs Vorschlag wollten sie die Liste im Zentralorgan der SED »Neues Deutschland« veröffentlichen und damit auf ihren Kreis als unabhängige Gruppe aufmerksam machen.

---

15 Ebenda, Bd. 2, Bl. 71.
16 Ebenda, Bl. 77.

Natürlich sprachen sie im Lesekreis über die Aktion, und so konnte IMV »Helmut Falke« berichten:

»Insgesamt wurde von den Anwesenden die Solidaritätsaktion als gelungen bezeichnet. Gelungen deshalb, weil man schon zu Beginn die Mitarbeiter des Volksbuchhandels getäuscht hatte, indem man ihnen erklärte, daß die Aktion von der FDJ aus laufe, und man ihnen dann ohne weiteres Tische zur Verfügung stellte. Positiv oder erfolgreich auch deshalb, weil es gelungen war, zu beweisen, daß man schneller ist als die Partei oder FDJ. (...) Die Unterschriftslisten wurden gemeinsam mit einem Kommentar an das *Neue Deutschland* geschickt. (...) Vom *Neuen Deutschland* kam die Antwort, daß zur Zeit in der DDR recht viel Solidaritätsaktionen laufen und man deshalb die o. g. Aktion nicht veröffentlichen könne. Auerbach äußerte daraufhin, daß man sich in diesen Kreisen nicht damit zufrieden geben würde und deshalb dafür Sorge trage werde, die Aktion an richtiger Stelle zu publizieren.«[17]

Die MfS-Vorgangsgruppe blieb auf Beobachterposten. Sie wußte, Maßnahmen gegen die Unterschriftenaktion hätte Unverständnis unter der soldaritätsbereiten Bevölkerung hervorgerufen. Es wurde lediglich die Veröffentlichung im »ND« unterbunden und einmal mehr die Gefährlichkeit des Lesekreises registriert:

»Unter Mißbrauch des in der Bevölkerung der DDR tief verwurzelten Solidaritätsgedankens versuchen die Anhänger des bereits existierenden Lesekreises um die Vorgangsperson *Markowsky,* Öffentlichkeitswirksamkeit zu erlangen. Bisher wurden folgende Aktivitäten bekannt:
– Durchführung einer nicht gemeldeten Unteschriftensammlung in Jena zur Solidarität mit Spanien und Portugal.
– Einsendung der Ergebnisse der Aktion an das ›ND‹ mit dem Ziel der Publizierung.
– Aufenthalt der Vorgangsperson Markowsky und weiterer Mitglieder des Arbeitskreises vom 10.1. – 18.1.76 in Berlin, um über das ›ND‹ und das Internationale Solidaritätskomitee der DDR die Gründe für die Nichtveröffentlichung ... zu erfahren.
Diese Aktivitäten sollten der Legalisierung der Gruppierung dienen und sind mit ähnlichen Vorgehensweisen vergleichbar, die durch die operative Bearbeitung des OV ›Revisionist‹ sichtbar wurden.«[18]

Bernd Markowsky: »Das war nicht nur von mir initiiert. Das ging auch von der Gartenstraße aus, von ›Tarzan‹ [Wolfgang Diete], Maria und einigen ihrer Freunde. Das fand ich auch wunderbar. Es ist ja langweilig, wenn immer irgendwer irgendwas vorgibt.«

Ein im Fünfjahresrhythmus die DDR-Bevölkerung heimsuchendes Großereignis warf seine Schatten voraus. Schaufenster mit ihren spärlichen Warenangeboten wurden mit Losungen drapiert: »Dem IX. Parteitag der SED ent-

17 Ebenda, Bl. 92 f.
18 Ebenda, Bl. 127.

gegen«. Sozialistische Kollektive verpflichteten sich »zu Ehren des IX. Parteitages ...«. Die Bevölkerung wurde aufgerufen, sich mit dem am 15. Januar 1976 veröffentlichten »Entwurf zur Direktive des IX. Parteitages der SED« auseinanderzusetzen, damit er auf dem Parteitag vom 18. bis 22. Mai unter »breiter Zustimmung der Massen« verabschiedet werden konnte. Dabei handelte es sich diesmal sogar um ein diffiziles Unterfangen, versteckte sich hinter dem zu verabschiedenden Programm doch eine Korrektur des auf dem VIII. Parteitag beschlossenen sozialistischen Höhenfluges. Die 1971 vereinbarte verstärkte Hinwendung zur Sozialpolitik und Schaffung materieller Anreize galt es zurückzunehmen, ohne daß dies als Rückschritt erkennbar wurde. Pfiffige Parteiideologen propagierten den künftigen Sinkflug deshalb als »Schaffung der grundlegenden Voraussetzungen für den Übergang zum Kommunismus«[19] und ließen ihn auf diesem Parteitag absegnen. Damit wurde erstmals seit Stalin wieder der Verzicht auf ein höheres Konsum- und Sozialniveau in der Gegenwart mit dem visionären Endziel, dem Kommunismus, begründet.

Doch die Führungselite konnte darauf bauen, daß die überwiegende Mehrheit des DDR-Volkes sich in ihrer stillen, über Jahrzehnte gewachsenen Aversion gegen jegliche SED-Propaganda für alles andere interessierte, nur nicht für dieses Programm. Erwartungsgemäß ließ die »breite Masse« auch diesmal die »Diskussion« des Programmentwurfs in Parteilehrjahren, Gewerkschaftsversammlungen und betrieblichen Zeitungsschauen desinteressiert, gelegentlich auch ironisch kommentierend über sich ergehen. Der landesweite Grundtenor: Wir ändern doch sowieso nichts daran.

Anders der Jenaer Lesekreis. Am 26. Januar 1976 trafen sich laut Bericht des IMV »Falke« sieben Leute in seiner Wohnung, um den Programmentwurf auszuwerten, und er notierte für seinen Führungsoffizier:

»Zu den einzelnen Abschnitten des Programms wurden durch *Markowsky* und die anderen Anwesenden u. a. folgende Erklärungen abgegeben:
– Der Programmentwurf auf die DDR bezogen sei eine einzige Lüge.
– Staat und Volk in der DDR seien getrennte Einheiten.
– Das sozialistische Zusammenleben werde durch die Partei vergiftet.
– Die Erhöhung der Kampfkraft der NVA sowie der Schutz- und Sicherheitsorgane lasse Rückschlüsse auf die innenpolitische Situation in der DDR zu.
– Kritik und Selbstkritik seien Begriffe einer *Knechtsmoral*.
– Die Gewerkschaften seien keine Interessenvertreter der Arbeiterklasse.
– Forderung der Herauslösung der kommunistischen Erziehung aus dem System der Volksbildung der DDR.
– Die auf Körperkultur und Sport orientierte Ausbildung in der DDR erinnere an den Faschismus.
– Die Jugend erhalte nur ein erforderliches marxistisch-leninistisches Grundwissen.

19 Bericht des ZK der SED an den IX. Parteitag der SED. Berlin 1976, S. 6.

– Es gäbe keine Gleichberechtigung der Bürger, denn religiös Gebundene würden nicht berücksichtigt.«[20]

Bevor sich der Kreis nach dieser vernichtenden Kritik gegen halb eins in der Nacht auflöste, schlug Bernd Markowsky vor, sie sollten ein Gegenprogramm entwickeln und es an das ZK schicken.

Zwei Tage später trafen sie sich in der Wohnung von Achim Dömel. Wohl auch als – wenn auch naiver – Test, welches politische Gewicht ihre Arbeiterstimmen besäßen, bildeten sie die Arbeitsgruppen

– »Programmentwurf« unter Leitung von Bernd Markowsky,
– »Direktive Volkswirtschaftsplan« unter Leitung von Wolfgang Diete,
– »Statut der SED« unter Leitung von Marian Kirstein
– und etwas später »Aufbau und Organisation staatlicher Organe« unter Leitung von Renate Groß.

Bernd Markowsky: »Es ging ja darum, daß wir etwas verändern wollten. Es geht immer darum, wieviel ist denn möglich. Das ist der eigentliche Antrieb: Verändere die Welt, sie braucht es. Wohin – darum geht es auch, klar!

Bei diesen Arbeitsgruppen muß man sich an zwei Sachen erinnern. Erstens lebten wir in einer Atmosphäre, in der soziales und sozialistisches Denken normal war. Es gehörte zum marxistisch-leninistischen Grundverständnis, daß wir über die Gesellschaft nachdachten. Auch wenn es wieder abtrainiert wurde, zunächst einmal war es ja aufgerufen. Da bestand eine Lücke, und in diese Lücke mußte man hineingehen als Unzufriedener. In der bewegten wir uns, und das interessierte uns. Ich finde Marxismus als Gedankengebäude immer noch nicht abwegig und verwerflich. Auch wenn mir damals schon einiges klar war, Determinismus zum Beispiel – daß man die Zukunft der Welt als etwas Vorgegebenes ansieht. Das fand ich schon absurd.

Wir sind in den Konsultationspunkt der SED gegangen. Interessant ist, daß du da in einen toten Raum kamst, in einen Raum, in dem erwartet wurde, daß nichts gesagt und nichts gefragt wird. Jemand hielt einen Sermon, der war -zig Mal geprüft. Von seiner inneren Zensur und von anderen. Und keinen interessierte das. Alle haben nur ihre Pflicht abgesessen. Plötzlich steht jemand auf und fragt, was wirklich ist. Das gibt natürlich sofort Turbulenzen, und das ist doch spannend. Es geht doch gar nicht darum, daß man sofort Ergebnisse hat. Es geht zunächst einmal um die Turbulenzen. Wo die hinführen, weiß niemand. Wir hatten unsere Utopie, Hoffnungen, aber die kannst du doch immer nur vorgeben, verkünden, anstreben, sie in der Reibung prüfen. Na ja, wer waren wir denn? Wir waren so – ich kann's nicht definieren. Ich habe keinen Begriff dafür. Ich wurde immer wieder Aufrührer geschimpft. Ich hab gesagt: ›Ja, gut. Danke, das ist ein Ehrentitel.‹ Aber letzten Endes kommt es darauf an, was die Leute denken, und darauf hatten wir kaum Einfluß.«

Schon am 2. Februar stellte die Arbeitsgruppe »Statut« das Ergebnis ihrer Analyse vor. Sie fanden, die im Entwurf von SED-Genossen geforderte freiwillige und bewußte Disziplin sei eine Zwangsjacke. Die Verpflichtung, in militärische und paramilitärische Organisationen einzutreten, etwa als Offizier

20 OV »Pegasus«, Bd. 2, Bl. 128.

der Reserve oder in die Kampfgruppe, unterlaufe internationale Abrüstungs-verträge. Die demokratische Struktur des zentralistischen Systems wurde an-gezweifelt, ebenso die Rolle des Staates als Vertreter der Interessen der Arbei-terklasse. Ihre summarische Einschätzung für das Statut der SED: eine glatte Anmaßung.

Die Gruppe ging noch einen Schritt weiter. Am 11. Februar legte sie eine Liste spitzfindiger Fragen vor, mit denen sie sich an den für Bürgerfragen ein-gerichteten Konsultationspunkt der SED-Kreisleitung wenden wollte.

Am 25. Februar verfaßten Mitarbeiter der Abteilung Agitation und Propa-ganda der SED-Kreisleitung Jena-Stadt eine ausführlich Aktennotiz über den Besuch von Wolfgang Diete, Achim Dömel und Marian Kirstein im SED-Konsultationspunkt Grietgasse. In ihrer Arbeitsgruppe hatten die das alte und neue SED-Statut verglichen und forderten nun Aufklärung, weshalb im neuen Statut Abstriche gemacht wurden. In ihrer Aktennotiz an die Kreis-dienststelle des MfS schätzten die Genossen ein: »... daß sich die drei Bürger sehr gründlich darauf vorbereitet hatten ... Die Stoßrichtung ihrer Fragestel-lung richtete sich, wenn auch verdeckt, so doch eindeutig gegen die führende Rolle der Partei ... Wir führten die Diskussion mit diesen Bürgern sachlich und offensiv.«[21]

Die »offensive Diskussion« dürfte den Genossen der Abteilung Agit.Prop. nicht sonderlich schwer gefallen sein, vermerkt doch die Operativ-Informa-tion 3/76 der MfS-Vorgangsgruppe: »Es wurde abgesichert, daß dieser Fra-genkatalog dem 1. Sekretär der SED-Kreisleitung rechtzeitig vor dem Auftre-ten der genannten Bürger in der Bildungsstätte der SED zur Verfügung gestellt wurde.«[22] IMV »Falke« ließ grüßen.

Die Arbeitsgruppe »Direktive Volkswirtschaftsplan« kam nicht recht vor-an. Sie berichtete von erheblichen Schwierigkeiten bei der Analyse, da es ihr nicht möglich gewesen sei, Zahlenmaterial über die Wirtschaftsentwicklung zu beschaffen. – Verständlich, unterlagen doch die tatsächlichen Wirtschafts-daten der DDR immer der Geheimhaltung. Die in der SED-Presse und in den statistischen Jahrbüchern veröffentlichten Zahlen waren grundsätzlich so stark verallgemeinert, geschönt oder ohne Bezugsgrößen dargestellt, daß sie in den seltensten Fällen nachvollziehbar, geschweige denn nachprüfbar wa-ren.

Am 1. März suchten Bernd Markowsky und Klaus-Dieter Siegel den Kon-sultationsstützpunkt der SED auf. Die Genossen ließen sich einleitend ihre Vermutung bestätigen, daß die beiden derselben Gruppe angehörten wie Diete, Dömel und Kirstein. Sie hatten das propagierte neue Leistungsprinzip als Maß für die künftige Entlohnung einer kritischen Betrachtung unterzogen und forderten eine konsequentere Leistungsorientierung. Die Höhe der Ent-lohnung, schlugen sie vor, sollte davon abhängen, welche Werte jeder für die Gesellschaft schaffe. Das müsse auch für die Arbeit der Funktionäre gelten,

21 Ebenda, Bl. 168.
22 Ebenda, Bl. 187.

die ihrer Ansicht nach »keinen besonderen Nutzen für die Gesellschaft« erbrächten.

Die Genossen lagen durchaus richtig, als sie feststellten, »... daß die Fragen aus einem Komplex von Überlegungen gestellt werden und die Absicht besteht, aus den Antworten Schlußfolgerungen für eigene Aktivitäten zu ziehen.«[23]

Der Kreis hatte einfach Ernst gemacht mit der Aufforderung, sich in die Parteitagsdiskussion einzubringen. Das Ergebnis waren skizzenhafte Entwürfe für ein neues Programm in einer erneuerten SED. Es waren keine ausgereiften, aber für DDR-Verhältnisse unübliche, alternative Vorschläge, die sie auch an das ZK der SED schickten. Eine Rückantwort von dort erhielten sie nicht.

Statt dessen schätzte IMV »Helmut Falke« ein, ihr Ziel bestehe darin, »der Arbeiterklasse auf[zu]zeigen, daß Staat und Partei nicht für sie, sondern gegen sie stehen«. Deshalb strebten sie eine »Trennung von Arbeiterklasse, Staat und Partei« an. Man wolle »die Massen politisch reif machen«, wobei sich die Gruppe bewußt sei, »daß man im Moment noch über keine Basis, d. h. Massenbasis verfügt«. Deshalb sollten Kontakte »überwiegend zu unzufriedenen Werktätigen und Jugendlichen« aufgenommen werden, um »in ihnen langsam das Interesse an politischen Tagesfragen« zu wecken. Um eine Vorreiterrolle übernehmen zu können, eigne man sich einen »politischen Standpunkt auf der Basis des Marxismus-Leninismus« an und gehe davon aus, »daß der Sozialismus mit Freiheit und Demokratie verbunden werden muß«. Dazu studiere man »Literatur linker Gruppierungen in der BRD« und die »Kampfmethoden ... linker Gruppierungen westlicher Länder ...«. Man suche »die Auseinandersetzung mit staatlichen und wirtschaftlichen Organen der DDR zur Sammlung von Erfahrungen«, und man suche »Lücken in der Gesetzgebung der DDR«. Durch »einwandfreies Verhalten und gute Leistungen im Betrieb« wolle man »den wirtschaftlichen und staatlichen Organen keine Möglichkeiten des Angriffs bieten«[24].

Der Anfangsverdacht für »staatsfeindliche Gruppenbildung« war allein aus dieser Einschätzung begründbar. Aus einem Bericht des IMV »Falke« Ende Mai 1976, der umgehend an die MfS-Bezirksverwaltung Gera weitergeleitet wurde, erfuhren die Mitarbeiter des MfS außerdem, in Karl-Marx-Stadt existiere eine Gruppe »Junger Philosophen«, die mit dem Jenaer Lesekreis in Verbindung stehe und die Kontakt zur KPD-ML, Sektion DDR unterhalte. Wieder leuchteten Alarmlämpchen auf. Bei einer sofort anberaumten Dienstreise zur MfS-Bezirksverwaltung Karl-Marx-Stadt stellte Major Kuschel von der MfS-Bezirksverwaltung Gera fest, daß dort keinerlei Erkenntnisse über eine solche Gruppe vorlagen. Er forderte, umgehend Informationen zu erarbeiten. Im August vermerkte die Vorgangsgruppe:

»Durch die HA XX/2 wurde operativ festgestellt, daß das durch IM bekanntgewordene Treffen zwischen Gunter ULBRICHT [OV »Ultra«] und

---

23 Ebenda, Bl. 206.
24 Vgl. ebenda, Bl. 229 f.

Westberliner Mitgliedern der KPD-ML im Mai 1976, an dem auch Dömel, Achim laut eigener Aussage teilnahm, zeitlich mit der Einreise von Bürgern aus Westberlin zu ULBRICHT übereinstimmt. (...)

Vom operativen Erkenntnisstand ausgehend ist einzuschätzen, daß in bezug auf ein Zusammenwirken mit der KPD-ML unter den genannten Personen des OV ›Pegasus‹ unterschiedliche ... Auffassungen existieren.

Während *Dömel* und *Diete* sehr an dem Zustandekommen einer stabilen Verbindung über den *Ulbricht* zu den Vertretern der Westberliner KPD-ML interessiert sind, lehnt *Markowsky* ein solches Zusammenwirken ab mit der Begründung, diese Gruppen hätten keine Basis und seien nur eine Gefahr. Deshalb dürfe man, um sich nicht zu gefährden, ihre Ideen nicht verbreiten. (...)

Man könne jedoch einige ihrer Ideen aufgreifen ... Im Gegensatz zu dieser Meinung steht jedoch, daß *Markowsky* nach gesicherten inoffiziellen Angaben eine große Menge Material des KBW und der KPD-ML in seiner Wohnung aufbewahrt.«[25]

Bernd Markowsky: »Über Karl-Marx-Stadt hatte ich da keine Kontakte. Ich kannte KPD-ML-Leute in Halle. Dort hatte ich jemanden besucht. Linke Westler kennenzulernen, daß hatte auch ein bißchen mit Auerbach zu tun. Der fand das interessant, solche Leute zu kennen. Ich hab mir so was auch angeguckt. Es gab zwei, drei Begegnungen, die fand ich aber so haarsträubend, verrückt, traumhaft, absurd ...

In Halle gab es ein großes Gebiet, das sollte abgerissen werden, ist es heute auch, nahe dem Polizeipräsidium. Aber die Stadt hatte keine Mittel, und jahrelang passierte nichts. Die Gebäude waren fast alle durch Studenten besetzt. Es gab kein Wasser und keine Kanalisation mehr. Nur Strom hatten sie sich teilweise gelegt. Es wurde in die Keller gekackt und gepinkelt. Die waren voller Fäkalien. Ansonsten lebten die da, wie sie Lust hatten. Große Träume. In einem dieser Räume gab es einen Riesentisch. Um den Tisch standen bärtige Gestalten und Frauen. Darunter welche von der KPD-ML. Und dann wurde wieder einmal debattiert. Das war so abstrus, ich fand das irgendwie russisch.«

Thomas Auerbach: »Meine Kontakte in die BRD liefen nicht über DKP-Leute, sondern über undogmatische Linke. Ganz wichtig war da Manfred Kappler, heute Professor für Erziehungswissenschaften, der hat damals über die kirchliche Schiene grenzüberschreitende Bildungsarbeit gemacht. Ich hatte ihn in Eisenach kennengelernt, Anfang der 70er Jahre. Wir trafen uns dann auch im Lesekreis mit diesen Leuten. Das waren keine K-Gruppen-Leute, sondern '68er. Von denen bekamen wir Material über Trotzkismus, Anarchismus, neue Pädagogik ...

Es gab dann, allerdings später, noch eine andere Schiene, die lief über ›Tarzan‹, also Wolfgang Diete und Achim Dömel. Die hatten Kontakt zur KPD-ML. Da gab es damals auch eine Sektion DDR. Das lief alles über Karl-Marx-Stadt. Von dort bekamen wir Propagandamaterial, mit dem wir uns

25 Ebenda, Bd. 3, Bl. 111 f.

auseinandergesetzt haben, bei dem ich schon damals gesagt habe, mir paßt dieser Stalin in dem Logo mit Marx und Lenin nicht. Das war eine Sache, bei der ich skeptisch war. Aber man hat sich auch mit den Leuten auseinandergesetzt, mit ihnen diskutiert und war sich einig in der Ablehnung des realen Sozialismus, wie er in der DDR existierte. Wir haben gesagt, wenn es Aktionen mit ihnen geben sollte, machen wir das, aber wir werden uns immer kritisch mit ihnen auseinandersetzen. Trotzdem war dieses Wir-Gefühl da.

Die Geschichte ist sehr schön in der IM-Akte von ›Helmut Falke‹ dokumentiert. Nachdem er die entscheidenden Hinweise gegeben hat, die uns ins Gefängnis brachten, ist er verstärkt in die KPD-ML-Sache eingestiegen und hat an Diete und Dömel weitergearbeitet. Die sind Anfang der achtziger Jahre Gott sei Dank in den Westen. Da war man offensichtlich froh, daß man sie los war. Die Stasi hatte die KPD-ML ja, wie andere Akten belegen, Ende der siebziger Jahre voll im Griff.«

Wolfgang Diete: »Es gab diese Verbindung der KPD-ML-Leute nach Karl-Marx-Stadt zu Gunter Ulbricht, und es gab Verbindungen von uns nach Karl-Marx-Stadt. Eine Freundin meines Bruders Achim hatte dort diesen Typen kennengelernt, den Gunter Ulbricht. Man ist dort zu Geburtstagen hingefahren, hat Feten gefeiert. Dieser Gunter hat früh angefangen, sich mit Philosophie auseinanderzusetzen. Es gibt eine Geschichte, wo er seinen Milchreis kocht und der anbrennt, während er Platon liest.

Der hatte Leute von der AO, der Aufbau-Organisation der KPD-ML, kennengelernt und die waren natürlich bestrebt, Leute aus dem Osten kennenzulernen. Es gab also Kontakte zwischen Gunter und denen und zwischen den Karl-Marx-Städtern und uns. Wenn die nach Jena kamen, haben die eingeschmuggelte Zeitungen mitgebracht, und wir haben über Trotzkismus, oder was wir darunter verstanden, diskutiert. Aber im großen und ganzen ist das abgelehnt worden. Unsere Ideale waren ein Sozialismus mit menschlichem Antlitz und der Eurokommunismus, nicht diese Splittergruppe abgehobener Intellektueller. Allerdings gab es immer mal Ansätze, sie kennenzulernen. Weil – wir haben ja stellvertretend diskutiert, Gunter mit denen über ihre Ideen und wir haben uns dann mit Gunter darüber auseinandergesetzt.

Für das eigentliche Kennenlernen war dann ›Helmut Falke‹ die treibende Kraft. Das war in der Zeit nach der Biermann-Ausbürgerung. Der Schock saß tief, die Angst saß auch tief. Ich habe mich ein halbes oder dreiviertel Jahr nicht gerührt, und als die anderen abgeschoben wurden, war das auch ein Stück Resignation. Da war es ›Helmut Falke‹, der oft kam: Wir müssen doch mal wieder Lesekreisaktivitäten und dieses und jenes machen. Allerdings gab es ihm gegenüber schon eine gesunde Portion Mißtrauen. Es gab überhaupt viel gegenseitiges Mißtrauen und gleichzeitig die Überlegung: Was, wenn er doch kein Spitzel ist, dann wird er durch die Verdächtigungen fertiggemacht. Da war auch Mitleid. Das war vielleicht das Ausschlaggebende, weshalb wir weiter mit ihm verkehrten.

»Falke« versuchte, dieses Treffen mit den Westberlinern voranzutreiben. Es gab eine Verabredung. Er wollte meinen Bruder in Gera auf dem Bahnhof treffen.«

Achim Dömel: »Es gab ja immer diese Überlegung, man soll keinen verdächtigen, wenn es keine Beweise gibt. Aber zu ›Helmut Falke‹ hatte ich so ein Gefühl im Bauch: ›Und wenn er doch?‹ Deshalb sprach ich ab, daß wir getrennt nach Karl-Marx-Stadt fahren, ich am Samstag, um alles zu organisieren. Da der Gunter an diesem Wochenende nicht in Karl-Marx-Stadt war, sollte das Treffen bei der Rosi stattfinden. Die sollte ihn abholen, hatte aber einen neuen Lover und ist mit dem nicht aus der Kiste gekommen. Zum Glück hatte ›Helmut Falke‹ ihre Adresse nicht. So ist er umsonst gefahren, und das Treffen kam, zu meiner Erleichterung, nicht zustande, denn irgendwie standen wir der KPD-ML wegen ihrer starken maoistischen Tendenzen doch kritisch gegenüber.«

Wolfgang Diete: »›Falke‹ mußte unverrichteter Dinge zurückfahren. Dieser kleine Zufall! Damit konnte der Maßnahmeplan nicht umgesetzt werden. Der Kontakt zu den Westdeutschen kam nicht zustande, und ›Falke‹ schaffte es nicht, selbst mit im Zentrum zu sein. Einen späteren Versuch gab es nicht mehr. In unserem OV ›Parasit‹ ist diese ganze Geschichte furchtbar aufgebauscht.«

Renate Ellmenreich: »Von dieser KPD-ML-Kiste wußte ich auch, aber es war nicht mein Ding. Heute ist bekannt, das Ganze war an der Juristischen Hochschule in Potsdam ausgeheckt worden. Die haben sich hingesetzt und überlegt, welche Strategie kann man gegen die aufkommende Opposition im eigenen Land anwenden. Sie haben geschaut, welche Opposition gibt es im Westen, wer ist geeignet: die ganzen K-Gruppen. Dann haben sie die DDR-Gruppen genommen und draufgewürfelt, eingeteilt. Die IM sollten zwischen diesen Gruppen Kontakt herstellen, damit sie sagen konnten: Bei uns hat Opposition keine Basis, das sind alles Ableger aus dem Westen. ›Helmut Falke‹ hat eben die KPD-ML abgekriegt. Die Planungen liefen bereits vor der Biermann-Ausbürgerung an. Die kam dann dazwischen. Sonst hätte es eine sächsisch-thüringische Sektion gegeben. Die wollten sie dann ausheben. So weit war das schon geplant. Martin Jander [FU Berlin, Forschungsverbund SED-Staat] hat die Befehle und Richtlinien gefunden.«

Der Lesekreis machte besonders im ersten Halbjahr 1976 ziemliche Furore. Nach der aufsehenerregenden Diskussion um die Parteitagspapiere wurde die totale Wehrdienstverweigerung von »Nobi« [Norbert Weinz] und die Verweigerung des Wehrdienstes mit der Waffe von »Tarzan« [Wolfgang Diete] und »Blase« [Peter Rösch], zu einem Stadtgespräch, wie es das zu diesem Thema in Jena noch nicht gegeben hatte. Die einen bewunderten den Mut der jungen Männer, andere konnten nicht verstehen, daß es in der DDR Leute gab, die Knast dem Kommiß vorzogen. Ende April wurden die geplanten Wehrdienstverweigerungen auch im Lesekreis ausführlich diskutiert: Beweggründe, rechtliche Möglichkeiten, mögliche Folgen. IMV »Falke« berichtete und schuf die Grundlage für den Maßnahmeplan der MfS-Vorgangsgruppe »Pegasus« zur Verunsicherung der Wehrdienstverweigerer und des übrigen Kreises:

»Über das WKK Jena soll über *Diete* ein Ordnungsstrafverfahren wegen Verweigerung des Wehrdienstes mit der Waffe eingeleitet werden. In diesem Verfahren soll, soweit das möglich ist, geklärt werden, wo die Ursachen und Gründe ... zu suchen sind. Des weiteren ist zu prüfen, ob dieses Ordnungsverfahren operativ zur Verunsicherung des Lesekreises benutzt werden kann. Zur Realisierung dieser Maßnahmen sind mit dem Gen. Böttner, Linie I, die erforderliche Festlegungen zu treffen.«[26]

Anläßlich des 1. Mai hatte Marian Kirstein am Balkon seiner Wohnung in der Jahnstraße ein Transparent angebracht, darauf der kecke Spruch: »Wie jedes Jahr am 1. Mai sind wir für Losung Nr. 2«. Die Jahnstraße war einer der Stellplätze für die Marschblöcke zum zentralen Mai-Aufmarsch. Mit dem Spruch hatte Kirstein die Lacher auf seiner Seite, verstand doch jeder die ironische Anspielung auf die rund 40 Losungen, die alljährlich im nahezu gleichen Wortlaut im Zentralorgan und in allen SED-Bezirkszeitungen abgedruckt und stupid auf die Transparente und »Tragelemente« übernommen wurden. Die Losung Nummer eins lautete ewig gleich: »Es lebe der 1. Mai – der Kampftag der internationalen Arbeiterklasse!« und die Losung Nummer zwei: »Proletarier aller Länder vereinigt Euch!«

Die Abteilung K des Volkspolizeikreisamtes hatte von der MfS-Kreisdienststelle einen Hinweis auf dieses Transparent erhalten. Über die Kripo wurde der zuständige ABV (Abschnittsbevollmächtigte) angewiesen, Kirstein aufzusuchen und ihn aufzufordern, das Transparent abzunehmen. Das tat der auch. Und so vermerkt der protokollschreibende Kriminalpolizist, sich offensichtlich vor Eifer für das MfS nicht gerade überschlagend: »Eine fotografische Sicherung des Transparents mit der genannten Aufschrift war somit nicht mehr möglich.«[27] Die Episode um die »Losung Nr. 2« machte noch für Jahre die Runde in der Stadt.

Die offene Arbeit der JG wurde von der Kirchenleitung zwiespältig aufgenommen. Treffpunkte wie die JG Stadtmitte Jena oder wie die legendäre Insel im »Roten Meer« des Pfarrers Walter Schilling in Braunsdorf bei Saalfeld, wo sich zu den »Rüstzeiten« nicht selten mehr als 150 junge Leute trafen, wurden sehr scheel beäugt. Hatten doch die Kirchenoberen ein Interesse an einem »guten Verhältnisses« zur SED-Führung.

Für den 15. Mai 1976 veranstaltete die JG Stadtmitte einen Werkstattabend mit einer Leipziger Blues-Band, einem »Kundenstück« über Lehrlingsleben und Spießertum von dem inzwischen in der Bundesrepublik lebenden Pfarrer Thomas Neubauer, dazu eine Liederbühne mit Gerhard Schöne und eine Lesung mit Bernd Markowsky und Jürgen Fuchs. Die einzelnen Veranstaltungsorte waren hoffnungslos überfüllt. Das vom MfS dieser Werkstatt beigemessene Gewicht läßt sich an den drei zum Einsatz gebrachten Inoffiziellen Mitarbeitern IMV »Helmut Falke«, IMV »Runge« (Reg.-Nr.: X/645/69) und IMV »M. Schneider« (Reg.-Nr.: I/511/73) und ihren ausführlichen Berichten ermessen. IMV »M. Schneider« sprach sich wohl aus dem Herzen, als er berichtete, wie ein Teilnehmer gesagt habe: »daß Auerbach die JG Stadtmitte systematisch oder auch nicht systematisch untergraben hat, ... daß viele der Trampertypen allein [wegen dem] Gruppenerlebnis, daß man wieder mal

26 Ebenda, Bd. 2, Bl. 261.
27 Ebenda, Bl. 259.

das Antiatomwaffenzeichen tragen und dreckige Jeans anziehen konnte«[28], kamen.

Thomas Auerbach: »Wichtig in diesem Sommer '76 war uns auch die Konferenz der Kommunistischen- und Arbeiterparteien mit den Reden der Führer der italienischen und spanischen KP Berlinguer und Carrillo, die uns weitere Argumentationsgrundlagen boten.

Für mich blieb am wichtigsten die offene Arbeit, die offene Diskussion, das offene Podium und nicht nur explizit politische Probleme. Aber letztlich war auch die Kultur, die wir machten, die Auseinandersetzung mit dem Kunstbild des sozialistischen Realismus, ein Politikum. – Auch die Enge im moralischen Bereich. Die DDR war ja ein absolut kleinbürgerliches System. Da war es schon interessant, wenn wir offen über Sexualität diskutierten. Dann Diskussionen um Wehrdienst, Bausoldaten, verbunden mit der Überlegung, ist das woanders legitim, zum Beispiel in der Befreiungsbewegung. Es bestanden ja auch Drogenprobleme, die ziemlich unter dem Tisch gehalten wurden. Das Rauschgift kam auch über Polen rein. Auch beeinflußt von der Hippie-Bewegung. Der schlimmste Stoff war dieses schwarze Opium-Zeug. Wir hatten das Problem dann so gelöst, daß uns Ärzte an wieder andere Ärzte vermittelten, die die Leute illegal in Therapien unterbrachten.«

»Massenbasis« und Jena als Keimzelle für revolutionäre Veränderungen war eine zu schöne Illusion. Gleichzeitig konnte sich jeder die Gefahr ausmalen, als konspirative Gruppe aufzufliegen. Es mußten andere Möglichkeiten gefunden werden.

Renate Ellmenreich: »Auf einer unserer vielen Wanderungen in die Kernberge haben wir klargekriegt, daß wir anders weiterarbeiten müssen. Da entstand die Idee, einen unabhängigen Jugendclub zu gründen. Das haben wir ziemlich gut vorbereitet. Wir haben beispielsweise entschieden, die Verhandlungen mit der FDJ-Kreisleitung sollten Leute übernehmen, die nicht so bekannt sind, möglichst aus braven Partei-Elternhäusern. Da ist Matz [Matthias Domaschk] das erste Mal in Erscheinung getreten. Wenn ›Helmut Falke‹ und ein paar andere nicht gepetzt hätten, hätten wir ein Stück weiterkommen können. Vor allem wegen dieser Denunzianten ist das dann auch wieder schiefgegangen. Es hat aber Spaß gemacht, die Konzepte vorzulegen.«

Dieser Jugendklub ging auf eine alte Idee zurück und sollte nach Möglichkeit im Stadtzentrum sein Domizil finden. Lutz Rathenow, Lutz Leibner und im Hintergrund Bernd Markowsky waren maßgeblich daran beteiligt.

Achim Dömel: »Ich wußte durch meine Tätigkeit als Dekorateur bei der HO [Handelsorganisation, staatliche Organisation des Einzelhandels] von ungenutzten Kellerräumen in der Greifgasse. Die schlugen wir als geeignete Räumlichkeiten für den Jugendklub Stadtmitte vor. War ja überflüssig, wie wir inzwischen wissen. Aber lustigerweise hatte die FDJ-Gruppe der HO ein, zwei Jahre später auf einmal einen Jugendklub in diesen Kellerräumen, unter staatlicher Leitung, versteht sich.«

---

28 Ebenda, Bl. 286.

IMV »Falke« berichtete – diesmal bereits in der Konzeptionsphase – auch über den Eindruck der Delegation nach ihrem ersten Gespräch mit der FDJ-Kreisleitung: Die FDJ hätte den Vorschlag sehr interessiert aufgenommen und erwarte eine Aufstellung möglicher Leitungsmitglieder. Als Leiter wurde der Holzplastiker und Student für Heimerziehung, Lutz Leibner, vorgeschlagen. Dietrich Große, berichtete »Falke« seinem Führungsoffizier, habe Leibner und Markowsky zugesagt, in der Leitung mitzuarbeiten.[29] »Helmut Falke« wußte auch, ohne den Einsatzauftrag abzuwarten, wie er seinem Herrn, dem MfS, am besten dienen konnte: durch Berichte aus dem Zentrum.

Das Protokoll der FDJ-Kreisleitung Jena über ein erstes Gespräch zwischen fünf Vertretern des Jugendclubs in spe, unter ihnen Maria Neumann [verh. Diete], Lutz Rathenow und der Maler Gerd Wanderer, und auf der anderen Seite der Erste Sekretär der FDJ-Kreisleitung, Gen. Lutz Utecht, und der Mitarbeiter der FDJ-Kreisleitung, GMS »Fellmann«, verhieß gute Gründungsaussichten. Der Erste Sekretär interessierte sich für das geplante Programm: Ausstellungen über Gemälde, Fotos, Volkskunst, Arbeitseinsätze, Hobbywerkstatt, Tischtennis, Literaturzirkel ... Die Runde vereinbarte, die Jugendlichen sollten für die nächste Beratung am 11. Juni Vorschläge für geeignete Räumlichkeiten und für die Clubleitung unterbreiten.

Was die Delegation nicht ahnen konnte, die FDJ-Kreisleitung war längst durch die Stasi vorgewarnt und trieb auch ihrerseits doppeltes Spiel. In der geheimen Ergänzung des Protokolls, das sie umgehend an die MfS-Kreisdienststelle Jena sandte, offenbarte sie ihre wirkliche Absicht:

»1.) an weitere Klubs verweisen – dort werden auch anspruchsvolle Veranstaltungen gebraucht.

2.) am 11.06. keine Entscheidung nennen.«[30]

Auch ein georgischer Student der Altertumswissenschaften, vermutlich Quelle des KGB und von der Stasi als IMV »André« geführt, meldete dem Leiter der MfS-Vorgangsgruppe Horn, mit diesem Jugendclub würde eine brisante Einrichtung geplant:

»›André‹ berichtete, daß er am 28.05.1976 von *Leibner* erfahren habe, daß von der Gruppierung um *Rathenow* der Versuch unternommen wird, in Jena einen Jugendclub zu gründen. Stark engagiert sich dabei *Rathenow*, der auch die notwendigen Aufzeichnungen dazu fertigte und am Programm ... mitarbeitete. (...)

Markowsky war für die Leitung von vornherein nicht vorgesehen, weil er zu aggressiv sei. (...)

›André‹ schätzt von der äußerlichen Betrachtung her die Bildung des Clubs positiv, beurteilt aber, daß sich dahinter eine geplante negative Aktivität verbirgt. In einer Unterhaltung mit Jochen *Friedel* [OV »Revisionist«], die ›André‹ führte, äußerte Jochen *Friedel,* daß für die Bildung eines solchen Clubs eine ›scheißgünstige Zeit‹ sei.«

29 Ebenda, Bd. 3, Bl. 23.
30 Ebenda, Bd. 2, Bl. 306.

Damit sollte der Diplom-Psychologe Jochen Anton Friedel leider nicht recht behalten. In diesem Fall schaffte es die Staatsicherheit im mustergültigen Zusammenspiel mit den »staatlichen Organen«, die erneute Ansammlung einer kritischen Masse im öffentlichen Raum Jenas präventiv zu verhindern. Nach einiger Hinhaltetaktik durch die FDJ-Kreisleitung kam es zur Absprache zwischen FDJ-MfS-Kreisleitung, Oberleutnant Günther, dem inzwischen beförderten Oberleutnant Schmidt und Gen. Utecht. Beraten wurde, wie »politisch-taktisch richtig die Gründung des Jugendclubs zu verhindern«[31] sei: Die Jugendlichen wurden an bestehende Jugendclubs verwiesen.

31 Ebenda, Bd. 3, Bl. 28.

1976 – »Friedliche Einmischung« als »politisch-ideologische Diversion«: Wolf Biermann und Jena

Als im Februar 1976 ruchbar wurde, daß mit Siegfried Reiprichs Exmatrikulation ein weiteres Exempel gegen politische Offenheit statuiert werden sollte, bat Jürgen Fuchs den Parteigruppenorganisator der Sektion Philosophie brieflich, sich für Reiprich einzusetzen. Erfolglos. Auch Lutz Rathenow schrieb einen Soldaritätsbrief an die Sektionsleitung. Darin verwahrte er sich gegen die ihm unterstellte Behauptung: »Siegfried Reiprich wolle an der Sektion testen, wie weit man gehen könne.«[1] Er forderte, daß seine aus dem Zusammenhang gerissene und von der Philosophiestudentin und SED-Genossin Petra S. verbreitete Äußerung nicht als Argument für Reiprichs Exmatrikulation verwendet werde. Diesmal nicht besonders diplomatisch, drohte er mit einer Strafanzeige, wenn die Studentin ihre Behauptung nicht zurücknehme.

Ein lächerliches Geplänkel, sollte man meinen. Doch der Leitung der Sektion Geschichte, an der Rathenow studierte, kam diese Drohung sehr gelegen, um auch ihm einen Fallstrick zu drehen. Der amtierende Sekretär und neue Besen der SED-Grundorganisation der Sektion, Dr. Eberhart Schulz, nahm Rathenows Solidarisierung zum Anlaß für ein dreieinhalbseitiges, vernichtendes Urteil:

»Der o. g. Brief stellt zweifellos eine politische Provokation dar. Es ist deutlich erkennbar, daß die erpresserische Drohung mit einer Strafanzeige nicht nur gegen die Studentin Petra S. gerichtet ist, sondern einen Angriff auf die Sektion Philosophie darstellt. (...)

Mit diesem Brief verläßt Lutz Rathenow die Stellung, in die er sich bisher zurückgezogen hatte, und nimmt offen Partei für reaktionäre Elemente. Er macht sich zum Fürsprecher eines prinzipienlosen Ideenpluralismus. (...)

Sehr aufschlußreich war unter diesem Aspekt seine Haltung in der ROA-Diskussion.[2] Nach wie vor ist Rathenow nicht bereit, ROA zu werden. (...)

In Anbetracht der hier dargestellten Entwicklung von Lutz Rathenow halten wir es nicht für tragbar, daß er künftig als Geschichtslehrer in unserer sozialistischen Schule arbeiten kann. (...)«[3]

Das Echo, etwas moderater im Ton, ging als »Information« umgehend von der SED-Kreisleitung Jena an die SED-Bezirksleitung Gera. Zwar wird bescheinigt, »daß Rathenow nicht selbst und unmißverständlich antisozialistische Positionen vertritt«, jedoch sei zusammenfassend »die Frage ernsthaft zu

---

1 OV »Pegasus«, Bd. 2, Bl. 124.
2 ROA = Reserveoffiziersanwärter. Die »freiwillige« Verpflichtung galt als ein Prüfstein der studentischen Loyalität zum Staat.
3 Thüringisches Staatsarchiv Rudolstadt: BPA BL SED Gera A-4982, Bl. 74 ff.

stellen, inwieweit Rathenow als Geschichtslehrer in die Schule entlassen werden kann«[4].

Von der Seminargruppe wurde erwartet, daß sie sich nach dem Schema distanziere: Der ist unwürdig, auf Kosten der Arbeiterklasse zu studieren.

Die sozialistische Studienordnung sah vor, daß die Kommilitonen den Exmatrikulationsantrag zu beschließen und sich so in kollektiver Selbsterziehung zu üben hatten.

Bei Siegfried Reiprich hatte die Sektionsleitung damit leichtes Spiel. Denn um erfolgreicher Student der Philosophie in der DDR zu sein, wurde selbstverständlich eine sozialistische Grundhaltung, eine positive Einstellung zur SED, erwartet. Und so stimmten bis auf einen alle aus seiner Seminargruppe für seinen Rauswurf.

Bei Lutz Rathenow stand die Sektionsleitung vor einem Problem. IMS »Ute Krahl«, eine Studentin für Deutsch und Geschichte, hatte vorgewarnt:

»(...) In der Seminargruppe Rathenows gibt es mehrere Gruppierungen, einmal Rathenow selbst, Hans-Albrecht Weber, Bettina Herschel [verheiratete Rathenow] und der bereits genannte Vierte, ... die den größten Einfluß besitzen. Weiter existiert eine Partei, die Rathenow und seinen Kreis anbetet, sowie eine Partei, die Rathenow zwar auch bewundert, ihn aber auch kritisch sieht. Diese Kräfte sind jedoch wirkungs- und einflußlos. Nur zwei Genossen der Seminargruppe polemisieren offen gegen Rathenow.«[5]

Ausschlaggebend für seine Akzeptanz, auch Autorität über die Seminargruppe hinaus war sein Talent, Wissen, Ideen, maßvolle Eigennützigkeit und maßlose Uneigennützigkeit zu koppeln mit dem Geschick, kritisch argumentierend aufzutreten und, falls nötig, sich mit einem ihm eigenen schalkhaft entschuldigenden Lächeln zurückzunehmen. Gerade in dieser Zeit vergrößerte er sein Ansehen in der Seminargruppe durch Vorträge über gesellschaftskritische Sowjetliteratur und durch seine an der Universität kursierenden Gedichte.

Dem Dichter Franz Kafka[6]
Bleib in deinem Zimmer: Halte Wacht
auf verlorenem Posten. Da, wo keiner
den Feind mehr vermutet – wo dir Spott
und Orden gesichert sind. Halte Wacht
mit deiner Hoffnung deinem Zweifel dieser Furcht
verloren zu gehen. Gib uns Nachricht
von den Gesprächen der Dinge, den Kämpfen
in uns: Jenen lautlosen Schlachten
die wir achtlos übergehen. Harre aus
in deinem großen Zimmer – laß die kleine Welt
sich winden: Vor dem Auge in dem Wort

4 Ebenda, Bl. 15.
5 OV »Pegasus«, Bd. 2, Bl. 203.
6 Rathenow, Lutz: Zangengeburt. München 1982, S. 10.

peitsche, treibe sie zum Bersten
auf dem hilflos helfenden Papier. Gib uns Nachricht
von allen Schreien, die wir nicht vernehmen
all den Morden, die für uns gewöhnlich sind
Bleibe stark in deiner Schwäche
Laß dem Wort jene Riesenkraft: Ehrlich zu sein
in seiner Ohnmacht, nichts zu verklären
von seiner Ohnmacht. Bleib in deinem Zimmer
komm so mit in künftigen Kämpfen: Mach uns Mut
durch deine Angst

Auch wenn sich dieses Gedicht aus heutiger Sicht viel zu sehr in allgemeinen Andeutungen ergeht, der eingeflochtene Aufruf zum Ausbruch wurde wohl verstanden. Auch von der Sektionsleitung. Kafkas Werk stand noch immer auf dem Index, seine meisterhafte Dichtung über Angst und Ausweglosigkeit hätte in den DDR-Lesern ja unerwünschte Assoziationen hervorrufen können.

Die Seminargruppe sollte sich von dem Gedicht und von Rathenow distanzieren, lehnte das aber ab. Sie wurden in Einzelgesprächen unter Druck gesetzt. Aber auch danach war die Mehrheit nicht bereit, den Exmatrikulationsantrag zu stellen. Deshalb verlangte die Leitung von Rathenow, sich freiwillig zur »Bewährung in der Produktion« beurlauben zu lassen. Damit wäre der Rückenhalt durch die Seminargruppe elegant gebrochen. Es gab nur ein Problem: Dieser Student im dritten Studienjahr wollte in seine »freiwillige Beurlaubung« nicht einwilligen. Deshalb erhielt sein eigener Vater den Parteiauftrag, den Sohn zu überzeugen, das Studium auszusetzen.

Kurz zuvor hatte Lutz Rathenow mit dem Schriftsteller Volker Braun eine Lesung in der Sektion Geschichte und im Studentenklub »Rose« vereinbart. Einige Tage vor dem Termin teilte ein anonymer Uni-Aushang mit, die Lesung in der Universität finde nicht statt. Rathenow informierte Braun über diese Merkwürdigkeit, die, wie er vermutete, mit ihm als Organisator zu tun hatte, und er informierte ihn über die Exmatrikulation Siegfried Reiprichs und die Bestrebungen, auch ihn vom Studium auszuschließen. Daraufhin schrieb Braun an den Leiter des Studentenklubs »Rosenkeller«:

»(...) Ich kenne z. B. die näheren Umstände der Beurlaubung des Studenten Lutz Rathenow, den ich seit Jahren als Mitarbeiter der Poetenseminare der FDJ kenne. Ich sage es rundheraus: Wenn es möglich ist, diesen jungen Sozialisten, der sozusagen mein Kollege ist, zu exmatrikulieren, ist es mir unmöglich, eine Lesung zu machen, ohne zu dem Vorgang öffentlich Stellung zu nehmen. Dies will ich aber vermeiden. Ich will lieber zuvor ein Gespräch mit dem Rektorat und der UPL [Universitätsparteileitung] suchen und sie als Mitglied des Vorstandes des Schriftstellerverbandes bitten, die Entscheidungen, die den Lebenslauf von Lutz Rathenow und Siegfried Reiprich so hart ändern, noch einmal zu überdenken. (...)«[7]

7 OV »Pegasus«, Bd. 3, Bl. 198.

Nicht nur dieser Brief war Sektionsgespräch. IMS »Ute Krahl« konnte ihrem Führungsoffizier, Leutnant Schiffel, berichten, daß Volker Braun einen zweiten Brief an das ZK geschrieben habe, »... in dem er sich für Rathenow einsetzt. Daraufhin hätten sich zwei Genossen des ZK für Donnerstag in Jena angesagt. Noch am Mittwoch (21.04.76) habe vermutlich aus diesem Grund die UPL Einspruch gegen die Beurlaubung Rathenows erhoben.«[8]

Lutz Rathenow: »Mit diesem Brief verhinderte Volker Braun im Frühjahr 1976 noch mal meinen Rauswurf. Ich weiß noch, ich stritt gerade mit meinem Vater. Man hatte ihn vorgeladen, um mich zu überreden, einer Beurlaubung zuzustimmen. Mitten in unseren Streit hinein kam ein Anruf der Parteileitung. Er solle seine Gesprächstaktik ändern. Meine Beurlaubung sei nicht mehr aktuell. Er war verblüfft. Ich glaube, daß war auch für ihn eine Lernsituation. Die Parteilinie konnte sich jede Minute ändern.«

Für Siegfried Reiprich kam Volker Brauns Fürsprache zu spät. Eben noch ganz auf der Linie des Berufsverbotes für Rathenow, schwenkte plötzlich auch die SED-Bezirksleitung ein. Das Einverständnis dazu holte sich der Sekretär der SED-Bezirksleitung, Gen. Paczulla, beim Politbüromitglied und Chefideologen der SED, Kurt Hager. Nach einer verhalten optimistischen Darstellung der kulturpolitischen Situation in Jena in Vorbereitung des IX. Parteitages stellte er zunächst die Erfolge bei der »Auseinandersetzung mit antisozialistischen Positionen« dar: Exmatrikulation von Jürgen Fuchs und »Auflösung« des Arbeitskreises Literatur. Im Fall Rathenow warb er:

»Lutz Rathenow ist ein fachlich guter bis sehr guter und literarisch offensichtlich begabter Student, um den es sich zu ringen lohnt. Die Lage wird gegenwärtig dadurch kompliziert, daß Rathenow in seiner FDJ-Gruppe Autorität genießt und inzwischen einzelne Fürsprecher für seine Auffassungen in seiner Gruppe gefunden hat. (...) Großen Einfluß auf die Entwicklung von Rathenow hat offensichtlich Genosse Volker Braun. (...) Für den in unserem Sinne nicht günstigen Einfluß des Genossen Braun spricht unseres Erachtens auch sein Brief vom 15.4.1976 an ein Mitglied des Klubrates des Studentenklubs ›Rose‹ (Anlage). (...)
Wir verfolgen die Linie, die konstruktive ideologische Auseinandersetzung ... weiterzuführen. (...) Irgendwelche administrativen Maßnahmen haben gegenwärtig keine Berechtigung und werden nicht getroffen.«[9]

Statt ihn zu exmatrikulieren, bot der Rat des Bezirkes/Abteilung Kultur dem überraschten Jungliteraten Rathenow einen Fördervertrag an, um ihn stärker an sich und an das »Zentrum Junger Autoren« in Gera zu binden.

Der Abteilungsleiter Kultur, Genosse Hans Kathe, ließ nach einer Aussprache mit Lutz Rathenow erfreut festhalten:

»(...) Wir möchten noch enger mit ihm zusammenarbeiten, ihn in der literarischen Arbeit unterstützen; diese Zusammenarbeit muß auf der Grundlage gegenseitigen Vertrauens erfolgen; falls er Fragen und Probleme hat, soll er sie uns offen sagen, wir sind jederzeit bereit, diese mit ihm zu beraten, zu

---

8 Ebenda, Bd. 2, Bl. 250.
9 Thüringisches Staatsarchiv Rudolstadt: BPA BL SED Gera A 4982, Bl. 98.

kläreen; wir möchten ihm einen Fördervertrag vorschlagen; dieser Fördervertrag ist an keine Bedingungen geknüpft und beruht auf der Basis des
von ihm heute geäußerten politischen Standpunktes: für die Arbeiterklasse
von sozialistischen Positionen aus zu schreiben und tatkräftig an der Wei-
terentwicklung unserer sozialistischen Gesellschaft und an der Realisierung
der Ziele unserer sozialistischen Kulturpolitik mitzuwirken.«[10]
Der Zeitpunkt und Rathenows Geschick, guten Willen zu zeigen, paßten ins
Konzept. Auch Rathenow war über diese Wendung höchst erfreut, wo doch
der Fördervertrag keinerlei konkrete Arbeitsergebnisse einforderte. Und dafür 1 500 Mark! – Ein schöner Batzen für einen Studenten. Auch Genosse Kathe hatte das gute Gefühl einer lohnenden Investition.
     Da die Buchhaltung jedoch einen Verwendungszweck verbuchen mußte,
schlug Rathenow dem Bezirksliteraturreferenten recht gewitzt vor, die Zuwendung für eine Recherche in Polen zu nutzen. Das Thema: »Jugend und Vergangenheitsbewältigung (Faschismus), Annäherung der Jugend beider Völker«, gedacht für ein Buchprojekt im Verlag Der Morgen. Das Buch entstand nie, aber
Rathenow verbrachte seinen Sommerurlaub im Polen der Untergrundkultur.
Die Staatssicherheit war über die Eigenmächtigkeit des Rates/Abteilung Kultur
deutlich verärgert:
     »Entsprechend der getroffenen Festlegungen bei einer Absprache unseres
Organs mit der Abt. Kultur wurde der ursprüngliche Entwurf des Vertra-
ges dahingehend überarbeitet, daß politisch-operative Aspekte stärkere Beachtung fanden.
     Operativ muß jedoch beurteilt werden, daß die Art und Weise sowie der
Ort des Vertragsabschlusses in keiner Weise geeignet waren, die gebotene
Autorität der Staatsorgane gegenüber *Rathenow* zu verkörpern.
     Der Vertragsabschluß wurde beispielsweise durch den Referenten für Lite-
ratur in der Abteilung Kultur beim Rat des Bezirkes Gera, *Hartdung*, in
einem Freiluftcafé durchgeführt.
     Die mit dem Abschluß des Fördervertrages beauftragten verantwortlichen
Mitarbeiter des Rates des Bezirkes wurden dem in der erwähnten Absprache festgelegten Inhalt der Förderung des R. nicht gerecht. Entgegen der
getroffenen Vereinbarung, dem R. innerhalb der DDR Möglichkeiten zu
geben, sein Engagement für die sozialistische Entwicklung zu beweisen und
die Reisetätigkeit vorerst auszuklammern, fährt R. mit Billigung und Unterstützung der Abt. Kultur des Rates des Bezirkes Gera in die VRP, nach
Kraków, um dort *Fragen der Vergangenheitsbewältigung* zu studieren.«[11]
Die MfS-Vorgangsgruppe »Pegasus« hegte offenbar wenig Vertrauen in die
Integrationsversuche durch die Abteilung Kultur. Sie entwarf einen ihr gemä-
ßeren Plan, um Rathenow zu gewinnen. Danach sollte er durch einen »fiktiven BRD-Bürger bzw. Ausländer« mit Schriften versorgt werden, die »als
kompromittierendes Material für eine spätere Werbung des Rathenow geeignet« wären.

10 Ebenda, Bl. 102.
11 OV »Pegasus«, Bd. 3, Bl. 70.

»Im Falle des Versuchs von Rathenow, sich der Zusammenarbeit mit dem MfS zu entziehen, werden die bis zu diesem Zeitpunkt erarbeiteten operativen Ergebnisse dazu genutzt, den Rathenow in seinem Umgangskreis als Informanten des MfS zu kompromittieren.«[12]

Tatsächlich zog er sich zeitweilig zurück, und es dauerte nicht lange, bis auch über ihn erste Spitzelgerüchte im Umlauf waren.

Lutz Rathenow: »Ich wollte in Ruhe mein Studium beenden, das Diplomthema ›Kult um Adolf Hitler 1933–1939‹ zu Ende bringen. Es interessierte mich. Naja, nebenher wollte ich einfach auch schreiben. Ich hatte erste Erfolge. Mein Lektor Joachim Walther nahm sehr kritische Satiren für einen Band an, der beim Buchverlag Der Morgen geplant war. Erste Texte von mir erschienen in amerikanischen und Schweizer Literaturzeitschriften.«

Nach der erschütternden Selbstverbrennung des Pfarrers Oskar Brüsewitz vor der Zeitzer Michaeliskirche am 18. August 1976 traten die Spannungen zwischen Staat und Kirchenbasis offen zutage. Pfarrer Brüsewitz hatte sich in der kirchlichen Jugendarbeit engagiert und die Jugendpolitik der DDR wie überhaupt den zentralistischen Sozialismus scharf kritisiert. In seinen Predigten rief er zum »Kreuzzug gegen den Kommunismus« auf. Mit Aktionen wie der Installation eines großen Kreuzes aus Neonröhren auf seinem Kirchturm kämpfte er gegen den staatlich betriebenen Bedeutungsverlust der Kirche. Der um ein gutes Verhältnis zur SED-Führung bemühten Kirchenleitung war er ein unbequemer Hirte. Die Provinzsächsische Kirchenleitung ging auf die »Empfehlung« staatlicher Stellen und des MfS ein und kündigte Brüsewitz die Versetzung an. Seine danach verübte Selbstverbrennung wollte er als Fanal gegen die zunehmende Säkularisierung, gegen die zunehmende Vereinnahmung der Kirche durch den Staat verstanden wissen. Spontane DDR-weite Solidarisierungen versuchte die Kirchenleitung durch zurückhaltende Berichterstattung und durch Einflußnahme auf die Trauerfeier einzudämmen. Die blieb eine stille Demonstration. Die Situation eskalierte erst, als die SED-Spitze ihrerseits den Zündstoff lieferte. Menschenverachtend, plump und diffamierend ließ sie am 31. August in einem Kommentar im »Neuen Deutschland« behaupten, Brüsewitz sei »schon lange – auch von Mitgliedern seiner Gemeinde und von Amtsbrüdern – als ungewöhnlich, ja anormal und geisteskrank bezeichnet worden«. Unterzeichnet war der Text mit A. Z., was darauf hindeutet, daß er im Auftrag des Apparats des Zentralkomitees verfertigt und gedruckt wurde. Auf die verbale Leichenschändung hin kam es landesweit zu einem Sturm der Entrüstung und zu Protestaktionen.

In Jena traf sich der Lesekreis am 29. September in der Wohnung von Achim Dömel und beschloß, eine von dem Rudolstädter Ingo Urban begonnene Unterschriftenaktion zu unterstützen. Beabsichtigt war eine Petition, in der das »ND« aufgefordert wurde, vor der Volkskammerwahl am 15./16. Oktober ein Dementi seiner Brüsewitz-Verunglimpfung abzudrucken. Sollte das

12 Ebenda, Bd. 3, Bl. 37 f.

abgelehnt werden, diskutierte der Kreis in seiner Ratlosigkeit, wollte man die UNO einschalten. IMV »Helmut Falke« war dabei.

Ingo Urban wurde verhaftet. Der Jenaer Kreis verwarf die Unterschriftenaktion, um der Staatssicherheit keine Namensliste zu liefern. Sie suchten nach anderen Möglichkeiten.

Gelegenheit, mit der Macht öffentlich ins Gericht zu gehen, bot ein vom Post- und Fernmeldeamt veranstaltetes Jungwählerforum im Vorfeld der Volkskammer- und Bezirkstagswahlen am 17. Oktober 1976. Die Staatssicherheit notierte:

»Am 04.10.1976 um 19.00 Uhr mißbrauchten Angehörige der Gruppierung ›Pegasus‹ (*Dömel, Diete, Kirstein* mit Frau, *Uwe Behr,* genannt ›Bärchen‹, *Lutz Leibner, Maria Neumann*) ein Jungwählerforum im Post- und Fernmeldeamt Jena, um dessen Verlauf zielgerichtet zu stören. (Inoffizielle Quellen berichten übereinstimmend, daß es sich hierbei um eine gezielte Aktion handelte.) (...)

Unter anderem wurden durch die Genannten folgende Probleme aufgeworfen:

– Warum mußte der Palast der Republik mit seinen enormen Kosten errichtet werden, wo andererseits noch eine so große Wohnungsknappheit vorhanden ist.

– Ich muß mit einer schwangeren Frau in einem kleinen Dreckloch dahinvegetieren und bekomme keine andere Wohnung.

Seit Juni/Juli bin ich in diesem Staat arbeitslos!

Unsere Professoren und privilegierten Sportler können es sich leisten, sagenhafte Villen zu bauen.

– Warum verdient ein Direktor mehr als ein Arbeiter?

Wo bleibt das von den Klassikern angestrebte Ziel: Gleicher Lohn für gleiche Arbeit?«[13]

Solche Attacken waren nicht üblich auf diesen »Veranstaltungen auf Delegationsbasis«, auf denen die »immer weitere Vervollkommnung und noch bessere Erfüllung der ...« Erfolge herausgestrichen wurden und allenfalls ein paar belanglose selbstkritische Töne fielen. Besonders ärgerlich für die veranstaltenden Genossen: Niemand im Saal, nicht einmal die FDJ-Leitung war bereit oder fähig, diese frustriert vorgetragenen, jedem bekannten Diskrepanzen parteilich zu diskutieren und den Sozialismus in den Farben der DDR zu verteidigen. Die GMS »Hofmann« kritisierte in ihrem Bericht im Nachhinein:

» – Von den Rednern wurde laufend versucht, ihre Diskussion an Hand von Zitaten der Klassiker zu bekräftigen. (...)

Es wurde augenscheinlich, daß von den anderen Jugendlichen kein einziger sich gegen diese Gruppierung zu Wort meldete. Dazu muß gesagt werden, daß sich von der FDJ-Leitung des PFA die Jugendfreunde Sch[.], H[.], F[.] und R[.] anwesend waren.«[14]

---

13 Ebenda, Bd. 3, Bl. 189.
14 Ebenda, Bd. 3, Bl. 136 f.

Achim Dömel: »Wir gingen auf diese Wahlveranstaltung der SED, die im Speisesaal der Post stattfand. Erst gab es das übliche Lobgerede auf die Partei und den Staat. Wir stellten dann kritische Fragen aus den Themen, mit denen wir uns im Lesekreis befaßt hatten, zum Beispiel, warum unsere Staatsführung denn Volvo fahren müsse. Immerhin werden doch die sozialistischen Errungenschaften und die Produkte, die die Arbeiter herstellen, so gepriesen.

Fazit der Versammlungsleiterin auf dem Podium: ›Heute haben wir ja nur Negatives gehört.‹

Unsere Antwort: ›Stimmt nicht, das Positive hatten Sie doch schon berichtet.‹

Uns hat es Spaß gemacht, und einige im Saal haben wahrscheinlich zum ersten Mal gesehen, daß es doch Leute gibt, die sich trauen, öffentlich kritische Fragen zu stellen. Damals war die Zeit leider noch nicht reif. Es sollte noch ein gutes dutzend Jahre dauern.«

Vom Höhepunkt, dem Wahltag, berichtet der IMV »André«, daß unter anderem Marian Kirstein, Bernd Markowsky, Wolfgang Hinkeldey und Petra Leibner die Wahl boykottiert und Lutz Leibner mit »Nein« gestimmt hatte. Eine Entscheidung, mit der jeder, der sie für sich traf, die Aufmerksamkeit des Apparates auf sich lenkte. Nicht für umsonst bekamen die DDR-Bürger, die mit den ihnen zugedachten Wahlzetteln Wahlkabinen aufsuchten, die sie nicht widerspruchslos falteten und in die vorgesehenen Schlitze steckten, einen Vermerk auf der Wählerliste. Ebenso erging es denen, die wegen Nichterscheinen im Wahllokal die nachmittags ausschwärmenden Wahlhelfer mit ihren »fliegenden Wahlurnen« unverrichteter Dinge umkehren hießen, weil sie die im Volksmund »Falttag« genannte Farce ablehnten. An der Universität galt es schon als frech, wenn man nicht früh und seminargruppenweise geschlossen erschien.

Die Bilanz des MfS über den im OV »Pegasus« erfaßten Kreis nahm sich inzwischen bedrohlich aus.

Nach fast zwei Jahren Stasi-Beobachtung stellt sich die Frage, warum zog das MfS nicht andere Saiten auf? Ermittlungsverfahren mit Haft, wie es die Volkspolizei und Staatsanwaltschaft in der Gartenstraße aus weit nichtigerem Anlaß im Januar 1975 vorgemacht hatte. Warum reagierte die Staatssicherheit noch nicht? Aus Nachsicht oder heimlicher Sympathie mit den OV-Bearbeiteten? Sicher nicht. Weil die Aktionen als Grund für Ermittlungsverfahren nicht ausreichten, ohne den Quellenschutz der IM zu verletzen? Dazu ließen sich gezielte Fallen stellen: Anstiftung zu Flugblättern, also staatsfeindliche Hetze, gemeinsam verbotene Literatur auswerten, also staatsfeindliche Gruppenbildung, ein kleines Schwarzgeschäft einfädeln, also kriminalisieren. Wollten sie nur informiert sein, tolerieren und beobachten, bis sich eine wirkliche Opposition herausbildete, vielleicht gar mit terroristischen Ambitionen? Dann ließe sich härter zuschlagen gegen die Staatsfeinde, die Verbrecher, dann wäre keine Solidarisierung unter der Bevölkerung zu befürchten!

So weit war es noch nicht, aber wenig war es auch nicht, was der Leiter der Vorgangsgruppe, Oberstleutnant Horn, im November zusammenfaßte, womit er zugleich die eigene Wichtigkeit betonte:

»Aus der Bearbeitung des OV ›Pegasus‹ bzw. ähnlich gelagerter Operativvorgänge resultierende gesicherte operative Erkenntnisse bestätigen, daß sich der Klassengegner zum Zwecke des Umsetzens seiner evolutionären, auf Veränderung der gesellschaftlichen Verhältnisse in der DDR gerichteten Aktivitäten auf exponierte Schlüsselpositionen im Inneren unseres Staates stützt.

Auf den OV ›Pegasus‹ bezogen sind bzw. waren dies vor allem die Personen

Robert Havemann

Wolf Biermann

Jürgen Fuchs

die durch persönliche Anwesenheit im Territorium oder durch die Vermittlung der Havemann, Sibylle maßgeblich die antisozialistischen Aktivitäten der *Pegasus*-Gruppierung inspirierten und koordinierten. (...)

Nach Auflösung des Arbeitskreises für Literatur und Lyrik am Kulturhaus Neulobeda als *einer* spezifischen legalen Betätigungsform suchten die Personen der Gruppierung ›Pegasus‹ ... nach weiteren Mitteln und Möglichkeiten des Wirksamwerdens im Sinne der Realisierung ihrer ›langfristigen‹ Zielstellung:

– Bildung des sogenannten ›Lesekreises‹ ... mit der Zielstellung, die Dokumente zum IX. Parteitag der SED ›in ihrem Sinne‹ auszuwerten, sie zu verfälschen und zu diskriminieren bis hin zur Konzipierung von sogenannten ›Gegendokumenten‹.

– ... das provokatorische Auftreten einzelner Mitglieder der Gruppierung ›Pegasus‹ in dem von der Kreisleitung der SED eingerichteten Konsultationsstützpunkt. (...)

– Mißbrauch eines Jungwählerforums im Post- und Fernmeldeamt Jena durch Mitglieder der Gruppierung, um durch provokatorische und negativ-feindliche Fragestellungen und Diskussionen die anwesenden Jugendlichen antisozialistisch zu beeinflussen und die Veranstaltung zum Scheitern zu bringen.

– Bewußter Mißbrauch des Solidaritätsgedankens, um öffentliche Wirksamkeit zu erreichen (illegale, ›wilde‹ Soli-Aktionen, Briefwechsel mit dem Solidaritätskomitee der DDR zur Legalisierung ihrer Aktionen, Verbindungsaufnahme zu pseudolinken Soli-Gruppen in der BRD/WB).

– Suche und Auswahl geeigneter ›Gesinnungsfreunde‹ in linksorientierten/ maoistischen Gruppen in der BRD/WB. (Dieser Sachverhalt ist aus operativen Gründen bei Befragungen, Vernehmungen usw. *noch nicht* verwendbar.) [Richtig! IMV »Falke« sollte ja erst noch den Kontakt zwischen den West-KPD-MLer und den Jenaern knüpfen.]

– Herstellung von Verbindungen zu westlichen Publikationsorganen (z. B. SPIEGEL) zur politischen Aufwertung ihrer Aktivitäten und zur systematischen ideologischen Aufheizung und Einflußnahme ›von außen‹. (...)

Die getroffene operative Einschätzung zeigt die objektive Übereinstimmung der antisozialistischen Handlungen/Aktivitäten der Gruppierung ›Pegasus‹, die in permanenten Kontaktbeziehungen zu Havemann, Biermann und Fuchs stehen und damit ständig mit deren auf langfristige Veränderung der gesellschaftlichen Verhältnisse in der DDR orientierten Plattform konfrontiert werden, mit der langfristigen Zielstellung der imperialistischen ›Evolutionstheoretiker‹.«[15]

Die »Evolutionstheoretiker«, definierte Oberstleutnant Horn für die Genossen, und Stolz auf sein Wissen schwang mit, als er erklärte, nutzen die »friedliche Einmischung« als Hauptmethode der »politisch ideologischen Diversion«. – Eine harte Nuß, ließen sich die Hebel der politischen Strafjustiz bei »friedlicher Einmischung« doch nur schwer ansetzen.

Wolf Biermann kam in diesen Jahren gern nach Jena, nicht nur wegen Sibylle Havemann und ihres gemeinsamen Söhnchens Felix. Auch in der Lutherstraße 25, bei Lilo und Jürgen Fuchs, fand sich immer ein Stuhl, ein Bett für den Freund. Er besuchte Gerd Sonntag auf seinem Atelierboden, betrachtete interessiert dessen Gemälde. Er spielte bei Petra und Lutz Leibner seine ganz besondere Hausmusik. Die Besuche fanden im Stillen statt, im kleinen Freundeskreis, ganz privat. Wer nicht dabei war, kannte natürlich die Lieder vom »Kameramann in Chile«, der seinen Mörder beim Mord filmt, vom »Sindermann, blinder Mann« und die Hymne, die so viel Kraft gab: »Du laß dich nicht verhärten in diesen harten Zeiten«. Wir hatten die Texte mit Schreibmaschine abgetippt, überspielten Tonbänder, die x-te und immer noch eine Kopie ...

Doris Liebermann hat für ihr Rundfunkfeature »Jenaer Memfis-Blues«[16] den einstigen Staatsfeind Nr. 1 und heutigen Hölderlin-, Mörike-, Büchner-, Heine- und Nationalpreisträger besucht und drei Bänder O-Ton Wolf Biermann eingefangen. Viel zu viel für eine Sendestunde, in der es um Memfis, das alte Codewort für MfS geht, um Lebensansichten und Biographien, ein bißchen auch um die zweite große Zäsur in der DDR-Geschichte. Und es geht um Jena, um diese Stadt im Kalksteinkessel, die für Wolf Biermann eine besondere war.

Wolf Biermann: »Nur deswegen eine besondere, weil meine Bylle dort studierte. Die Tochter von Robert Havemann war ja meine Freundin. In einer romanhaften Lebenssituation, die ich jetzt nicht erklären kann, haben wir uns einen Sohn gemacht, der heißt Felix, und die Bylle studierte Sozialpsychologie an der Universität, wo neben ihr so eine Leuchte wie Jürgen Fuchs studierte und solche Armleuchter wie die Stasi-Offiziere, die dort eine psychologische Grundausbildung kriegten, damit sie uns besser fertigmachen konnten. Das ist ja bekannt. Das heißt, dort studierten sehr entgegengesetzte Leute. Ich kam dorthin, weil ich meine Sibylle sehen wollte und meinen Sohn Felix, besuchte sie oft dort und lernte Jürgen Fuchs kennen, der wohnte in der Lutherstraße unterm Dach in einer kleinen Kammer. Ideal für Verliebte und zum Abhören für die Stasi. Dort traf ich dann die verschiedenen Freunde, die Rublack, die junge Ärztin, die dort wohnte. (...) Ich traf die Kerstin Graf, ich traf

---

15 Ebenda, Bd. 3, Bl. 280, 285 f.
16 Liebermann, Doris: Jenaer Memfis-Blues. Rundfunkfeature, Sender Freies Berlin 16.11.1996.

all diese Athleten der Widerstandsgruppe, was sehr gewaltig klingt, im Grunde waren das ganz liebenswürdige, freundliche, sanftmütige Menschen. Und trotzdem waren sie Widerstandskämpfer in diesem Regime. Aber das Regime sah sie so und zu Recht, denn es war schon jeder Mensch ein Widerstandskämpfer, der sich diesem totalitären Anspruch entzog. Das klingt so phantastisch übertrieben: Widerstandsgruppe. Mein Vater war Widerstandskämpfer hier in Hamburg gegen die Nazis, der hat immerhin versucht, Waffenschiffe zu sabotieren, die Nachschub brachten für die Legion Kondor nach Franco-Spanien im Bürgerkrieg, der wurde dann verurteilt, wegen Hochverrat, als er aufflog 1936, während ja in der DDR Leute für Spionage verurteilt wurden und ich weiß nicht was, wegen Hochverrat, die im Grunde der Gipfel der menschlichen Naivität und Harmlosigkeit und Liebe waren. Die haben sich zusammengesetzt und haben sich gegenseitig ein paar Gedichte vorgelesen. Und es ist sehr schwer, den Leuten im Westen zu erklären, warum das von den Herrschenden in der DDR so scharf verfolgt wurde. Weil die Leute im Westen nicht begreifen, was ein totalitäres Regime bedeutet. Der Name, über den sich manche Fachleute so ärgern, ist aber meiner Meinung nach ganz richtig, weil sie nämlich entweder alle Macht haben können oder gar keine Macht. Und deswegen müssen sie auf die leiseste Abweichung, auf jedem Nebengebiet reagieren, als würden sie ins Herz getroffen. Und sie werden auch ins Herz getroffen.

Ich traf also diese Leute, meistens Arbeiter, junge Arbeiter, keine hochkarätigen Intellektuellen, die Intellektuellen waren ja sowieso meistens noch viel ängstlicher als die sogenannten einfachen Leute. Sie wußten ein bißchen mehr, sie wußten, was ihnen blüht, und sie hatten mehr zu verlieren.

Jena – in Jena, wie man inzwischen weiß, war ein Zentrum solcher oppositioneller Tätigkeiten. Es gab dort mehr aufrichtige, tapfere junge Leute als in anderen Kaffs der DDR. Und die Stasi in Jena muß besonders stolz gewesen sein, daß sie dort Heldentaten vollbringen konnte, die man ja in einem Ort, wo alles still ist, nicht vollbringen kann. Die lebten ja davon. Die lebten ja von uns. (...)

Die Tatsache, daß die verrückt spielten, ist mir ja nicht entgangen, der Jenaer Memfis-Fan-Club-Blues ist ja ein Beweis dafür. Ich meine, diese Nummern, die ich mir da notiert habe, sprechen ja eine Sprache, die ich nicht übersetzen muß. (...)«

Es gibt einen Film von Carsten Krüger, ursprünglich gedacht als halbstündiger Blick hinter die Kulissen bei Biermanns Konzert in Köln. Dann kam die Ausbürgerung, und der Streifen wurde ein abendfüllender Kinofilm. Darin erzählt Wolf Biermann: »Als ich die Wochen in Jena war, hab ich den Zettel hier reingeklebt in die Gitarre. Das ist der Refrain des Liedes, den kann ich nicht auswendig lernen. Da habe ich ein Lied geschrieben, das andere vielleicht auch gebrauchen können.«

Der Jenaer Memfis-fan-club-blues[17]
Mann, hab ich 'ne Masse Fans! Allein
In Jena verehrt mich ein ganzer Verein.
Kaum mache ich 'ne Biege im Auto, dann
Lassen die Fans ihre Motoren an.
Sie scheuen die Kosten nicht, keine Mühn
Verkutschen für mich das Super-Benzin.
Die Fans fahren WARTBURG und SHIGHULI
Mit ihren Funkgeräten folgen sie
Mir kinderleicht, dann freun sie sich
Und starrn mir nach, bewundern mich.
Doch niemals haut mich einer an
Um Starfoto oder Autogramm.
Die stille Liebe hat mich gerührt,
Ich hab ihre Autonummern notiert.
Jetzt sing ich den Freunden in Jena zum Gruß
– den Jenaer Memfis-fan-club-blues:
ND 73–66
SX 32–54
NC 42–33
NW 61–10

NN 68–43
ND 25–75
NX 80–67
SX 76–57

NW 25–95
NS 11–29
Und wenn das schon alle warn,
dann kannst du dich freun! –

Mein Namensvetter, der Manager Bier-
Mann wurde in Jena jetzt Generaldir-
Ektor, der mit dem Peitschenknauf
Den kapitalistischen Dauerlauf
Dem fußkranken »VEB Zeiss« beibringt.
Und alles, was krankfeiert, hustet und hinkt,
Manch Sesselfurzer im Nylonhemd
Flog auf die Straße. Boß Biermann kämmt
Mit eisernem Kamm die Läuse raus.
Da lachten die Arbeiter – doch nicht lang,

---

17 Krüger, Carsten (Produzent/Co-Regisseur): Mensch Biermann. Kinofilm 1977; Vgl.
Biermann, Wolf: Preussischer Ikarus. Köln 1978, S. 79f.; Ders.: Alle Lieder. Köln,
1992.

Nun wird ihnen selber angst und bang:
Nun steigen die Normen – der Lohn bleibt stehn,
Der Reingewinn wuchert in höchste Höhn.
So liefert Boß Biermann auf einen Streich
Das Geld und die Arbeitskräfte zugleich.
Für jene Firma, die wachsen muß:
– den Jenaer Memfis-fan-club-blues.

So, wie die Namen Schall und Rauch
Sind es die Stasi-Nummern auch.
Die Zeiten wechseln, eins nur nicht,
Diese Gesichter ohne Gesicht:
Verkrachter Lehrer. Ex-Student.
Assi mit zwei linke Händ.
Der Dreher, der nicht gern dreht.
Der Kraftprotz, dem der Schwanz nicht steht.
Der Knacki, der sich bewähren muß.
Die Hippe ohne Fachabschluß.
Der Künstler, der sich Nacht und Tag
Quält, weil ihn keine Muse mag.
Das arme Schwein, das sich im Knast
Erpressen ließ. Die Frau, die fast
Nach drüben kam mit Paß und Schmus,
– sie sind mein Memfis-fan-club-blues!

ND 73–66
SX 32–54
NC 42–33
NW 61–10

NN 68–43
ND 25–75
NX 80–67
SC 76–57

NW 25–95
NS 11–29
Und wenn das schon alle warn
Dann kannst du dich freun!

Diesen Blues aus dem Jahr 1975 in Jena als Fan-Club-Gruß öffentlich zu singen, hätte Wolf Biermann vermutlich ganz hübsch gejuckt.

Thomas Auerbach: »Die Idee, Biermann nach Jena zu holen, war ziemlich alt. Das habe ich im Herbst '76 noch mal intensiv betrieben. Nach seinem Auftritt in Prenzlau. Ich fuhr zu ihm nach Berlin, mit Empfehlung von Lutz Leibner. Zu der Zeit stand er schon unter dem Druck dieser Einladung: Ich will denen jetzt keinen Anlaß geben. Wenn ich wiederkomme, dann mache ich das gern.

Wir haben das dann noch mal nachbesprochen. Über ›Helmut Falke‹ ist das Vorhaben an die Stasi gekommen und von dort an den kirchenleitenden IM ›Köhler‹. [Reg.-Nr.: X/460/75], ein Superindendent. Der hat mich einbestellt: Ihr wollt Biermann nach Jena holen, ist durchgesickert.

Ich sollte erklären, daß ich das nicht mache. Das habe ich abgelehnt. Aber dann wurde die Forderung durch die weiteren Ereignisse sowieso hinfällig.«

Es sollte genau 20 Jahre dauern, bis Thomas Auerbach den Dichter und Sänger in die Junge Gemeinde Stadtmitte holte, wo er ihn – selbst Gast – begrüßte, wo ein anderer, Lothar König, mit seiner neuen JG-Generation gelegentlich weiter für Aufsehen sorgt.

Der Barde erklomm die kleine Bühne im Hinterhof der Johannisstraße 14, über sich den abendlichen Junihimmel, hinter sich eine unverputzte Ziegelmauer und vor sich auf Holzbänken und an den Rändern dichtgedrängt vielleicht 300 Leute, junges Volk und alte Jenaer Freunde, für einen Abend zurückgekehrt aus dem ganzen Land. Und er sang die alten Zeilen. »Ich möchte am liebsten weg sein, und bliebe am liebsten hier«, die »Stasi-Ballade«, »Und als wir ans andere Ufer kamen«, die traurige Frage, »was wird aus dem zerrissnen Land«, und erzählte »von der Freude, daß wir endlich neue Probleme haben und nicht mehr nur die alten« und sang die neuen Lieder vom Taucherli »Mit Mimi am Zürichsee« und »Süßes Leben, saures Leben«, lang, wie immer, wenn er in Fahrt kommt, sehr lang, drei, fast vier Stunden. Der grobe Kies unter den Füßen knirschte bisweilen störend, und mancher ging an den Tresen um die Ecke, Grüppchen standen abseits, unterhielten sich. Biermanns gelöckte Stachel sind inzwischen eben Normalität. Verhaltene Rufe zwischenrein: »Macht doch mal leiser!« Des Meisters kleiner unterstützender Zornesausbruch: »Die Leute da hinten sollen ihre Schnauzen halten. In der DDR haben sie doch auch immer die Schnauzen gehalten!« Dann erzählte er vom Bombenangriff auf Hamburg 1943, vom Feuer, vom Fluß, den seine Mutter mit ihm auf dem Rücken durchschwamm, und sang die »Ballade von der Elbe bei Hamburg«. In die letzten Töne fielen die Kirchenglocken ein. Statt Beifall ergriffenes Schweigen, und Wolf Biermann fand staunend: »Eine göttliche Fügung.«

November 1976 – Biermann in Köln: Ausbürgerung, Beifall, Proteste, Verrat und Verhaftungswelle

Der Herbst 1976 war eine ambivalente Zeit. Es gab Hoffnungszeichen. Aus Berlin hatte Renate Groß den Durchschlag eines Briefes von Wolf Biermann an seine Mutter in Hamburg mitgebracht, ein Brief, durch den hindurch wir den verschmitzt augenzwinkernden Barden und Erfinder des Wortes »Liedermacher« sehen konnten, ein Brief an die Mutter als Botschaft an die politisch Aufsässigen im Land. Oder hätte er ihn sonst kursieren und über den »SPIEGEL« in die DDR hineinwirken lassen! Die kleine Sensation, über die Biermann glücklich berichtete: Nach elf Jahren Berufsverbot in der DDR durfte er, der verfemte Kommunist, am 12. September 1976 in der Prenzlauer Nikolaikirche auftreten:

»Mama, liebe Mutter, liebste Genossin,
nun lach mich nicht aus und schrei nicht gleich ›Näher mein Gott zu Dir‹. Ich hab vor ein paar Tagen in Prenzlau in einer Kirche gesungen. Nach elf Jahren der erste Auftritt; ich war eingeschüchtert; die Kirchenleute waren entzückt: Herr Biermann, so voll war unsere Kirche lange nicht – und das verdanken wir Ihnen! Eine riesige alte Kirche in der Heinestraße und gerammelt voll mit jungen Leuten. (...)
Ich redete und sang über das Abhauen. Es wurde ein Traktat über das Abhauen, eine Predigt über die Republikflucht. Was soll aus der DDR werden, wenn immer diejenigen davonlaufen, die endlich in Widerspruch zu den Verhältnissen geraten sind? (...)
Ich sagte dann, daß es ja eigentlich drei Arten des Abhauens gäbe. Zweitens nämlich das Abhauen nach innen, die Republikflucht in die Republik, die Flucht in die private Idylle oder in die offizielle Karriere. (...) Dann gibt es noch eine dritte Art von Abhauen: Die Flucht in den Tod. Dieser Satz wirkte wie ein Schock. Alle dachten an den Pfarrer Brüsewitz. (...)
Ich sprach dann darüber, daß wir hier in der DDR auferstehen müssen in unseren verschiedensten Werken, und sang die ›zweite‹ und ›dritte Ermutigung‹. Es gab Diskussionen und beste Laune. (...)
Emma. Liebe, geh doch mal zu Kurt und fotokopiere den Teil des Briefes, wo ich Dir von Prenzlau schrieb. Paß aber auf, daß kein Privatkram dabei ist. Bist Du so lieb und schickst das an den ›SPIEGEL-Mettke‹. Es wird ihn bestimmt interessieren und freuen. Immerhin ist es doch ein ermutigendes Zeichen, daß mir unsere Genossen diesen Auftritt in Prenzlau ermöglicht haben, denn verhindern hätten sie ihn ja leicht können. Vielleicht kommt nun doch einiges in Bewegung. Die ›Berliner Konferenz‹ hat vielleicht doch manchen alten Genossen nachdenklich gemacht.«[1]

---

1 Biermann, Wolf: Brief. Samisdatabschrift September 1976; im Besitz des Verfassers.

Biermanns halböffentlicher Auftritt in einer DDR, in der mit Argusaugen darüber gewacht wurde, was an die Öffentlichkeit durfte, konnte als positives Zeichen gesehen werden. Es war ja schon eine kleine Sensation, als das »Neue Deutschland« die Ende Juni auf der »Konferenz der Kommunistischen- und Arbeiterparteien« in Ostberlin gehaltenen Reden der italienischen, französischen und spanischen KP-Führer Berlinguer, Marchais und Carrillo ungekürzt abdruckte. Erstmals konnten die DDR-Bürger in einer SED-Zeitung Näheres über die Idee des Eurokommunismus erfahren, der eine Entwicklung unabhängig von der sowjetischen Vormundschaft anstrebte. Unter anderem sprach sich, bis dahin in der DDR-Öffentlichkeit undenkbar, Santiago Carrillo klar gegen diktatorische Herrschaftsformen, für politischen und ideologischen Pluralismus, gegen das Einparteiensystem aus.

Rückblickend sagte Wolf Biermann im Interview:

»Ich dachte damals, daß die DDR noch eine Chance hat für einen Frühling wie in Prag ... Das tautologische Modewort, Sozialismus mit menschlichem Antlitz – damit identifizierten wir uns. Wir, das heißt Leute wie Robert Havemann, wie Jürgen Fuchs und so viele, ohne Namen, aber mit Verstand und Charakter und Mut.«[2]

Dann geschah das Unerwartete, dieser Staatsfeind Nr. 1, dessen Gefährlichkeit die Staatssicherheit zum Schluß in über 100 Bänden im ZOV »Lyriker« (Reg.-Nr.: XV/3236/65) registriert hatte, erhielt Paß und Visum, durfte in der Bundesrepublik auftreten.

Robert Havemann, ebenfalls über 100 archivierte Bände ZOV »Leitz« (Reg.-Nr.: XV/150/64), und Biermann diskutierten damals lange alle ihnen denkbaren Folgen, auch, daß er möglicherweise ausgesperrt werde oder nach seiner Rückkehr eingesperrt. Beide verstanden seine Reise als Test. »Es war nämlich gar nicht so klar damals, was diese so plötzliche Reisegenehmigung wirklich bedeuten sollte. Das konnte ein gutes Signal sein.«[3]

In Jena berichtete IMV »Helmut Falke«, Lutz Leibner hätte erzählt,

»daß *Biermann* an irgendeinem Abend in Berlin auf der Straße einen ›hohen Funktionär‹ des ZK der SED getroffen habe. Dieser hätte ihm auf die Schulter geklopft mit den Worten: ›Mach mal weiter so, in der Partei wird sich etwas ändern‹.

Daraus wird vom Personenkreis der Gruppierung ›Pegasus‹ abgeleitet, daß sich in der Parteiführung Kräfte befinden, die einen ›demokratischen Weg‹ gehen wollen. Sie sind aus diesem Grund optimistisch hinsichtlich ihrer antisozialistischen Aktivitäten.«[4]

Einiges schien möglich. Doch Politik in Diktaturen ist immer unberechenbar – in ihren unerwarteten Zugeständnissen, in ihren willkürlichen Repressionen. Soeben war über Reiner Kunze Berufsverbot verhängt worden. – Hatten sie Biermann in Prenzlau nur auftreten lassen, um seine Popularität zu testen? –

---

2 Oschlies, Renate; Maier, Michael: Das Interview. Am liebsten weg. Am liebsten hier. In: Berliner Zeitung 210/1996; Magazin S. 1.
3 Ebenda, S. 2.
4 OV »Pegasus«, Bd. 3, Bl. 192.

Und sie mußten feststellen, die war durch das Berufsverbot noch gewachsen. Lagen ihre Pläne für diesen Fall schon bereit?

Jürgen Fuchs: »Schon in Vorbereitung der Reise haben wir eingeschätzt, das kann schiefgehen. Aber Havemann und Biermann waren der Meinung, er solle es machen. Ich habe stärker gewarnt, kam gerade aus Greiz von Kunze, der aus dem Schriftstellerverband rausgeworfen worden war. Es war eine unglaubliche Situation. Ich bin zu Kunze raufgelaufen, hatte von Andreas Mytze so eine Dokumentation über ›Die wunderbaren Jahre‹. Eine schöne Zusammenstellung von Ausschnitten und Stimmen. Kunze freute sich sehr, sagte, das ist noch ein zweiter Schlag nach den ›wunderbaren Jahren‹. Kunze wohnte am Berg. Da hinauf sind die Autos neben mir im Schrittempo gefahren. Ich dachte, wo führt das hin. Ich fuhr dann nach Grünheide zurück, wunderte mich, daß die mich überhaupt laufenließen.

Vor dem Hintergrund dieser Ereignisse war ich bereit, den Konflikt auszutragen und nicht zu sagen: ›Jetzt zurück.‹ Wohin zurück? Ins Verbot? Ich habe gesagt: ›Wenn die Ausbürgerung stattfindet, bricht sehr viel zusammen. Andere und ich gehen vielleicht ins Gefängnis. Das ist sehr zu überlegen.‹ Da hat Havemann wörtlich zu mir gesagt: ›Wenn du recht hast, dann bist du die Unke, die recht hat, wenn das geschieht. Das andere, hast du das mitbedacht?‹ Ich: ›Das bedenke ich schon mit. Aber was ist, wenn Wolf nicht mehr nach Grünheide kommen kann?‹ Robert: ›Darüber reden wir jetzt nicht!‹

Das war die Stimmung. Dann hat sich die SED-Führung offenbar verrechnet. Natürlich dachten sie, daß relativ viele im Westen protestieren. Aber das Eigentliche war die Protestreaktion in der DDR.«

Im Mai 1976 hatte sich an der Ruhr-Universität Bochum eine Initiative aus Gewerkschaftern, Sozialdemokraten und Sozialisten gegründet. Sie fanden, elf Jahre Berufsverbot seien genug. Man traf sich mit Biermann in Ostberlin und entwarf mit ihm zusammen den Aufruf »Freiheit der Meinung, Freiheit der Reise für Wolf Biermann. Biermann nach Bochum«[5].

Im Juni kam die offizielle Einladung. Die Ständige Vertretung der Bundesrepublik war unterrichtet. Für den 20. Juni wurde dem Liedermacher die Entgegennahme des Jacques-Offenbach-Preises in Köln verweigert, es sei denn, so DDR-offizielle Stellen, er verlasse die DDR für immer. Im September organisierte die Initiativgruppe, unterstützt von Sozialdemokraten, Gewerkschaftlern, Jusos und SPD-Politikern, eine bundesweite Unterschriftenaktion. Heinrich Böll und Günter Grass übernahmen die »Bürgschaft« gegenüber Erich Honecker. Biermann erhielt ein Visum für den 10. bis 30. November. Seinen ersten Auftritt auf der IG-Metall-Veranstaltung in der Kölner Sporthalle erlebten sechseinhalbtausend Menschen:

5 Vgl. Komitee zur Verteidigung und Verwirklichung der demokratischen Rechte und Freiheiten in Ost und West – in ganz Deutschland: Wolf Biermann – Ein deutscher Fall. Bochum 1977.

»So oder so, die Erde wird rot:
Entweder lebendrot oder totrot
Wir mischen uns da bißchen ein
– so soll es sein
    so soll es sein
        so wird es sein ...«

Und Biermann sang mit Witz und Schnauze:

»Doch ich will nicht auf die Spitze
Treiben meine Galgenwitze
Gott weiß, es gibt Schöneres
Als grad Eure Schnauzen
Schönre Löcher gibt es auch
Als das Loch von Bautzen.«

Und er legte sehr heftige, ernstgemeinte Bekenntnisse für den Sozialismus ab: »Wir sehen die Schwächen, Fehler, die verschiedenen Formen bürokratischer Barbarei in der DDR, aber wir sind der Meinung, daß die DDR trotz alledem eine große Errungenschaft für die Arbeiterklasse ist, daß sie kostbar ist.«[6]

Es sollte sein einziger Auftritt als DDR-Bürger von einer geplanten Tournee[7] bleiben. Am 16. November, 16.00 Uhr, gab die DDR-Nachrichtenagentur ADN den Beschluß des Politbüros unter Leitung von Erich Honecker in die Fernschreiber: »Die zuständigen Behörden der DDR haben Wolf Biermann, der 1953 aus Hamburg in die DDR übersiedelte, das Recht auf weiteren Aufenthalt in der DDR entzogen.«

Kaum ging diese Nachricht durch die Medien, ging sie wie ein Lauffeuer durch Jena. Noch am Abend des 16. Novembers versammelten sich 24 Leute des Lesekreises bei Maria und Wolfgang Diete, sie sahen die Tagesschau und wollten sofort Aktionen starten. Vorschläge schwirrten durcheinander: Eine Protestdemonstration, Protestbriefe, Faltplakate, mit denen man sich im Berufsverkehr unter die Werktätigen mischen wollte ...

Bernd Markowsky: »Die Leute waren verständlicherweise völlig hysterisch. Einig waren wir uns in dem Gefühl: Jetzt sind sie zu weit gegangen, das hätten sie niemals tun dürfen, und wenn wir jetzt still halten, ist alles verloren. Als ich ins Zimmer trat, erkannte ich meine Freunde kaum wieder, wilde Gesichter, besonders die Frauen, Doris, Maria, die oft zurückhaltend gewesen waren. Warum habe ich nicht damals schon fotografiert? Man würde erschrecken. Sie waren wie Furien, schrien mich an: ›Wir müssen etwas tun!‹ Sie

---

6 Berliner Zeitung 210/1996; Magazin S. 8.
7 Die für den 19. November in der Ruhrlandhalle Bochum geplante Veranstaltung »Wolf Biermann singt und diskutiert über seine Lieder« wurde zu einer Solidaritäts- und Protestkundgebung mit Heidemarie Wieczorek-Zeul, Vorsitzende der Jusos, Heinz Brandt, Rudi Dutschke, Günter Wallraff und 4000 Teilnehmern für und mit Wolf Biermann.

kamen auf die wildesten Ideen, Transparente malen, auf die Straße gehen. Sie waren so aufgewühlt, daß ich versuchte, eine andere Autorität wie Havemann und Fuchs ins Spiel zu bringen. Ich habe vorgeschlagen, die Proteste von Grünheide aus koordinieren zu lassen. Da gab es erst mal Streit. Sie fanden es ehrenrührig, daß sie nicht selber entscheiden sollten, was zu tun sei. Ich argumentierte, es geht nicht darum, um Erlaubnis zu fragen, sondern darum, etwas zu tun, hinter dem alle stehen können. Mit Tommy Auerbachs Stimme entschied eine Mehrheit dafür, daß ich nach Grünheide fahre. Am nächsten Tag ist dann der Offene Brief der Schriftsteller veröffentlicht worden. Es war das Sinnvollste, was man in der Situation machen konnte, und vergleichsweise ungefährlich, sich mit ihrem Protest solidarisch zu erklären. Mir war schon klar, daß auch das nicht ungefährlich war. Aber wenn was passieren sollte, dann hätten wir eben auch die Unterstützung von denen, die unterschrieben haben. Ich bin noch in der Nacht zu Havemann gefahren, der Weg dahin war auch schon völlig verrückt.

Biermann war ja ein paarmal in Jena, hatte ein Privatkonzert bei Leibners gegeben, hat viel erzählt, war sehr lebendig und interessant. So sind wir ihm auch nähergekommen. Es war eine freundschaftliche Beziehung. Da gab es diesen ›André‹[8], der in den Akten vorkommt. Biermann mochte ihn, ich weiß nicht warum.

Irgendwie ist mir vorher schon mal aufgefallen, daß der nicht ganz sauber sein kann. Jonny hat damals schon viel getrunken, weil Mary, seine große Liebe, sich von ihm getrennt hatte, das hat ihm in die Kniekehlen gehauen. Einmal sind wir zu ›André‹ nach Zwätzen in sein Zimmer rausgefahren. Jonny sprach schon ein bißchen besoffen. Normalerweise fragst du da doch: ›willst du'n Kaffee? Willst du dich hinlegen?‹ Im Gegenteil, ich merkte, wie es ihm Freude machte, wie er anfing, mit ihm zu spielen. Er provozierte ihn, er animierte ihn, noch mehr zu trinken. Und dann der Blick, wie eine Katze, die eine Maus belauert, sehr überlegen, ohne jeden Funken Mitleid. Das war für die Verhältnisse, in denen wir lebten, so völlig ungewöhnlich, daß ich dachte, an dem Menschen ist was faul.

Derselbe ›André‹ begleitete mich zum Bahnhof und verabredete sich mit mir nach meiner Rückkehr.

Plötzlich sah ich, wie in einen Waggon Stasi-Leute einstiegen und in den anderen auch. Ich sagte zu ihm: ›Guck mal! Die sind schon da, die begleiten mich.‹ Er tat so, als ob er nicht verstünde. Dann hat er verabredet, daß er mich abholt. Vermutlich, um der Stasi Bescheid zu sagen, wann ich zurückkomme. Wieder in Jena, erfuhr ich, daß er von der Bildfläche völlig verschwunden war. Er tauchte erst wieder bei den Hinterbliebenen auf. Das fiel mir erst im Knast auf, weil ich nie nach ihm gefragt wurde.«

---

8 Im OV«Pegagsus« finden sich mehrere Berichte des georgischen Studenten der Altertumswissenschaften unter dem Decknamen »André«. Eine IM-Registriernummer ist bisher nicht zuordenbar. Vermutlich arbeitete er für den sowjetischen Geheimdienst KGB und wurde vom MfS »ausgeliehen«.

Doris Liebermann: »›André‹, das ist so ein spezieller Fall, der sich im Herbst '76 mit seiner Liebe zu Biermann immer besonders hervortat, dem Biermann ja auch ein Lied gewidmet hatte. ›André‹ traf ich in den Folgemonaten öfters. Den habe ich besonders anteilnehmend und einfühlsam in Erinnerung. Er erzählte mir aber auch, daß er nach Griechenland zum Studium delegiert werden solle. Das kam mir für einen Sowjetbürger allerdings etwas seltsam vor. Dann stellte sich heraus, daß er wohl KGB-Offizier war. Freunden in Georgien habe ich im Jahr 1998 mal die Jenaer Geschichten erzählt. Darauf sagten sie: ›Weißt du, seine KGB-Mitarbeit ist bei uns absolut bekannt. Niemand kümmert sich darum. Er hat Macht, hat sich mit den Reichen liiert. Vor zwei Jahren hat er in Athen das Griechisch-Georgische Institut gegründet, eine Art Filiale des Tibilisser Instituts für Klassische Philologie und Byzantinistik, das er seither leitet.‹«

Die heiße Information, daß Markowsky nach Berlin gefahren war, um Protestaktionen mit Havemann und Fuchs zu koordinieren, erhielt die Stasi-Kreisdienststelle erst am nächsten Nachmittag, nicht von »André«, sondern vom IMV »Falke«. Die Vorgangsgruppe unterrichtete sofort die BV Gera. Deren Leiter, Oberst Lehmann, sandte am 18. November seinem Minister, Generaloberst Mielke, ein Telegramm mit der Dringlichkeit »Flugzeug«, nach »Luft« die zweithöchste. Inhalt:

»Die Gruppierung steht unter wirksamer operativer Kontrolle, ... Bedeutsam ist, daß sich ein Angehöriger dieser Gruppierung namens *Markowsky* in der Nacht vom 16. zum 17. November nach Berlin begab, um Verbindung zu Robert *Havemann* und Jürgen *Fuchs* (Lyriker) aufzunehmen, um neue Informationen zur Lage einzuholen.«[9]

Noch lief alles nach Plan, es gab die erwarteten Proteste im Westen. Die SED-Führung ließ an der ideologischen Front das Feuerchen etwas schüren, ließ ihre Macht spielen. Der Stellvertretende Chefredakteur des »Neuen Deutschland«, Dr. Günter Kertzscher, bekam den Segen für einen Kommentar, eine Schmähtirade, in der der Name Biermann möglichst nicht vorzukommen hatte. Dieser Name sollte aus den Gedächtnissen der Menschen getilgt werden:

»(...) Was er dort, noch als DDR-Bürger und in einem kapitalistischen Land, an Haß, an Verleumdungen gegen unseren sozialistischen Staat und seine Bürger losgelassen hat, macht das Maß voll. Schon jahrelang hat er unter dem Beifall unserer Feinde sein Gift gegen die DDR verspritzt. (...) Was er dort sang, rezitierte und zusammenredete, daß waren massive Angriffe gegen unseren sozialistischen Staat. (...) Er verstieg sich dort zu der Erklärung: *Ich bin zu jeder Schandtat bereit.* (...) Er befindet sich in der Front derer, die ihre Hetzkampagne, ihre psychologische Kriegführung gegen die DDR wieder auf eine Höhe getrieben haben, die hinter der Zeit des Kalten Krieges kaum noch zurücksteht. (...) Dr. K.«[10]

---

9 OV »Pegasus« Bd. 3, Bl. 211.
10 Dr. Kertzscher, Günter: Angemessene Antwort auf feindseliges Auftreten gegen DDR. In: Neues Deutschland vom 17.11.1976.

Dr. K., der hier mit Schlamm warf, der nur sein Kürzel preisgab, war immerhin 1937 in die NSDAP eingetreten, geriet 1941 in sowjetische Militärgefangenschaft, schulte um zum Antifaschisten, machte DDR-Karriere und wurde nach dieser publizistischen Leistung 1977 zum stellvertretenden Vorsitzenden des VDJ (Verband der Journalisten der DDR) gekürt.

Möglicherweise war auch daran gedacht, daß der Schriftsteller und SED-Genosse Stephan Hermlin eine milde Kritik zu dem Ausbürgerungsbeschluß formulieren könnte. Als Vize-Präsident des Internationalen PEN-Zentrums ging es um seine Glaubwürdigkeit.

Als Jude 1936 selbst emigriert, später in der Schweiz interniert, fühlte er sich von dieser Ausbürgerung persönlich betroffen. Er gab den Impuls für die »Erklärung der Berliner Schriftsteller vom 17.11.1976«. Zusammen mit Stefan Heym rief er ein Dutzend angesehener Schriftsteller und Künstler zusammen. Es unterschrieben: Erich Arendt, Jurek Becker, Volker Braun, Fritz Cremer, Franz Fühmann, Stephan Hermlin, Stefan Heym, Günter Kunert, Sarah Kirsch, Heiner Müller, Christa und Gerhard Wolf, und irgendwie fand sich als Dreizehnter Rolf Schneider unaufgefordert in dem Kreis. Die Note mündete in den bekannten diplomatischen Satz: »Wir protestieren gegen seine Ausbürgerung und bitten darum, die beschlossene Maßnahme zu überdenken.«[11] Von Hermlin selbst unbeabsichtigt, wurde dieses Papier zur Sternstunde in seiner politischen Biographie. Dabei hatte er durchaus Angst vor der Eskalation der Situation. Weitere Proteste im Land lehnte er ab. Für die später Inhaftierten verwendete er sich nicht. Hätte er die Entwicklung voraussehen können, hätte er die Resolution vermutlich nicht verfaßt.[12] So aber hinterlegte er sie bei der Nachrichtenagentur AFP und forderte mit dieser leichten Erpressung ihren Abdruck durch das »Neue Deutschland«. Das, war absehbar, ging zu weit.

Möglicherweise hätte die SED-Führung dennoch zur Tagesordnung übergehen können, wäre nicht Dr. Kertzschers demagogischer Ausfall gewesen, der stalinistische Schatten heraufbeschwor, und wären da nicht die unerwartet starken internationalen Proteste von links gekommen. Die italienische KP empfahl der DDR-Regierung, ihre Entscheidung zu überdenken, Heinrich Böll sprach in der FAZ vom 17. November von »einer der größten kulturpolitischen Dummheiten« ...

Heym tat den entscheidenden Schritt, gab die Note zeitgleich mit Hermlin an die Nachrichtenagentur Reuters, damit über den Umweg West dem DDR-Volk zur Kenntnis.

Jürgen Fuchs: »Es gibt ein Dokument der HA XX vom November 1976, wonach sich die DDR zeitgleich zur Ausbürgerung auf feindliche Kampagnen vorbereiten muß: ›Unter scharfer operativer Kontrolle zu halten sind Havemann, Robert; Fuchs, Jürgen.‹ Das war die Reihenfolge. Was dachten sie also: ›Der wird ausgebürgert.‹ Dann gibt es im Westen ein bißchen Geschrei

---

11 OV »Pegasus« Bd. 3, Bl. 205.
12 Allerdings hatte auch Stefan Heym eine Resolution vorbereitet, die er wegen der ausgewogeneren Formulierung dieses Schreibens zurückzog.

und im Osten vielleicht ein paar Protestbriefe. Und wenn ein paar die Klappe nicht halten, dann werden wir die schon kleinkriegen.

Wie sind sie am Tag der Ausbürgerung in Grünheide vorgegangen: Sie haben in Grünheide IM vorbeigeschickt. Bespitzelung ringsum auf der Straße. Kein Hausarrest. So weit war es noch nicht. Erst mal sehen, was geschieht. Was sie möglicherweise bedacht haben: ›Wir haben einen PEN. Im DDR-Zentrum des PEN ist Biermann. Das ist ein Problem.‹ Außerdem war Hermlin als Mitglied des DDR-PEN in das internationale PEN-Präsidium delegiert. Der mußte sich also verhalten. Man wird gesagt haben: ›Ganz einfach, man kann das ja bedauern. Warum soll die Ausbürgerung vor dem Hintergrund der Charta nicht von Einzelpersonen bedauert werden! Dann können wir als Staat oder Partei ja sagen, auch uns fiel die Maßnahme sehr schwer. Wir haben, als wir Biermann die Möglichkeit gaben, doch nicht gedacht, daß er so ein Programm macht! Wir dachten, daß er antifaschistisch auftritt, sein Vater in Auschwitz ... Daraufhin wäre das Einlenken der Künstler möglich: In gewisser Weise stimmt das schon.‹ Das wußten wir auch nicht.

Genau nach dem Prinzip hat man mir im Knast eine Distanzierung vorgeschlagen: ›Dann können Sie morgen entlassen werden.‹ Sie haben mir die Stellungnahme von Volker Braun vorgelegt: Die Kampagne im Westen sei schlecht.

Auch Kant hat im Nachhinein gesagt, er hätte mit Biermann leben können. So hat man sich das vorgestellt. Daß das Ganze aber noch eine andere Dynamik bekam ... Es wurde Havemann in Grünheide mitgeteilt, nichts zu unternehmen. Warum? Weil Hermlin auf seiner PEN-Schiene was macht. Was macht Hermlin? Das wird man schon sehen. Grünheide stillegen, Hermlin macht was, das kann man in den Akten nachlesen.

Daß aber dann die Unterschriftenliste der Schriftsteller entstand und republikweit Unterschriften gesammelt wurden, war offenbar nicht vorgesehen.«

Dem ersten bittenden Protest der Dreizehn schlossen sich über 100 Künstler an. Auch wenn mancher später halbherzig widerrief – wie Heiner Müller mit der kuriosen Forderung, seinen Kotau vor der Macht nicht öffentlich werden zu lassen – gehörten zu ihnen die besten Namen der DDR-Kultur.

Das »Neue Deutschland« wurde deshalb veranlaßt, am 20., 21. und 22. November mit einer Kampagne bestellter Ergebenheitsadressen von Werktätigen und »Kulturschaffenden« zurückzuschlagen. Der Effekt: Ein ganzes Heer von Staatstrompeten entlarvte sich aufs Peinlichste. Darunter die Schriftsteller Günter Görlich, Otto Gotsche, Gerhard Holtz-Baumert, Heinz Kamnitzer, Hermann Kant, Erik Neutsch, Helmut Sakowski, Paul Wiens, die Schauspieler Vera Oelschlegel und Hans-Peter Minetti, Vertreter des Kabaretts »Die Distel« ..., aber auch die DKP, der »Marxistische Studentenbund Spartakus« ... Andere wie Konrad Wolf, Willi Sitte reagierten vorsichtig differenziert, oder sie dementierten – wie Anna Seghers und Ekkehard Schall –, ihre Unterschrift gegeben zu haben.

Zufällig fiel in diese Ereigniskette am Abend des 17. November im Jenaer Klub der Intelligenz eine Lesung mit Jurek Becker. Der Raum war viel zu klein. Nach Protesten wurde die Tür zur Treppe hin geöffnet. Unter den Besuchern befanden sich fast alle Mitglieder des Lesekreises. Man wollte hören, was gegen die Ausbürgerung unternommen werden könne. Jurek Becker berichtete über die »Erklärung der Berliner Künstler vom 17.11.1976«. Sie war ihm am Nachmittag per Telefon übermittelt worden, und er hatte fernmündlich seine Unterschrift gegeben.

Als Becker von Wolfgang Diete nach seiner Meinung über den am 29. Oktober 1976 aus dem Schriftstellerverband der DDR erfolgten Ausschluß Reiner Kunzes gefragt wurde und sich Becker auch mit dem Greizer Dichter solidarisch erklärte, brach der Veranstalter die Lesung ab.

Die Mitglieder des Lesekreises trafen sich im Anschluß in Kirsteins Wohnung. Dort berichteten Marian Kirstein und Gerd Lehmann, sie hätten bereits vor der Lesung mit Becker über Möglichkeiten gesprochen, ihren Kreis in die Berliner Protestnote einzubeziehen.

»Es ging darum, so habe es der Kirstein dem Becker erzählt, daß man vermeiden sollte, unnütze Opfer zu bringen, daß wir aber bereit sind, auch alle Konsequenzen auf uns zu nehmen ... Becker versicherte, daß er, sobald er wieder in Berlin sei, sich darum kümmern werde und daß er über die Sibylle Havemann dann Nachricht zukommen lassen will.«[13]

Als der Kreis an diesem Abend auseinanderging, war vereinbart, vorerst keine Einzelaktionen zu starten. Man wollte Jurek Beckers Bescheid und Bernd Markowskys Rückkehr aus Berlin abwarten.

Bernd Markowsky kam am Vormittag des 18. November zurück. Mitgebracht hatte er Robert Havemanns Offenen Brief an die Regierung der DDR: »Wolf Biermann muß Bürger der DDR bleiben« mit der Schlußpassage:

»Durch die Aufhebung dieser Fehlentscheidung, weil ich an diesen Staat und seine Zukunft, an die Kraft der Ideen des Sozialismus-Kommunismus ebenso wie an die unüberwindbare Kraft der Volksmassen glaube, apelliere ich an die Partei- und Staatsführung der DDR, diese Entscheidung wieder aufzuheben und dem großen und leidenschaftlichen Dichter und Sänger die Bürgerrechte seines Staates nicht weiterhin vorzuenthalten.«[14]

Mehrere Leute besuchten Markowsky an diesem Vormittag, wollten wissen, wie weiter. Zusammen mit Marian Kirstein beschlossen sie, sich am Abend in der JG zu versammeln. Das Thema: »Ausbürgerung des Wolf Biermann«. Zwischenzeitlich hatte die Theologiestudentin Doris Liebermann den Wortlaut der Resolution der Berliner Schriftsteller telefonisch von Jürgen Fuchs erhalten, auf ihrer Schreibmaschine vervielfältigt, das Pauspapier achtlos in den Papierkorb geworfen, beinahe auch für sie mit schlimmen Folgen.

Bernd Markowsky vervielfältigte die Resolution ebenfalls, darunter der Zusatz: »Wir erklären uns mit dem Protest der Berliner Schriftsteller vom 17.11.1976 gegen die Ausbürgerung von Wolf Biermann solidarisch.«[15]

13 Ebenda, Bl. 204.
14 Ebenda, Bl. 208.
15 Ebenda, Bl. 220.

Am Abend trafen sich mehr als 60 Leute in der JG. Markowsky berichtete von seinem Besuch bei Havemann. Marian Kirstein und er verlasen die Resolution der Schriftsteller und Havemanns Brief an das Politbüro. Thomas Auerbach verlas den verleumderischen ND-Kommentar, dazwischen Unmutsbekundungen, danach, damit sich jeder selbst ein Urteil bilden konnte, spielten sie aufgezeichnete Biermannlieder.

Doris Liebermann: »An diesem Abend war auch Pfarrer Walter Schilling dabei. Bevor die Unterschriften geleistet wurden, hat er ganz eindringlich gewarnt und gesagt, ein Löwe, der in die Ecke gedrängt wird, der beißt. – Und auch, daß keiner unterschreiben soll, der einen Ausreiseantrag gestellt hat. Er hat das ganz deutlich gesagt, dann aber selber unterschrieben. Einige von den Theologiestudenten überlegten es sich daraufhin, ihre Unterschrift besser doch nicht zu geben.«

41 Leute unterschrieben.

Gegen 23 Uhr versammelte sich ein kleinerer Kreis in der Wohnung der Familie Kirstein, und »Falke« registrierte, daß Kirstein und Markowsky später mit weiteren 17 gesammelten Unterschriften hinzukamen. In der Wohnung hatte man begonnen, die Protestresolution der Berliner Künstler und Havemanns Brief an das Politbüro abzutippen.

In dieser Nacht lief IMV »Helmut Falke« zur Höchstform seines bisherigen Spitzeldaseins auf. Er selbst hatte die Erklärung nicht unterschrieben. In der turbulenten Situation borgte er sich die Resolution und den Brief Havemanns aus, weil »er sie in Ruhe lesen möchte, da ihm an diesem Abend die Konzentration fehle«[16].

Als sich der Kreis in der Nacht gegen halb eins auflöste, lief er mit den beiden Schreiben direkt zur MfS-Kreisdienststelle.

»Der OvD [Offizier vom Dienst] ist von den Socken. Trotz erhöhter Einsatzbereitschaft ist von der ganzen Aktion bisher keine Nachricht bis zum MfS vorgedrungen. Um 03.00 Uhr trifft der Operative Einsatzstab aus der Bezirksverwaltung Gera ein. Um 05.00 sind die Maßnahmepläne fertig. Um 06.00 Uhr beginnen die Verhaftungen.«[17]

In diesem Augenblick warf der Staat sein scheindemokratisches Mäntelchen ab: Zuführungen und Verhöre bis zu 72 Stunden ohne Haftbefehl, Bedrohungssituationen, unüberwindbares Mauerwerk, verschlossene Stahltüren, Ermittlungsverfahren und U-Haft ohne Beschränkung der Dauer, Mißachtung jeglicher Menschenrechte.

Der erste, den sie heimsuchten, morgens um sechs, war Bernd Markowsky.

Bernd Markowsky: »Es ist schon erzählenswert, was ich in dieser Atmosphäre gelernt habe. Als erstes, die Verhaftungssituation selbst. Die hatte auch eine komische Seite. Ich lag nackt im Bett mit etwas Kater. Wir hatten am Vorabend auch ein bißchen Wein getrunken. Auf einmal wummerte das

16 Ebenda, Bl. 231.
17 Ellmenreich, Renate: Matthias Domaschk. Die Geschichte eines politischen Verbrechens in der DDR und die Schwierigkeiten, dasselbe aufzuklären. In: Der Landesbeauftragte des Freistaates Thüringen für die Unterlagen der Staatssicherheit der ehemaligen DDR. Reihe C, Monographien. Erfurt, Zweite Auflage 1998, S. 8.

dermaßen an die Tür. Bei mir war eigentlich nie abgeschlossen. Ich sagte:
›Herein.‹

Nun erwarteten die offensichtlich, daß man immer die Tür öffnete. Ich lag
aber im Bett und rief: ›Kommt rein.‹ Vom Wummern her war klar, daß das
Polizei oder so was war.

Ich hatte innen so einen Vorhang vor der Tür, der hing nur so auf zwei Nä-
geln. Die wollten also richtig reinstürmen. Erstens hatten sie Mühe damit, weil
die Tür nach außen aufging und klemmte, und zweitens verfing sich der eine,
als sie martialisch reinstürmten, mit seinem Kopf so in dem Vorhang, daß er
sich vollkommen verhedderte und rumfluchte und ihn rumschwenkte wie eine
Fahne, bis er ihn entnervt in die Ecke schmiß. Das war schon ein bißchen auf-
lockernd. Aber natürlich auch bedrohlich. Staatsanwalt und Stasi-Offiziere
waren dabei. Insgesamt sechs Mann. Die fingen sofort an mit Hausdurchsuchung. Während ich mich noch anzog, haben die gleich ihre Show abgezogen
mit Bücher rausfetzen, Papierkorb auf den Tisch kippen.«

Thomas Auerbach: »Ich hatte ja mein Zimmer neben dem von Bernd Markowsky in der Maxim-Gorki-Straße 1. Das Hinterhaus ist heute weggerissen,
das hatten wir besetzt. Da waren zeitweise 15 Leute angemeldet, aus Berlin
und sonstwo, auch wenn sie nicht dort wohnten. Zu der Zeit wohnten da der
Bernd, oben Marcella Kunze, noch ein paar Leute. In dieser Nacht habe ich
aber nicht in der Gorki-Straße übernachtet, sondern bei Doris Liebermann
am Markt. Gegen halb zehn kam Walter Schilling mit seiner Tochter und
sagte, bei euch in der Gorki-Straße ist die Stasi, und bei Kaktus [Thomas
Grund] haben sie schon Leute abgeholt, und auch bei Bibe [Marian Kirstein]
stehen lauter Ladas vor der Tür. Wie ich mich jetzt verhalten wolle? Da haben
wir überlegt, ob wir gleich unsere Klamotten packen und uns zu Robert Havemann durchschlagen. Wobei uns schon klar war, daß die Stadt abgeriegelt
sein würde. Ich war eigentlich der Meinung, daß mir nichts passieren kann. –
Gut, ich hatte die Räume zur Verfügung gestellt und die Aktionen mit bespro-
chen und organisiert.

Wir sind noch zu Renate [Groß] an den Rähmen runter. Da war aber niemand. Dann habe ich gesagt, ich stelle mich der Sache, hab noch zwei Schach-
teln ›Karo‹ gekauft, und Walter Schilling, seine Tochter Kathrin, Doris Liebermann und ich sind in die Gorki-Straße. Dort warteten sie schon. Da bin
ich dann verhaftet worden.«

Doris Liebermann: »Sie hatten die Tür aufgebrochen. Dann haben sie
Tommy gepackt und die Treppe runtergestoßen – aber mit einer Brutalität.
Obwohl er sich gestellt hat. Da war für mich klar, daß er nicht wiederkommt.
Schon das ganze Jahr hing dieses Verhaftungsschwert über ihm. Eigentlich
sollte er ja am 2. November gezogen werden, er hatte wieder einmal verweigert. Wir waren im Herbst noch mal nach Kraków gefahren, wollten uns eine
schöne Woche machen und haben damit gerechnet, daß er wegen Wehrdienstverweigerung verhaftet wird.«

Ebenfalls am Vormittag wurde Marian Kirstein für seine Unterschriftensammlung festgenommen. Die Begründung für die Einleitung des Ermittlungsverfahrens mit Haft war die gleiche wie bei allen – am Ende acht Verhaf-

teten in Jena – Paragraph 106 StGB, staatsfeindliche Hetze, Freiheitsstrafe von ein bis fünf Jahren. Konkret zur Last gelegt wurde ihnen die Diskriminierung der staatlichen Organe der DDR und der Versuch, die Bevölkerung zum Widerstand gegen die DDR aufzuwiegeln. Noch konkreter: Unterschriftensammlung und eigene Unterschriften unter die Resolution: »Wir erklären uns mit dem Protest der Berliner Schriftsteller vom 17.11.1976 gegen die Ausbürgerung von Wolf Biermann solidarisch«[18].

An diesem Freitag, dem 19. November, wurde Renate Groß' und Matthias Domaschks Wohnung Am Rähmen 3 zum oppositionellen Zentrum. Renate Groß, damals hochschwanger, argumentierte gegen das Abbrechen der Unterschriftenaktion. Achim Dömel hatte eine Liste mit nach Apolda genommen, Walfred Meier nach Erfurt, Matthias Domaschk nach Meerane, Walter Schilling nach Braunsdorf, um weitere Unterschriften zu sammeln. »Helmut Falke« war dabei.

Die Theologiestudentinnen Doris Liebermann und Uta Trillhase versuchten, Unterschriften in der Sektion Theologie einzuwerben. Am Abend des 19. November konnte »Falke« melden, er habe durch Doris Liebermann in Erfahrung gebracht, »daß sie den erwarteten Erfolg bei der Unterschriftensammlung in der Sektion Theologie nicht erreicht hatten«[19]. Die Angst war zu groß, nachdem ihr Kommilitone Reinhard Klingenberg, der in der JG unterzeichnet hatte, zur Vernehmung abgeholt worden war.

Renate Ellmenreich: »Ja, wir saßen diesen Tag bei mir. Einige waren schon ausgehoben, die Wohnungen durchsucht. Bei mir noch nicht. Da kam der ›Helmut Falke‹, der mich vorher fast gar nicht wahrgenommen hatte. Es waren immer ein paar Leute da. Wir haben überlegt, was jetzt, und kamen auf die Idee, an alle Gruppen, die wir in der DDR so kannten, Briefe zu schreiben und mitzuteilen, was passiert ist. Das ging den ganzen Freitag. Wir hatten insgesamt 13 Briefe geschrieben, von denen sie wußten, und zwei, von denen sie nichts wußten, nachdem ›Helmut Falke‹ mal ›seine Oma anrufen‹ gegangen ist. Die Briefe konnten wir nicht einfach in den Briefkasten werfen. Wir mußten sie irgendwie rausbringen aus der Stadt. Doch um die war ein Kordon, Straßenkontrollen. Da ist Matz mit dem Motorrad über einen Feldweg rausgefahren.

Wir hatten schon unsere Taschen gepackt und an die Tür gestellt, Zahnbürste, Streichhölzer und Zigaretten. Aber sie kamen nicht. Sie standen die ganze Zeit unten mit zwei Autos und sichtbarer Technik. Aber so dumm waren wir auch nicht, hatten uns schriftlich verständigt und ließen laut Musik laufen.

Am Freitag abend war auch die Übertragung des Kölner Konzerts. Das wollten wir natürlich noch mitkriegen. Wir wollten schon wissen, wofür ... Der Fernseher stand bei Tarzan [Wolfgang Diete] in der Gartenstraße. Wir dachten, wenn wir runtergingen, würden sie uns verhaften. Wir waren drei Frauen und vier Männer. Die Frauen haben mich in die Mitte genommen, und Kerstin Graf, die Krankenschwester war, hat mich aufgeklärt, wie Wehen

---

18 OV »Pegasus« Bd. 3, Bl. 254.
19 Ebenda, Bl. 238.

gehen. Ich mußte alle paar Minuten stehenbleiben und mich krümmen und stöhnen und laut atmen. Die Männer sind über die Dachböden, die Häuser Am Rähmen waren damals über die Dachböden verbunden, und sie sind aus einem anderen Eingang raus. Auf dem Markt haben wir die Doris getroffen, und Kerstin hat ganz laut zu ihr rübergerufen: ›Hallo, mit der Renate geht's los, wir müssen sie in die Klinik schaffen.‹ Wir haben uns halb totgelacht. Und die immer hinter uns her. Auf dem Markt hatten die einen Wechsel, die hatten ja immer so Bereiche. Mit ihren Dederonbeuteln machten die eine richtige Übergabe. Wir sind weiter zur Frauenklinik, durch den Keller, immer mit der Angst, ob die Hintertür, die Feuertür zur Gartenstraße, wirklich offen ist. Sie war offen. Dann haben wir noch mal um die Ecke gelinst. Da standen die immer noch vor dem Eingang und wetteten wohl, ob es ein Mädchen oder ein Junge wird. Und wir haben uns bei Tarzan inzwischen in aller Seelenruhe das Konzert angesehen. So was war auch wichtig, weil das die kleinen Dinge waren, die uns immer wieder aufbauten. Natürlich waren sie am nächsten Tag stocksauer. Das haben sie mir auch später in Verhören immer wieder vorgeworfen: Ich würde konspirativ arbeiten. Auf so was haben die sehr allergisch reagiert. Ich habe erst später über Petr Uhl und die Charta-Leute mitgekriegt, daß das Konspirative deren Sache ist und wir das Gegenteil machen müssen, in die Öffentlichkeit gehen. Aber damals dachte ich noch, wir kommen weiter, wenn wir besser sind als die.

Matz hatte da eine ganz kreative Phase. Der wollte immer Lehrfilme drehen: Wie schüttelt man Observanten ab. Da sind wir auch in strömendem Regen Richtung Nordfriedhof, immer im Karree um die Häuserblocks rum, immer wieder stehen geblieben, schon völlig durchnäßt, bis wir endlich im Zick-Zack-Kurs an der Kneipe angekommen sind. Dann ganz schnell rein, an der Theke zwei Flaschen Bier gekauft und wieder raus. In dem Moment stürmte das ganze Rudel rein. Lauter solche Geschichten. Das war Matz' Stärke, das hat er sich einfallen lassen, sie foppen hat ihm unheimlich Spaß gemacht.«

Am Abend des 19. November erfuhr der IMV »Falke« und damit kurz darauf das MfS, Thomas Auerbachs Bruder Axel sei mit seiner Frau aus Westberlin eingetroffen. Durchaus denkbar, daß »Falke« in diesen Tagen wie in einem Rausch lebte. Erst hatten seine Informationen die Leute in den Knast gebracht, jetzt galt es, die gut versteckten Unterschriftslisten zu jagen:

»Es wurde vereinbart, daß sich ... Axel Auerbach mit Frau keinen Kontakt zu den an der Aktion Beteiligten Leuten leisten kann. Deshalb wurde vereinbart, daß der IM die Verbindung zwischen dem Hauptquartier ... und der Hügelstr. 11 halten soll ... Axel Auerbach erklärte sich trotz des Risikos bereit, alle noch vorhandenen Unterschriften nach Westberlin mitzunehmen. Wahrscheinlich wird er Sonntag, den 21.11.1976 nach Westberlin zurückkehren. Erst unmittelbar vor der Abreise sollen ihm – wahrscheinlich vom IM – die Listen übergeben werden.«[20]

Thomas Auerbach: »Daß mein Bruder Axel just an diesem Freitag kam, hatte gar nichts mit der Aktion zu tun, das war sehr lange beantragt. Ich war schon

20 Ebenda, Bl. 237.

verhaftet. Unsere Leute haben wohl mit ihm diskutiert, ob er die Listen mit rübernehmen könne. Dazu ist es aber nicht gekommen. Er ist schwer observiert worden. An seinem Auto, so ein VW-Campingbus, hatten sie einen Peilsender angebracht, und der Bus ist konspirativ durchsucht worden. Axel hat natürlich gemerkt, was läuft. Im übrigen war bei den ganzen Gesprächen ›Helmut Falke‹ dabei oder versuchte sich einzuschalten. Aber offensichtlich waren die Leute nach den ersten Verhaftungen ihm gegenüber schon mißtrauisch.«

Noch waren die Unterschriftslisten, diese selbstgefertigten Auflistungen potentieller »Staatsfeinde«, mit Ausnahme jener aus der JG, der Staatssicherheit nicht in die Hände gefallen. Die konzentrierte sich deshalb auf deren Unterzeichner.

Neben den drei am 19. November Verhafteten, Auerbach, Kirstein und Markowsky, wurden in der ersten Welle zwischen dem 19. und 21. November mindesten elf Unterzeichner zum Teil über mehrere Tage verhört.[21] Am Ende waren es mindestens 45 Zugeführte und Verhörte und 15 Hausdurchsuchungen.[22]

Doris Liebermann: »Ich wurde zwei oder drei Tage verhört. Sie wollten ein Ermittlungsverfahren einleiten. Jürgen Fuchs hatte mir den Text der Resolution am Telefon von Bodo Sturhann durchgegeben. Das war, glaube ich, illegal angeschlossen gewesen. Damals hatte doch fast keiner ein Telefon. Ich hab die Resolution mitstenographiert und zu Hause abgetippt. Blöd wie ich war, hatte ich das Durchschlagpapier im Papierkorb gelassen. Das haben sie bei der Hausdurchsuchung alles mitgenommen. Deswegen sollte ich in U-Haft. Dann haben sie mich aber wieder rausgelassen. Wahrscheinlich sind die am Anfang total geschwommen. Denn daß zum Beispiel Kerstin Graf ins Gefängnis gegangen ist, vermute ich, war eher Zufall. Die brauchten eben Rädelsführer neben denen, die in der Stadt durch den Lesekreis ohnehin bekannt waren. Bärchen [Uwe Behr], denke ich, war auch so einer. Für Bärchen hätte jeder andere drin sein können. Mich haben sie dann fast ein Jahr lang überwacht. Es standen immer irgendwelche Stasi-Leute bei mir vor dem Haus.

Mit ›Helmut Falke‹ hatte ich noch ein besonderes Erlebnis. Als die ersten schon verhaftet waren, hatte er mir noch gesagt: ›Ja, wir überlegen uns, was wir aussagen.‹

Irgendwie denke ich heute, er wollte mich schützen, denn er hat auch versucht, sich an mich ranzumachen, und gleichzeitig hat er mich angezeigt. Vollkommen schizophren. Im übrigen war das mit ihm nicht überraschend. Es kursierte in der JG schon lange das Gerücht, daß er Spitzel sei. Man erzählte, er hätte bei der Post, wo er arbeitete, Geld unterschlagen und sei von der Stasi erpreßt worden. Er war in der Partei, war angeblich am marxistisch-christlichen Dialog interessiert. Mir fiel auf, daß seine Hände häufig zitterten. Aber was, wenn er doch nicht dabei wäre und wir ihn rausschmeißen würden? Damals gab es immer wieder merkwürdige Selbstmorde. Weil sie von der Stasi erpreßt worden waren? Oder weil sie von den eigenen Freunden verdächtigt

21 Vgl. ebenda, B. 264–269.
22 Vgl. Ellmenreich: Matthias Domaschk, S. 8.

wurden, für die Stasi zu arbeiten? Ich dachte, wenn wir uns ihm gegenüber besonders freundlich, menschlich, christlich verhalten würden, könnten wir ihn für uns gewinnen. Mich hat dann später, als die Akten zugänglich wurden, nicht seine IM-Tätigkeit überrascht, sondern der ungeheure Eifer, mit dem er berichtet hat.

Jedenfalls in der Nacht, als ich festgenommen war, wurde ich eine Treppe hochgeführt und mußte mich an die Wand stellen. Weit und breit niemand. Auf einmal wurde ›Helmut Falke‹ von zwei Kerlen die Treppe hochgeführt, fast hochgerissen. Er war gefesselt, grinste aber so blöd. Eine vollkommen gestellte Situation.

Dann hinterher, am Dienstag darauf, in der JG sagte er: ›Doris, warst du es? Du standest doch da, ohne Bewachung an der Wand.‹ Er sollte den Verdacht verbreiten, ich sei die Verräterin. Und ich muß sagen, irgendwie hat das Wirkung gezeigt.«

Renate Ellmenreich: »Ich hatte den Auftrag, den Kontakt zu Tommys Bruder herzustellen, damit er wenigstens eine Unterschriftsliste mitnimmt. Das habe ich dann aber abgeblasen, weil ich dem ›Helmut Falke‹ begegnet bin, in der Kreisdienststelle Am Anger, beim Verhör. Da stand der auf dem Gang mit einem Stasi und rauchte eine. Das konnte nicht sein. Da war das alles klar. Außerdem merkte ich beim ersten Verhör, sie wußten alles – bis auf die zwei Briefe, die wir schrieben, als ›Helmut Falke‹ meinte, er müsse mal anrufen gehen.

Zum Verhör wurden Matz und ich am 20. November mittags gegen zwölf abgeholt. Dann sind wir in benachbarte Zellen gebracht worden. Ich wurde gleich verhört. Sie wollten alle Namen wissen, wer was gemacht hat. Ich hab gesagt, ›Namen nenne ich nicht. Ja, wir haben die und die Lieder gehört, dann haben wir unterschrieben. Wo die Listen hingegangen sind, weiß ich nicht.‹ Gegen vier, halb fünf konnte ich wieder gehen, wahrscheinlich auch, weil sie Angst hatten, daß ich ihnen eine Schweinerei produziere.

Das ist auch so eine Geschichte, es gab nämlich keine weibliche Angestellte, die Dienst hatte. Es ist immer so ein Kerl mit mir aufs Klo gegangen. Der ist nicht etwa draußen stehengeblieben. Der kam mit rein. Der hat sich auch nicht umgedreht, als ich auf der Schüssel hockte. Der hat mir zugeguckt. Erniedrigender geht es nicht mehr. Dir ist der letzte kleine Raum genommen, wo du noch mal privat sein kannst, wo du deine Tränen rauslassen kannst.

Dann bin ich nach Hause gekommen. Danach müssen sie angefangen haben, Matz zu verhören. Der hat nichts gesagt. Er hat sich absolut an das Verhörtraining gehalten. Jürgen Fuchs hat ja mit uns mehrfach solche Übungen gemacht, wie man sich in Verhören verhält. Eine Übung war, Schweigen aushalten. Ich hab das später auch angewandt. Das klappt. Du irritierst die total.

Wahrscheinlich weil Matz nichts gesagt hat, wurde ich abends wieder geholt. Ich schätze, es war acht, halb neun. Ich hatte nur noch im Sessel gesessen, mich nicht bewegt, vor allem, weil sie meine privaten Tagebücher mitgenommen hatten. Ich hatte ja schon Hausdurchsuchungen, Bücher, Tonbänder, Schallplatten weg, das war klar. Aber die privaten Tagebücher. Ich fühlte mich wie tot.

Ich wurde in den Keller gebracht, der war gekachelt, an der Decke eine Glühbirne, der Tisch, die Bank war meiner Erinnerung nach auch aus Kacheln oder Stein, jedenfalls kalt. Es gab nichts Warmes in dem Raum. Da saß ich ziemlich lange, und dann kamen abwechselnd Oberleutnant Köhler und Major Würbach. Köhler hat rumgebrüllt: ›Wir haben auch im Knast Hebammen. Da kommen Sie nicht wieder raus.‹

Würbach danach immer auf die altväterliche: ›Mädchen, hab dich nicht so, du willst doch wieder nach Hause.‹

Nachdem sie die Tagebücher mitgenommen hatten, habe ich gar nichts mehr gesagt, da war mir egal, ob ich drin bleibe und mein Kind drinnen kriege. Zwei Stunden habe ich schweigend gesessen, dann haben sie mich wieder rausgelassen.

Matz muß oben gewesen sein, im ersten Stock. Weil ich auch nichts mehr gesagt habe, müssen sie auf die Idee gekommen sein, ihm ein Tonband mit Frauenschreien vorzuspielen. Danach ist er zweimal verhört worden. Dazwischen haben sie ihn wach gehalten. Matz sagte, zwischen sechs und sieben sei er entlassen worden. Ich bin gegen sieben los, den Freunden Bescheid sagen, daß Matz nun auch drin ist. Unterwegs, ich kam gerade von der Gartenstraße, begegnete ich Matz am Johannistor. Da wurde der weiß und kriegte sich nicht wieder ein. Wir sind dann erst mal in den Paradiesgarten, um einen Platz zu haben, wo weit und breit keine Mikrofone sind. Da hat er erzählt. Er hat so eine Wut gehabt. Ich weiß nicht, ob er mir alles erzählt hat. Das war einfach zu heftig. Dabei haben die alles gewußt, längst. Aber du fühlst dich trotzdem schlecht, weil du die Moral für dich hast, nix sagen zu wollen. Sie brauchten nicht mal Zeugenaussagen. Sie haben wieder mal nur einen gebrochen.«

Nach der Verhaftung von Markowsky, Auerbach und Kirstein am 19. November kamen Gerd Lehmann und Uwe Behr überein, die in einem Staubsauger versteckten Unterschriftslisten nach Berlin zu bringen. Sie berieten sich mit Robert Havemann und schickten zwei Exemplare von verschiedenen Stadtbezirken aus an den Generalsekretär der SED, Erich Honecker. Bei ihrer Rückkehr nach Jena am 21. November wurden sie aus dem Zug heraus verhaftet. IMV »Falke« hatte auch hier die Vorarbeit geleistet und das MfS über ihre Aktion unterrichtet. Kerstin Graf, in Sorge um den Verbleib Lehmanns, schickte mit Walfred Meier als Kurier einen Brief an Havemann, in dem sie fragte, ob alles angekommen sei. Walfred Meier gelang es jedoch nicht, Havemann, der bereits unter Hausarrest stand, zu sprechen. Wieder zurück in Jena, wurde auch er auf dem Bahnhof verhaftet. Die Staatssicherheit fand den Brief. Grund für die Verhaftung von Kerstin Graf am 22. November. Damit wurden zwischen dem 19. und 22. November allein in Jena sieben Ermittlungsverfahren mit Haftbefehlen verfügt. Bei der Hausdurchsuchung in der Wohnung des Ehepaares Hinkeldey und Graf entdeckte die Staatssicherheit hinreichend »belastendes Material«, um 14 Tage später auch Wolfgang Hinkeldey festzunehmen. Das Sorgerecht für ihr Kind mußten sie auf die Eltern übertragen.

Die Informationen, die mich in diesen Tagen aus Jena erreichten, waren spärlich und schockierend. Die frühere Offenheit war gestört, teils aus Argwohn, jeder, natürlich auch ich, könnte ein Spitzel sein, teils aus der Überlegung, je weniger man weitersagte, um so weniger sei der andere gefährdet. Die Situation real einzuschätzen war mir unmöglich. Ich versteckte alles, was mir als kompromitierendes Material gefährlich schien, selbst die Notizhefte mit kleinen Skizzen und den von mir kommentierten Ereignissen – meine Art, Tagebuch zu schreiben –, und notierte auf Zetteln Stichworte. Ein paar Wochen später entstand daraus dieser Text:

Wenn du hörst, liest von dem und dem und dann davon –.
Wieso bist du dann erschüttert?
Zu allen Zeiten gibt es welche, die sind ihrer Zeit voraus. – Wenn ihre Zeit keine gute Zeit ist, nennt man sie Ketzer.

20. November 1976

Aus meinem Schreibtisch sind Blätter verschwunden. Blätter, Gedichte von Freunden, Gedanken, die sich nicht einfügen wollen, unfügsame, – auch eigene Skizzen und Gedankenspiele: »Ich wundere mich über die Gedankenlosigkeit, die ich mir mache.« – Das ist einer der Sätze, die auf weißem Papier gestanden haben. Ich hab sie vergraben im Garten, versteckt im Keller, auf dem Dachboden hinter der Zwischenwand, im Gehirn, die frechen Lieder, die Adressen und Briefe, hab sie verbrannt. So viel Angst.

Was ist geschehen?
13. November 1976
Wolf Biermann betritt nach elf Jahren Auftrittsverbot in der DDR die Bühne. Der Liedermacher, der Ketzer, der von Hamburg nach Ostberlin gezogen war, der dachte, die könnten im Sozialismus einen Kommunisten gebrauchen. Der steht mit ein paar Falten im Gesicht, mit Tränensäcken unter den Augen – hat wohl wenig geschlafen – vor sechseinhalbtausend Menschen in Köln, IG-Metall-Veranstaltung. Die klatschen Beifall, spontan, einfach zwischenrein, in seine spöttisch lauten, aufmunternd leisen Lieder.

»Biermann diffamiert die Deutsche Demokratische Republik«, meldet die DDR-Nachrichtenagentur ADN. Heißt es in Erklärungen, Kommentaren zum Ausbürgerungsbeschluß.

»Wohl dem, der dumm stirbt, der hat mehr vom Leben.« Das ist auch so ein Satz.
Schriftsteller protestieren: Erich Arendt, Jurek Becker, Stephan Hermlin, Stefan Heym, Sarah Kirsch, Heiner Müller, Rolf Schneider, Christa Wolf, Gerhard Wolf, auch Heinrich Böll, Max Frisch, Martin Walser. Die italienische kommunistische Partei ... Sie alle solidarisieren sich mit dem »Staatsfeind«.

Einer wußte, quer über eine Straße bei Saalfeld stand mit weißer Farbe geschrieben: »Biermann sagt die Wahrheit.« Die Straße sei gesperrt worden. Nein, der Satz habe in großen Buchstaben an der Brandmauer eines alten Hauses gestanden, wußte ein anderer. Sie hätten den Satz mit einer Plane abgedeckt und mit Farbe überpinselt. Am nächsten Morgen schimmerte die Schrift wieder durch. Jetzt sei der Putz herausgehackt. Mancher greift sich an den Kopf. Es geht das Gerücht, Verhaftungen seien vorgekommen.

Wie diffamierte Biermann die Deutsche Demokratische Republik an diesem 13. November?
»Biermann benutzt westliche Medien, um unsere schmutzige Wäsche zu waschen.« So, erzählt ein Arbeitskollege und Genosse der Sozialistischen Einheitspartei Deutschlands SED, habe sein Betriebsparteisekretär erklärt, sollten sie unbequemen Diskussionen entgegentreten.
»Das Maß ist voll, wir erwarten positive Kritik, aber keine grundsätzliche«, schreibt das Zentralorgan der Partei »Neues Deutschland«.
»Ich bin da, um mich einzumischen«, sagt Wolf Biermann.

»Aus jeder Sekunde, aus jedem Gramm Material einen höheren Nutzeffekt«, das sollen wir.
»Wir sind es gewohnt, mitzudenken«, werden das auch schon gefährliche Worte?

Wovor haben wir Angst? WIR!
Angst? – Oder ist das Ganze
– ein bedauerliches Mißverständnis
– ein Test der Stärke
– ein Alibi für Hausdurchsuchungen, in Berlin, Jena, Erfurt, Leipzig, republikweit?
– eine Fehleinschätzung der Solidarität im In- und Ausland.
Ist Ihnen da jemand über den Kopf gewachsen? Oder was?

In Jena solidarisieren sie sich mit dem Protest der Schriftsteller in Berlin. Acht werden durch die Staatssicherheit verhaftet: Thomas Auerbach, Uwe Behr, Kerstin Graf, Wolfgang Hinkeldey, Marian Kirstein, Gerd Lehmann, Bernd Markowsky, Walfred Meier. In Berlin: Jürgen Fuchs, Christian Kunert, Gerulf Pannach.
Was tun?
Aus meinem Schreibtisch sind Blätter emigriert. Blätter, darauf Gedichte von Freunden, Gedanken, die sich nicht einfügen wollen – unfügsame, auch eigene, Skizzen, Gedankenspiele: »Jeder Mensch ist Egoist – oder seiner Zeit zu weit voraus.« – Auch so ein Satz, über den nachzudenken ist.
Ich hab beschriebenes Papier begraben im Garten, versteckt im Keller, auf dem Dachboden, hinter der Zwischenwand, im Gehirn, die frechen Lieder, die Adressen und Briefe, hab sie verbrannt. Es ist die Angst.

Der Text, in seiner ganzen Hilflosigkeit, überdauerte mehr als ein Jahrzehnt auf meinem ausgebauten Dachboden unter den Ziegeln zwischen Isolierwolle und der schrägen Gipskartonwand, zusammen mit anderen Texten und Aufzeichnungen. Zweimal kamen zeitweilig Notiz- und Adreßbücher von Lutz Rathenow dazu. Er rechnete mit Hausdurchsuchungen während seiner Abwesenheit von Berlin. Sein OV »Assistent« enthält tatsächlich diesen Plan.

Jürgen Fuchs: »Kommen wir noch mal auf den Punkt, der zeitgeschichtlich interessant ist. Das ist noch gar nicht richtig diskutiert. Es kam zu dieser Zusammenkunft der Schriftsteller. Es gibt verschiedene Schilderungen, wie das abgelaufen ist. Da war Kunert ... Innerhalb dieser Dynamik, die sich entwickelt hat – Stellungnahme von Böll gegen die Ausbürgerung, dann lief das ganze Konzert über die ARD, und es entstand in den Stunden eine wirkliche Aufgeregtheit und hat das Ganze forciert und die Parteistrategie ›Man kann sich ja distanzieren‹ zunichte gemacht. Es gab Anleitungen, in Arbeitskollektiven Diskussionen gezielt zu führen, weil Leute das im Fernsehen gesehen hatten. Die konnten nicht begreifen, daß Biermann wirklich was schlimmes gesagt haben soll.

Das ist geschehen. Parallel war es vorgesehen, mit mir als einem der jungen Autoren Gespräche zu führen in Berlin, um mir ihre Umgangsweise mit dem schon traurigen Problem darzustellen. Da hatte ich aber bereits unterschrieben auf der Liste und in Telefoninterviews für den Deutschlandfunk und dpa gesagt, daß das ein Verbrechen ist, daß die Ausbürgerung eine Waffe der Nazis war. Ich habe gesagt: Wir sind entsetzt, daß unser Freund Wolf Biermann ausgebürgert wurde. Ich fordere seine sofortige Einreise, und im übrigen muß die Waffe der Ausbürgerung ein für alle Male in allen Staaten auf der Welt geächtet sein.

Das paßte nicht in ihr Konzept. Als diese Interviews gesendet wurden und Havemann seinen Brief, in dem er auch Honecker ansprach, an den »Spiegel« gab, wurde es einen Zacken schärfer: Hier wird ja argumentiert!

Dann kam Pannach aus Leipzig nach Grünheide, dann Christian Kunert.

Sie darauf: ›Was machen wir denn jetzt?‹

Dann ruft Lutz Leibner aus Jena an: ›Was is'n jetzt zu tun?‹ Und ich sage zu Lutz, ›jetzt ist so ein Punkt gekommen, wo man handeln muß‹. Das haben sie alles mitgehört.

In dieser Situation muß die Entscheidung gefallen sein: Wir sind mit einer neuen Situation konfrontiert, in verschiedenen Städten passiert was, da kommt die Renft-Combo, und Markowsky kommt angefahren, irgendwas geschieht jetzt.

Der Haftbefehl gegen Havemann lag ja vor. Dann gab es ein hartes Gegengutachten, er könnte bei der Verhaftung oder in U-Haft versterben. Hohes Risiko für Kreislaufkollaps.

In dieser Stimmung wurde die Vollmacht gegeben, ein Signal zu setzen, erst mal mich zu verhaften. Es war ja zunächst eine Einzelverhaftung, um niederzuklopfen. Gegen Havemann wurde der Haftbefehl ausgesetzt. Das wollten sie nicht riskieren: ›Havemann, der bei den Nazis in der Todeszelle saß, wurde heute durch die Sicherheitskräfte der DDR abgeführt. Er ist krank.‹

Auf dem Weg zum ›Spiegel‹-Büro bin ich verhaftet worden. Pannach, Kunert und Robert Havemann waren noch mit im Auto. Wir wollten Interviews geben, weitere Namen, die die Schriftstellerpetition unterschrieben hatten, hatte ich dabei.

Dann wurde ich hineingefahren in die Magdalenenstraße, erste Verhöre, recht locker: ›Gegen Sie liegt eine Anzeige vor.‹ Dann wollten sie sofort wissen, ob Biermann zurückkehrt. Ich: ›Woher soll ich denn das wissen? Wenn eine Ausbürgerung stattfindet, muß es Wege geben, zurückzukehren.‹

Es gab tatsächlich einen Zettel von Robert in Grünheide, daß er alles daransetzt, einen Weg zu finden für Wolfs Rückkehr.

Wahrscheinlich dachten die, die fahren nach Berlin, um seine illegale Wiedereinreise zu organisieren. Womöglich hat Robert auch daran gedacht. Wir wußten nicht, wie das geschehen sollte und wie Wolf darauf reagieren würde. Es gab im ZOV ›Leitz‹ einen Hinweis: Wenn Biermann an der Grenze auftauchen würde, sollte ihm der Paß abgenommen werden, geprüft und ihm mitgeteilt, er dürfe nicht in die DDR einreisen. Sollte er auf dem Territorium der DDR aufgegriffen werden, Personalien feststellen und sofort über die Grenze abschieben. Es steht nichts da von Inhaftieren.

Ich wurde Vormittag in Erkner verhaftet. Havemann, Kunert und Pannach sind weitergefahren. Ich kam in die Magdalenenstraße, und da waren die ersten Vernehmerfragen: ›Wenn heute irgend etwas passiert, und Sie sagen es nicht, dann –. Wenn Sie es uns aber sagen –. Man kann ja miteinander sprechen.‹ Am Abend wurde ich nach Hohenschönhausen gefahren. Zuerst suggerierten sie mir, daß sie mich nach Hause lassen, gaben mir den Ausweis zurück. Vor der Tür hatten sie mir dann Handschellen angelegt. Bis dahin gab es keine Leibesvisitation. Ich konnte die Liste, die ich in der Hemdtasche trug, nicht rausholen. Die Handschellen saßen zu straff. Sie wurde beschlagnahmt. Sie haben gelacht darüber, daß sie eine Liste finden. Die weiteren Situationen habe ich in den ›Vernehmungsprotokollen‹[23] dargestellt.«

Am 19. November gegen zehn Uhr wurde Jürgen Fuchs verhaftet. Als Gerulf Pannach und Christian Kunert wieder in Grünheide eintrafen, sichteten sie zusammen mit seine Frau Lilo Manuskripte und belastende Unterlagen, um sie vor der erwarteten Hausdurchsuchung auszulagern. Gerulf Pannach gab einen Koffer dem akkreditierten »Spiegel«-Korrespondenten Ulrich Schwarz, der Havemann am Nachmittag aufsuchte, zur Verwahrung mit. Einen weiteren Koffer fuhren Katja und Robert Havemann am Abend zu einem befreundeten Pfarrerehepaar. Am 21. November wurden Christian Kunert und Gerulf Pannach bei Robert Havemann verhaftet. – Wie Jürgen Fuchs nach Paragraph 106, »staatsfeindliche Hetze«. Über Robert Havemann wurden zweieinhalb Jahre Hausarrest verhängt und sein Grundstück in diesem Zeitraum von insgesamt 200 Mitarbeitern der Staatssicherheit abgeriegelt und beobachtet.

---

23 Vgl. Fuchs, Jürgen: Vernehmungsprotokolle, Reinbeck bei Hamburg 1978.

Sondierende Gespräche mit Künstlern, Haft für protestierende junge Leute

Bereits einen Tag nach der Biermann-Ausbürgerung forderte das Politbüro von den Bezirksleitungen Stimmungsberichte. Noch wußten die wenigsten DDR-Bürger, wer dieser Wolf Biermann eigentlich sei. Wer hatte schon die Rundfunkübertragung des Kölner Konzerts verfolgt. Plötzlich war sein Name in allen Medien, Gegenstand haßerfüllter Kommentare in der DDR, Kommunist den bundesdeutschen Nachrichten nach, und trotzdem unterstützten sie ihn. Diese krasse Diskrepanz ließ aufhorchen, und mancher dachte sich wieder mal seinen Teil über das Nachrichtenwesen der DDR. Aber noch gab der Zweite Sekretär der SED-Bezirksleitung Gera, Genosse Knolle, die beruhigende Information an das ZK, Sektor Parteiinformation:

»Aus den ersten Diskussionen und Meinungen wird sichtbar: Parteimitglieder und Werktätige der verschiedenen gesellschaftlichen Bereiche ... unterstützen die Aberkennung der Staatsbürgerschaft der DDR für Wolf Biermann als eine gebührende Antwort auf dessen staatsverleumderisches Auftreten. (...) Besondere Empörung ruft die Diffamierung der Arbeiter der DDR durch Biermann hervor.«[1]

Bei seinem Köln-Konzert hatte Biermann einige der DDR-üblichen Kollegen- und Kneipengespräche an diese größere Öffentlichkeit gebracht. So fand er die neue Massenbewegung, das Stellen von Ausreiseanträgen, so wenig lustig wie Knast für politische Witze. Was die SED-Medien jedoch besonders gern aufgriffen, um seine Schändlichkeit zu demonstrieren, war die amüsant ins Bild gesetzte sozialistische Volksweisheit: »Wenn in der DDR zehn Häuser gebaut werden, müssen elf geplant werden, eins verschwindet beim Bau.«

In seiner Information zur Lage gab der Zweite SED-Bezirkssekretär Geras aber auch zu bedenken: »Einige Werktätige verurteilen die Hetze Biermanns gegen unseren Staat, stellen jedoch aus Unkenntnis über die Person und Rolle Biermanns solche Fragen wie: Was ist das für ein Mann?« Und der Zweite Sekretär deutete kritische Fragen »von Studenten und jungen Mitarbeitern der Universität Jena ... zum Verfahren und der Notwendigkeit« der Ausbürgerung an.[2]

Nach der Übertragung des Kölnkonzerts am 19. November 1976 ab 22.25 Uhr in der ARD, nach Berichten über die Resolution der Schriftsteller, über weitere Proteste und Verhaftungen, färbte sich das Stimmungsbild im Land weitaus kritischer. Deshalb erarbeitete die Abteilung Kultur des ZK am 22. November eine siebenseitige Argumentationshilfe für ihre Parteigruppensekretäre und Kader in verantwortlichen Positionen:

---

1 Thüringisches Staatsarchiv Rudolstadt, BPA SED Gera, Reg.-Nr.: A 4981, Bl. 233.
2 Vgl. ebenda, Bl. 234.

»Information
zu Problemen der Aberkennung der Staatsbürgerschaft für Biermann
(Beratung in der Abt. Kultur des ZK am 22.11.1976)

Wie ist die politisch-ideologische Position von Biermann einzuordnen?
– Biermann, jetzt 40-jährig, Sohn eines in Auschwitz ermordeten Antifaschisten, kam 1953 in die DDR, *um, wie er meinte,* bei uns an der Verwirklichung der sozialistischen Ideale mitzuwirken;
– Anfänglich richteten sich seine Lieder und Balladen (aggressiv, provokativ und moritatenhaft, ironisch-sarkastisch) gegen die Kriegspolitik des Imperialismus und gegen die Unzulänglichkeiten in der sozialistischen Gesellschaft. (...)
– Zunehmend wurde er aggressiver, beleidigender und verstieg sich in hetzerischer Weise zu Angriffen gegen den Sozialismus.
Unterstreichung: Es gab eine Vielfalt *geduldiger Bemühungen* unserer Partei,
um Biermann bei der Festigung seines Klassenstandpunktes zu helfen.
(Zahlreiche Gespräche durch Gen. Hager.) Biermann zeigte *keine Einsicht*
und mußte daher *aus der Partei entfernt werden!*
(...)
– Biermann diente für die *Feinde des Sozialismus* als das Aushängeschild
der Bewegung der ›Regime-Kritiker‹ und der künstlerischen Opposition.
Wichtige Rolle in der organisierten Hetze spielte dabei, daß er sich als
Kommunist und als *kritischer Sozialist* bezeichnete! (...)
Herausarbeiten:
– Bei allen *wichtigen* gesellschaftlichen Ereignissen, in denen es um die Le-
bensfragen unseres Volkes ging, stand Biermann *abseits* bzw. *bezog aktive
Positionen dagegen* (Fragen der Sicherheit, Landesverteidigung, Internatio-
nalismus). (...)
– Biermann hat *nie etwas* zur sozialistischen Entwicklung in der DDR bei-
getragen. Trotzdem tritt er *anmaßend* und *arrogant* gegen die arbeitenden
Menschen auf, macht sich lächerlich über sie, tritt sie in den Schmutz!
Beispiel dafür ist das Gedicht Die hab ich satt!
Staatsorgane – Bürokratenbrut,
Wissenschaftler – fette, feige Beamte,
Lehrer/Offiziere – geistig matte Rekrutenschinder,
Künstler – käuflich und aalglatt,
Arbeiter – kleiner Mann, der immer litt und nie gewann, er ist gewöhnt
an jeden Dreck, kriegt er nur seinen Schweinespeck,
Partei – Verräter und Verratene zugleich,
Staat – muß man ausmisten,
Parteimitglieder – haben nur Dreck und Stroh im Schädel.

Fragestellung: Warum wurde die Maßnahme erst jetzt eingeleitet?
Ausgangspunkt:
– (...) Dazu lag *keine Veranlassung* vor, da er in der DDR *ziemlich isoliert*
war. (Gegner darauf gewartet, daß Biermann in der DDR eingekerkert wird!)

– Die Position war *grundsätzlich verändert* mit seinem Auftritt in der BRD. (...)
Gen. Hager in Kulturkommission Politbüro:
Wollten in diesem Zusammenhang Biermann eine letzte Möglichkeit geben, zu zeigen, wo er wirklich steht! (Kein Bauerntrick!) (...)
– *Der Angriff Biermanns erfolgte zu einem Zeitpunkt*, da es den fortschrittlichen Kräften gelungen war, die Hetzkampagne gegen die DDR einzudämmen! Er hat diese Hetze wieder neu belebt! (...)

Reaktion auf die Maßnahmen in der BRD/kapitalist. Welt:
– Neben dem Geschrei der Reaktion haben sich auch bestimmte demokratische und humanistisch gesinnte Persönlichkeiten für Biermann eingesetzt. *Dazu gehören u. a.:* Heinrich Böll, Günter Wallraff, Peter Weiss, Martin Walser, Max Frisch, Dürrenmatt.
Bei ihrer Bewertung ist davon auszugehen, daß sie dem Sozialismus zwar gefühlsmäßig nahestehen, aber keine Kommunisten sind! In kritischen Situationen fällt es ihnen schwer, *klassenmäßig* zu reagieren! (...)

Reaktionen der DDR-Kulturschaffenden auf staatliche Maßnahmen
– überwiegend richtiges Verständnis bei unserer Bevölkerung, auch bei der Mehrheit der Künstler,
– wichtige Rolle spielt das *Protestschreiben* einiger Künstler, in dem Biermann als *unbequemer Dichter* des Sozialismus bezeichnet wird. DDR sollte die Kritik gelassen hinnehmen!
Herausarbeiten: Wenn das Schreiben ernst gewesen wäre, Biermann zu helfen, dann hätten sie das Gespräch mit der Partei- und Staatsführung gesucht. (...)

Einschätzung der Unterzeichner des *Protestschreibens*:
– die erste Gruppe der Unterzeichner – Kern dieser Gruppe – ist bis auf Fritz Cremer *persönlich mit Biermann verbunden*,
– das weitere Feld der Künstler, das nachträglich unterzeichnet hat, wurde durch *Läufer* gewonnen!
Notwendig, die Ursachen und Beweggründe aufzudecken:
– falsch verstandene Kollegialität,
– mit Gesamtfragen und mit Teilfragen unserer Kulturpolitik nach dem IX. Parteitag nicht einverstanden, (...) Kunst – als Arzt am Krankenbett der Gesellschaft. (...)

Wichtige Erkenntnis aus der bisherigen Einschätzung:
– es war ein *großangelegter Schlag* des Klassengegners auf ideologischem Gebiet! (...)
– *Herausarbeiten*: daß es nicht mehr um Biermann geht – sondern um eine *große ideologische Feldschlacht!«*[3]

3 Ebenda, Bl. 249 ff.

Ja, Frau Wolf, Herr Böll, Herr Heym, Herr Wallraff ... so war das, wer die ureigensten Grundsätze der SED-Führung nicht verinnerlicht hatte, konnte bei dieser »Maßnahme« doch gar nicht mitreden! Außerdem hätten Sie wissen sollen, dies war »organisierte Hetze« und ein »großangelegter Schlag des Klassengegners«. Doch keine Sorge, die SED-Führung würde nicht einlenken, ihre Entscheidung nicht korrigieren, sie würde sich der »großen ideologischen Feldschlacht« stellen.

Diese »Information des ZK« spricht hinlänglich für sich. Dem »Neuen Deutschland« und der DDR-Nachrichtenagentur ADN lag die Resolution rechtzeitig vor, um über den direkten Draht zum Politbüro, Kurt Hager, eine Rückkopplung zu den Unterzeichnern zu erreichen. Reuters und AFP hielten die geforderte Sperrfrist bis 17 Uhr ein. Die SED-Führung bewies jedoch, sie war nicht in der Lage, auf diese Situation sofort zu reagieren. Einmal mehr zeigte sie sich in einem historisch bedeutsamen Augenblick reaktionsunfähig. Und einmal mehr verdeckte sie ihr Versagen mit einer gewaltigen propagandistischen Schuldzuweisung an den »Klassenfeind«.

Am 20. November 1976 trafen sich in der Villa des Schauspielers Manfred Krug im Norden Berlins zwölf Biermann-Petitionisten, unter ihnen die Schauspielerinnen Angelika Domröse und Jutta Hoffmann, der Regisseur Frank Beyer, die Schriftsteller Christa Wolf, Jurek Becker, Stefan Heym, Heiner Müller, Klaus Schlesinger mit dem als Honecker-Nachfolger gehandelten Mitglied des Politbüros Werner Lamberz und dem Intendanten des DDR-Fernsehens Heinz Adameck. Der Kreis wollte gegenseitig seine Haltung sondieren. Manfred Krugs schöne Leistung war es, dieses Gespräch heimlich auf Tonband mitzuschneiden. 1996 hat er es in seinem Buch »Abgehauen« geschildert. Darin ist zwar die Geschichte der Schriftstellerresolution beträchtlich subjektiv verformt, aber der Dialog zwischen Künstlern und Administration liest sich durchaus aufschlußreich. Am Ende des mehrstündigen Gesprächs fragte Klaus Schlesinger nach der ersten ihm zu Ohren gekommenen Verhaftung in Jena:

»Schlesinger:
›Moment, eine Sache möchte ich noch... Die Unterschriften, die jetzt noch kommen können. Da kam zu mir einer aus Jena hochgefahren, den ich gar nicht kenne, ein unbekannter Mensch, der mühsam die neue Adresse rausgekriegt hat, der gesagt hat: *Die haben Unterschriften gesammelt bei uns, da ist einer verhaftet worden...*‹

Heym:
›So weit geht das also ...‹

Schlesinger:
›Ein Arbeiter aus Jena, ein Zeiss-Arbeiter. Und ich habe gesagt: *Warum sammelt ihr Unterschriften? Hättet ihr Willenserklärungen gemacht, ohne Unterschriftensammlung. Das müßt ihr wissen. Er: Das wußten wir nicht. Wir wollten uns aber solidarisieren. Und wir meinen das auch. (...)*‹

Lamberz:
›Wie viel Unterschriften kann man noch erwarten?‹

Schlesinger:
›Ich weiß es nicht.‹

Lamberz:
›Ehrlich!‹
Schlesinger:
›Ich schwöre Ihnen! Ehrlich! Sie mißtrauen mir ... Ich weiß es nicht.‹
Adameck:
›Mal eine konsequente Frage: Wie viele Unterschriften werden weitergegeben?‹
Schlesinger:
›Keine Ahnung.‹
(...)
Lamberz:
›Moment. (...) Wir müssen wirklich bald miteinander reden. Und verhaftet wird niemand, dafür gebe ich meine absolute Garantie, meine Unterschrift. Niemand. Es wird nur jemand verhaftet, der andere Dummheiten macht ...‹
Schlesinger:
›Na ja, aber man kann Gesetze so und so auslegen.‹
Lamberz:
›Ich garantiere, daß niemand für eine Unterschrift verhaftet wird. Wenn jemand irgendwo eine Gruppe organisiert, in ein Parteihaus geht, um dort zu erklären: Ihr seid alles große Schweine – gestern hat die Abteilung Kultur des Zentralkomitees solche Angriffe gekriegt, ... Dann müssen wir uns dagegen wehren.‹
(...)
Lamberz:
›Kollege Heym, das sind die Auswirkungen.‹
Heym:
›Das ist die Wirkung der Ausweisung von Biermann. Wir wollen das hier nicht auf die Dreizehn schieben.‹
Lamberz:
›Moment! Moment! Das sind nicht die Auswirkungen der Biermann-Ausweisung. Das sind die Auswirkungen dessen, daß andere Leute euch mißbrauchen. Ich möchte genau so wie ihr, daß ihr nicht mißbraucht werdet, weil ihr es nicht nötig habt, weil ihr andere Leute seid...‹‹«[4]

Hatte Werner Lamberz etwas Falsches gesagt? Verhaftet und eingesperrt wurde in Jena niemand nur wegen einer Unterschrift. Jedenfalls nicht länger als drei Tage. Eingesperrt wurde, wer Unterschriften sammelte und die Listen weitergab – auch wenn es an die Adresse Honeckers persönlich war – wie Gerd Lehmann und Uwe Behr. Eingesperrt wurde, wer sich nach den verhafteten Freunden erkundigte – wie Kerstin Graf. Der Zynismus in Lamberz' Desinformation ist so leicht nicht zu überbieten.

Präziser faßten der Stellvertreter des Leiters der MfS-Kreisdienststelle Jena, Major Nowak, der Leiter der Vorgangsgruppe »Pegasus«, Oberstleutnant Horn und seine Mitarbeiter, Leutnant Schmidt und Unterleutnant Lippold

---

4 Krug, Manfred: Abgehauen. Düsseldorf 1996, S. 106ff.

das Ergebnis ihrer Arbeit in ihrem Abschlußbericht zum Operativen Vorgang am 6. Dezember 1976 zusammen. Ihre Ausbeute: Ermittlungsverfahren mit Haft gegen sieben »Inspiratoren dieser Aktion« und Wolfgang Hinkeldey als achten für das bei ihm gefundene belastende Material.[5]

Ihre Erfolgsmeldung:

»Die derzeitige operative Situation im OV ›Pegasus‹ ist dadurch gekennzeichnet, daß

– die Organisatoren/Inspiratoren der antisozialistischen Handlungen/Aktivitäten der Gruppierung isoliert sind,

– die Gruppe durch Maßnahmen unseres Organs und die bisher eingeleiteten Maßnahmen staatlicher Organe hochgradig verunsichert ist,

– die Kommunikationsbeziehungen der Gruppierung untereinander bzw. [zu] ähnlich gelagerte[n] Gruppierungen und Einzelpersonen im Territorium, innerhalb und außerhalb der DDR weitestgehend gestört wurden, (...)«[6]

Über diese gelungene »Zersetzung« hinaus schlugen der Leiter der MfS-Kreisdienststelle Jena, Major Mittenzwei, und der Vorgangsgruppenleiter, Oberstleutnant Horn, am 29. November weitere Ermittlungsverfahren mit Haft vor: Gegen den Studenten Roland Jahn an der Sektion Wirtschaftswissenschaften der Jenaer Universität, gegen seine Freundin Gudrun Zöllner, Studentin am Institut für Lehrerausbildung in Krossen und gegen den im Frühjahr exmatrikulierten jetzigen Hilfsarbeiter Siegfried Reiprich.

»An einer Protest- und Solidaritätsveranstaltung für Biermann in der Jenaer ›Jungen Gemeinde‹ am 18. November 1976 konnte ich nicht teilnehmen, schlichtweg weil ich zur Schicht zum VEB Schott mußte, sammelte dann eben dort Unterschriften gegen die Ausbürgerung. Eine Verhaftungswelle rollte durch Jena... meine Gedächtnisprotokolle und mühsam abgetippte Samisdat-Literatur war teilweise bei Hausdurchsuchungen gefunden worden – wir konnten nur noch auf die Verhaftung warten. Doch nichts geschah.«[7]

Außerdem hatte der IMV »Olaf Bong« (Reg.-Nr.: X/601/74), seit 1978 hauptamtlicher Mitarbeiter des MfS, herausgefunden, Reiprich sei über die »Gruppierung Zöllner/Jahn« hinaus der »Chefideologe« und habe zum linken »Sozialistischen Büro« in Offenbach Kontakte aufgenommen.

Gudrun Zöllner war bereits Anfang 1975 als Organisatorin der Arbeitseinsätze für die Inhaftierten der Gartenstraße ins Visier der Stasi geraten. Später notierten die Mitarbeiter an der unsichtbaren Front als weitere Belastungspunkte gegen sie Abschriften des Redebeitrages von Santiago Carrillo und der Gedächtnisprotokolle von Siegfried Reiprich. Dazu kamen nun: Unterzeichnung der Biermann-Resolution und provokative Äußerungen gegen die Ausbürgerung und die Staatsführung.

---

5 Vgl. OV »Pegasus«, Bd. 4, Bl. 247ff.
6 Ebenda, Bl. 250.
7 Reiprich: Der verhinderte Dialog, S. 117 f.

Roland Jahn hatte in einem der für alle Studienrichtungen in der DDR obligatorischen Marxismus-Leninismus-Seminare seiner Seminargruppe am 23. November Wolf Biermann verteidigt. Zudem hatte er »Olaf Bong« erklärt, »daß Gemeinschaftsaktionen wie Unterschriftensammlungen sinnlos seien, weil sie immer als staatsfeindliche Handlungen ausgelegt werden könnten. Jeder einzelne solle in seinem Wirkungskreis möglichst vielen die Erklärung der Berliner Künstler vom 17.11.1976 vorlesen bzw. eine Abschrift weiterreichen. Möglichst viele Leute seien dazu zu veranlassen, Protestschreiben an Genossen Erich Honecker zu schicken (als Einschreiben unter Einbehaltung eines Durchschlags).«[8]

Roland Jahns Vorschlag deckte sich mit Klaus Schlesingers Rat, individuell Willenserklärungen zu verschicken. Der Student wurde dafür als potentieller staatsfeindlicher Aufwiegler registriert.

Die Absicht war klar, die MfS-Vorgangsgruppe »Pegasus« suchte neue Aufgaben, neue Feinde. Noch waren die belastenden Erkenntnisse gering. Aber man würde beobachten, abwarten und im richtigen Moment erfolgreich zuschlagen, wie bei den »Pegasus«-Leuten.

Der Vorschlag, Jahn, Reiprich, Zöllner als eine neue staatsfeindliche Zelle haftreif zu bearbeiten, wurde abgelehnt. Politbüro und Bezirksleitung wollten nicht schon wieder Schlagzeilen aus Jena. Man wählte stillere Wege: Gerüchte gegen Siegfried Reiprich, er sei ein Spitzel der Staatssicherheit. Exmatrikulation von Gudrun Zöllner und Roland Jahn. Exmatrikulation von Sibylle Havemann und Lutz Leibner.

Sibylle Havemann war dem MfS von Studienbeginn an als »Informationsdrehscheibe« zwischen Berlin und Jena ein Dorn im Auge. Ihre Unterschrift unter die Biermann-Resolution bot Gelegenheit, sie im Schnellverfahren von der Sektion Psychologie und damit aus Jena zu entfernen.

Der Holzplastiker und Kindererzieher Lutz Leibner wurde nach seiner Unterschrift zweimal durch das MfS vernommen. Danach forderte der Stadtschulrat, er solle sich schriftlich von Biermann distanzieren. Nachdem auch die dritte Stellungnahme nicht zur Zufriedenheit ausgefallen war, wurde Leibner vom Pädagogikfernstudium ausgeschlossen und ihm als Erzieher im Jenaer Kinderheim »Schweizer Höhe« gekündigt.

Wie in anderen politischen Fällen auch, wurde hierzu das »Gesetzbuch der Arbeit« außer Kraft gesetzt.

Nach DDR-Recht war eine Kündigung durch Vorgesetzte nahezu ausgeschlossen. Normalerweise wurde immer ein Aufhebungsvertrag im gegenseitigen Einvernehmen angestrebt. Die Möglichkeit einer fristlosen Kündigung lag nur vor, wenn der Paragraph 32 erfüllt war: »Bei schwerwiegender Verletzung der staatsbürgerlichen Pflichten oder der sozialistischen Arbeitsdisziplin kann der Werktätige fristlos entlassen werden. Die fristlose Entlassung ist in der Regel nur nach erfolglos gebliebenen Erziehungs- und Disziplinarmaßnahmen vorzunehmen.«[9]

8 OV »Pegasus«, Bd. 3, Bl. 272.
9 Gesetzbuch der Arbeit der Deutschen Demokratischen Republik. Berlin 1973, S. 26.

Und auch danach hatte der Gekündigte auf dem Widerspruchs- und Rechtsweg nicht selten Erfolg – es sei denn, die Kündigung war politisch motiviert.

Am 25. Februar 1977 wurde auch Roland Jahn vom Studium an allen Universitäten und Hochschulen der DDR ausgeschlossen. Begründung: »weil er gröblich gegen die Studiendisziplin verstoßen hat«[10]. Die Seminargruppe bereitete der Sektionsleitung auch in diesem Fall einige Probleme:

»Auf Anraten der Uni-Parteileitung [Dr. Tennigkeit] wurde die Realisierung der von der Sektionsleitung beschlossenen Exmatrikulation Roland Jahns für den Zeitpunkt festgelegt, wenn die Studenten seiner Seminargruppe zur Einsicht der politischen Notwendigkeit der Exmatrikulation gekommen sind. Nicht alle Studenten kamen aus eigener Kraft zu dieser Einsicht. Erst nach einer ausführlichen Diskussion, die die Genossen Prof. Dr. Mühlfriedel, AOL-Sekretär Blum und ML-Seminarleiter Horst mit dem aktiven Teil der Gruppe am 4.1.1977 und mit der Gesamtgruppe am 5.10.1977führten, setzte sich das Ja der Gruppe zur Exmatrikulation Roland Jahns durch.«[11]

Der heutige Redakteur des Fernsehmagazin »Kontraste« beim Sender Freies Berlin fand sich »zur Bewährung in der Produktion« in einer innerbetrieblichen Schwertransportkolonne des VEB Carl Zeiss wieder. Trotz Belobigung für seine Arbeit wurden ihm alle Anträge auf Wiederaufnahme des Studiums abgelehnt.

Roland Jahn: »Ich bin mit einem ganz naiven, menschlichen Verständnis, mit einem gesunden Gerechtigkeitssinn an die Dinge herangegangen und habe gemerkt, da eckst du an. Die Politisierung setzte mit der Überlegung ein: Wie kannst du dich zur Wehr setzen? Im Zeugnisheft der achten Klasse stand dann: ›Er neigt dazu, in Opposition zu treten.‹ Das heißt, die Lehrer haben mich als jemanden erlebt, der in eine Kontrahaltung ging, der auf Individualität bestanden hat. Das war nicht sonderlich vehement. Es war mehr das: Ja aber ..., das Vorgegebene in Frage stellen.

Das begann schon in der Schule mit der Jugendkultur. Jugendkultur heißt Musik. Wir wollten auf Klassenabenden hören, was wir dachten, und nicht Auflagen 60 Prozent DDR-, 40 Prozent Westmusik. Dann die Frage, wie gibt man sich vom Äußeren, Kleidung, Haare. Als an der Oberschule Jungen verboten wurde, lange Haare zu tragen, fuhr ich nach Berlin zum Bildungsministerium und beschwerte mich. Danach waren lange Haare auch an unserer Schule möglich.

Zum Grundwehrdienst, das konnte ich mir nicht aussuchen, kam ich zur Bereitschaftspolizei nach Rudolstadt. Hier erkannte ich, daß der Staat einen Apparat hat, in dem du funktionieren sollst, wo kein Widerspruch geduldet wird, wo Befehl und Gehorsam bis ins letzte durchgezogen werden. – Eine

---

10 Jahn, Walter: Du bist wie Gift. Erinnerungen eines Vaters. In: Der Landesbeauftragte des Freistaates Thüringen für die Unterlagen des Staatssicherheitsdienstes der ehemaligen DDR, Reihe C, Erfurt 1996, S. 7.

11 Ebenda, S. 6.

Ausbildung, die darauf ausgerichtet war, nach innen zu unterdrücken, Polizeieinsatz – mit Gummiknüppeln, Einkesseln, Einsatz gegen irgendwelche ›inneren Aufstände‹ bei Studentenunruhen in Jena, das wurde geübt. Die Erkenntnis: Der Feind? Das könnte ich sein! Das massive Auftreten als Kompanie im Stechschritt auf Asphalt. Wenn 100 Leute ihr Seitengewehr aufpflanzen, das gibt einen metallenen Ratsch. Diese Techniken der Einschüchterung, das wurde geübt.

Auf meine Fragen, wer ist der Feind, kamen selten Antworten. Oder die Offiziere sprachen von dem Beat-Treffen 1966 in Leipzig, wo die Bereitschaftspolizei groß im Einsatz war. Da schwärmten sie, wie sie richtig beweisen durften, was sie draufhatten, im Kampf gegen die ›Staatsfeinde‹.

Der Polizeieinsatz in der Gartenstraße war für mich auch ein Schlüsselerlebnis. Die Staatsmacht ging gegen Menschen vor, die nichts, aber auch gar nichts getan hatten. Ich hatte das Glück, mich mit meiner Freundin zu streiten, und bin dadurch vorzeitig weg. Wer weiß, wie ich auf die prügelnden Polizisten reagiert hätte? Als die wehrlosen Opfer in den Knast gesperrt und nicht die Schläger bestraft wurden, schwand mein Glaube an diesen Staat um so mehr.

Im Endeffekt wirst du ja nicht als Staatsfeind geboren, sondern du wirst zum Staatsfeind erzogen. Diese Republik hat die Staatsfeinde herangezüchtet. Das beginnt mit den kleinen Erlebnissen. Beim Trampen wurde ich von der Polizei mitgenommen, bloß weil ich in der Nähe von Karl-Marx-Stadt stand, weil ich Tramperklamotten anhatte. Ich wurde die ganze Nacht auf dem Bahnhof verhört, ob ich nicht doch weiter nach Süden, Richtung Grenze wolle.

So wurdest du in eine Rolle gedrückt, hast du dich zur Wehr gesetzt, bist du tiefer hineingeraten. Die Erkenntnis, daß der Fehler im System liegt, kam natürlich nur langsam. Ich war damals noch in dem naiven Glauben, ich müßte durch die Institutionen gehen, müßte erst Grundwehrdienst leisten, dann studieren.

Ich hab schon gemerkt, wenn ich nicht mitspiele, werde ich aussortiert. Bei der Armee hat man mich nicht in Unehren entlassen, aber man hat mich auch nicht befördert. Ich blieb immer ›Anwärter der Volkspolizei‹. Man hat mich im Auge behalten. Als Willy Brandt mit dem Zug durchfuhr und alle die Transitstrecke absperren mußten, durfte ich drin bleiben. Das gleiche, als François Mitterrand kam, um die KZ-Gedenkstätte Buchenwald zu besuchen.

Als ich 1974 entlassen wurden, kam ich wieder in die Szene, gegen die geübt worden war. Ich habe Lutz Rathenow gekannt. Mit Siegfried Reiprich ging ich zur Oberschule. Ich hatte Kontakte zu Leibner, Markowsky, Lehmann, Nobi, zur Schloßgassen-WG, zu Dietes und Kirsteins. Das war wie eine Szene gewesen.

Mein Rausschmiß aus der Uni war kein Zufall. Das begann im Herbst '76 mit den Wahlen zur Volkskammer. Ich bin in die Kabine, hab die Kandidaten durchgestrichen. Danach sollten alle Seminargruppenleiter extra Beurteilungen über mich anfertigen. Später hat man mir vorgehalten, ich sei der einzige von 6 000 Studenten gewesen, der dies getan hätte.

Auch da wieder: Ich habe demokratische Rechte wahrgenommen, und am Ende kriege ich das um die Ohren gehauen.

In den politischen Seminaren haben wir auch über Wirtschaftsprobleme diskutiert. Gudrun [Zöllner] hatte Artikel über den Eurokommunismus abgeschrieben und mit Wachsmatritzen an ihrem Lehrerinstitut abgezogen. Die habe ich an der Uni verteilt. Dann in dem Seminar, ›Wissenschaftlicher Kommunismus‹ nannte sich das, habe ich meine Meinung zu Biermann gesagt: ›Die Freiheit der Meinung muß auch im Sozialismus möglich sein, die Ausbürgerung ist zum Schaden der DDR.‹ Durchaus noch taktisch, aber auch naiv überzeugt. Dann sollte ich eine Stellungnahme schreiben, habe nichts zurückgenommen, obwohl es etwas verbrämt geschrieben war. Daraufhin sagte man mir, meine Einstellung zum Staat sei fragwürdig.

Man hat beschlossen: Exmatrikulation. Und damit die legitimiert war, wurde eine FDJ-Versammlung einberufen, diskutiert und abgestimmt. Am Ende waren es eben 13 gegen eine Stimme.

Den Rausschmiß habe ich zur Kenntnis genommen, dann die Studienordnung gelesen und festgestellt, die durften mich gar nicht ausschließen. Ich mußte gegen die Studienordnung verstoßen haben, und auch der Sektionsdirektor durfte die Exmatrikulation nicht aussprechen, sondern nur der Prorektor für Erziehung und Ausbildung. Ich bin also weiter in die Seminare gegangen, wurde vor den Disziplinarausschuß geladen, habe mich auf Meinungsfreiheit berufen. Trotzdem: Der Disziplinarausschuß bestätigte den Rausschmiß.

Das hieß, ich mußte zur Bewährung in die Produktion. Ich fing als Transportarbeiter bei Zeiss an, war da viel mit Arbeitern zusammen, bin in die Gewerkschaft eingetreten und wurde zum Gewerkschaftsvertrauensmann gewählt. Daraufhin hat sich die Partei eingehakt und das verhindert: ›Wir wollen hier keinen zweiten Walesa.‹«

Die Verhaftungs- und Exmatrikulationswelle zeigte die beabsichtigte einschüchternde Wirkung. Aber auch unter den örtlichen SED-Kadern war ein Exempel fällig. Als Bauernopfer wurde der Jenaer Stadtrat für Kultur auserkoren:
»Genosse Moser hat es nicht verstanden, sein reiches theoretisches Wissen in der Leitungspraxis anzuwenden. (...) Er hat elementare und wesentliche Leitungsprinzipien in seiner Tätigkeit als Leiter mißachtet bzw. verletzt. Sie bestanden vor allem
– im ungenügenden Beherrschen der Entscheidungsvorbereitung, der nicht konsequenten Organisation und Durchführung der Aufgaben einschließlich Analyse und Kontrolle,
– in der nicht ständigen, umfassenden Bewertung der politischen Lage auf kulturpolitischem Gebiet. (...)
Aus diesen Gründen und aus politisch verantwortungsbewußter Prüfung macht sich die Abberufung des Genossen Moser von seiner Funktion als Mitglied des Rates der Stadt Jena und als Stadtrat für Kultur notwendig.«[12]

12 Thüringisches Staatsarchiv Rudolstadt, BPA SED Gera, Reg-Nr.: IV C-4/06/134 Bl. 78.

Möglich, daß interne Ränke bei der Funktionsenthebung eine Rolle spielten, die Redundanz der »Begründung der Abberufung«, die Allgemeinplätze statt Fakten deuten darauf hin. In jedem Fall war der Zeitpunkt günstig. Und die übrigen Kader auf Kreisebene konnten bei weiterer Kritik darauf verweisen: Wir haben unsere Konsequenzen schon gezogen. Unsere Reihen sind gesäubert.

Seit 1974 stellten die Jenaer Jazz-Tage einen kulturellen Höhepunkt in der Stadt dar. Angeregt und mitorganisiert wurde dieses dreitägige Festival für Oldtime-, Modern- und Free-Jazz ursprünglich durch einen Kreis um Jochen Anton Friedel (OV »Revisionist«). Bereits die erste Session lockte mehr als 2 500 Besucher an. 1976 unterlag die Arbeit des Organisationskomitees vollständig der Kontrolle der SED- und FDJ-Kreisleitung. Man befürchtete für diese Jazz-Tage Anfang Dezember Biermann-Bekundungen und Solidarisierungen mit den Inhaftierten. Entsprechend gespannt war die Lage. Die SED-Kreisleitung legte auf ihrer Sekretariatssitzung am 23. November zu den »3. Jenaer Jazz-Tagen« fest:
» – Die Veranstaltung wird durchgeführt.
– Dem Duo Gumpert/Sommer ist abzusagen.
– Alle auftretenden Gruppen sind auf ihre Verantwortung aufmerksam zu machen, die sie in der gegenwärtigen Situation für eine von Provokationen freie Veranstaltung tragen.
– Die notwendigen Sicherungsmaßnahmen sowohl für die Haupt- als auch anschließenden Veranstaltungen sind zu treffen. (...)«[13]
Uli Gumpert und Günter »Baby« Sommer gehörten zu dem Künstlerkreis, der die Biermann-Resolution unterschrieben hatte. Was aus dem Beschluß der SED-Kreisleitung nicht hervorgeht: Auch über die bei internationalen Festivals in Prag und Dresden bekannt gewordene Greizer Free-Jazz-Formation »media nox« wurde nach ihrer Solidarisierung mit Biermann einmal mehr – auch für Jena – Auftrittsverbot verhängt.
Die Jazz-Tage gingen in einem Klima der Bedrücktheit, aber ohne größere Vorkommnisse über die Bühnen. Nach der Willkür der letzten Tage gegen den »Pegasus«-Kreis und sein Umfeld wollte niemand die Verhaftung riskieren. Dazu lag der von der Staatssicherheit streng geheim verhängte Quasiausnahmezustand zu spürbar in der Luft:
»Einweisung aller op. Mitarbeiter der KD Jena zum unverzüglichen und offensiven Einsatz aller IM/GMS der Diensteinheit zur
– operativen Kontrolle der Personen der Gruppierung ›Pegasus‹,
– operative Kontrolle der Personen aus dem OV ›Revisionist‹, ‚Lyrik‹ [Reiner Kunze], ›Ikarus‹ [Uwe Grüning] und weiterer gleichgelagerter operativer Prozesse im Territorium,
– operative Kontrolle von Personen, die zu Demonstrativhandlungen neigen wie Antragsteller, Wehrdienstverweigerer, politische Provokateure,

---

13 Ebenda, Reg.-Nr.: IV C-4/06/133 Bl. 133.

– Sicherung des gesamten Territoriums hinsichtlich der Verhinderung öffentlichkeitswirksamer Feindtätigkeit wie Hetzlosungen, Schmierereien, Flugblätter, Provokationen, Demonstrationen.«[14]

Renate Ellmenreich: »Für die Jazz-Tage hatten wir schon ein halbes Jahr vorher Karten bestellt. Die haben sie uns gelassen. Im Theater saßen nur solche in unauffälligen grauen Anzügen um uns rum. Wir mittendrin. Die Plätze waren ja numeriert. Am Eingang gab es diesen Kiosk. In der Pause sind wir alle raus, haben uns ein Bier geholt, obwohl es ziemlich kalt war. Es hat sich so ergeben, vielleicht haben es auch ein paar mit Absicht gemacht: Wir standen mit unseren Biergläsern so, daß eine Art Kreis entstand. Und die, die vorher um uns herum gesessen hatten, fanden sich plötzlich in diesem Kreis wieder. Das war nicht aggressiv, eher wie zufällig. Einer von denen hat das gemerkt, hat plötzlich eine Panik gekriegt, das Gesicht verzerrt, sein Bierglas verschüttet und ist ausgebrochen. Das hat Matz richtig gefeiert: Mensch, die haben Angst vor uns. Das waren so Erlebnisse, die uns gestärkt haben. Unsere Seelen haben doch geflattert.«

Die Freunde saßen in U-Haft, niemand wußte, wo, für wie lange, wann ihnen der Prozeß gemacht würde. Auch im Dezember wurden immer wieder Leute zu Vernehmungen geholt. Diese Angst lag über der Stadt. Lutz Rathenows spätere Frau, Bettina Herschel, lief durch Jena und warnte aufgelöst Freunde, Bücher und Schriftstücke zu verstecken: Sie haben Lutz geholt! Sie hatte die Hausdurchsuchung im Haus seiner Eltern miterlebt, wußte allerdings nicht, daß er Vorsorge getroffen und extra Unverfängliches für die Stasi bereitgelegt hatte.

Ein paar Tage später, bei meinem Besuch in Jena, stand sie noch immer unter dem schockartigen Eindruck. Lutz Rathenow kam nach eineinhalb Tagen wieder raus. Über das Verhör erzählte er nichts. Als sie ihn abholten, schrieb er gerade Briefe an Schriftsteller, um sie über die Verhaftungen von Jena zu informieren. So redselig er sein konnte, in kritischen Situationen erlebte ich mehrfach, wie er über brisanten Dinge nicht sprach, um andere durch Nichtwissen zu schützen.

Lutz Rathenow: »Die dreißigstündige Vernehmung nach meiner Festnahme war vielleicht der entscheidende Punkt in meiner Biographie. Zum ersten Mal fühlte ich mich als Feind des Staates, der solche Maßnahmen ermöglichte. – Die ich natürlich als zutiefst ungerecht empfand. Und dann hörte ich von dem Vernehmer: ›Sie sitzen im letzten Waggon des Zuges der Republik. Bei der nächsten Biegung werden Sie abgehängt‹. Ich hatte ja Solschenizyn und andere Dissidenten schon gelesen. Das war Literatur. Plötzlich war ich selbst drin, sah mich selbst in diesem System.«

Doris Liebermann: »Die ersten drei Monate wußten wir überhaupt nicht, wo die Verhafteten sind. Als nach der ersten Woche klar war, wer noch drinnen und wer wieder raus war, sind Uwe Arsand und ich nach Gera gefahren, mit Päckchen für alle, mit Zahnbürsten, Zahnpasta, Creme, Zigaretten, Schokolade und so. In der U-Haft haben sie die Sachen nicht angenommen, das

---

14 OV »Pegasus«, Bd. 3, Bl. 212.

ginge nur über die Post. Ich kann mich erinnern, wie unwahrscheinlich hämisch diese Geraer Postbeamten waren: ›Ach, na gucke mal, das ist für diese Jenaer, die im Knast sitzen!‹ In einer abfälligen Art und Weise, bei der ich dachte, wie kommen so einfache Postangestellten dazu, sich derart hämisch zu äußern. Das hat mich mehr getroffen als die Stasi-Geschichten.

Nach ein paar Tagen kamen alle Päckchen wieder zurück. Denn wir hatten keine Erlaubnis von der Staatsanwaltschaft, Päckchen schicken zu dürfen. Später kriegte ich die Auflage, nur alle zehn Tage einen Brief zu schreiben. Ich hatte zu viele Briefe geschrieben. Der Staatsanwalt kam mit der Zensur nicht nach. Auch Tommy durfte alle zehn Tage einen Brief schreiben. Ein DIN-A4-Blatt, einseitig beschrieben, mit dem Stempel: Gelesen.

Einmal waren Marita Kirstein und ich in der Geraer Staatsanwaltschaft in der Rudolf-Diener-Straße. Ich erinnere mich, wie die uns angeschrien und fertiggemacht haben: ›Wehe, es gehen hier irgendwelche Solidaritätsaktionen los. Dann sind Sie aber geliefert.‹

In einem militaristischen Ton! Das kann man sich heute kaum noch vorstellen.

Aber es gab auch eine ungeheurere Solidaritätswelle. In den neun Monaten, die sie im Gefängnis saßen, schickten Leute, auch aus ganz unbekannten Kreisen, immer wieder Geld. So eine Anteilnahme habe ich nie wieder erlebt. Das Geld lieferten wir bei Rechtsanwalt Schnur ab. Es gab keinerlei Rechnungen über Anwaltshonorare oder ähnliches. Was übrig blieb, sollte er für spätere Fälle verwenden. 30 Mark konnten wir pro Person und Monat in die U-Haft überweisen. Mitbringen durften wir drei Kilo Obst zum ›Sprecher‹. Das mußte man bei einem Knasttypen extra abgeben. Drei Kilo! Nicht dreieinhalb oder vier, da wurde man gleich angeschnauzt. Heute kann sich wahrscheinlich kaum ein Mensch noch vorstellen, was das in der obstlosen DDR hieß. Es sollten ja nicht nur die ollen Äppel sein. Einmal stand ich in der Schlange vor dem Obstgeschäft am Markt. Es gab Pflaumen. Die Frau vor mir kriegte die letzten. Da hätte ich am liebsten Rotz und Wasser geheult.

Als nach drei Monaten der erste ›Sprecher‹ angesetzt war, erfuhren wir, daß sie in Karl-Marx-Stadt einsaßen. Dann war jeden Monat ein ›Sprecher‹ im Beisein von einem Stasi-Typen.

Diese ganzen Türen, das Verriegelungssystem ... Du mußt deine Besuchserlaubnis vorzeigen, überall Maschinenpistolen, aber das Schlimmste waren diese schweren Metalltüren, du merkst, da kommst du mit deiner kleinen menschlichen Kraft nicht durch. So was Übermächtiges. Was mich am Kaßberg immer beeindruckt hat, waren die Zeugen Jehovas, ganze Familien, die warteten vor dem Gefängnis mit einer Demut und Gottergebenheit und regten sich gar nicht über das DDR-System auf. Die Söhne und Männer saßen wegen Wehrdienstverweigerung. Die haben das mit einer Ergebenheit hingenommen ...

Du kamst da rein, und Tommy wurde immer krummer, der Rücken immer gebeugter. Er kam in so einem schlabberigen Trainingsanzug an, sah kreidebleich aus. Von Mal zu Mal wurde der Verfall deutlicher. Es war furchtbar. Also, wenn du einen Menschen liebst, mit ansehen zu müssen, wie der verfällt, ja, das war kaum auszuhalten.

Dann kam die Geschichte mit der Ausbürgerung, wo uns der Schnur gesagt hat, daß Marita Kirstein, Andrea Todt, Uwe Arsand und ich mit drin sind, daß unsere Ausbürgerung beschlossen ist, zusammen mit denen, die in Haft sind. Wolfgang Schnur war ja der Anwalt von Tommy. Der hatte ihn zuvor schon engagiert, falls er wegen Wehrdienstverweigerung ins Gefängnis müßte. Als sie im Gefängnis waren, hat sich Schnur bereit erklärt, drei Leute zu verteidigen. Da haben wir ihm noch Bibe [Marian Kirstein] genannt und Bernd [Markowsky]. Schnur hat sie brav im Gefängnis besucht, kam danach immer nach Jena, konnte keinen ganzen Satz sagen und druckste so merkwürdig herum. Man merkte, daß der Mann unter großem Druck stand. Das hatte ich damals allerdings etwas anders interpretiert. Seine Anwesenheit hat den Leuten Mut gemacht. Tommy meint, nach der Aktenlage habe er sie nicht in die Pfanne gehauen, zwar berichtet, aber Belastendes auch verschwiegen. Ich habe den Eindruck, daß Schnur so ein besonderer Fall von Schizophrenie war.«

Thomas Auerbach: »Weil in Gera renoviert wurde, sind wir die erste Woche in Rudolstadt eingesperrt worden. Die Haftanstalt, normalerweise für Kriminelle, befindet sich hinter dem Gericht, die kann man von außen nicht sehen. Dann sind wir nach Karl-Marx-Stadt gekommen, in die berüchtigte Haftanstalt auf dem Kaßberg, die ja auch heute wieder Haftanstalt ist.

Da liefen die längste Zeit die Verhöre. Erst mal versuchten sie, uns ›staatsfeindliche Hetze‹ nachzuweisen. Die Verschärfung kam dann im April 1977. Das Ganze zog unheimlich an, nachdem einige Zeit ziemliche Ruhe gewesen war. Im Mai kam der Vorwurf über den Haftrichter dazu: ›staatsfeindliche Gruppenbildung‹, bei mir im schweren Fall – Organisation und Leitung: Drei bis zwölf Jahre. Das hat man, wie ich heute weiß, gemacht, weil man uns nicht wegen des Protestes gegen die Biermann-Ausbürgerung verknacken wollte, weil es diese internationale Solidarität gab.

Wir haben natürlich versucht, untereinander Kontakt herzustellen. Wobei man uns in dem Zellentrakt sehr auseinandergehalten hat. Ich habe beispielsweise mit Gerd Lehmann über zwei Etagen geklopft. Mit Bernd Markowsky konnte ich durch Frauen, die über uns einsaßen, Kontakt herstellen. Wir haben das Klo mit Scheuerlappen leergepumpt und mit den Frauen gesprochen. Der andere Mithäftling stand dann am Spion und hat aufgepaßt. Die haben ja alle drei, fünf Minuten reingeguckt. Die Frauen haben dann mit Markowsky gesprochen oder geklopft. So haben wir für die Verhöre einige Linien festlegen können: Keine Gruppenbildung, keine gemeinsamen politischen Ziele zugeben. Bei mir gab es gegen Ende April ziemlich harte Verhöre mit zwei Vernehmern, wo auch der Chefvernehmer körperlich bedrohlich wurde. Der stand schon so da, drehte seine fetten Pfoten. Ich bin aber nicht geschlagen worden, Markowsky ja.

Dann habe ich auf einem Verhörprotokoll zugegeben, wir hätten ein gemeinsames politisches Ziel gehabt. Zum Glück hatte ich in der Woche ›Sprecher‹ mit Schnur und habe sofort widerrufen. Sie haben gemerkt, sie kommen so nicht weiter. Ganz wesentlich war der internationale Druck durch das ›Schutzkomitee Freiheit und Sozialismus‹. In den achtziger Jahren wären sie gar nicht mehr so weit gegangen.«

Bernd Markowsky: »Die Einlieferung in die Haftanstalt Rudolstadt zog sich lange hin. Nach und nach kamen Tommy und die anderen. Sehr sporadisch erschien jemand und fragte was. Von dem kriegte ich zuerst einen Brüller, so wie er bei den anderen versucht hatte rumzubrüllen. Aber das klappte bei mir ja überhaupt nicht. Ich guckte mir den einfach an oder brüllte in der gleichen Lautstärke zurück.

Ein paar Tage später die Fahrt ins Gefängnis nach Karl-Marx-Stadt, daß war auch seltsam. Jeder war vom anderen isoliert. Ich stand neben Jonny in so einer Art Blechspind in einem Barkas, diesem kleinen DDR-Lieferwagen. Im Gefängnis wurde ich erst mal in eine andere Stehzelle gebracht. Da konnte man auch nur gerade so drin stehen. Neben mir wurde jemand anderes eingesperrt. An seinem Atem hörte ich, es war Jonny. Wir haben uns zugeflüstert. Es gab da so ein Atmungssieb. Durch ein kleines Loch konnte man auch etwas sehen, wenn man ganz nah ran ging. Ich spähte raus, und da standen die anderen in einer Reihe. Ich sah Bibe, wie er, Hände auf dem Rücken, an den anderen vorbeiging. Er hatte das Gesicht eines gehetzten Tieres. Die machten auch ständig Bemerkungen. Er guckte sie aus den Augenwinkeln an. Ein sehr eindrückliches Bild. Wir wurden auf die Zellen verteilt, Einzelzellen. Da hatte ich zunächst Tommy als Nachbarn. Wir haben versucht, über die Fenster miteinander zu reden. Das haben die natürlich mitgekriegt und uns verlegt.

Es ist merkwürdig, ich habe erst in der zweiten Nacht das Klopfen gelernt. Ich erinnerte mich dunkel, daß ich bei Havemann schon etwas gelesen hatte über das System. Du denkst dabei zwar, das könntest du vielleicht noch mal gebrauchen, aber du beschäftigst dich nicht wirklich damit. Ich wußte nicht, wie es geht, ich mußte es lernen über einen ganz verrückten Umweg. Ich habe neulich in einem Dokumentarfilm gesehen, daß es anderen auch so ging. Als ich mitbekam, daß in dem Rhythmus eine Struktur drin ist, fing ich an zu zählen und die Zahlen zurückzuübersetzen in Buchstaben. Der Eindruck, mit unbekannten Menschen zu kommunizieren, war ungeheuer stark. Es war so – daran kann man sich dummerweise nicht erinnern – wie man als Kind anfing zu sprechen. Es war ein unglaubliches Gefühl, zum ersten Mal zu verstehen, was ein anderer Mensch durch eine Zelle dir mitteilt. Das war so unglaublich, daß es wirklich einen anderen Menschen gibt und du nicht allein, verloren bist für den Rest des Lebens, und auch zu verstehen, daß Kommunikation die Voraussetzung gegen Verlorenheit ist.

Es hatte sogar Folgen. Irgendwann hatte ich Kreislaufprobleme. Das teilte ich dem anderen mit, es war in der Nacht. Der fing an, richtig wild an die Tür zu pochen, und er schrie: ›Ich bin Arzt. Der Mann hat Probleme. Lassen Sie mich helfen.‹ Was er natürlich nicht durfte. Aber es war ein starkes Erlebnis.

Es gab die ganze Zeit über Verhöre. Zunächst einmal ›staatsfeindliche Hetze‹ und unser Nachweis, daß das Unsinn ist, im philosophischen Sinn ist ja jeder Kommunist Staatsfeind, für die Überwindung des Staates, aber für die Praxis ist das absurd. Das war alles nicht so dramatisch für meine Begriffe. Am Anfang ging es natürlich darum: Wo sind die Unterschriftenlisten? Da brauchten sie schon 'ne Weile, um das klarzukriegen. Das fand ich auch unterhaltsam, wie die sich verstrickten, wie sie in die Irre gingen, wie dumm sie sich benahmen. Sie stellten sich teilweise richtig blöd an. So weit sind sie mir entgegengekommen.

Aber etwas hatten sie geschickt gemacht. Die hatten da einen sehr freundlichen Kerl als Vernehmer. Nicht unintelligent, im Hintergrund natürlich mit seiner Strategie, aber er hatte etwas an sich, daß ich ihn manchmal als meinen kleinen Bruder ansehen konnte. Dadurch wurde es immer sehr anstrengend, auch, weil er ein offenes Gesicht hatte.

Sie waren auch zwischendurch fürsorglich. Ich hatte eine Situation, wo ich mal rumgeschrien hab, mir einen Tobsuchtsanfall leistete. Da kamen die mit Handtüchern und Fesseln. Unten gab's einen Keller. Da waren die richtigen Gummizellen. Ich wurde die Treppe runtergestoßen, hatte zu tun, daß ich nicht anfange zu kullern. Als wir dann unten waren, war da so ein Schweinegesicht. Der hatte einen Riesenschlüsselbund in der Hand und wollte damit auf meinen Schädel schlagen. Einer hat den abgefangen, direkt vor meinem Kopf. Offensichtlich gab es die Weisung, mich unversehrt zu lassen. Gummizelle hatte ich dann drei Wochen. Die einzige Möglichkeit wäre gewesen, mir den Schädel auf dem Betonfußboden einzuschlagen. Darum ging es mir aber nicht.

Nach drei Monaten Einzelzelle kriegte ich einen Mithäftling. Das war schwierig. Ich bin mit dem nicht so klargekommen. Der war Ingenieur, auch eine seltsame Geschichte. Der wollte über Rußland abhauen. Ausgerechnet Leningrad. Von da fuhren Schiffe nach Schweden. Der dachte, das geht. Ich kann – auch nach den Jahren – nicht sagen, daß ich denke, der war Stasi-Mann. Natürlich hast du einen Verdacht. Aber es gab keine Anhaltspunkte. Wir haben uns normal unterhalten. Er hat über seine Geschichte erzählt, ich über meine, bis an die Grenze dessen, was vielleicht relevant geworden wäre.«

Jürgen Fuchs: »Die ›Gedächtnisprotokolle‹ sind ja schon vor Biermanns Ausbürgerung in den Westen gelangt. Freimut Duve, der Leiter von ›rororo aktuell‹, hat sehr toll gehandelt und innerhalb weniger Wochen das Buch produziert. In der U-Haft wollten sie, daß ich an Rowohlt schreibe und die Veröffentlichung stoppe. Aber ich habe gesagt, ›ich finde es gut, wenn das veröffentlicht wird.‹ Und: ›Dieser Ort ist eigentlich eine gute Werbung.‹ Da sind sie davon ausgegangen, daß ich frech bin. Mit solchen Leuten kann man nichts anfangen. Da ging es mit anderen Tönen weiter.

Aber zwischendurch Distanzierungsmöglichkeiten. Der leitende Vernehmer, Eberl, sagte dann: ›Ja, wenn Sie dieses Schreiben wegschicken, dann ist der Ort, an dem Sie sich befinden, natürlich kein günstiger Ort.‹

Mir war klar, wenn ich den Brief schreiben würde, würden sie ihn abschikken. Da hätte ich hinterher x-mal sagen können, die haben Druck angewandt. – ›Moment mal! Sie waren jetzt ein paar Tage in Haft. So groß kann der Druck auch nicht gewesen sein ...‹

Es hat jeder in gewisser Weise Freiheitsgrade gehabt. Auch sich dem zu entziehen. Oder man muß sich zu seiner Haltung bekennen. Ich habe *Kooperation* abgelehnt. – Auch wenn ich sehr empört war, in Haft zu sein, was ich auch ausgedrückt habe: Allein, wenn Sie mich verhaften und so behandeln, wenn Sie Biermann ausbürgern, reicht das, damit ich mit Ihnen nicht sprechen will.

172

Es war eine Haft, die ich jetzt nicht schildern will, die zunehmend härter wurde, auch durch Zellenspitzel und verschiedene Maßnahmen, überheizte Zelle bis hin zu Druckanwendungen bei Vernehmungen. In der Situation ist noch das Buch erschienen, da gab es Reaktionen. Aus Jena waren Leute verhaftet. Da hat man angefangen zu verschärfen. Die Jenaer hatten ja auch ›staatsfeindliche Gruppenbildung‹, was sehr erschreckend ist. Mit ›Staatsverleumdung‹ fängst du vielleicht an, dann bist du bei ›staatsfeindlicher Hetze‹, Gruppenbildung kommt noch hinzu, und du kannst dir ausrechnen, daß dein Leben ausgeplant ist.

Rechtsanwalt Vogel hat mich gefragt: ›Ist Gruppenbildung schon hinzugekommen?‹

Das fragt der Anwalt den Beschuldigten unter Vernehmungsdruck beim ›Sprecher‹!

Da habe ich gesagt: ›Bis jetzt nicht. Steht denn so was an?‹

Da sagt er: ›Ja, ja.‹

Diese Drucksituation hat er mit geschaffen. Er hätte auch sagen können, ›ich muß Ihnen mitteilen, daß Gruppenbildung möglich wäre, aber ich werde in jedem Fall dagegen protestieren und muß Ihnen raten, keine Aussage zu machen.‹ Statt dessen die Frage: ›Ist Gruppenbildung schon hinzugekommen?‹

Es gab dann lange Phasen, in denen ich überhaupt nicht mehr gesprochen habe, zweieinhalb, fast drei Monate. Ständig zu Vernehmungen bestellt zu werden und nicht zu sprechen, ist schon sehr schwierig. Ich hatte auch eine psychische Krise. Und wenn dann Glas, Nescafé-Gläser auf die Zelle geraten, im Sinne der Suizidvorsorge, da sind schon Register gezogen, wo ich sagen muß, daß da eine Entscheidung jeder Art in Kauf genommen wurde.

Ich habe mich vorbereitet auf eine Haftstrafe, habe erwartet, daß ein Prozeß stattfindet, habe um Papier gebeten, das ist mir verweigert worden, habe eine Anklageschrift gefordert, damit ich mich vorbereiten könne: Die habe man noch nicht. Ich habe gefordert, daß ich einen Verteidiger aus dem Ausland hinzuziehen könne ... Das sind alles Sachen, über die gelacht wurde.

Im Prozeß hatte ich vor, keine Richterfragen zu beantworten, sondern knapp meine Meinung zu sagen. Ich hatte mir vorgenommen, was ich sagen wollte, zusammenhängend zu sagen, unabhängig von der Form des Ablaufs, auch wenn ich gegebenenfalls aus dem Verhandlungsraum entfernt würde.

Parallel, nachdem ich Monate da verbracht habe, dachte ich darüber nach, wie verhältst du dich zur Ausreise. Ich mußte unbedingt klären, was die Familie darüber dachte, auch weil sie es von außen ja politisch einschätzen konnte. Ich habe einen Brief an Vogel geschrieben, das war im Juni oder Juli, daß ich mit ihm über die Möglichkeit sprechen möchte, die DDR zu verlassen. Ich höre noch den Vernehmer sagen: ›Ach, jetzt komm' Se wohl so!‹

Vogel kam recht bald. Ich: ›Bin hier in der Lage, daß mir auch DDR-Veröffentlichungen vorgehalten werden und daß mir der Hinweis gegeben wird, Leute wie Sie ändern sich entweder oder – raus und weg. Was heißt das für mich konkret?‹ Dann habe ich gefordert, daß ich mit meiner Frau darüber sprechen kann.

Beim ›Sprecher‹ hat sie mir gesagt, daß sie unbedingt möchte, daß ich in der DDR bleibe. Ich habe ihr erklärt, für mich könnte das heißen, mehrere Jahre Gefängnis. Sie hat geweint und gesagt, ›halte durch, das wird nicht mehr lange dauern.‹ Dann hat das sozusagen angehalten. Ich habe keinen Antrag gestellt.

Drei, vier Tage vor der Ausbürgerung im August gab es ein Gespräch. Vogel sagte, er ist hier als Vertreter der DDR-Regierung. Es gibt die einmalige Möglichkeit der Ausreise in die Bundesrepublik. Ich hätte unter Beweis gestellt, daß ich mich nicht ändern wolle. Vorher, im April, hatte er schon mal gesagt, ich müsse mir überlegen, ob ich im ›Neuen Deutschland‹ veröffentlichen wolle, oder im ›Spiegel‹. Ich hab gesagt: ›Überall.‹

Vogel: ›Es gibt nur diese einmalige Möglichkeit. Und wenn Sie nicht wollen, dann dürfen die andern, die sehr bereit sind, auch nicht. Und im übrigen, Herr Pannach und Herr Kunert haben auch zugestimmt.‹

Das erste, was ich gesagt habe: ›Das ist Erpressung, das ist ganz klare Erpressung.‹ Vogel: ›Nennen Sie es, wie Sie wollen, ich nenne es: Im Sinne von Frieden und Verständigung und Konfliktlösung. Glauben Sie nicht, daß Sie etwas erzwingen können, wenn ein Prozeß stattfindet.‹ Ich: ›Er soll stattfinden.‹ Vogel: ›Überlegen Sie sich das gut. Sie müssen jetzt nicht endgültig antworten. Die anderen betrifft es auch.‹

Dann bin ich zurückgeführt worden in die Zelle und stand innerlich vor einer sehr schweren Konfliktsituation und hab dann in einem Gespräch mit Lilo, um das ich dringend ersucht hatte, zu ihr gesagt, daß ich einschätze, nicht in die DDR entlassen zu werden, und daß eine langjährige Haftstrafe ansteht und das ich es eine erpresserische Situation finde. Als ich etwas zu den anderen Inhaftierten sagen wollte, hat man mich unterbrochen. Ich habe vorgeschlagen, daß wir gehen sollten. Das war für Lilo sehr schwer, sehr schwer.

Einen Tag später bin ich in der Haftanstalt in einen Raum bestellt worden. Man hat die Entlassung vorbereitet, hat mir die Ausbürgerungsurkunde gegeben, ich habe den Empfang quittiert und unterschrieben, daß Einvernehmen zwischen Rechtsanwalt Vogel und mir hergestellt sei über diesen Weg. Man hat mich rausgeführt auf einen Gang, da sagte der Schließer zu mir: ›Jetzt sin' Se staatenlos‹, und lachte.

Etwas später wurde ich hingeführt zu einem PKW, der stand im Inneren der Haftanstalt. Pannach und Kunert saßen im Wagen, ich sah sie das erste Mal wieder. Der Wagen fuhr uns zum Haus von Vogel. Dort habe ich einen Wutanfall bekommen und gesagt, das ist eine umfassende erpresserische Sauerei. – Auch der Hinweis auf die anderen.

Vogel: ›Die sind schon unterwegs.‹

Zeitgleich sind sie zu Lilo nach Grünheide gekommen. Auch makaber: ›Innerhalb von drei Tagen haben sie die DDR zu verlassen, weil ihr Mann in der BRD ist‹. Ich will jetzt nicht erzählen, was das für sie bedeutet hat, was sich an Tränen abgespielt hat. Ich faßte danach den Entschluß, mit den ›Vernehmungsprotokollen‹[15] meine Situation zu dokumentieren und gerade auch Robert Havemann mitzuteilen, wie die wirkliche Lage gewesen war.

15 Fuchs: Vernehmungsprotokolle.

Vogel sagte ich in seinem Haus: ›Sie sind sich doch im klaren darüber, daß ich darüber sprechen werde.‹ Er: Das sei ihm klar. Ich: ›Ist Ihnen klar, daß Sie mitbeteiligt sind?‹ Er: ›Ich bin Anwalt. Mein Anliegen war, Sie aus dem Knast zu holen.‹ Ich: ›Gut, Sie holen uns aus dem Knast raus, aber Sie nehmen uns auch das Zuhause, sie zerreißen unsere Familien, besiegeln die Zensur und das Berufsverbot in der DDR.‹ Er: ›So sind die gegebenen Umstände.‹

Dann hat uns Frau Vogel, auch um die ›Freiwilligkeit‹ zu demonstrieren, in ihrem Mercedes ohne Halt, man hat uns durchgewunken, bis kurz hinter den Grenzübergang Invalidenstraße gefahren. Auf der Brücke sind wir raus. Da standen wir da.«

Frisch aus Hohenschönhausen[16]
Blaß, allein und hart
Standen drei Freunde vor dem vierten
In Steglitz, in der Ahornstraße. Wolf kam aus Hamburg
Angeflogen, war vorher in Griechenland und Spanien
Seine neue Platte hielt er
Unterm Arm, wollte sie uns geben, hellblau
Das Cover, Kinderlieder vom Friedensclown
Hielt sie uns hin in einer Freundschaft
Die halten sollte, umarmte uns drei
Musterte uns, wollte die Augen
Sehen, was aus ihnen geworden war in verschiedenen
Zellen, Tagen, Monaten
Gefällt sie euch? wollte er wissen
Wir nickten und Gerulf dachte an seine Platte
Die er nicht hatte und Kuno sagte
Die einen sitzen im Knast
Und die anderen nehmen ihre Platten auf
So ist das
Da zuckte einer zusammen
Da war etwas gesagt, leise hingeworfen worden
Das schon stimmte und auch wieder nicht
Seit 65, sagte einer, das war eine lange Zeit
Da ist viel passiert, da hätte viel passieren können
Jetzt sind wir hier. Ja, sagten drei
Freunde zu einem vierten
Da war es schon geschehen, da hatten sie es schon erreicht
Hellblau das Cover, ein lustiger Clown
Da war der Kratzer schon
Auf allen Rillen
Da waren die Fingernägel schon im Gesicht des anderen
Wollten seine Augen treffen

16 Fuchs, Jürgen: Jürgen an Wolf. Fax 1998; In Erinnerung an 1977, Gerulf Pannach erkrankt. (Unveröffentlicht)

Die etwas nicht gesehen hatten
Wollten eigentlich streicheln, zittern und zagen
Das nicht sagen und das nicht
In keinem Verhör
Etwas sagen
Gar nichts gesagt haben, in keinem Verhör etwas gesagt haben
Wollten die drei
Eine gute Platte, eine schöne Platte, eine verdammte Zeit
Jetzt halten wir zusammen, wollte Kuno sagen
Aber getrennt waren drei von
Einem und jeder vom anderen, denn keinen
hatten sie zum anderen gelassen
105
107
332 und Köln, Hamburg, Griechenland, Spanien
Das Wort Zersetzung kannten wir noch nicht, aber
Den Schmerz kannten wir
Das Alleinsein
Das Protokoll
Den Widerruf
Die Angst kannten wir. Keiner kommt besser raus
Verwundete Tiere, neidische Stiere
Böse Spinnen
Der Freund war der Fremde
Weil sie ihn nur ausgebürgert hatten
Und nicht inhaftiert. Die Zwo hätte er also sein sollen, die
Eins oder Drei, Komm' Se hätte er also hören müssen
Die Riegel, die Schlüssel den Läufer
Keiner kommt besser raus
Oder er weint und
Schreit
Weint, weint. Bis das Böse nachläßt
Und nicht mehr grapscht nach dem hellen Blau
Der Freundschaft. Dann hört der Vierte den fremden Ton, dann
Dann hört er ihn. Dann weiß er es. Dann
Weiß er es auch
Daran mußte ich heute denken, als Faxe kamen aus Hamburg
1. Fassung, 2. Fassung, 3. Fassung
Du Freund
Du guter Freund, schreib, mach, sing
Und morgen die Musik zur neuen Ballade, das hier
Als Gruß und Erinnerung
An böse Zeiten, falls noch genügend Papier auf der Rolle ist
Und die Verbindung zustande kommt.

Schutzkomitee West kontra Zuchthaus Ost

Entscheidend für die Freilassung der Inhaftierten war die Arbeit des »Schutz-komitees Freiheit und Sozialismus«. In einer beispiellosen privaten Initiative recherchierte das Komitee Informationen über die politischen Häftlinge und die Haftgründe. Mit Unterstützung der Medien und internationaler öffentli-cher Proteste übte es Druck in einem Ausmaß auf die DDR-Führung aus, den diese nicht erwartet hatte. Im Gegenzug nutzten Partei, MfS und ihre Einfluß-agenten in linken Organisationen Westberlins alle denkbaren Mittel, um das Schutzkomitee zu paralysieren. Der Einsatz für die Freiheit der Gefangenen wurde zu einer einmaligen, grenzüberschreitenden Auseinandersetzung einer Gruppe linker Demokraten mit dem DDR-Regime. Das Komitee erreichte zahlreiche Freilassungen und Hilfe für den Neubeginn der Ausgebürgerten. Die SED-Führung, ihr MfS und ihre westlichen Helfer erreichten die Zerset-zung des Schutzkomitees.

Begonnen hatte alles recht spontan. Der Westberliner Historiker Professor Manfred Wilke und die Journalistin Margret Frosch, die beide in Kontakt mit Robert Havemann standen, suchten nach der Verhaftung von Jürgen Fuchs Hannes Schwenger auf, den Vorsitzenden des Westberliner Schriftstel-lerverbandes. Sie kannten sich aus der Studentenbewegung und waren sich ei-nig, etwas mußte geschehen.

Hannes Schwenger: »Die Biermann-Ausbürgerung war für uns sofort eine wahrnehmbare Erschütterung. Während sich die Linke ja immer in ihrer DDR-Kritik zurückhielt, war das ein Fall, der die antifaschistische Verabre-dung in Frage stellte. Der antifaschistische Konsens war klar durchlöchert. Ausbürgerung hatten bis dahin nur die Nationalsozialisten angewendet. Ich habe gesagt, ich kann versuchen, etwas über den VS [Verband deutscher Schriftsteller] zu machen. Es war mir bewußt, daß wir in der Gewerkschaft auf Widerstände stoßen würden, weil deren Führung DDR-freundlich war. Wir haben einen Trick angewandt und vorgeschlagen, wir rufen durch den VS auf, ein unabhängiges Komitee zu gründen. Das hat sich sehr bewährt, da-durch konnte uns die Gewerkschaft nichts untersagen, und auch die SEW-Fraktion im VS nicht, die später massiv dagegen mobilisierte.«

Sich Hannes Schwenger als Schriftsteller an einem Schreibtisch in einer Dichterklause vorzustellen, fällt schwer. Allein während unseres Gesprächs an einem ganz gewöhnlichen Vormittag läutete das Telefon an die 20 Mal.

Schriftsteller zu werden war sein Jugendwunsch. Einmischung und Solida-rität gehört für diesen schnell denkenden und sprechenden und dabei meist freundlich lächelnden Mann unbedingt dazu. In Meiningen geboren, wuchs er seit 1945 im streng katholischen Würzburg auf. Seine Einstellung war antikle-rikal, und das hieß für ihn: Beteiligung an der Bürgerbewegung gegen das in der Adenauerzeit drückende Hineinregieren der Kirche in die Schulen und Kindergärten. Er trat früh in die SPD ein und wegen ihres Koalitionskurses mit der CDU unter Kiesinger zeitweilig wieder aus. Er stand im Zentrum der Studentenbewegung, ließ die Plaketten »Enteignet Springer« drucken und war beim Generationswechsel der Berufsverbände im Gefolge der Studentenbewegung dabei. 1971 wurde Schwenger, der 1969 den Westberliner Schriftstellerverband mitgegründet hatte, zu dessen Vorsitzenden gewählt.

Solidarität und linkes politisches Selbstverständnis war Programm für das »Schutzkomitee Freiheit und Sozialismus«. Das Wörtchen »und« wollten seine Initiatoren zugleich als ihre Abgrenzung gegenüber der CDU verstanden wissen, die gerade ihren Bundestagswahlkampf mit dem Schlagwort führte: »Freiheit statt Sozialismus«.

In einer am 10. Dezember 1976 einberufenen Pressekonferenz teilten die Initiatoren die Gründung des Komitees und als Ziel mit: Information über politische Häftlinge in der DDR und Einsatz für ihre Freilassung.

Mehr als 200 Journalisten kamen und berichteten in Deutschland, Frankreich, Schweden...

Mehrere 100 Persönlichkeiten unterzeichneten den Gründungsaufruf:

»auf Initiative des Verbandes deutscher Schriftsteller (VS) in der IG Druck und Papier Berlin wird sich in diesen Tagen ein Komitee zum Schutz der aufgrund ihrer Meinungsäußerung beruflich, politisch und persönlich bedrohten DDR-Bürger bilden. Der VS selbst hat eine Patenschaft für den Schriftsteller Jürgen Fuchs übernommen. Wir und die Unterzeichner des Aufrufes laden Sie ein, als korrespondierende Mitglieder das Komitee zu unterstützen. (...)

Zu den Unterzeichnern gehören unter anderem Heinrich Albertz, Heinrich Böll, Friedrich Dürrenmatt, Prof. Fritz Eberhard, Prof. Fr. Edding, Hans Magnus Enzensberger, Max Frisch, Prof. H. Gollwitzer, Prof. Robert Jungk, Marianne Koch, Volker Ludwig, Prof. A. Mitscherlich, Jakob Moneta, Otto Schily, Peter Schneider, Romy Schneider, Alice Schwarzer, Prof. T. v. d. Vring. (...)

Hannes Schwenger, Vorsitzender«[1]

Der Gewerkschaftsvorstand der IG Druck und Papier lehnte die Unterzeichnung des Aufrufes zweimal ab, zunächst, weil ihm die Presseinformationen nicht glaubwürdig erschienen, später, weil er etwas dagegen habe, »daß man immer gegen Vorgänge in anderen Ländern protestiert, aber nicht den Mut findet, im eigenen Land mit dergleichen Intensität Stellung zu nehmen«[2].

Die massivsten Angriffe auf das Schutzkomitee kamen von der Westberliner SED-Bastion SEW im Schriftstellerverband.

Hannes Schwenger: »Der Antrag einer Rüge für das Schutzkomitee kam von Elke Erb, die Ende der fünfziger Jahre selbst aus der DDR gekommen

---

1 Mytze, Andreas (Hrsg.): Das Schutzkomitee Freiheit und Sozialismus in Selbstzeugnissen, Dokumenten, Briefen und im Zerrspiegel der MfS-Akten. In: Europäische Ideen. Sonderheft 1995, S. 3.
2 Vgl. ebenda S. 11 ff.

war und auch ein Buch geschrieben hat, in dem sie die DDR kritisierte: ›Die Kette an deinem Hals‹. Später hat sie sich wieder in die Nähe der SEW begeben. In diesem Fall wurde sie besonders durch Dinah Nelken unterstützt. Die SEW-Fraktion hat versucht, das Schutzkomitee zu verhindern. Wir konnten aber die Mehrheit für uns gewinnen.«

Elke Erb trat aus Protest aus dem Vorstand des VS zurück, und Dinah Nelken schrieb:

»AN DEN VORSTAND DES VS / Einschreiben

Ich wiederhole hiermit meinen am 31.1.1977 in der Mitgliederversammlung des VS lautstark erhobenen Protest gegen eine politische Aktion, die sich – laut Werbekarte eines Komitees für *Freiheit und Sozialismus* zum *Schutz der Bürger der DDR* – nicht der BRD, Chiles, der Türkei etc. etc. berufen fühlt.

Ganz gleich, ob diese einseitige Aktion auf nicht einstimmigen Beschluß des Vorstandes ohne Wissen und Benachrichtigung der VS-Mitglieder oder als ein Privat-Unternehmen gestartet wurde, halte ich sie in dieser Zeit der Spaltung, des Neonazismus, der Arbeitslosigkeit, der Inflation, des kalten und allenthalben schwelenden heißen Krieges für leichtfertig und gefährlich.«[3]

Dieses Stück Papier läßt ahnen, welche Grabenkämpfe herrschten, mit welcher ideologischen Blindheit und Ignoranz gegenüber den Inhaftierten manche(r) noch 1977 SED-Verbrechen verteidigte.

Hannes Schwenger fragte in seiner Stellungnahme:

»WIE LANGE KANN SOLIDARITÄT WARTEN?

(...) In der Vergangenheit hat der Vorstand des VS wiederholt Solidaritätsaktionen – von Geldspenden für Vietnam bis zur Bildung des Spanienkomitees – beschlossen, ohne daß dies beanstandet worden wäre. Zum Konfliktfall wurde dieses Mandat des Vorstandes erst, als es um Maßnahmen der DDR ging, an denen eine relevante Minderheit im VS offensichtlich keine Kritik wünscht. (...)

Meine Haltung in der Sache verteidige ich ausdrücklich. Der Schriftsteller Jürgen Fuchs und mindestens 15 weitere nach der Ausbürgerung Biermanns ... Verhaftete sitzen heute, nach drei Monaten, noch immer in Haft – ohne daß Anklage erhoben oder Haftgründe genannt worden wären. (...)

Einen Beschluß, der den Vorstand unseres VS an der mir selbstverständlichen internationalen Solidarität mit bedrängten Berufskollegen hindern wollte, könnte ich nicht respektieren. Ich bliebe keinen Tag länger in meinem Amt.«[4]

Hannes Schwenger: »Bei der DKP kritisierten einige durchaus auch die Biermann-Ausbürgerung. Aber sie kritisierten sofort die Form, wie wir uns für politische Häftlinge einsetzten. Es gibt dazu eine recht bekannte Kontroverse zwischen Peter Schütt von der DKP in Hamburg, der auch im VS als Funktionär tätig war, der behauptete, daß Jürgen Fuchs aus ganz anderen Grün-

3 VS Westberlin: Protokoll 1/77 S. 4.
4 Ebenda, S. 4 f.

den säße. Mir klingt noch im Ohr, die Militärgerichtsbarkeit sei hinter ihm her. Ich habe dann im ›Extra-Dienst‹, in dem Schütt das veröffentlichte, gefordert, er solle offenlegen, woher er diese Information habe. Da hat Schütt natürlich geschwiegen, weil er das nicht offenlegen konnte.«

In mehreren großen Pressekonferenzen informierte das Schutzkomitee über die Verhafteten in Berlin, Erfurt, Jena, Leipzig. Wobei es überaus kompliziert war, die DDR-Hermetik zu überwinden und genaue Informationen zu erhalten.

Hannes Schwenger: »Wir haben bewußt gesagt, nicht konspirativ. Das ist auch nach den Gesetzen der DDR nicht erlaubt. Das war natürlich blauäugig, den Kontakte mit uns konnte man als staatsfeindliche Kontaktaufnahme verfolgen. Wir haben Kontakte mit Angehörigen der Inhaftierten gesucht und haben uns erzählen lassen, wo sie einsitzen und wie es ihnen geht. Ich habe meinen westdeutschen Paß genommen und bin nach Ostberlin gefahren. Wir bekamen Briefe und Anrufe, und wir hatten einen Kontakt nach Jena zu Renate Groß. Wir haben uns in der Wohnung von ›Heinz Müller‹ getroffen (vom MfS geführt als IMV unter Reg.-Nr.: X/21/73). Mit dem wurde ich durch einen befreundeten Bibliothekar bekannt, dem – vermutlich durch ›Müllers‹ Mitwirkung – die Einreise in die DDR bereits gesperrt war. Er stellte mir ›Heinz Müller‹ als Sohn eines DDR-loyalen Schriftstellers vor, der ihn ›verstoßen‹ habe. ›Heinz Müller‹ tat das leid, und mein Freund sagte: ›Besuch den doch mal, wenn du in Ostberlin bist.‹

›Heinz Müller‹ hat sich als Bürgerrechtler dargestellt und besaß Kontakte zu den Jenaern. Er kam aus der Gegend. Wir haben uns zwei-, dreimal mit Renate und anderen aus Jena bei ihm getroffen, und er hat uns verpfiffen.«

IMV »Heinz Müller« stellte nicht nur den Kontakt zwischen Renate Groß und Hannes Schwenger her, um als Mittelsmann für die Staatssicherheit über alle Aktivitäten unterrichtet zu sein. Er erhielt von Schwenger eine neue Schreibmaschine zur Weiterleitung an die Jenaer. Zuvor übergab er sie allerdings an das MfS. Die Abteilung II (Spionage gegen die DDR) der Bezirksverwaltung Gera wußte, was zu tun war:

»Zwecks Erkennung und Identifizierung dieser Schreibmaschine wurden folgende Typen angefeilt:
l: im 2. Sektor
e: im 4. Sektor
r: im 2. und 3. Sektor
7: horizontal verlaufender Teil des Kopfsegments und unterer Bogenzug.«[5]
Die Urheberschaft alles auf dieser Maschine Geschriebenen war damit für eventuelle Ermittlungsverfahren nachweisbar.

Auch 40 Exemplare von Rudolf Bahros »Die Alternative«, die IMV »Heinz Müller« von Hannes Schwenger zu treuen Händen erhalten hatte, gingen erst einmal an die Abteilung XX der MfS-Bezirksverwaltung Gera. Dort wurden sie mit geheimen Kennzeichen versehen, um später feststellen

---

5 OV »Kanzel«, Reg.-Nr.: X/18/78, Bd. 2, Bl. 254.

zu können, mit welchen Personen und Gruppen in der DDR der Jenaer Kreis Kontakt hatte.[6]

Renate Ellmenreich: »Im Januar 1977 kam ›Heinz Müller‹ das erste Mal. Er suchte eigentlich die Marita Kirstein. Die war aber nicht da. Ob er mich allein sprechen könne. Fand ich komisch, aber na ja. Ich kannte den nicht, und der stand in der Tür und sagte, er komme vom Schutzkomitee. Dann wollte er die Listen aller Verhafteten, Informationen über sie, die man im Westen veröffentlichen könne. Da war ich Gott sei Dank vorsichtig und habe gesagt: Nur über den direkten Kontakt. So hat er uns zu sich nach Berlin zu einem Treffen mit Hannes Schwenger eingeladen. Es gab dann eine ganze Reihe Treffen, zum Glück auch ohne ›Heinz Müller‹ in meiner Wohnung in der Brunnenstraße. Ich hatte die ganze DDR-Zeit über diese Wohnung in Berlin gehabt. Da sind Material- und Geldübergaben gelaufen, die ›Heinz Müller‹ nicht mitbekommen hat.

Es ging vor allem darum, im Westen Öffentlichkeit herzustellen, was für mich noch ganz ungewohnt war. Ich hab zu Hannes gesagt: ›Vorwärts‹ ja, ›Frankfurter Rundschau‹ nein. Dabei kannte ich die Zeitungen doch überhaupt nicht. Und Hannes hat mir immer auseinandergesetzt, was für Zeitungen das sind, wie wichtig Öffentlichkeit ist. Wir haben Gedichte von Hinkeldey und Texte von Fuchs rausgesucht, alles, was wir hatten.

Hannes drängte auch: ›Organisiert euch osteuropaweit. Macht eine Menschenrechtsorganisation auf.‹ Durch ihn habe ich viel gelernt. Matz und ich sind dann auch nach Prag gefahren, haben Anna Šabatová und Petr Uhl von der Charta 77 getroffen. Sie haben unsere Berichte über die Inhaftierten für die Charta dokumentiert. Da war natürlich auch eine große Angst, daß sie uns verhaften, und unsere fünf Monate alte Tochter wäre allein. Wir haben uns dann doch getraut, haben unsere Tochter in Obhut gegeben und sind Pfingsten 1977 nach Prag gefahren. Petr Uhl wurde ja voll überwacht. Man konnte nur ganz konspirativ über Nebenhäuser zu ihm gelangen.«

Hannes Schwenger: »Ich habe das alles mit großer Freude gesehen. Als wir mit ›Heinz Müller‹ zusammensaßen, in der Frühphase, gab es immer auch Überlegungen, soll man in der DDR so was wie die Charta 77 gründen. Ich habe mich damals sehr zurückgehalten und gesagt, ich möchte nicht unsere westlichen Positionen, so wünschenswert ich das finde, zu euch hereintragen. Wenn, müßt ihr als DDR-Bürger eure Sache politisch in die eigene Hand nehmen. Wir können euch Schutz geben. Schutzkomitee bedeutet Schutz für politische Gefangene. Aber ich lehne es ab, wie die KPD-ML es tut, zum Beispiel nach Karl-Marx-Stadt zu reisen und eine Partei zu organisieren. Ich habe es mit Erstaunen gehört, als mir Renate Ellmenreich letztens sagte, ›indem du die Position vertreten hast, Solidarität mit der DDR-Opposition zu zeigen, hast du uns motiviert, politisch zu handeln‹.

Es hat mich gefreut, daß Leute, die in der frühen Phase Kontakt zum Schutzkomitee gehalten haben, Gerd Poppe zum Beispiel, dann in den achtziger Jahren die Bürgerbewegung organisierten.«

---

6 Vgl. ebenda Bl. 255 ff.

Renate Ellmenreich: »Das Schutzkomitee hat uns auch später ständig weitere Leute genannt, die verhaftet worden waren, über die wir Informationen sammeln sollten. Da bin ich nach Sonneberg gefahren oder nach Leipzig zur Frau Warmbier[7]: ›Guten Tag, ich komme im Auftrag des Schutzkomitees. Ich wollte mich erkundigen, wie es Ihrem Mann geht?‹

Die Leute waren alle mißtrauisch. Auch Hannes hat dann gesehen, daß das so nicht geht.

Im Sommer '77 begann meine eigene Geschichte, da bekam ich das Vikariat in Nöbdenitz bei Gera, hatte ein großes altes Pfarrhaus, das Telefon war schon angezapft, aber als kirchliche Mitarbeiterin war ich doch ein Stück geschützter als vorher.«

Doris Liebermann: »Das Schutzkomitee hatte ja jede Menge Unterschriften vom Theologen Helmuth Gollwitzer über Yves Montand bis Romy Schneider. Das war, glaube ich, der Grund dafür, daß sie sich in der DDR nicht getraut haben, die Leute zu verurteilen. Deswegen war die Präsenz der Stasi in diesem Jahr in Jena auch übermächtig. Sie standen sogar vor meinem Haus. Für sie war es naheliegend, daß Kontakte zum Schutzkomitee bestanden oder daß wir versuchten, Kontakte herzustellen.

Der Hannes hat mir gesagt, es war unheimlich schwer, in Jena Kontakte zu finden. Ich kann mich erinnern, wie ich einmal Lilo Fuchs in Jena auf dem Markt getroffen habe. Da standen dann fünf Stasis um uns rum. Die begleiteten die Lilo zu jeder Zeit und wichen keinen Zentimeter von ihr. Da konnte man auch nur sagen: ›Wie geht's denn? – Es geht gut.‹«

Hannes Schwenger: »Das Schutzkomitee hatte beschlossen, ich sollte meine journalistischen Kontakte in Ostberlin nutzen, um Gespräche zu führen. Die wurden mir ja auch angeboten. Mein Gesprächspartner war immer ein Ostberliner Journalist, bei dem ich natürlich bald merkte, daß der auch Stasi-Verbindungen haben mußte. Der war zum Beispiel als Journalist in der Delegation vertreten, die Stoph mit nach Kassel nahm. Der Mann hatte offenbar einen Ansprechpartner im ZK. Es gab da ein merkwürdiges Gesprächsverhältnis, in dem ich die Haftbedingungen, von denen ich erfahren hatte, zur Sprache brachte und die Ostseite über ihn aufforderte, die Leute freizulassen. Wie ich heute weiß, wurde die Forderung dann im ZK diskutiert. Diese Gespräche wuchsen sich zu regelrechten Verhandlungen aus, an deren Ende tatsächlich die Abschiebung nach Westberlin stand.

Dieser Journalist, der meine politische Arbeit kannte, sagte: ›Wie kommt ihr denn dazu, gegen die DDR Stellung zu beziehen. Ihr seid doch Linke!‹ Ich habe sehr deutlich gesagt, wenn ihr Biermann ausbürgert und zu Maßnahmen greift, die den linken Idealen entgegenstehen, dürft ihr euch nicht wundern, wenn wir euch kritisieren. Es war ja sichtbar, daß sie selbst geschockt waren. Es war ein beinahe einmaliges Ereignis, daß die westeuropäische Linke, wir hatten gute Verbindungen in die eurokommunistischen Parteien und Gewerk-

---

7 Dr. Helmut Warmbier, Dozent für Marxismus/Leninismus in Leipzig, im Oktober 1977 im Zusammenhang mit der Verurteilung von Rudolf Bahro verhaftet.

schaften, sich gegen sie wandte. Eine Zeitlang haben sie das Schutzkomitee als Staatsfeind Nr. 1 angesehen.

Sie haben also die Variante gewählt, durch Kontakte mit uns herauszufinden, was läuft – um es, wenn möglich, abzuwenden. Deshalb hatte der OV ja auch den Namen ›Kontakt‹ (Reg.-Nr.: XV/4074/77) Sie versuchten mich natürlich auszuhorchen, was wir wissen. Über die Haftbedingungen habe ich ihnen das auch relativ offen mitgeteilt. Unsere Quellen habe ich allerdings sehr sorgfältig behandelt. Meine Haltung war immer: Wir tun nichts Illegales, wir tauschen kein Geld schwarz oder schmuggeln Flugschriften in die DDR, sondern wir sind ein Solidaritätskomitee für politisch Inhaftierte, und wir fordern, daß ihr sie freilaßt. Dann gab es eine Anfrage: ›Wie würdet ihr euch verhalten, wenn ...?‹

›Wir würden unsere Proteste nur einstellen, wenn ihr die Gefangenen freigebt. Aber wenn ihr Berufsverbote verhängt, sind wir leider gezwungen, die westdeutschen Komitees für Berufsverbote zu unterrichten.‹ Was wir auch getan haben. Diese Strategie führte dazu, daß sie sie freigaben.

Es gab im Schutzkomitee zwei Gesprächsebenen, meine und die, die Helmuth Gollwitzer über die Kirche besaß. Wir haben uns gegenseitig nicht darüber informiert, mit wem die Gespräche im einzelnen liefen, aber wir haben uns abgestimmt. Als Jürgen Fuchs und die anderen freigelassen wurden, ist das an die Adresse von Pfarrer Albertz in Westberlin geschehen und nicht, wie bei Ausreisen üblich, nach Gießen. Bei der humanitären Seite, der Form der Abschiebung, hat die Kirche eine Rolle gespielt. Gollwitzer hat dann auch die Frau Bahro besucht und ist, wie auch Manfred Wilke und ich, nach dem Fall Bahro von der Einreise ausgeschlossen worden. Bei mir dauerte das Verbot bis '83.«

Das Einreiseverbot für Hannes Schwenger erfolgte bemerkenswert spät. Im Operativen Vorgang der Renate Groß [Ellmenreich], OV »Kanzel« (Reg.-Nr.: X/18/78), findet sich ein

»*Beratungsprotokoll*
zur Beratung bei der HA XX Berlin am 22.3.78 (...)
– Die geplante und beantragte Einreisesperre des *Schwenger* aus Westberlin wegen seiner antisozialistischen Aktivitäten als Vorsitzender des *Schutzkomitees für Frieden* (sic!) *und Sozialismus*, beantragt von der HA XX/5, wurde nicht bestätigt.
– Die gegenwärtig angewiesene Linie der weiteren operativen Bearbeitung besteht darin, die Aktivitäten zu kriminalisieren, eine kriminelle Fehlverhaltensweise bei Schwenger herauszuarbeiten, beweiskräftig zu gestalten, um damit anzustreben, daß Schwenger von der SPD und dem DGB fallen gelassen wird. (...)«[8]

Die gegen Hannes Schwenger vorgesehene perfide Maßnahme lautete: Diskreditieren und Isolation durch seine eigenen Parteigenossen und Gewerkschaftskollegen und Rufmord im Bekanntenkreis. Spitzel, um diese Zersetzungsstrategie durchzusetzen, waren in Westberlin verfügbar. Um sein Ansehen

8 OV »Kanzel«, Reg.-Nr.: X/18/78, Bd. 1, Bl. 108.

nachhaltig zu schädigen und ihn in seinen öffentlichen Funktionen inakzeptabel erscheinen zu lassen, entwarf die MfS-Hauptabteilung XX/5 schon fünf Tage später, am 27. März 1978, einen Maßnahmeplan, der diesen geheimen Dienst charakterisiert:

»(...)

– An die Mitglieder der SPD-Abteilung 9/3, in der *Schwenger* Mitglied ist, sowie an weitere SPD-Mitglieder in Wilmersdorf werden ca. 50 Briefe mit diskriminierendem Inhalt versandt. Als Absender wird ein besonders rechtes Mitglied der SPD-Abteilung des *Schwenger* angegeben.

In dem Brief wird Bezug genommen auf einen Rundbrief des *Schwenger* vom Januar 1978, in dem er im Namen des *Schutzkomitees Freiheit und Sozialismus* zu größeren Geldspenden aufruft, die auf sein Konto der Berliner Bank überwiesen werden sollen. Es wird zum Ausdruck gebracht, daß über die eingehenden Spenden keine Kontrolle besteht und [daß] der Verdacht ausgesprochen wird, daß *Schwenger* diese Mittel für persönliche Zwecke verwendet. (...)

– Unter Verwendung eines fiktiven Westberliner Absenders wird an die Westberliner Zollfahndung der Hinweis gegeben, daß *Schwenger* auf dem Bahnhof Friedrichstraße im Intershop umfangreiche Einkäufe tätigt und die erworbenen Waren an Westberliner Personen zu seinem persönlichen Vorteil weiterverkauft. Als überprüfbare Fakten werden Termine genannt, an denen *Schwenger* in die DDR eingereist war. (...)

– An die Hausbewohner ... (Wohnhaus des Schwenger) werden Porno-Bilder versandt, die den *Schwenger* als Homosexuellen darstellen und verunglimpfen.

– In einer Westberliner Tageszeitung wird eine Annonce aufgegeben, in der sich der *Schwenger* unter Angabe seiner privaten Telefonnummer als männliches Top-Modell anbietet. (...)«[9]

Hannes Schwenger: »Wie ich heute weiß, wollte die Stasi vorher bewirken, daß im DGB und der SPD gegen mich förmliche Rügen ausgesprochen werden. Ich sollte für die Störung des Entspannungsprozesses gerügt werden. Dazu ist es nicht gekommen. Was ich aber weiß, in den Vorständen des DGB und der SPD ist Unmut gegen mich geschürt worden. Im DGB war man verhältnismäßig einmütig gegen mich, in der SPD war die Meinung gespalten.

Der angebliche Mißbrauch von Spendengeldern ist eine glatte Lüge. Ich hatte ein Sonderkonto eingerichtet, das meine Unterschrift trug – insofern Privatkonto. Als die Arbeit beendet war, bin ich bei Otto Schily aufmarschiert und habe ihm die Abrechnung vorgelegt. Schily hat die geprüft. Wir haben sie sonst natürlich niemanden sehen lassen. Jeder Dritte hätte die Information über die Ausgabenposten ja weitergeben können. Allerdings ist über Schily ohne sein Wissen ein weiterer mutmaßlicher Agent auf uns angesetzt worden, der Rechtsanwalt Christoph B., der mit Schily befreundet war und in der humanistischen Union arbeitete. Den hat er zu mir geschickt: Der ist einwand-

9 OV »Kontakt«, Reg.-Nr.: XV/4074/77, Maßnahmeplan zur Kriminalisierung des Dr. Schwenger ... vom 27.3.1978. In: Mytze: Das Schutzkomitee..., S. 83 ff.

frei, der könnte dich in deiner Arbeit im Schutzkomitee etwas entlasten. B. wurde als einer ihrer wichtigsten IM von der Stasi als PIM ›Christoph‹ geführt. ›Christoph‹ hat denen erzählt, wo in meiner Wohnung die Akten des Schutzkomitees lagen. Er hat eine Zeichnung meiner Haustür veranlaßt, dazu ist extra ein andere Stasi-Agent hergeschickt worden, ein IM ›Harry‹. Der muß ein Fachmann für Einbrüche gewesen sein, der notierte zum Türschloß sogar: Zeiss-Ikon-Schloß.

›Christoph‹ hatte ihnen gesagt, wann ich Urlaub mache. Ob der Einbruch ausgeführt worden ist, kann ich nicht sagen. Ich habe nie etwas bemerkt. Auch aus meiner Aktenlektüre geht das nicht hervor. Wogegen, die Akten aus Margret Froschs Wohnung haben sie fotografiert.

›Christoph‹ hatte aus dem Schlußbericht bei Schily offenbar die Abschlußzahlen erfahren. Die Stasi wußte damit, daß wir zirka 40 000 Mark abgerechnet haben, aber nicht, an wen das Geld gegangen war.

Was ich nicht wußte war, daß die Stasi doppeltes Spiel trieb, mit uns verhandelte und gleichzeitig versuchte, uns durch Agenten auf westlichem Boden zu zersetzen. Ich habe immer angenommen, daß das MfS hinter der DKP steckte. Die hat ja gegen mich eine unglaubliche Hetze im VS entfacht mit Unterschriften und Gerüchten.

In den Stasi-Akten ist aber auch nachzulesen, daß Einflußagenten in der Berliner SPD meine und die Wahl meiner Frau auf der Kreisdelegiertenkonferenz verhindert haben. Einer der Agenten, der hier in SPD-Abteilungen rumtelefoniert und Leute beeinflußt hat und auch notierte, was sie sagten, ist inzwischen enttarnt und verurteilt worden. Interessant ist, ich erinnere mich nicht einmal an den Mann, so unauffällig hat der sich verhalten.

Die Zersetzungspläne sind tatsächlich grauslich zu lesen. Pornographische Fotos, die es natürlich nicht gab, sollten gefälscht und verbreitet werden. Ich kann aber nicht nachweisen, ob das gemacht worden ist. Nach der Top-Modell-Anzeige ist auch nichts bei mir angekommen. Obwohl, das ist so lange her, möglich, daß ich manchen verrückten Anruf vielleicht entgegengenommen, wieder aufgehängt und mich gefragt habe: ›Was wollten der denn eigentlich?‹ Es gab schon komische Anrufe, aber ich habe das nicht so ernst genommen.

Eine weitere Maßnahme ist gelaufen. Einmal bin ich in der S-Bahn von Ostberlin nach Westberlin kontrolliert worden. Die Stasi hatte eine Frau zum Westzoll geschickt. Die hat sich als meine Nachbarin ausgegeben und einen Namen benutzt, der in unserem Haus tatsächlich vorkommt, und hat gesagt, ich würde im Osten dunkle Geschäfte machen. Die Durchsuchung war ergebnislos. Aber das wird die Stasi gewußt haben. Der Zweck: Ich sollte verunsichert werden, und mir sollte die Einreise in den Osten madig gemacht werden.

Aber die meisten Anwürfe waren politischer Natur. Wir wurden als Renegaten abgestempelt. Da gibt es zum Beispiel diese unaufgeklärte Geschichte. Gegenüber einem guten Freund hat Stephan Hermlin geäußert, ich sei ein einhundertfünfzigprozentiger SEW-Mann, der jetzt übergelaufen sei. Ich habe Hermlin daraufhin geschrieben, daß ich ihn als Schriftsteller achte und wie er dazu käme, solche Sachen zu verbreiten? Mit dem Zusatz: Ich bin mein Leben lang Sozialdemokrat gewesen.

Hermlin hat diesen Brief ungeöffnet zurückgeschickt. Nachdem die Mauer weg war, habe ich ihm den Brief noch mal geschickt und ihn aufgefordert: Finden Sie doch mal ein Verhältnis dazu, sich zu äußern.

Er hat auch diesen Brief nie beantwortet. Möglicherweise steckt auch da eine Zersetzungsgeschichte drin.

1979 bin ich als Sprecher des Schutzkomitees zurückgetreten. Ich war in der Tat entnervt von den Gerüchten, die über mich ausgestreut wurden. Ich hab das damals getan, weil ich ziemlich isoliert war und auch von ehemaligen politischen Freunden angegriffen wurde. Das hat schon psychologische Wirkung gezeigt. Ich hatte das Gefühl, ich würde nur noch eine politische Existenz führen und keine literarische mehr. Wir haben das in freundlichem Einvernehmen geregelt. Als Sprecherin des Komitees ist dann Margret Frosch aufgetreten. Ich habe natürlich weiter mitgearbeitet, auch bei der zweiten Verhaftungswelle 1982/83, als Thomas Auerbach mich ansprach und es darum ging, das Schutzkomitee wiederzubeleben, diesmal durch die Ausgebürgerten. Aber ich glaube, die Mehrheit hat das nicht gewollt. Es kam nicht zustande.

Ich habe im VS weitergemacht, habe später zum Sturz von Engelmann beigetragen und zusammen mit Jürgen Fuchs ein Solidaritätskonto für Polen eröffnet. Wir haben uns auch weiter um die Ausgebürgerten gekümmert, mit dem Senat und Wohnungsbaugesellschaften geredet, Wohnungen besorgt. Wir hatten ja auch Freunde, die sie in ihren Häusern aufnahmen. Die evangelische Kirche hat uns geholfen. Ich wurde dadurch, wenn auch unfreiwillig, zur ersten Anlaufadresse für viele Leute, die aus der DDR übergesiedelt sind. Wer immer aus dem Umkreis kam, bildende Künstler, Schriftsteller und andere Künstler, wandte sich an mich. Und da ich auch beim Bundespräsidenten in der ›Künstlerhilfe‹ saß, habe ich angeregt, daß die sich auch der jungen Übersiedler aus dem Osten annahm und nicht nur der älteren Künstler.«

Die Zwischenbilanz des Schutzkomitees aus dem Jahr 1978 drückt sich nüchtern in Namen aus. Hinter jedem steht ein Mensch, der statt Menschenrechten Hohnlachen der Wärter, Verhöre, Einzelhaft und auch Brutalität erfuhr, die lebensbedrohend werden konnte wie in diesem Fall:

Gabriele Stötzer, damals Kachold, die als Schriftstellerin heute in Utrecht und Erfurt lebt, hatte in Erfurt Unterschriften gegen die Biermann-Ausbürgerung gesammelt. Im Zug nach Berlin wurde sie mit der Liste verhaftet. Im Verhör sprach sie offen aus, was sie dachte und fühlte. Sie erfüllte den Tatbestand der »staatsfeindlichen Hetze«. Während ihren fünf Monate währenden U-Haft im Winter 1976/77 in einer kaum geheizten Zelle bekam sie Nierenkoliken und wog, als sie ins Gefängniskrankenhaus eingewiesen wurde, noch 42 Kilo. Nach ihrer Verurteilung war sie ein Jahr im Frauengefängnis Hoheneck zwischen Kriminellen und Mörderinnen eingesperrt. Dort fand sie ihre Sprache, hart und suggestiv. Im Gespräch sagte sie einmal: »Ich habe gemerkt, entweder ich gehe kaputt, oder ich schreibe die Wahrheit.«

Sie lehnte die Ausreise ab, wurde in die DDR entlassen, für die Stasi OV »Toxin«, wurde sie in den achtziger Jahren zu einer der wichtigsten Künstlerinnen der Erfurter Subkultur. Die Veröffentlichung ihre Literatur in der DDR wurde bis 1989 verhindert. Erst kurz vor dem Umbruch erschien mit Gerhard Wolfs Unterstützung im Aufbau-Verlag ihr erster Prosa-Band »zügel los«. In »erfurter roulette«, ihrem dritten, 1995 erschienen Prosaband, erzählt sie packend über unangepaßtes Jugendleben in der DDR, über den subkulturellen Untergrund und den Preis der Selbstbestimmung.

Das Schutzkomitee erfuhr von ihrem Schicksal, wie in anderen Fällen auch, erst spät. Informationskanäle wie aus Jena oder Berlin bildeten die Ausnahme. Um so größere Hochachtung gebührt dieser Bilanz aus dem Jahr 1978:

»Ursprünglich vom Schutzkomitee betreute Personen, die inzwischen auf freiem Fuß sind:
Thomas Auerbach, Jena; Uwe Behr, Jena; Karl Bohley, Halle; Jürgen Fuchs, Berlin/Grünheide; Friedemann Gehlke, Berlin; Kerstin Graf, Jena; Sigrid Günther, Bad Blankenburg; Wolfgang Hinkeldey, Jena; Gabi Kachold, Erfurt; Reiner Kaufmann, Rudolstadt; Marian Kirstein, Jena; Christian Kunert, Leipzig; Rainer Langenau, Berlin; Gerd Lehmann, Jena; Bernd Markowsky, Jena; Walfred Meier, Jena; Rudi Moldt, Berlin; Gerulf Pannach, Leipzig; Günter Schau, Hainichen; Rupert Schröder, Berlin; Thomas Wagner, Erfurt.
Freilassung in allernächster Zeit erwartet:
Ingo Urban, Rudolstadt; Henri Henfing, Bad Blankenburg; Johann Dittrich, Berlin; Christoph Rohr, Berlin.
Weiter in Haft:
Dr. Klaus Mainz, Sternberg; Rolf Mainz, Leipzig.
1977 und 1978 vom Komitee übernommene neue Fälle:
Rainer Alisch, stud.theol., Leipzig. U-Haft seit 6.12.77
Günter Dürrlich, Kellner, Plauen. In Haft seit Dezember 1976, im Juli 1977 zu 3 Jahren 3 Monaten verurteilt (›staatsfeindliche Hetze‹)
Thomas Evler, Krankenpfleger, Berlin. In Haft seit Dezember 1976, 1977 zu $3^1/_2$ Jahren verurteilt
Burghardt Günther, Ingenieur, Eisenhüttenstadt. In U-Haft seit 1977
Eberhard Heß, Großhennersdorf. Seit 1977 in Untersuchungshaft (beide Freundeskreis von Reiner Kunze)
Elsbeth und Horst Rothe, Berlin. H.R. Lektor beim Verlag Volk und Wissen. In U-Haft seit 7.12.77
Barbara Sänger, Ing.-Ökonom, Sömmerda. In U-Haft seit 7.9.77
Matthias Schulmeister, Pfleger (?), Rostock, seit Anfang 1977 in U-Haft (in Zusammenhang mit R. Alisch)
Siegfried Schulze, Lehrer und Frau (Vorname unbekannt). 1977 wegen ›staatsfeindlicher Hetze‹ u. a. zu 4 Jahren Haft verurteilt. Urteil gegen die Frau (in Haft in Hoheneck) nicht bekannt. Zwei Kinder in Heimunterbringung.
Thomas Steinberger, Berlin. U-Haft. (Datum der Festnahme unbekannt)
Dr. Hartmut Warmbier, Facharbeiter, früher Dozent für Marxismus/Leninismus, Leipzig. U-Haft seit Oktober 1977.

In Zusammenhang mit den Fällen Gehlke, Rohr u. a. wurde die Westberlinerin Heike Waterkotte zu 3 Jahren 8 Monaten verurteilt, die sie in Bautzen verbüßt.«[10]

Ursprünglich gegründet zur Freilassung von Jürgen Fuchs, Christian Kunert, Gerulf Pannach und der acht inhaftierten Jenaer, kalkulierte man im ZK, nach deren Freilassung würden die Aktivitäten des Schutzkomitees nachlassen. Zudem paßte dessen Arbeit in einen größeren Plan. Mit den in U-Haft Eingesperrten waren oppositionelle Ansätze zerschlagen. Nun konnte man über das Schutzkomitee den Forderungen der westeuropäischen Linken nachkommen und die Abschiebung dieser unbequemen Kritiker als großzügige Geste darstellen. Als sich jedoch abzeichnete, daß das Schutzkomitee zunehmend zu einer Institution wurde, die Menschenrechtsverletzungen in der DDR öffentlich machte und die zudem die Vernetzung der osteuropäischen Opposition förderte, zogen SED und MfS die Register und mobilisierten ihre Vorposten in der DKP, SEW, SPD, Gewerkschaft und im Schriftstellerverband Westberlins zur Zersetzung dieser humanistischen Initiative.

Bernd Markowsky: »Vom Kaßberg in Karl-Marx-Stadt wurden wir nach Gera verlegt, als der Umbau fertig war. In Gera, Anfang August muß das gewesen sein, kam dann ein geschniegelter Stasi-Offizier aus Berlin. Am Ende eines mehrstündigen Ringens um irgend was fragte er: ›Wie stellen Sie sich ihre Zukunft vor?‹ Es kam dann raus, es geht um Ausbürgerung. Das habe ich strikt abgelehnt: ›Mache ich nicht. Darüber denke ich nicht mal nach.‹

Er: Das sollte ich mal tun.

Ich fing an, Forderungen zu stellen, weil ich merkte, es ist ihm ernst, irgendwas ist schon entschieden. Also: Gespräch mit meinen mitgefangenen Freunden. ›Ja – und ich will alles wiederhaben, was beschlagnahmt wurde, und ich will meine Eltern sehen.‹

Das war die einzige Forderung, die sie erfüllt haben. Dann in Berlin. Ich war offenbar auch der einzige gewesen, der Forderungen gestellt hatte. Auch der Besuch lief, wie meine Eltern später erzählten, ziemlich abstrus ab. Stasi-Leute holten sie von der Arbeitsstelle ab. Sie bekamen keine Information, nur die Aufforderung: Zu ihrem Sohn. Die wußten nicht, was passiert war, ist der tot oder was.

Dann passierte noch etwas Seltsames. Ich wurde aus der Zelle geholt. Da war Rechtsanwalt Vogel. Eine Woche später kam er wieder und sagte: Das Ding ist gelaufen. Ihre Freunde Fuchs, Kunert und Pannach haben schon unterschrieben.

Na gut, ein bißchen ziert man sich noch, der Ehre halber. Vogel meinte noch cool, auch wenn Sie nicht unterschreiben, wird die Abschiebung schon klappen. Das war ein Geschäft. Und das Geschäft war gelaufen. Es dauerte dann vielleicht wieder drei Tage. Dann wurde ich aus der Zelle geholt, und sie haben gesagt: ›So, jetzt geht es weg. Abflug!‹ Zwei Zellen weiter ging eine Tür auf. Da kam ein Typ im Anzug raus. Das konnte ich nicht begreifen. Es gab

10 Mytze: Das Schutzkomitee..., S. 50.

ganz klare Regeln, daß du nie einen anderen Mitgefangenen siehst. Der hatte so einen komischen braunen, gebügelten Anzug an und ein knallgelbes Hemd. Er stand im Gegenlicht. Erst als ich näherkam, blieb der plötzlich stehen: Sally [Michael] Sallmann.[11] Ich hatte ihn einmal bei einem Biermann-Geburtstag gesehen, wo er Lieder sang. Den hatten sie bei der Armee verhaftet. Weil er in Uniform verhaftet worden war, besaß er keine Zivilklamotten. Im Knast haben sie ihm einen kackbraunen Anzug und ein kanariengelbes Hemd gekauft. Darin ist er dann in den Westen gebracht worden.

Wir kamen erst noch mal in den Keller. Letzte Leibesvisitation, Klamotten filzen. Dann kam Aljoscha [Günter] Schau dazu. Der war durch die Republik gefahren und hat Verhaftungsgeschichten aufgeschrieben.[12] Hat damit seine Art von Geschichtsschreibung betrieben und ist mit seinen Aufzeichnungen im Zug verhaftet worden. Offensichtlich hat den jemand denunziert.

Der stotterte immer ein bißchen. Er kam also dazu und meinte: ›Eh Jungs, was'n los? Wo, wo geht's denn hin?‹

Das war ein bißchen seltsam, daß er überhaupt keine Ahnung haben sollte. Uns war das klar: Das Spiel war so und so gelaufen. Wir hatten kein Mitspracherecht mehr. Nun war die Frage: ›Wie geht's weiter?‹ – ›Mal sehen. Was ist der Westen?‹ – ›Keine Ahnung. Gucken.‹ Und der fragte: ›Wo geht's denn hin?‹ Wir sagten: ›Aljoscha, in den Westen geht's.‹

›Nee, das will ich aber nich.‹

›Haben die nicht mit dir gesprochen? Hast du nicht unterschrieben?‹

›Das weiß ich nich. Aber ich will das nich.‹

Den hat das so beschäftigt. Dann wurden wir rausgefahren, mit einem Wolga, zu dritt, ohne Handschellen, vorn saßen zwei Stasi. Wir waren beinah schon wie freigelassen und wurden in Vogels Villa kutschiert. Dort haben die sich tatsächlich verabschiedet und sind weggefahren, und wir saßen da drin. Vogels damals junge, attraktive Frau in einem hellen Kleid begrüßte uns, und Aljoscha fing wieder an: ›Ist das wahr, wir kommen in den Westen?‹

›Ja, Herr Schau, haben Sie ein Problem damit?‹

›Nee, ich will das nich.‹

›Was soll ich jetzt machen? Muß ich meinen Mann verständigen?‹

›Ja.‹

Dann kam der an, setzte sich neben Aljoscha auf die Lehne und guckte von oben auf den runter, so gravitätisch, väterlich: ›Herr Schau, seh'n sie mal, wer sich alles für Sie eingesetzt hat. Bischof Scharf und Bischof Forck und die und die. Die können Sie doch jetzt nicht enttäuschen.‹

›Ja, aber, ich will das nicht.‹

Da wurde der olle Vogel nach einer Weile garstig: ›Was soll ich jetzt machen? Soll ich im Gefängnis anrufen, daß Sie abgeholt werden?‹

Da sagte Aljoscha: ›Ja, ja, das machen Sie mal.‹

11 Michael Sallmann, heute Redakteur beim SFB, wurde als achter den Auszubürgernden zugeordnet, weil sich Uwe Behr der Abschiebung strikt verweigerte, die Verhandlungen über die Anzahl der Auszubürgernden aber bereits abgeschlossen waren.
12 Eine Kopie, die Hannes Schwenger zur Aufbewahrung übergeben wurde, ist in dessen Archiv erhalten.

Und das passierte tatsächlich. Die sind gekommen, und er ist abgeholt worden. In den DDR-Knast. Eine Woche. Dann haben sie ihn direkt an die Grenze gefahren: ›Aussteigen. Da geht's lang.‹

Alles auf die härtere Tour. Er hat es dann noch mal probiert. Wochen später, ist in die DDR eingereist mit einem Tagesvisum und hat sich bei der Stelle für Westflüchtlinge gemeldet und hat dort gesagt, er wolle DDR-Bürger werden. Es dauerte dann ein paar Tage, bis sie es spitzgekriegt hatten. Er wurde in ein Zimmer gerufen. Da saß ein Stasi-Offizier und sagte: ›Herr Schau, daß machen Sie nie wieder mit uns. Sonst ziehen wir andere Seiten auf, und Sie kommen nie wieder raus aus dem Knast.‹ Die einzige Möglichkeit, in die DDR zu kommen, ist das Gefängnis.

Ich hab dann angefangen, in einer Druckerei zu arbeiten, ein Kollektiv-Betrieb in Kreuzberg. ›Oktober-Druck‹. Ich wollte das mal kennenlernen. Es dauerte 'ne Weile, bis ich rausgefunden hatte, daß die auch eine seltsame Gründungsgeschichte haben – KPD-ML. So ein schräger, seltsamer Verein. Es war damals aber schon nicht mehr so dicke. Doch was zum Beispiel Pflicht war, war eine Plenarversammlung. Die war so was von ätzend. Jeder mußte über alles sprechen. Kollektivgespräch. Nur, auf Festlegung funktionierte das einfach nicht. Die wollten so sein, wie sie sich den Sozialismus vorstellten. Das dauerte 'ne Weile. Es war einfach nichts, wo ich meine Energie reinwerfen konnte. Es war nichts zum Leben. Ich fing dann 1980 an zu fotografieren. Da gab es die ganzen neun Jahre, auch die Jahre zuvor, als ich noch nicht fotografierte, diese Spannung, in Osteuropa zu sein und dann wieder im Westen, Freunde zu treffen, Menschen kennenzulernen, Prag, Polen ... Ich habe fotografiert. Ich war bei den Demonstrationen gegen die wahnsinnige Aufrüstung dabei, gegen die Atomkraftanlagen in Gorleben ... Du brauchst eigentlich Jahrzehnte, um festzustellen, daß die meisten, die hier groß geworden sind, wenn sie sich nicht menschlich aufgelöst haben, sich so ähnlich fühlen. Insofern ist es schädlich, sich allzulange für einen besonderen Fall zu halten.«

Thomas Auerbach: »Als wir nach Gera verlegt wurden, lief das massiv mit der Perspektive Ausreise. Vorher gab es den Konsens zwischen Schnur und mir: ›Wenn du nach dem Westen willst, bin ich kein Anwalt für dich.‹ Als es um die Ausbürgerung ging, hatte ich keinen ›Sprecher‹ mehr mit ihm. Als diese Erpressungen losgingen, wurde er ausgeschaltet. Also auch da kann ich nicht sagen, daß Schnur an der Ausbürgerung mitgedreht hat. Da sind welche aus Berlin angereist, und das lief dann so: ›Alle anderen sind einverstanden. Sie nicht, und wegen ihnen werden alle als staatsfeindliche Gruppe verurteilt.‹ Die andere Linie, die gefahren wurde: ›Für sie stehen drei bis zwölf Jahre. Wir könne uns auf neun oder zehn Jahre einigen. Wir sorgen dafür, daß sie dann ein gebrochener Mann sind, daß sie nie wieder in der Kirche eingestellt werden. Drüben haben sie doch eine ganz andere Perspektive.‹

Wir haben uns auf nichts eingelassen. Das weiß ich auch von den anderen.

Wir sind dann nach Berlin, in die Magdalenenstraße gebracht und 14 Tage richtig aufgefüttert worden. Auch wieder Einzelhaft. Wir hatten uns geweigert, einen Antrag zu schreiben. An dem Freitag, als das dann lief, wurde mir die Ausbürgerungsurkunde gegeben, keine Identitätsbescheinigung, wie sie

Häftlinge sonst bekommen. Dann haben sie uns zu Herrn Vogel geschafft und von dort nach Westberlin. Das lief wie ein Agentenaustausch.

In Westberlin hat uns Rechtsanwalt Stange erst einmal in eine Villa gefahren, wollte uns vor der Presse abschotten. Dorthin kamen dann die Leute vom Schutzkomitee, Professor Manfred Wilke, Hannes Schwenger, Pannach und Kuno... Die haben uns da rausgeholt und untergebracht. Die meisten haben erst mal bei den Leuten vom Schutzkomitee gewohnt.

Ich war ja in der guten Situation, daß ich meinen Bruder Axel in Westberlin hatte. Im Gegensatz zu einigen anderen habe ich mich recht schnell zurechtfinden können. Ich hatte keine Schwierigkeiten, obwohl ich den Westaufenthalt als Exil begriffen habe. Aber es gab ja auch Leute, die daran regelrecht zerbrochen sind. Wenn ich an Jonny Lehmann denke...

Mir war klar, ich habe etwas abgebrochen, das nicht zu Ende geführt ist. Ich hab wieder angefangen, Jugendarbeit zu machen, leitete ein Jugendfreizeitheim, arbeitete gleichzeitig als freier Referent für das Gesamtdeutsche Institut, habe Abitur gemacht, was ich in der DDR ja auch nicht durfte, habe '82 als Religionslehrer angefangen und nebenher an der FU Erziehungswissenschaften studiert.

Dazu kam die Arbeit im Schutzkomitee, die mündete in die Aktivitäten des Bahro-Komitees. Was von Anfang an wichtig war, war die Solidarität mit den in der DDR Gebliebenen und mit denen, die ausgebürgert wurden, später auch mit Leuten, die mit der DDR abgeschlossen hatten, die aus Resignation gingen oder weil sie für sich keine Möglichkeit mehr sahen. Ich war anfangs noch der Meinung, ich müßte ihnen böse sein, habe gesagt: Was willst du hier? Du hättest in der DDR viel mehr ausrichten können. Das war meiner damaligen Geisteslage geschuldet. Später hätte ich das nicht mehr gesagt.«

1977 bis 1981 – Exmatrikulationen, Bildungsverbot, Stasi-Zersetzung

Mitte Februar 1977 schrieb mir Lutz Rathenow:
>»Diplomarbeit kann ich seit dem 1. Februar nicht mehr schreiben. Der Betreuer hat die Arbeit gekündigt. Gestern ist Exmatrikulationsantrag gestellt worden. Vier aus der Seminargruppe waren dafür, sieben dagegen. Die Sektionsleitung stand kopf. Der Sektionsdirektor brüllte, allen werde noch das dreckige Grinsen vergehen. In Einzelgesprächen versucht man nun, die Mehrheit zu gewinnen.«[1]

Lutz Rathenow: »Der eigentliche Anlaß war ein Leserbrief an die Wochenzeitung ›Sonntag‹. Ich hatte ihn Heiligabend geschrieben. Der Generalsekretär der Kommunistischen Partei Spaniens war verhaftet, und ich forderte: Freiheit für Genossen Carrillo. Freiheit allen anderen Demokraten und Patrioten, die hinter Gefängnismauern das Jahr 1977 beginnen werden. Ganz egal wo auf der Welt.[2]

Er wurde gedruckt. Die Sektion bezog den Text auf Jürgen Fuchs und die übrigen Verhafteten aus Jena.«

Dem vorausgegangen war eine Aussprache beim Rat des Bezirkes. Der Abteilungsleiter Kultur, Genosse Kathe, und sein Bezirksliteraturrefent, Genosse Hartdung, hatten Rathenow für den 10. Dezember 1976 zur »Klärung politischer Grundpositionen« eingeladen. Der Jungschriftsteller, den sie vor kurzem noch mit einem Fördervertrag zu gewinnen trachteten, sollte seine Haltung zur Biermann-Ausbürgerung und zu Jürgen Fuchs erklären. Verärgert protokollierten sie:
>»Das Gespräch brachte zum Ausdruck, daß Lutz Rathenow keinen Klassenstandpunkt hat; zu Grundfragen unserer Zeit sich in Formfragen flüchtet; oft die These aus Reden/Antworten herauszuhören ist, die einen Mittelweg (SPD – 3. Weg) propagiert usw. Lutz Rathenow steht heute am Scheideweg! Dies wurde ihm klar und deutlich gesagt. Falls er auf unserer Seite, der Seite des Sozialismus steht, sollte er das in der nächsten Zeit offen bekunden.«[3]

Vier Wochen später bekundete Rathenow diese seine solidarische Haltung im »Sonntag« – aber eben mit »allen« politischen Gefangenen, und er schickte einen Durchschlag des Leserbriefes an den Rat des Bezirkes.

Die im dortigen Ausspracheprotokoll festgestellten fehlenden »sozialistischen Grundpositionen« wurden nun zum Hauptvorwurf bei der Vorbereitung seiner Exmatrikulation.

---

1 Rathenow, Lutz: Brief vom 9. Februar 1977. Im Besitz des Verfassers.
2 Vgl. Rathenow, Lutz: Noch harte Kämpfe. In: Sonntag 3/1977 vom 12.1.1977.
3 Thüringisches Staatsarchiv Rudolstadt, BPA SED Gera A 4982, Bl. 103.

Rathenow Studienausschluß erfolgte Ende März 1977 im letzten Semester. Die politische Begründung bekam er, wie immer in Fällen politischer Exmatrikulationen, nur mündlich mitgeteilt. Er hat sie notiert, wortwörtlich, wie er sagt:

Begründung meiner Exmatrikulation[4]
(März siebenundsiebzig)

Erstens Objektivismus
Zweitens Zweifel
an ideologischen Grundpositionen
Drittens Intellektualisieren der Probleme

& weil
ich zum ideologischen Hemmschuh
der Seminargruppenentwicklung geworden bin

Lutz Rathenow: »Ich hätte in Aussprachen nach der Verhaftung '76 kühner sein können. Genaugenommen war ich zum ersten Mal müde und geschockt. Ich sollte zur ›freiwilligen Bewährung in der Produktion‹. Maxhütte Unterwellenborn, Knochenarbeit, da, wo auch Gefangene arbeiteten. Ein Jahr würde vielleicht genügen. Aber ich ließ es an der vollständigen Unterwerfung fehlen. Das reichte der Sektion nicht.«

Rathenow wurde wie üblich für das Studium an allen Hoch- und Fachschulen der DDR gesperrt. Das galt bis 1990. Nach einem kurzen Intermezzo als Transporthilfsarbeiter bei Carl Zeiss zogen seine Frau Bettina und er nach Berlin. Sie hatte dort eine Anstellung als Lehrerin gefunden. Ursprünglich war auch Bettina Herschel die Exmatrikulation angedroht worden. Nach ihrer Heirat mit Lutz Rathenow wollten die Funktionäre jedoch den Vorwurf der Sippenhaft vermeiden. Er arbeitete zeitweilig als freier Mitarbeiter an einem Ostberliner Theater, verschaffte sich dafür eine Steuernummer und nutzte sie für seine freiberufliche schriftstellerische Arbeit. Allerdings erging bereits im Januar 1977 von Oberst Lehmann, dem Leiter der MfS-Bezirksverwaltung Gera, eine Mitteilung an den Leiter der Hauptabteilung XX in Berlin, Generalmajor Kienberg:

»Um das Bekanntwerden des R., der eindeutig antisozialistische Positionen vertritt, zu verhindern, bitten wir Sie, durch geeignete politisch-operative Maßnahmen in der Hauptverwaltung Verlage und Buchhandel des Ministeriums für Kulturund im Staatlichen Komitee für Rundfunk zu gewährleisten, daß dem R. *keine* Möglichkeiten zur Veröffentlichung gegeben werden.«[5]

Mit Ausnahme eines Beitrages in der durch Joachim Walther herausgegebenen Anthologie »Mir scheint der Kerl lasiert«, des Pappbilderbuches für Kleinkin-

4 Rathenow: Zangengeburt, S. 65.
5 OV »Pegasus«, Bd. 4, Bl. 214.

der »Ein seltsamer Zoo« und des Kinderhörspiels »Vom König, der die Sonne vertreiben wollte«, wurde das Veröffentlichungsverbot gegen Rathenow bis 1989 weitgehend und wirkungsvoll durchgesetzt. Um seine Texte – zumeist Satiren und Grotesken gegen dogmatische Mächte – in der DDR öffentlich zu machen, nutzte er Lesungen in kirchlichen Räumen und privaten Wohnungen. 1980 erschien sein erster Erzählband »Mit dem Schlimmsten wurde schon gerechnet« bei Ullstein. Darin versammelte er satirische Kurzgeschichten und Parabeln, überhöhte in ihnen alltägliche Schockerlebnisse und unabwendbare Katastrophen. Neben Thomas Erwin und Frank-Wolf Matthies war er der einzige DDR-Autor, gegen den wegen einer ungenehmigten Buchveröffentlichung ein Ermittlungsverfahren mit Haft eingeleitet wurde. Westliche Proteste führten sehr schnell zu seiner Entlassung. Nach drei Monaten wurde das Ermittlungsverfahren eingestellt. Das Netz konspirativer Kontakte zu akkreditierten Korrespondenten und zu den Ausgebürgerten, die durch sie hergestellte Öffentlichkeit, war zum wichtigsten Schutzfaktor geworden.

Thomas Auerbach: »Um mal zu zeigen, wie so eine Kampagne lief – zum Beispiel im Fall Lutz Rathenow und Frank-Wolf Matthies – da wurde sich kurz abgestimmt – beispielsweise mit Jürgen Fuchs: Wer hat die meisten Informationen. Wer hat die neuesten Informationen. Die bekamen wir über Korrespondenten wie Helmut Lölhöffel von der ›Süddeutschen Zeitung‹ oder Herrn Röder von epd, auch über unsere Treffkontakte in Polen oder der ČSSR, und es gab auch bestimmte Telefonzellen, von denen aus man in Westberlin anrufen konnte. In dem Fall habe ich für die ›Frankfurter Rundschau‹ einen Artikel geschrieben. Andere Medien zogen nach. Nach zehn Tagen waren sie frei. In den achtziger Jahren konnte es die Stasi nicht mehr so machen wie mit uns.«

Der Schutzraum Westöffentlichkeit war neben den kirchlichen Freiräumen in den achtziger Jahren die entscheidende Voraussetzung für die Wirksamkeit der Opposition in der DDR, egal ob in der Kunst, in den unabhängigen Friedens-, Umwelt- oder Bürgerbewegungen. Es bestanden Informationsnetzwerke zum gegenseitigen Schutz. So wie sich Auerbach bei der Verhaftung von Matthies und Rathenow eingeschaltet hatte, arbeitete Rathenow beispielsweise 1982/83 bei den Verhafteten der unabhängigen Jenaer Friedensgemeinschaft oder 1983 bei den Verhaftungen von Ulrike Poppe und Bärbel Bohley eng mit Jürgen Fuchs und Roland Jahn zusammen.

Neben der konspirativen Nachrichtentätigkeit und zeitweiligen engen Kontakten zu der Szene, aus der der sogenannte »Prenzlauer Berg« hervorgehen sollte, bemühte er sich vor allem um Aufmerksamkeit für seine schriftstellerische Arbeit. 1987 beschäftigte diese den Minister für Staatssicherheit, Erich Mielke, und das Mitglied des Politbüros, Kurt Hager, persönlich. Zusammen mit dem Fotografen Harald Hauswald, und einmal mehr ohne Genehmigung des Büros für Urheberrechte, bereitete Rathenow den Text-Bild-Band »Ostberlin. Die andere Seite einer Stadt«[6] vor, ein vielbeachtetes Pendant zu den

---

6 Hauswald, Harald; Rathenow, Lutz: Ostberlin. Die andere Seite einer Stadt. München 1987.

Jubelwerken anläßlich der 750-Jahrfeier Berlins. Auf Anfrage Mielkes antwortete Hager im Vorfeld der Veröffentlichung:
»Lieber Erich!
Was Deine Information über Lutz Rathenow und Hauswald vom 11.9. anbetrifft, so stehe ich auf folgendem Standpunkt:
(...) Der Vorschlag, daß das Ministerium für Auswärtige Angelegenheiten in geeigneter Weise Bonner Stellen darauf hinweist, daß die Veröffentlichung des Buches von Rathenow und Hauswald im Piper-Verlag ein unerfreulicher Akt gegen das Kulturabkommen der DDR ist, findet meine Zustimmung. Ich werde veranlassen, daß das Ministerium für Auswärtige Angelegenheiten den Genossen Moldt entsprechend beauftragt.
Wir müssen uns natürlich darüber klar sein, daß Rathenow ein Provokateur ist, der keine Ruhe geben, sondern jeden Anlaß nutzen wird, um gegen die DDR und den Sozialismus zu hetzen. ... so gibt es auf Dauer nur zwei Möglichkeiten: Entweder dem Treiben Rathenows keine Beachtung schenken oder ihn auszubürgern. Aber Letzteres würde ihm eine weltweite Aufmerksamkeit einbringen, die er auf keinen Fall verdient hat. Ich bin dafür, ihn nicht weiter zu beachten und auf keinen seiner Anträge einzugehen.«
Nach den Ausbürgerungen, nach den Exmatrikulationen und dem Weggang von Freunden wurde Jena zu einer von der Szene als ziemlich tot empfundenen Stadt. Wohnungen von Bekannten standen leer. Die Auseinandersetzung ging jetzt verstärkt von anderen Orten aus.

Renate Ellmenreich: »Über das Pfarrhaus in Nöbdenitz haben wir die Reorganisation versucht. Als Bärchen [Uwe Behr] wieder rauskam, war der fast jede Woche bei mir. Wir arbeiteten für das Schutzkomitee, engagierten uns für die Leute, die in der Bahro-Zeit verhaftet wurden.

Auch Matz war fast jedes Wochenende da. Wir hatten nicht vor, zusammen in Rente zu gehen, aber wir sind Freunde geblieben. Er ist auch oft wegen unserer Tochter gekommen. Dann mußte er zur Armee.

Irgendwann griffen die Zersetzungsmaßnahmen. '78 war ich völlig runter. In der Zeit haben sie bei mir eingebrochen, ganz komische Typen, haben alles mögliche kaputt gemacht, Wände vollgeschmiert, in der Nacht standen die um mich rum. Ich dachte, Kriminelle aus dem Dorf. Ich rief die Polizei an. Die kam nicht. Als Frau alleine in dem großen Haus, da hatte ich schon Angst. Da ging es mir nicht so gut. Dann diese Verhöre. Immer montags mußte ich auf die MfS-Kreisdienststelle nach Schmölln: ›Sie haben gestern wieder für die politischen Gefangenen gebetet und nicht gesagt, in welchem Land.‹

Das eigentlich Zermürbende war, das ganze, einfache Leben zu schaffen in der DDR, allein mit Kind in dem uralten Haus, ohne Auto anfangs. Ich habe keinen Ofen gekriegt, keine Kohlen, keine Dachreparatur. Das war nicht leicht, wenn man überall Knüppel zwischen die Beine kriegte. Meinen Superintendenten hatten sie als IM angeworben, ihm erzählt, ich wäre eine Terroristin und hätte illegal Waffen geschmuggelt. Entsprechend wurde ich von ihm behandelt. Daß ich in der Zeit meine Ordination geschafft habe, mein zweites theologisches Examen, und Pastorin geworden bin und das eine Weile durchgehalten habe, darüber staune ich heute.

Wenn ich allein sehe, was dieser Doktor alles mit mir veranstaltet hat. Das war der Hausarzt. Der kam fast jeden Sonntag in meinen Gottesdienst, immer mit einer Rose in der Hand. Das war so einer: Küß die Hand, Madame. Morphinist. 15 Berichtsbände. Was der schrieb über mich und andere Pfarrer, wie er die fertig gemacht hat und auch versucht hat, mich mit einer Faustan-Therapie[7] fertigzumachen...«

Der Operative Vorgang gegen Renate Groß[8] zielte vor allem auf »innerkirchliche Verunsicherung« und »systematische Verunsicherung der Vorgangsperson«. Die kriminellen Praktiken des MfS sahen dabei selbst die Entführung ihrer kleinen Tochter aus der Kinderkrippe vor, um die Mutter im Verhör damit zu erpressen. In Renate Ellmenreichs Operativen Vorgang findet sich eine genaue Lageskizze der Kinderkrippe und des Predigerseminars, in denen sich Mutter und Tochter aufhielten.[9] Zur Vorgehensweise wird festgelegt, von ihrem Bischof Leich die Erlaubnis zur »zeugenschaftlichen Befragung« für einen Tag einzuholen, die Vikarin aber drei Tage festzuhalten. Nur ein kleiner Zufall verhinderte den unglaublichen Plan.

Renate Ellmenreich: »Die Konzeption für mein Verhör haben Major Wiegand, Chef der HA XX/4 in Berlin, und sein Referatsleiter Major Roßberg, die auch mit Manfred Stolpe befaßt waren, eingefädelt. Die wollten mich rauslösen aus der Kirche, damit sie mich verhaften konnten.

Sie haben mit der Krippenleiterin organisiert, daß mein Kind aus der Kinderkrippe abgeholt und in einem Dauerheim untergebracht wird.

Es war am Donnerstag vor Pfingsten. Wir hatten an dem Morgen unseren Rektor überredet, uns einen Tag eher in die Pfingstferien fahren zu lassen, weil wir doch Pfingsten alle so viele Gottesdienste zu Hause hatten. Deswegen brachten wir die Kinder morgens nicht mehr in die Krippe. Ich hatte ja meine Vorladung zum Verhör schon zwei Wochen und hab mein Kind einer Kommilitonin mit ins Auto nach Jena gegeben und winkte noch hinterher, bevor ich zum Verhör bin.

Als die dort sagten, ich komme hier nicht mehr raus, sie würden meine Tochter aus der Krippe abholen, alles sei organisiert, wußte ich, daß das Bluff war.

Sie wollten mich wegen Waffen rankriegen. Bei Ali, einem Freund von mir, Theologiestudent aus Leipzig, ist ein Gewehr in der Garage gefunden worden, eingegraben und eingewickelt in ein Öltuch. Das gehörte seinem Großvater und stammte aus dem Ersten Weltkrieg. Aber sie haben es Ali angehängt, weil der die Bahro-Gruppe in Leipzig geleitet hat – Fragen und Thesen zum Umgang mit Bahro. Auf Grund des gezinkten Bahro-Buches von »Heinz Müller« war nachweisbar, daß er das von mir hatte.

Sie: Ich hätte konspirativ hinter der Bahro-Gruppe gestanden, illegale Verbreitung von Literatur, Lieferung von Namen und unwahren Daten an das

7 Faustan: starkes, süchtig machendes Beruhigungs- und Schlafmittel.
8 OV »Kanzel«, Reg.-Nr.: X/18/78.
9 Ebenda, Bd. 2, Bl. 229.

196

Schutzkomitee, ich hätte von der Waffe gewußt: ›Da kommt genug zusammen, keine Bange, zwölf bis 15 Jahre.‹

Dann kam eine massive Werbung zur Mitarbeit. Dann eine Anmache unterm Tisch. Das war der Rothaarige aus Leipzig. Plötzlich hattest du den am Knie. Das haben andere Frauen auch erfahren.

Ich habe mich den ganzen Nachmittag nur noch in eine Ecke gesetzt und ein Buch aufgeschlagen. Griechische Sagen. Natürlich konnte ich kein einziges Wort lesen. Aber ich habe immer die Augen bewegt, Seiten umgeblättert. Stundenlang. Dann eine Unfallmeldung. Ich hörte aus dem Hintergrund, ›zufällig‹ war die Tür auf: ›Was für ein Unfall? Ist dem Kind auch was passiert?‹

Immer diese Angstmache. Inzwischen hatte ich oft genug erlebt, daß sie so bluffen. Trotzdem sitzt du da, Herzklopfen bis zum Hals.

Das hat mich letztlich fertiggemacht.

Dann hatte ich einen Unfall. Ich war eigentlich krank, hatte Fieber. Aber im Nachbarort sollte es große Kerzen geben. Und weil Altarkerzen Mangelware waren, habe ich mich aufs Moped gesetzt und bin losgefahren. An die letzten Minuten vor dem Unfall kann ich mich nicht mehr erinnern. Dann habe ich ein paar Wochen lang in der Klinik gelegen, und sie haben mich wieder zusammengeflickt. Irgendwie war ich kirre. Immer mehr Freunde sind in den Westen gegangen. Doch das kam für mich nicht in Frage.

Dann habe ich Burkhard Ellmenreich kennengelernt. Er hatte sich damals um eine Anstellung in der DDR bemüht. Die Kirchenleitung war einverstanden, hatte die Nachbarkirchenstelle bei mir freigehalten, die war vakant. Günter Gauss hat das damals verhandelt, hat dann geschrieben, daß es aussichtslos sei. Wir sind nach Eisenach gefahren, der Oberkirchenrat [vom MfS geführt als IMB ›Nettelbeck‹ (Reg.-Nr.: IX/163/73)] kam ganz loyal: ›Das ist wirklich unsäglich. Ich denke, in diesem Fall kann die Kirche Sie freigeben. Die machen Sie doch fertig.‹

Die haben mich natürlich durch und durch gekannt. Der Köhler, Horst [Oberleutnant, MfS-Kreisdienststelle Jena] hatte meine Tagebücher gelesen, kannte die Psychogramme, die mein Arzt über mich angefertigt hat.

Im Westen bekam ich mein zweites Kind, und ein Jahr später fing ich an zu arbeiten. Meine erste Stelle war Seelsorge im Frauenknast Frankfurt. Das war ein herber Wechsel. Aber ich habe unheimlich viel gelernt über die Wirklichkeit im Westen.«

Literarisch war Jena zur Bedeutungslosigkeit verkommen. Anders stand es um die kritische bildende Kunst. Aus dem Umfeld der »Pegasus-Gruppe« waren es vor allem Lutz Leibner, Eve und Frank Rub und Gerd Sonntag, deren Arbeiten weiter für Aufsehen sorgten.

Heute sieht sich Lutz Leibner der Moderne verpflichtet, versteht sich aber keineswegs als Konstruktivist. In seinen neueren Plastiken gehen Holz und Metall energievolle Symbiosen ein. Die Figuren können rostig sein und »Barde« heißen, eine sympathische Lumpengestalt aus Stahl, oder »Preuße«, ein Vogel- und Fabelwesen, ein neuer preußischer Ikarus ... In den Siebzigern versuchte er sich an grafischen Drucken, vor allem aber schnitzte er wie besessen, auch das »Ohr«, überdimensional, fast einen Meter groß.

Die Stasi wurde für Leibner und Rub zur künstlerischen Reibungsfläche. Rub malte beispielsweise Schweineschnauzen als unverblümte Schnüffelmetapher in sein Bild »Der Hausbesuch«. In einer in die Leinwand eingelassenen Spiegelscherbe kann sich der Betrachter als Observant oder Observierter entdecken.

Gerd Sonntag ging konsequent einen anderen Weg, weg von den »lächerlichen Provinzgeistern«. Er versuchte sich für zwei Monate an der Kunsthochschule Leipzig. Die war ihm zu verschult, der Autodidakt brach ab, hatte seinen Charakter bereits ausgeprägt. 1980 wurde er Meisterschüler bei Theo Balden in der Ostberliner Akademie der Künste, hatte 1985 seine erste Einzelausstellung in Berlin. Ab 1988 folgte Ausstellungen in New York und London. Kunst verstand er schon zeitig nicht mehr als Medium zur gesellschaftskritischen Auseinandersetzung. Er suchte künstlerischen Streit, künstlerische Anerkennung, auch ihre Annehmlichkeiten.

Anders die am Ort Gebliebenen. 1979 ermöglichte die Jenaer Stadtkirche dem Malerehepaar Eve und Frank Rub zusammen mit Lutz Leibner die Ausstellung »Hoffnung, Glaube, Humanismus«. Die Eindrücke der Besucher füllten über 30 Seiten des Besucherbuches und sagen einiges aus über das Knistern unter der staatlich verordneten Schweigedecke:

»Einer der wertvollsten Kulturbeiträge Jenas in der letzten Zeit. [Unterschrift unleserlich]

Die Bilder dieser Ausstellung und fast mehr noch die gelungenen Figuren, lassen mich hoffen, daß es hier auch Menschen gibt, die mutig sind. Marianne K., Nürnberg.

Eine Malerei, die als einzige praktische Möglichkeit des Humanismus im Sozialismus die Darstellung seiner Unmöglichkeit ansieht ... vermittelt dem Betrachter keine Hoffnung, sondern Hoffnungslosigkeit, keinen Glauben an die Möglichkeit menschlichen Glücks hier und heute, sondern tiefe Resignation. Wir äußern unser Befremden darüber, daß eine Kirche solcher Malerei ihre Häuser öffnet. Volker R., Reiner L., Cornelia L., Michael A.«

Darunter fand sich die zornige Notiz: »Wo sind *Bedrohung* und *Café Slavia erinnert sich* geblieben?

Dazu der Kommentar: »Wenn Sie die Bilder kennen, warum fragen Sie dann? Entweder Sie sind politisch unbedarft, oder Sie haben ihre Freude an Spielchen mit der politischen Provokation und Verleumdung.«

Daneben, an den Rand geschrieben:

»Kommentar zum Kommentar: Schauen Sie sich doch einmal die Verhaltensweisen in ihrer Umgebung an. Ist das nicht ein einziges Narrenfest, eine einzige Maskerade! [Zwei Bilder von Frank Rub trugen die Titel »Narrenfest« und »Maskerade«.] Finden Sie nicht auch, daß es bei uns ein Podium geben müßte, wo wir uns offen auseinandersetzen könnten! Die Seiten dieses Buches würden nicht ausreichen. Gerold Hildebrand, Jena.«[10]

10 Vgl. Stadtkirche St. Michaelis Jena, Besucherbuch 1979.

Auf Anordnung des Rates der Stadt waren die Bilder »Café Slavia erinnert sich« und »Bedrohung« abgehängt worden. Das sprach sich schnell herum und steigerte das Interesse an der Ausstellung zusätzlich. Offenbar war bekannt geworden, daß das »Café Slavia« von Frank Rub jenes berühmte Café in Prag darstellt, in dem sich Ausgebürgerte und ihre Freunde aus der DDR trafen. Bei genauerer Betrachtung öffnet dieses Bild in der Gleichzeitigkeit der Ereignisse eine makabere historische Dimension. Ein russischer Besatzungssoldat und ein Deutscher mit Hakenkreuzbinde stehen sich diagonal gegenüber. Im Hintergrund verhaften Geheimdienstleute einen Juden, und die Caféhausgäste dazwischen löffeln unbeeindruckt ihre Tortenstücke.

Eve Rub, die in dieser Zeit in der Tradition der frühen Expressionisten sehr eindringliche, erschütternde Menschengestalten malte, durfte die »Bedrohung« nicht mehr zeigen, die Bedrohung von Mutter und Kind durch die Macht, verkörpert durch Soldaten.

Die Folge der Ausstellung war ein Ermittlungsverfahren wegen »Herabwürdigung der staatlichen Ordnung durch Skizzen und Ölgemälde«. Für das Ehepaar Rub wurde das Verfahren zur Vorstufe für den späteren Operativen Vorgang »Meißel« (Reg.-Nr.: X/191/84). »Meißel«, weil Frank Rub bis 1981 als Steinmetz arbeitete.

Danach fand er zusammen mit Lutz Leibner, mit Wehrdienstverweigerern und Ausreiseantragstellern eine Anstellung zur Rekonstruktion des historischen Johannisfriedhofs in Jena. Scherzhaft nannten sie sich »Friedhofsbrigade Rudolf Bahro« und verwandelten ihre Arbeitsstelle zeitweilig in ein Freiluftatelier.

1982 übersiedelte Lutz Leibner mit Frau und Kind nach Berlin-Kreuzberg. Einen Großteil seiner frühen Holzplastiken zerstörte er. Sein späterer Kommentar: »Sie waren schlecht.«

Gegen die Familie Rub mit ihren drei Söhnen richtete das MfS zunehmend Maßnahmen zur Zerstörung ihrer Existenz und zur psychischen Zerrüttung.

Frank Rubs Engagement im Vorfeld und während der unabhängigen Jenaer Friedensgemeinschaft 1982/83 beantwortete das MfS zunächst mit sechs Wochen U-Haft. Nach der durch westliche Proteste erzwungenen Freilassung ersann man im MfS die »Aktion Ärger«. Das Ziel: Das Malerehepaar sollte resignieren und einen Ausreiseantrag stellen. Die Aufnahme in den Verband Bildender Künstler wurde beiden Malern verweigert, damit auch die Möglichkeit, eine Steuernummer zu erhalten und ihre Bilder zu verkaufen. Angemessener Wohnraum, gar ein Atelier, wurde der Familie mit drei Kindern im Zusammenspiel mit dem Stadtrat für Wohnungswesen, IMS »Braun« (Reg.-Nr.: X/596/73), gezielt vorenthalten.

»Als Eve Rub am 13.11.1985 zusammenbricht und einen Suizidversuch unternimmt, liefert der Arzt in der Jenaer Uni-Klinik ... (IMS ›Jörg Ott‹, Reg.-Nr. X/728/85) sogleich einen IM-Bericht an den Genossen Lincke von der KD Jena. Sein Beitrag zur ärztlichen Schweigepflicht.

Einmal ging es Eve und Frank Rub etwas besser, obwohl die ›Aktion Ärger‹ lief und IMB ›Tilo Buchholz‹, ein Kunstfreund und Vertrauter der Familie, im Bericht vom 12.10.84 mitteilte, ›sie hätten die Ausreiseabsicht vorläufig erst einmal aufgegeben‹ – bei dieser Zeile findet sich die handschriftliche Randnotiz eines MfS-Mitarbeiters: ›Wir müssen Rub traktieren, sonst schläft er ein.‹«[11]

Ende 1985 gab die Familie dem Druck nach und stellte den »Antrag auf Entlassung aus der Staatsbürgerschaft der DDR«. Die Staatssicherheit hatte ihr Ziel erreicht. Rubs, diese Störfaktoren, sollten ausreisen, bevor sie es sich wieder anders überlegten. Dafür war man zu einem weitgehenden Zugeständnis bereit: Sie durften ihre Bilder mitnehmen.

Heimisch wurden beide in Westberlin nicht, trotz erfolgreicher Ausstellungen. Es gab Anfeindungen, besonders von links. Die Exil-Jenaer störten das heile Sozialismusbild. Frank Rubs bildnerische Auseinandersetzung ging inzwischen über gesellschaftspolitische Momente hinaus, artikulierte sich in seinen »Stadtlandschaften« und in Gemälden zum Thema Wald. Eve Rubs malte zeitweilig nicht mehr.

1991 kehrten sie zurück nach Graitschen bei Jena, in Eve Rubs Geburtsort, bauten ihr Haus und Atelier hinter dem Dorf in einem weiten Tal, ein Ort, an dem es ihnen am ehesten möglich ist, durch ihre Kunst offene Situationen, Freiheit zu schaffen. Heute findet Eve Rub ihren Ausdruck in Stilleben, Landschaften – vielfach mit Tieren, oft mit Katzen als Symbol der Unabhängigkeit. Beiden ging und geht es um Auseinandersetzung mit dem Existentiellen und um den Erhalt sensibler Wahrnehmungsfähigkeit. Der Pluralismus, die allgemeine Oberflächlichkeit und die schnellen Urteile in der westlichen Gesellschaft hatten, wie bei anderen Ausgebürgerten auch, zu emotionaler Isolation geführt. Gehen oder Bleiben, Flucht oder Standhalten wurden wichtige Themen.

Fast jeder, der zur Jenaer Szene gehörte, hatte seinen Spitznamen weg. Ein Name war spätestens seit 1980 stadtbekannt. Wer ihn aussprach, bei dem klang Achtung mit: »Gag!« Das bedeutete: Der ist immer guter Laune, ist zu Fetz aufgelegt, der foppt, wer ihm verquer kommt. Den Spitznamen hatte Roland Jahn von der Mutter eines Schulfreundes.

Zwei Jahre »Bewährung in der Produktion« in der Transportkolonne des VEB Carl Zeiss waren vorüber, seine Disziplinarmaßnahme – Ausschluß vom Studium – wurde 1979 gelöscht. Roland Jahn beantragte die Fortsetzung seines Studiums der Wirtschaftswissenschaften. Abgelehnt: Er habe sich nicht von seinem früheren Verhalten distanziert. Ein Fernstudium wurde ihm angeboten, isoliert vom normalen Studienbetrieb. Das lehnte er ab, erkannte die Rechtmäßigkeit der Exmatrikulation nicht an. Die Auseinandersetzung zog sich bis 1981. Im Januar schrieb er an den für Erziehung und Ausbildung zuständigen Prorektor:

»Werter Herr Prorektor! Leider muß ich feststellen, daß Sie den vorliegenden Sachverhalt in meiner Studienangelegenheit immer noch nicht verstehen bzw. verstehen wollen.

11 Fuchs, Jürgen: Landschaften der Lüge. In: Spiegel 49/91, S. 108.

Das gegen mich durchgeführte Disziplinarverfahren hatte keine rechtliche Grundlage. Es ist sehr bedauerlich, daß Sie die Verfassung der DDR nicht kennen. Aus diesem Grund möchte ich Ihnen ein Exemplar der Verfassung der DDR zuschicken und Sie auf die Artikel 25 und 27 hinweisen, ›Recht auf Bildung‹, Recht auf ›Meinungsfreiheit‹.«[12]

So führte sich natürlich kein Student erfolgreich ins sozialistische Hochschulleben ein.

Die Jenenser winkten Roland Jahn zu und erzählten, wie sie ihn gesehen hatten, mit dem polnischen Fähnchen am Fahrrad durch die Stadt radelnd, darauf der Schriftzug: »solidarność z polskim narodam« – Solidarität mit dem polnischen Volk. Monatelang. – Auch noch als in Polen längst das Kriegsrecht ausgerufen und die Gewerkschaftsbewegung »Solidarność« verboten war. Erstaunlicherweise passierte nichts. – Vorerst.

Roland Jahn: »Ich habe bei Zeiss in der Transportabteilung gearbeitet, und der Fachdirektor hat mich gefragt, ob ich als Materialdispatcher arbeiten würde. Damit war ich für die Zulieferung des Grundmaterials für den gesamten Betrieb zuständig.

Der Betrieb hatte mir bei guter Arbeit eine Delegierung zum Studium versprochen.[13] Ich kam an die Uni, wurde gefragt, ›wie stehen Sie zu den Ereignissen von damals?‹

Ich: ›Ich haben nichts falsch gemacht.‹

Sie: ›Die Voraussetzungen sind nicht gegeben.‹

Ich habe dann den Fachdirektor gefragt: ›Aber Sie haben doch eine Delegierung versprochen?‹

Er: ›Es gibt noch stärkere Arme als meinen.‹

Daraufhin habe ich gesagt, ich werde nicht mehr als Materialdispatcher arbeiten, sondern, wie es mein Arbeitsvertrag vorsieht, als Transportarbeiter. Also bin ich am nächsten Tag gleich umgezogen zum Transport gekommen. Der Meister: ›Nee, wir dürfen dich nicht beschäftigen.‹ Da stand ich drei Tage als lebendes Arbeiterdenkmal. Das brachte Unruhe. Also haben sie mich innerhalb der Hauptabteilung die zwei Kistenlager verwalten lassen. Damit war ich weg von den anderen, und sie hatten den Arbeitsvertrag eingehalten.

Als Kistenlagerchef habe ich mir die Freiheit herausgenommen und auf den Schreibtisch meine polnische Fahne gestellt. Zwischen den Lagern im Hauptwerk und Zweigwerk bin ich mit dem Fahrrad gefahren. Und da habe ich die Fahne angesteckt, auch durch die Stadt.«

Das Jahr 1981 war das Jahr der Hoffnung auf Solidarność. Der Jenaer Freundeskreis, der sich den Traum von der wirklichen Macht der Arbeiter wahr wünschte, erlebte in diesem Jahr zugleich einen Schock. Den Tod von Matthias Domaschk. Bei allen Brüchen in den Biographien, in den eigenen, in denen der Freunde, den Exmatrikulationen, Verhaftungen, Abschiebungen,

---

12 Jahn: Du bist wie Gift, S. 9.
13 Wegen des Mangels an qualifizierten Arbeitskräften nutzten Betriebe gern die Delegierung zum Studium mit anschließender Arbeitsplatzbindung.

hier war ein Freund, ein Kumpel durch den Apparat getötet worden. Das war nicht nur ein politischer, das war ein extremer, persönlicher Einschnitt.

Roland Jahn: »Batti [Manfred Hildebrandt] hatte bei seiner Mutter angerufen, weil er die kannte. Ich hatte es noch gar nicht richtig realisiert, bis ich unterwegs Maria Diete traf und ihr sagte: Matz soll tot sein.

Die brach fast zusammen, sicher auch traumatisiert von ihrer eigenen Haft. Da war es dann plötzlich da: Das darf nicht wahr sein!

Das Treffen zur Trauerfeier, weit über 100 Leute, das habe ich dann ein bißchen mit organisiert. Auf dem Markt kauften wir die Blumen auf. Irgendwie lebten wir in völliger Ohnmacht, weil es keine Aufklärung gab, was wirklich geschehen war.«

Exkurs: Matthias Domaschks Tod in der U-Haft

Die Aufklärung steht noch immer aus, auch im Jahr 1999, in dem SED-Unrecht in mittelschweren Fällen verjähren soll. Dabei umgibt den Tod von Matthias Domaschk in der Stasi-U-Haft in Gera eine lange Kette von Unklarheiten.

Erste Nachfrage:
Am 10. März 1981 berichtet der IMS »Klaus Steiner« (Reg.-Nr.: X/613/79) an Hauptmann Roland Mähler von der MfS-Kreisdienststelle Jena, Matthias Domaschk habe in Siegfried Reiprichs Um- und Ausbauwohnung Maurerarbeiten ausgeführt und dabei versucht, den exmatrikulierten Philosophiestudenten als ideologischen Kopf für eine terroristische Vereinigung nach dem Vorbild der Roten Brigaden in Italien zu gewinnen.

Domaschk laut Mähler laut »Steiner«: »Wenn ich die Möglichkeit hätte, eine solche Gruppe aufzumachen, würde ich es tun.« Reiprich habe jedoch von marxistischen Positionen aus den individuellen Terror abgelehnt.

Nach diesem Bericht erhielt »Steiner« eine Zuwendung in der für MfS-Dienste außergewöhnlichen Höhe von fünfhundert Mark.

Siegfried Reiprich: »Das Schlimme ist, daß das falsch ist, daß er Matz entweder verwechselt hat, oder er hat wieder einmal Dichtung und Wahrheit produziert. Es war nämlich jemand anderes, der mir beim Mauern half. Matz konnte gar nicht mauern. Wir haben später, '91, '92 versucht, mit ihm zu reden. Aber da hat er sich sehr verschlossen gezeigt, er hat das gezeigt, was Jürgen Fuchs mit ›aggressivem Schweigen‹ beschreibt.«

Die destruktive Phantasie des IM »Steiner« hatte in mehreren seiner Berichte üble Blüten getrieben. Gewöhnlich prüften MfS-Mitarbeiter die Glaubwürdigkeit der von ihnen als wichtig eingestuften IM-Informationen. Hat sie in diesem Fall der Terrorismusverdacht elektrisiert?

Ein tragischer Irrtum. Matz' beste Freunde wußten, daß er sich seit einiger Zeit politisch zurückhielt, auch mit Rücksicht auf seinen Vater, um dessen Reisekadertätigkeit nicht zu gefährden.

Hauptmann Roland Mähler will den Bericht so abgeschrieben haben, wie »Steiner« ihn auf Band gesprochen hat, »weil es überhaupt nichts bringt, IM-Berichte zu fälschen«. Und weil Rote Brigaden darin vorkamen, eben Terrorismusverdacht, sei er verpflichtet gewesen, das weiterzumelden.

Als er hinterher merkte, was er ausgelöst hatte, habe er genug von der Stasi gehabt und aufgehört. Korrekt ist jedenfalls, 1983 wurde Hauptmann Mähler entlassen.

Am Freitag, dem 10. April 1981, fuhren Matthias Domaschk und sein Freund Peter Rösch mit dem Abend-D-Zug über Gera nach Berlin. Ein

Freund hatte sie zum Geburtstag eingeladen. Gegen 21 Uhr wurden sie in Jüterbog von der Transportpolizei geweckt: »Fahrscheinkontrolle. Ausweiskontrolle. Aussteigen! Da geht's lang!« Der Verwahrraum der Trapo.

»Kampfkurs X« war angesagt, im »Sozialistischen Wettbewerb« der Betriebe, auch bei den Ordnungs- und Sicherheitskräften: »Störungen des X. Parteitages der SED vom 11. bis 16. April sind im Vorfeld zu unterbinden!«

Stundenlanges Warten in den Verwahrräumen der Trapo erleben sie nicht das erste Mal. Tief in der Nacht kommen Zivile: »Ausweiskontrolle. Name? Adresse? Wohin?« Alles normal. Berlinverbot haben beide nicht. Weiter warten. Bis zum nächsten Morgen, Vormittag, Nachmittag. Was sie nicht wissen, ein Barkas B 1000, ein Kleinbus der Stasi-Bezirksverwaltung Gera, ist unterwegs, soll sie abholen, hat eine Panne, bleibt liegen. Ein zweiter Bus wird geschickt, kommt am zeitigen Abend in Jüterbog an. Jetzt wird der Ton scharf, Knebelketten werden angelegt, im Bus die Hände unter die Oberschenkel. Redeverbot. Ankunft in der U-Haft Gera gegen 22 Uhr. Ein Spalier Bewacher. Gebrüll. Laufschritt! Blase und Matz werden in den Keller gejagt. Das U-Boot. Einzelzellen. Die Zellentüren knallen zu. Es ist eng, keine Liege, kein Fenster, ein Hocker, Klo, Waschbecken, Lüftungssieb in der Decke. Sie werden wieder rausgeholt, alles abgeben: Schnürsenkel, Gürtel, Tascheninhalt, auch die Visitenkarte von Rechtsanwalt Schnur. Dröhnendes Gelächter: So wie wir das machen, sehen Sie ein halbes Jahr lang gar keinen Rechtsanwalt.

Natürlich ist da Angst. Wieder Zelle. Wieder Warten. Diesmal nicht so lange. Gegen 23 Uhr beginnen die Verhöre.

Vernehmer Seidel verhört Rösch, eröffnet die Partie, zeigt auf die Intarsienarbeit an der Wand: »Wissen Sie überhaupt, wer das ist?«

»Nö.« Blase ist das scheißegal, er ist nur müde, die zweite Nacht ohne Schlaf.

»Feliks Dzierżyński! Der hätte mit Ihnen nicht so ein Federlesen gemacht. Der hätte Sie gleich auf dem Hof erschossen.«

Dann Fragen: »Erzählen Sie doch mal, was Sie so treiben, im Freundeskreis in Jena, in Halle und sonst?«

Blases Taktik wie in früheren Verhören, nur das Nötigste sagen. Bisher war er damit gut gefahren, schon 1975 bei den Verhören zur Gartenstraße: 500 Mark Ordnungsstrafe. Schon happig, aber besser als Knast.

Kaffee lehnt er ab. Der Vernehmer holt ihm Wasser. So lange muß er draußen warten, spielt an Sicherungsdrähten, löst Alarm aus. Sie fluchen. Er grinst.

Der Vernehmer kommt nicht weiter, knallt mit dem Lineal auf den Tisch, richtet den Kegel der Verhörlampe auf ihn. Irgendwann Verhörpause.

Für eine halbe Stunde zurück in die Zelle.

Weiter: »Herr Domaschk war kooperativer.« Seidel legt ihm Verhörprotokolle vor die Nase.

Nach der ersten Verblüffung: Das stimmt nicht. Das kann Matz ja gar nicht gesagt haben!

Es geht auf den Morgen zu, Blase nimmt das Zimmer, den Vernehmer wie durch einen Nebel wahr. – Die Müdigkeit. Was will der eigentlich? Ob ich mir ein Leben woanders vorstellen kann? Eiertanz. Was bohrt der denn so? »Die

DDR verlassen?« – »Ja, wir haben Freunde in Polen, auch bei Solidarność, Warschau, Danzig, eine wunderbare Stadt.«

»Was wollen Sie mit Polen! Sie haben die einmalige Chance, zu Ihren Freunden nach Westberlin zu gehen!«

»Nö, das mach ich nich. Damit könnt ihr mich nicht locken.«

Dann das Protokoll. Er fordert Änderungen. Hin und her.

›Wenn Sie nicht unterschreiben, gibt es kein Frühstück.‹

Wieder hin und her. Korrekturen. Unterschrift. Zelle. Der Steinfußboden ist zu kalt, um darauf liegen, um schlafen zu können.

23.05 Uhr. »Also Sie sind Herr Domaschk. Spitzname Matz, ja?« Leutnant Ronald Peißker von der Abteilung IX der BV Gera richtet sich auf eine lange Nacht ein. Er mustert den großen, kräftigen Mann aus Jena.

»Belüftungsschlosser willst du sein. Weißt du, was du bist, du bist eine Ratte. Und ich verrat dir was: Hier ist noch keiner Ratte geblieben.«

Peißker macht Druck: »Los, raus mit der Sprache: Name? Geboren? Beruf?«

»Wissen Sie doch.«

»Ach ja. Sie meinen, zu so fortgeschrittener Stunde sollten wir etwas höflicher miteinander umgehen. Gern. Das liegt ganz bei Ihnen.

Also, was habt ihr in Berlin gewollt?«

»Nichts, eingeladen waren wir. Zu einer Geburtstagsfete.«

»Geburtstagsfete!« »Verkauf mich nicht für blöd. Das kannst du deiner Oma erzählen. Parteitag – Geburtstag. So ein Zufall, was! Wer war denn noch so eingeladen?«

Keine Antwort.

»Doch nicht nur du und dein Freund, dieser feiste Pfannkuchen. Keine Sorge, wir kriegen schon raus, was in dem steckt. Wir haben Zeit, viel Zeit.«

Begann es so? Die Tonbänder sind verschwunden. Das Verhörprotokoll muß nicht jeden Satz des Vernehmers wiedergeben. Auf die Antworten kommt es an. Und die drehen sich 14 Seiten lang um Kleinigkeiten, um die frühere JG-Arbeit, um die Ausgebürgerten, nichts, was dem MfS unbekannt wäre. So, als wüßte Leutnant Peißker auch nicht recht, was er aus dem eigentlich rausholen soll. Das geht bis drei Uhr morgens. »Komm' Se, ab auf die Zelle.«

Es werden 30 Minuten Pause, ganz nach Vorschrift ins Protokoll eingetragen. Dann weiter Vernehmung. Bis sechs Uhr. Und noch mal von halb sieben bis mittag viertel nach zwölf. Nur zwei Seiten im Protokoll. Aber auf diesen Seiten belastet sich Matthias Domaschk plötzlich aufs Schwerste: Vertuschung von Fahnenflucht, Landesverrat, staatsfeindliche Gruppenbildung, Kontakte zur Charta 77 – versuchte Gründung einer osteuropäischen Opposition ...

Haben sie es wieder geschafft? Wie im November 1976. Peißker ist clever, ist aalglatt. Er kann es erklären, erklärt es: »Der Köhler, Horst aus Jena, der ist ja erst Sonntag mittag gekommen. Den Fragespiegel hatten wir vorher von ihm. Sonst hätte ich doch gar nicht gewußt, wonach ich fragen sollte. Sonntag ist dann der Köhler, Horst hinzugezogen worden und hat Herrn Domaschk als IM angeworben. Das war Mittag gegen halb eins. Die handschriftliche Verpflichtungserklärung wird doch wohl niemand bestreiten!«

Zweite Nachfrage:
Die handschriftliche Verpflichtungserklärung liegt vor. In einer ausgeglichenen Handschrift. – Nach zweieinhalb Tagen ohne Schlaf, am Schluß von 6.30 bis 12.15 Uhr hartes Verhör. Dann kommt Köhler, Horst, ausgerechnet der Köhler, der ihm 1976 vorgeführt hat, wie man einen Schweiger bricht, Renate hochschwanger, Frauenschreie vom Band. Und Matthias' Schrift gerät nicht aus der Fassung, wird nicht krakelig, keine Verschreiber!

Sie hatten eine gute Abteilung operative Technik in der MfS-Bezirksverwaltung Gera, zuständig für Fälschungen jeder Art. War sie nicht gut genug, eine IM-Erklärung so zu fälschen, als sei sie unter Schlafentzug und Druck entstanden? Oder hat man die Begleitumstände den Genossen Kalligraphen nicht mitgeteilt? Die müssen ja nicht alles wissen. Wer würde sich jemals für solche Details interessieren!

Dritte Nachfrage:
Peißker: »Sonntag mittag ist der Köhler, Horst aus Jena hinzugezogen worden.«

Doch Köhler, Horst will nach eigenem Bekunden schon am Abend vorher eingelaufen sein. Er habe stundenlang auf die Ankunft des verspäteten Transports gewartet.

Vierte Nachfrage:
Sonntag 13.50 Uhr will der Schließer Unterleutnant Schaller Matthias Domaschk seinen Anorak ins Besucherzimmer Raum 121 gebracht und gesagt haben: Sie werden gleich nach Hause gefahren.

Warum so redselig, Herr Schaller? Waren Sie nicht ein langgedienter Schließer, für den die Grundregel galt: Zugeführte, Inhaftierte sind immer im Unklaren über ihre Situation zu lassen?

Matz wird sich gefreut haben. Zum Glück wieder raus. In fünf Wochen wollte er heiraten.

»Flugzeug
[von] BV für Staatssicherheit Gera, Abteilung IX
[an] MfS Berlin, Hauptabteilung IX, z.H. Oberst Dr. Herzog
  Gera, 12.04.81
Bericht zu einem Vorkommnis in der Bezirkshaftanstalt der

Bezirksverwaltung für Staastsicherheit Gera

Am 12.04.1981 gegen 14.15 stellte der Wachhabende der Abt. XIV in der Bezirkshaftanstalt der Bezirksverwaltung Gera im Besucherzimmer (Raum 121) den
Domaschk, Matthias ...

stranguliert mittels seines zusammengedrehten Oberhemdes am unterhalb der Zimmerdecke verlaufenden Heizungsrohr hängend fest. Der Wachhabende betrat dieses Besuchszimmer, um den D. an die Kreisdienststelle zu übergeben, damit dieser nach Hause gefahren wird. Es wurden sofortige Wiederbelebungsmaßnahmen wie Mund-zu-Mund-Beatmung und Herzdruckmassage durch Mitarbeiter der Abteilung IX und XIV bis 14.30 Uhr durchgeführt. Zu diesem Zeitpunkt traf der Anstaltsarzt des med. Dienstes der Bezirksverwaltung, Gen. Dr. Hagner, in der Bezirkshaftanstalt ein und stellte den Tod des D. fest. Nach der Arbeit am Ereignisort durch die Abt. IX/SK erfolgte am 12.04.1981 gegen 17.30 Uhr der Abtransport des Leichnams zur Friedrich-Schiller-Universität Jena, Institut für gerichtliche Medizin und Kriminalistik. Die Sektion erfolgt am 13.04. 10.00 Uhr unter Teilnahme eines Mitarbeiters der Abt. IX/SK.«

Fünfte Nachfrage:
Im Protokoll des Schließers Schaller sind die Umstände nachlesbar, wie er den an seinem Oberhemd Erhängten um 14.15 Uhr aufgefunden habe. Dazu befragt, erklärte er: »Das konnte ich gar nicht schreiben. Sie haben mir das Protokoll vorgelegt.«

Sechste Nachfrage:
In dem kleinen Besuchsraum: Zwei Polsterstühle, ein Tisch, vergittertes Fenster, vergitterte Tür, in ca. 2,40 Meter Höhe freitragend übereinander zwei etwa zwei Zentimeter starke Heizungsrohre. Ein Gutachten aus dem Jahr 1991 hält bei vorsichtigem Hineingleiten in die Schlinge eine Strangulation ohne Deformation des Rohres für möglich. Keines der beiden Rohre ist verbogen. Matthias Domaschk war über 1,80 Meter groß. Schwer nachvollziehbar, wie einer sein Hemd so kurz knotet, daß er mit den Zehenspitzen nicht mehr den Erdboden erreicht, wie er es fertiggebracht hat, vorsichtig in die Schlinge zu gleiten?

Siebente Nachfrage:
Am 12. April mittags wird Peter Rösch in den benachbarten Besuchsraum gebracht. Er hört keine verdächtigen Geräusche. Gegen 14.00 Uhr wird er auf dem Hof in einen B-1000-Bus gesetzt und wartet auf Matz. Die Tür zum Gefängnishof lassen sie, gegen ihre Gewohnheit, offen. Gegen 14.15 Uhr plötzlich Geschrei aus dem Gebäude: »Einen Arzt, schnell einen Arzt!« Dann Abfahrt nach Jena.
Keine Erklärung. Warum diese bemerkenswerte Höflichkeit: Ein eigenes Stasi-Taxi nach Hause nach Jena? – Wo es in diesem Dienst sonst Routine war: »Unterschreiben Sie diese Schweigeverpflichtung, dann könne Sie gehen.« Zum Bahnhof wären es fünf Minuten gewesen.

Achte Nachfrage:
In der Todesakte enthaltene Fotos zeigen das Besucherzimmer 121, aufgenommen von der Tür aus. Auf der Erde, vom Tisch verdeckt, Matthias Do-

maschks Leiche. Nur sein Kopf ist zu sehen. Sehr, sehr eng für Wiederbelebungsversuche. Das vergitterte Fenster ist von außen mit einer Spanplatte oder einer ähnlichen Abdeckung verblendet. Die ist zu kurz. Oben bleibt ein zirka zehn Zentimeter breiter schwarzer Spalt. Draußen ist es dunkel! Am 12. April zwischen 14.30 und 17.30 ist es nachtdunkel?

Oder spielte sich alles ganz anders ab?

Wo war eigentlich Köhler, Horst? – Wo er doch schon im Objekt gewesen sein will, als Matthias Domaschk durch Ronald Peißker vernommen wurde?

Kam er hinzu, weil dieser Domaschk wieder seine Schweigetaktik anwandte – wie damals, 1976? Damit hatte Köhler Erfahrung.

Das Licht der Verhörlampe. Erkennt ihn Matthias Domaschk trotzdem sofort wieder: »Sie Schwein, Sie!«

K.: »Du dreckiges Stück Dreck, nenn mich noch einmal Schwein, und du erlebst mich.«

P.: »Der Junge ist doch völlig fertig. Also, noch mal ...«

K.: »Der ist erst fertig, wenn ich mit dem fertig bin!«

Reagiert der Vernommene auf seinem Vernehmungsstuhl jetzt impulsiv, will er hoch? Steht Köhler, Horst gerade hinter ihm?

Auch Köhler, Horst ist kräftig. Und er ist impulsiv, jähzornig. Einschlägige Vermerke finden sich häufig in seiner Disziplinarakte. Er ist im Nahkampf ausgebildet, ein Mann der schnellen Griffe.

Wurde bei Matthias Domaschks Obduktion, ein Mitarbeiter der MfS-Abteilung IX/SK, Strafermittlung war ja zugegen, auf mögliche Hautpartikel unter den Fingernägeln des Toten geachtet?

Neunte Nachfrage:
Die Unterschrift des ersten obduzierenden Arztes der Jenaer Pathologie, Dr. Disse, fehlt auf dem Obduktionsbefund. Warum? Unterschrieben hat der zweite obduzierende Arzt Dr. Rommeiß: Todeszeit und akuter Tod durch Strangulation.

Der übergesiedelte Dr. Pitzler gibt am 24. Februar 1982 gegenüber dem BND für das Salzgitter-Archiv zu Protokoll, sein Jagdfreund Dr. Disse habe ihm erzählt, er hätte da einen Todesfall gehabt, Würgemale am Hals und einen mindestens um acht Stunden früheren Todeszeitpunkt. MfS-Angehörige hätten von ihm gefordert, Tod durch Selbstmord zu bestätigen. Das habe er abgelehnt.

Nachdem Dr. Disse erklärte, nie eine derartige Äußerung getan zu haben, nahm Dr. Pitzler seine Aussage am 18. Mai 1983 zurück. Warum erklärten sowohl Dr. Disse als auch Dr. Pitzler 1991, ihnen fehle die genaue Erinnerung daran?

Zehnte Nachfrage:
In der nächtlichen Verhörpause wundert sich Peter Rösch darüber, daß Matthias Domaschks Beutel auf dem Gang steht. Als hätte ihn der Effektenbulle für seine Entlassung rausgestellt. Der Beutel findet sich auf einigen der

Todesfotos im Besucherzimmer wieder. Soll er den Eindruck erwecken, als wäre alles zur Entlassung vorbereitet gewesen?

War der Beutel mitten in der Nacht geholt worden, um Fotoaufnahmen vom angeblichen Suizid vor der nachmittäglichen Entlassung zu stellen?

Elfte Nachfrage:

Am 7. Februar 1990, inzwischen sichern die Mitglieder des Bürgerkomitees den Aktenbestand der MfS-Bezirksverwaltung Gera, übergibt der Leiter der Archivabteilung XII, Major Albrecht, aus dem kilometerlangen Bestand zielsicher eine Reihe von Akten, darunter die Todesakte von Matthias Domaschk, an die Geraer Staatsanwaltschaft, Staatsanwältin Birgit Wolf. Der Anlaß laut Übergabeprotokoll: Bürgerbeschwerde. Niemand von den Stasi-Auflösern weiß etwas davon. Sollte die Akte vor ihnen gesichert werden?

Auffällig ist: Diese Todesakte umfaßt 276 Blatt. Andere Akten über Suizide in der U-Haft enthalten das Ereignisprotokoll, den ärztlichen Todesschein, die Abverfügung, zehn bis 15 Blatt. Aus diesen 276 Blatt ist auch herauslesbar, wie bis zum 13. April 1981 an einer einheitlichen Suizidlegende gearbeitet wurde. Darunter das Verhörprotokoll akkurat, mustergültig die Verhörpausen vermerkt: 3.00 bis 3.30 Uhr, 6.00 bis 6.30 Uhr, dann durchgängiges Verhör bis 12.15 Uhr. Dazu Berichte über die aufwendige Beeinflussung der Kirchen-IM und die Meldung, daß es am 16. April gelungen sei, die wichtigsten Kirchen-IM von der Suizid-Version zu überzeugen. Warum so viel Aufwand?

Zwölfte Nachfrage:

Am 13. September 1990 erstattet Renate Ellmenreich, die Mutter von Matthias Domaschks Tochter, Strafanzeige wegen Verdachts der Tötung und zur Klärung der Todesumstände des Matthias Domaschk. Die Staatsanwältin Wolf erklärt im Januar 1991, »daß sich die Ermittlungen äußerst schwierig und umfangreich gestalten. Derzeit sind die Sachakten nicht entbehrlich ...« Ihrem Rechtsanwalt wird damit vorerst der Einblick verwehrt. Im Februar 1991 wird die Staatsanwältin Wolf abgelöst.

Am 8. September 1994 verkündet Staatsanwalt Kern in Erfurt die Einstellung des Verfahrens und begründet sie mit 17 Punkten: Nach der Vernehmung einer Vielzahl von Zeugen und Einholung mehrerer Gutachten, vor allem aufgrund der »nicht widerlegbaren und nachvollziehbaren Angaben der Zeugen, insbesondere der Vernehmer«, sei eine Fremdeinwirkung nicht nachweisbar.

»Insbesondere« die Vernehmer, die die Verhafteten früher zu Geständnissen brachten, wußten »insbesondere« die Staatsanwaltschaft heute zu überzeugen. Die stützte ihre Entscheidung auch »insbesondere auf Einsicht in die Altakte (Vorgang des MfS: AP 1097/81)«. Ist die Staatsanwaltschaft »insbesondere« der Möglichkeit einer manipulierten Todesakte nachgegangen?

Die Wiederaufnahme eines einmal entschiedenen Verfahrens ist nach bundesdeutschem Recht aussichtslos. Bleibt die Eröffnung eines Verfahrens wegen Freiheitsberaubung – im Fall des Matthias Domaschk mit Todesfolge. Denn es gab in der DDR kein Gesetz, das es erlaubte, vorsorglich Leute wegzusperren, nur weil die SED unbelästigt ihre Rituale zelebrieren wollte. Dieses

Verfahren ist seit 1996 beantragt. Bis zum heutigen Tag, dem 10. Februar 1999, steht seine Eröffnung aus.

Matthias Domaschk starb mit 23 Jahren einen bis heute ungeklärten Tod. Am seinem 15. Todestag, am 12. April 1996, erinnerte die Geschichtswerkstatt Jena daran. Viele Freunde, darunter ehemalige politische Häftlinge, kamen, gedachten seiner an dem Grab auf dem Jenaer Nordfriedhof und riefen die Widersprüche ins öffentliche Gedächtnis. Eine Straße in Jena-Neulobeda wurde in Matthias-Domaschk-Straße benannt. Was in jener Nacht des 12. April 1981 geschah, soll ans Licht.[1]

1 Dieser Exkurs behandelt ein schwebendes Verfahren. Auf Quellenangaben wurde bewußt verzichtet. Weitere Hintergründe sind nachlesbar in: Ellmenreich, Renate: Matthias Domaschk. Die Geschichte eines politischen Verbrechens in der DDR und die Schwierigkeiten, dasselbe aufzuklären. In: Der Landesbeauftragte des Freistaates Thüringen für die Unterlagen des Staatssicherheitsdienstes der ehemaligen DDR, Erfurt, 2. erw. Auflage 1998; Fuchs, Jürgen: Magdalena, Berlin 1998, S. 289 ff; Reiprich, Siegfried: Der verhinderte Dialog. Berlin 1996, S. 149.

Die unbhängige Friedensgemeinschaft Jena und der Resonanzraum Westberlin, Erfahrungen für den Umbruch 1989

Der Tod von Matthias Domaschk führt zu einer Zäsur. Auch Roland Jahn zieht aus der Vertuschung der Todesumstände, aus dieser drastisch sichtbar gewordenen Lebensfeindlichkeit des Systems seine Konsequenzen.

Am erste Todestag gelingt es ihm, in beiden Regionalzeitungen, der »Volkswacht« und der »Thüringischen Landeszeitung«, Annoncen zu schalten:

»Wir gedenken unseres Freundes
Matthias Domaschk
der im 24. Lebensjahr aus dem Leben gerissen wurde.
Seine Freunde
Jena, im April 1982.«

In der Nacht kleben Petra Falkenberg und er über 100 dieser durch die Staatspresse gedruckten Anzeigen in Jena und konfrontieren das MfS öffentlich mit seiner Schuld. Wo am Morgen die Stasi-Kratzer am Werk sind, gibt es Menschenaufläufe.

Am 1. Mai frisiert er sich links eine Hitlertolle und rechts im Stalinlook, trägt einen halben Hitler- und eine halben Stalin-Schnauzer. Die eine Gesichtshälfte braun, die andere grün geschminkt, mischt er sich mit einer auffällig karierten Jacke und rotem Schlips unter das Kampf- und Feiertagsvolk, postiert sich an der Mai-Tribüne neben der Jenaer Parteiprominenz, nimmt die Parade des Volkes ab und läuft später so durch die Stadt. Nichts passiert. Vorerst.

Roland Jahn: »Nach Matz' Tod habe ich gesagt, jetzt ziehe ich alles durch, was ich schon mal vor hatte. Es war immer wieder der Versuch, Formen zu finden, die rechtlich nicht angreifbar sind, die aber deutlich sagen, was los ist. Das Ganze schon mit einem Schuß Naivität, als ob es in der DDR Recht gäbe. Ich habe mir eingebildet, die müßten erst mal einen Paragraphen erfinden, um mich einzusperren. Ich sah es als Herausforderung, mit einem gewissen Spaß an der Form: ›Ich verkünde meine Meinung! Jeder Mensch kann aussehen, wie er will.‹ Ich sage nicht, ich setze Stalin und Hitler gleich. Ich sage nicht, ich will Solidarność verherrlichen. Ich sage ›Solidarität mit dem polnischen Volk‹ aber auf polnisch, *solidarność z polskim narodam.* Das hatte ich auf eine Papierfahne geschrieben, und die steckte ich an mein Fahrrad.

In der Zeit war ich viel mit Rubs und Michael Blumhagen zusammen. Was auch eine große Rolle gespielt hat: Das tägliche Mensa-Frühstück, bei dem sich die Szene traf, das waren Ausreiseantragsteller, das waren Frank Rub und Lutz Leibner, die auf dem Johannisfriedhof arbeiteten, der Batti und Bodo Sturhann, die für den HDR[1] gefahren sind, und ich aus meinem Kistenla-

---

1 HDR: Reparatur- und Dienstleistungskombinat.

ger. Da wurde großes Frühstück gemacht und politisch diskutiert. Abends sind wir nach Cospeda in die Kneipe und haben sogenannte unabhängige Gewerkschaftsversammlungen veranstaltet. In dieser Zeit gab's schon Resignation, aber auch Hoffnungsschimmer aus Polen. Und dazwischen immer wieder Kisten packen für Freunde die ausreisten, Leibners, Reiprichs, Dietes, der ganze ›Markt 24‹ ...

Sie haben mich mit der Solidarność-Fahne auch festgenommen, dann wieder laufenlassen, wußten nicht, wie sie damit umgehen sollten. Natürlich war klar, daß sie sammeln. Dann Graitschen, wo sie meinen Film über den Abriß von Blumhagens Haus[2] beschlagnahmten und nicht merkten, daß ich sie ausgetrickst hatte. Als sie kamen, habe ich den einen Fotoapparat schnell ins Auto geworfen und mir den anderen umgehängt. Sie nahmen mich mit, der Film war leer, aber die Bilder kamen im ›Stern‹. Sie wußten, ich bin hautnah dran, aber sie konnten es nicht beweisen.

Da war der Kontakt zu Lutz Rathenow ganz wichtig. Auch das Vertrauen, das wir zueinander hatten. Wir kannten uns ja aus der Schulzeit. Ganz wichtig auch die, die '77 ausgereist sind, Fuchs, Auerbach, später Leibner, die vertrauensvolle Mittelspersonen waren.

Zum Beispiel ging es darum, herauszukriegen, was Michael [Blumhagen] für ein Urteil gekriegt hat. Ich habe Lutz [Rathenow] angerufen. Der hat in Westberlin Jürgen [Fuchs] informiert. Über ihn ging es an die Agenturen, an die Tagesschau. So haben wir die Urteilsverkündung innerhalb von Stunden in die Tagesschau gebracht. Das war das System: Wir schaffen Öffentlichkeit. Von Jena direkt in die Tagesschau und wieder zurück nach Jena und in die ganze DDR. Das war das Entscheidende. Das war mein Arbeitsprinzip schon an der Uni und später im Westen. Nicht nach demokratischen Rechten flehen, sondern sie wahrnehmen: Ich informiere mich, wo ich will, und verbreite die Information, wann und wo ich will.«

Michael Blumhagen, der als Steimetz arbeitete, hatte zum Gedenken an Matthias Domaschk eine Skulptur geschaffen, eine hockende Gestalt, den linken Arm nachdenklich, schützend über dem Kopf. Freunde stellten sie am Ostersonnabend an Domaschks Grab auf. Als Roland Jahn einige Tage später den Friedhof besuchte, bemerkte er vier Gestalten mit Lada und Anhänger, die sich an der gut 200 Kilo schweren Plastik zu schaffen machten. Er hatte, wie fast immer, seinen Fotoapparat dabei, suchte sich einen getarnten, gute Sicht bietenden Blickwinkel im angrenzenden katholischen Altersheim und fotografierte den Abtransport. Eine Strafanzeige bei der Polizei blieb ergebnislos. Die Plastik war »unauffindbar«.

Die Aufnahmen gab Roland Jahn an Lutz Rathenow und der über einen Kurier an Jürgen Fuchs. Der »Der Spiegel« berichtete kurze Zeit später über den Gedenkplastikklau durch die Stasi – mit Fotos.

---

2 Am 16. Juni 1982 wurde Michael Blumhagen wegen Reservistenwehrdienstverweigerung verhaftet und zu sechs Monaten Zuchthaus verurteilt. Einen Monat nach seiner Verhaftung wurde das Bauernhaus, in dem er in Graitschen lebte, wegen angeblicher Baufälligkeit abgerissen. Zwei Wochen vor dem Haftende erfolgte seine Abschiebung in die Bundesrepublik.

Was als konspirative Stasi-Aktion gedacht war, war aufgeflogen. Die Staatssicherheit ahnte die Quelle, hatte aber keine Beweise. Also verhaftete sie Roland Jahn am 1. September 1982 wegen Fahrens mit dem polnischen Fähnchen, Paragraph 220: »Öffentliche Herabwürdigung«.

Der Prozeß am 17. Januar 1983 endete mit einem Jahr und zehn Monaten für diesen Paragraphen, konkret wegen »Hitler-Stalin« und Radeln mit dem Fähnchen.

Roland Jahn: »Das wichtigste in der U-Haft war, ich konnte zehren von den Erfahrungen meiner Freunde. Da war Uwe Behr, der in Jena geblieben war. Mit anderen haben wir uns in der ČSSR getroffen. Ganz wichtig waren Jürgens ›Vernehmungsprotokolle‹. Dadurch wußte ich, alles, was in diesem Knast passiert, ist gegen dich gerichtet. Sie werden nichts tun in deinem Interesse. Deshalb gib ihnen nichts in die Hand, womit sie arbeiten können, das heißt, du wirst ewig schweigen. Das Prinzip habe ich durchgezogen.

Dann kam diese Geschichte. Man hatte mir auf Arbeit gekündigt. Ich hab gelacht: Das dürfen die ja gar nicht, so lange ich nicht verurteilt bin.

Also habe ich Widerspruch eingelegt, es gab einen Arbeitsprozeß. Der Richter urteilte: Entlassen.

Als ich wieder in die Zelle geführt wurde, kam der Vernehmer: ›Ham' se nu gesehen, es geht nicht darum, wer Recht hat, sondern wer die Macht hat.‹

Bei den Vernehmungen hab ich nichts gesagt, aber immer gelacht. Darauf der Vernehmer: ›Wer zuletzt lacht, lacht am besten.‹

Als ich zu einem Jahr und zehn Monaten verurteilt worden war, er wieder: ›Wer zuletzt lacht, lacht am besten.‹

Als ich entlassen wurde, habe ich ihm eine Postkarte geschickt, auf der ich lachend drauf bin, auf der steht: ›Das Arbeiterwort gilt‹, und ich hab ihm geschrieben: ›Wer zuletzt lacht, lacht am besten‹.

Der ganze Knast war darauf angelegt, mich in den Westen zu treiben, aber ich war ein notorischer Dableiber. Ich dachte, man könne hier noch verändern. Für mich wäre es ein Weglaufen gewesen. Ich versuchte auch, andere zu überzeugen, habe allerdings akzeptiert, wenn einer ging. Ich hab ja gemerkt, je mehr gehen, um so weniger Mitstreiter habe ich. Ich hab gesagt, wenn ich scheitere, scheitere ich nicht an den Umständen, sondern an den Mitstreitern.

Nach der Entlassung war es ganz wichtig, daß ich sagen konnte: ›Ich bleibe da, meine Erfahrung ist jetzt wichtig.‹ Ich lernte neue Leute kennen, hatte neue Hoffnung: ›Mensch, wir können doch was bewegen.‹«

Roland Jahn wurde zum Bindeglied zwischen den Siebenundsiebzigern und der neuen, dreiundachtziger Protestgeneration.

Während seiner Haft verschickten Freunde Fotopostkarten ins ganze Land. Unter der Textzeile »Wo das Unrecht alltäglich ist, wird Widerstand zur Pflicht«, zwei Porträtfotos mit den Unterschriften: »Roland Jahn, Transportarbeiter, am 17. Januar 1983 zu 22 Monaten Haft verurteilt« und: »Manfred Hildebrandt, Kraftfahrer, am 27. Dezember 1982 zu 16 Monaten Haft verurteilt«.

Manfred Hildebrandt, der Fotograf aus ihrem Kreis, hatte Roland Jahn mit einer Mundbinde fotografiert. Darauf in großen Buchstaben »Bildungsverbot«. Ihr Protest gegen das Studienverbot. Nach Jahns Verhaftung brachte der »Stern« das Foto am 16. September 1982. Die Staatssicherheit konnte die Urheberschaft nicht beweisen, dennoch wurde auch Manfred Hildebrandt am 29. September 1982 verhaftet.

Die Karte mit den Porträts von Hildebrandt und Jahn schickten ihre Freunde auch an die Stasi-U-Haftanstalt in Gera. Auf der Rückseite der Text: »Für die Forderungen:

Freiheit für die Jenaer Arbeiterjugendlichen!

Freiheit für die fünf *verurteilten* Bausoldaten in Ostberlin, Schwerin, und Dresden

haben sich bereits eingesetzt:

Lew Kopelew, Prof. Ossip K. Flechtheim, Heinz Brandt, Pavel Kohout, Heinz-Oskar Vetter, Jo Leinen, Petra Kelly, Juso-Landesverband Schleswig-Holstein, Juso-Kreisverband Heidelberg, Michael Blumhagen, tausende Jugendliche«.[3]

Der Punkt, an dem es nichts mehr zu verlieren gab, war erreicht. Die Willkür des Regimes, das sich Republik und demokratisch nannte, die Gefahr, selbst verhaftet zu werden, schreckte nur noch bedingt. Sie war zweitrangig, angesichts der atomaren Bedrohung auf beiden Seiten und einer SED-Friedenspropaganda, die die sowjetische Atomraketenspirale in der DDR begrüßte. Weitere Gegen- und Gegengegenstationierungen nach der Stationierung der SS-20-Raketen, nach dem Nato-Doppelbeschluß von 1979 waren nicht auszuschließen. Angst und Ohnmacht beherrschten die DDR-Bevölkerung in dieser Zeit. Selbst die Witze, man solle sich zum Schutz gegen den Atomschlag mit den Füßen in Richtung Druckwelle legen, blieben reiner Sarkasmus angesichts der ernstgemeinten Zivilschutzübungen, Fenster mit Matratzen abzudichten und aus Plastikflaschen und Watte Atemschutzgeräte zu basteln.

Verschärft wurde die Angst durch die Einführung der Zivildienstpflicht für alle Erwachsenen bis zum 65. Lebensjahr am 1. Dezember 1981 und durch das Gesetz zur Wehrpflicht für Frauen vom 25. März 1982.

Dagegen richtete sich im September die Initiative »Frauen für den Frieden«, mitgegründet durch Bärbel Bohley und Ulrike Poppe, in der sich 400 Frauen – auch Jenaer – mit Eingaben gegen das Gesetz wandten und ihre Verweigerung erklärten. Das Gesetz kam nicht zur Anwendung.

Unabhängige Friedensaktivitäten werden zum Ausdruck für das massive Mißtrauen in die Friedenspolitik der DDR-Regierung.

Am 27./28. Juni 1981[4] wird in einer Werkstatt der Jenaer JG Stadtmitte das »Königswalder Papier« zur Einführung eines vierundzwanzigmonatigen »Sozialen Friedensdienstes« (SoFD) als Alternative zum achtzehnmonatigen Grundwehrdienst vorgestellt.

Am 8. November 1981 beteiligen sich auch Jenaer an der Friedensdemonstration der 2. Friedensdekade der evangelischen Kirche in Halle. Wegen ihrer

3 Postkarte, im Besitz von Walter Jahn.
4 Daten, Aktivitäten und Angaben zu Verhaftungen entstammen der Chronologie des Matthias-Domaschk-Archivs Berlin. In: Pressemappe. Zehn sind manchmal mehr als Zehntausend. Die Friedensgemeinschaft Jena 1983, Berlin 1997.

Aufnäher »Schwerter zu Pflugscharen« kommt es bereits am Bahnhof zu Verhaftungen.

Am 12. Januar 1982 entwerfen Thea und Michael Rost, Bernd Albrecht und Uwe Sinnig in der JG einen Abrüstungsappell an Breschnew und Reagan. Vorausgegangen war am 5. Januar ein Diskussionsabend »Keine Moneten für Raketen« in der JG. Die Folge: Verhöre und Überwachungen.

In Berlin veröffentlichen Rainer Eppelmann, Robert Havemann und andere am 25. Januar den »Berliner Appell: Frieden schaffen ohne Waffen«. Er kursiert auch in Jena. Am 9. Februar wird Rainer Eppelmann verhaftet und zwei Tage später nach internationalen Protesten wieder freigelassen.

Das MfS verhindert die Beteiligung von Jenaern am Dresdener Friedensforum am 13. Februar, und es verhindert einen Friedensgottesdienst in Jena am 19. März.

Über Thomas Auerbach und Jürgen Fuchs bestehen Kontakte zur westdeutschen Friedensbewegung. Jürgen Fuchs spricht am 10. Juni 1982 vor etwa 200 000 Menschen auf der Bonner Friedensdemonstration. Er berichtet vom Verbot des Symbols »Schwerter zu Pflugscharen« und fordert Freiheit für die in Haft einsitzenden Friedensaktivisten und Wehrsdienstverweigerer in der DDR: »Und es ist sehr wichtig, daß die westdeutsche, die westeuropäische, die internationale Friedensbewegung das unterstützt, was sich in der DDR und anderswo regt, denn dort kämpfen Menschen wie Ihr gegen die Raketen, die auf Euch gerichtet sind. Sie begeben sich damit in einen Konflikt mit ihren Regierungen.«[5]

Nach der Inhaftierung von Roland Jahn formiert sich in Jena seit dem 1. September eine neue Stufe des Protestes. Am 14. November kommt es zu einer ersten unangemeldeten öffentlichen Demonstration. Erstmals findet sich außerhalb kirchlicher Räume eine unabhängig agierende Basisgruppe ohne Leitung, ohne feste Mitgliedschaft. Was sie zusammenführt, sind die Repressionen gegen ihre Friedensarbeit und die einseitige, verlogene Friedenspolitik der SED, sind die Haftstrafen für Wehrdienstverweigerer und Andersdenkende. Etwa 70 junge Leute versammeln sich auf Ute Hinkeldeys Vorschlag hin auf dem zentralen Jenaer Platz der Kosmonauten, bildeten einen Schweigekreis mit Schildern, auf denen »Frieden« steht. Staatsicherheit und Polizei sind überrumpelt. Sie hatten von der kurzfristigen Aktion nichts gewußt.

Am 15. November formuliert der Kreis die »Jenaer Friedensforderungen«:
– Abzug der Besatzungstruppen aus der DDR und der BRD,
– Sozialer Friedensdienst ohne Gesinnungsprüfung,
– Abschaffung des Wehrkundeunterrichts an den Schulen,
– öffentliche Informationen über Bausoldaten.
Die SED, sowohl ihre Spitze in Berlin als auch auf der Kreisebene, ist nicht zum Gespräch bereit.

---

5 Fuchs, Jürgen: Manuskript der Rede zur Friedensdemonstration am 10. Juni 1982. Verständigen wir uns von unten her, über die ideologischen und militärischen Schützengräben hinweg. In: die tageszeitung vom 15.6.82, S. 9.

Für den 24. Dezember planen die Friedensaktivisten einen zweiten Schweigekreis. Mehrere kommen in Beugehaft, die Zufahrtsstraßen zur Stadt und die Bahnhöfe werden streng kontrolliert, das Stadtzentrum ist hermetisch abgeriegelt. Im Innenhof des Zeiss-Betriebes befindet sich an diesem Heiligabend die Kampfgruppe in Alarmbereitschaft.

Am 7. Januar 1983 tritt der Liedermacher Peter Kähler im Zeiss-Jugendclub »Modul« auf. Er singt dort sein Protestlied mit der berühmt gewordenen Zeile: »Werter Herr Richter, wie können Sie da noch schlafen, wenn Sie täglich das Volk im Namen des Volkes bestrafen?«

Die Staatssicherheit schlägt mit einer Verhaftungswelle zu:

14. Januar: Peter Kähler, Edgar Hillmann, Frank Rub.

15. Januar: Uwe Behr.

17. Januar: Reinhard Wulfert.

21. Januar: Petra Falkenberg, David Dulitz. Der taucht unter, wird am 7. Februar an der polnischen Grenze festgenommen, mit Informationen über die Verhafteten, die er in den Westen weitergeben wollte.

25. Januar: Stephan Zigan.

30. Januar: Andreas Greiner-Napp und nach mehrtägiger Observation Michael Rost.

Die westdeutschen Medien berichten eher zögerlich über die Übergriffe des Staates. Man will die Entspannungspolitik nicht stören. Am 7. Februar hatte Erich Honecker an Helmut Kohl in einem Brief mitgeteilt, die DDR beabsichtige, sich dem schwedischen Vorschlag einer atomwaffenfreien Zone in Mitteleuropa anzuschließen. Selbst Helmut Lölhöffel, der wegen seiner Berichterstattung in der »Süddeutschen Zeitung«[6] vom DDR-Ministerium für Auswärtige Angelegenheiten verwarnt wurde, sagt heute, er habe zu wenig auf die Situation in Jena hingewiesen.

Entscheidend wird ein gut recherchierter »Report«-Beitrag von Dr. Franz Alt in der ARD am 22. Februar, in dem unter anderem Thomas Auerbach, Jürgen Fuchs und der im Mai 1982 ausgereiste Peter Rösch über die Situation in Jena, die Friedensaktivitäten, die Verhafteten und die Verurteilungen von Roland Jahn und Manfred Hildebrandt berichten und in dem Namen und Adressen aller Verhafteten genannt werden.

Daraufhin werden außer den verurteilten Wehrdienstverweigerern alle, auch Jahn und Hildebrandt, zwischen dem 22. und 26. Februar »auf Bewährung« entlassen.

Roland Jahn: »Wir hatten gewonnen. Wir hatten einen Staat in die Knie gezwungen. Dieses Gefühl war da. Ich habe noch nie einen so großen Freiraum in der DDR verspürt wie in diesen Wochen. Wir lernten neue Leute kennen, Ute Hinkeldey, Thea und Michael Rost, die den Friedenskreis aus der JG-Ecke verkörperten. Durch den Knast wurden verschiedene lose Gruppierungen und Leute, die zwar Kontakt hatten, die aber jede für sich arbeiteten,

---

6 Lölhöffel, Helmut: Eine Radtour, die ins Gefängnis führt. In der kleinstädtischen Atmosphäre Jenas machen noch immer unbequeme Bürger dem Regime der DDR zu schaffen. In: Süddeutsche Zeitung vom 22.12.1982.

zusammengeschweißt, Frank Rub, Batti ... Die Stasi hat sozusagen die unabhängige Jenaer Friedensgemeinschaft geschaffen. Die Leute sind näher zusammengerückt und waren auch bereit, neue Formen zu probieren.«

Am 8. März wollen Uwe Sinnig und Michael Rost eine Schweigeminute für den 19. März anmelden, den 38. Jahrestag der Bombardierung Jenas durch alliierte Flugzeuge. Das wird abgelehnt. Statt dessen organisiert die »Nationale Front« erstmals seit Jahren eine Großkundgebung für den 18. März, um den Termin zu besetzen.

Die unabhängige Friedensgemeinschaft Jena bereitet Plakate vor wie »Frieden schaffen ohne Waffen«, »Schwerter zu Pflugscharen«, »Militarisierung raus aus unserem Leben«, »Weg mit dem Kriegsspielzeug« »Entrüstet Euch«, »Verzicht auf Gewalt«... Kaum mehr als 30 Demonstranten machen sich mit ihren zum Teil kleinen Kindern auf den Weg von der Johannisgasse in Richtung Markt, zum zentralen Kundgebungsort. Unterwegs schließen sich noch einige an. Dann werden sie von Sicherungskräften in Zivil überfallen, die Plakate zerfetzt und die Träger geschlagen.

Roland Jahn: »Da war dieses Gefühl, die können uns nicht einsperren, wir waren schon eingesperrt. Die können uns nur zusammenschlagen. Dabei waren wir durchaus taktisch mit den Plakaten: ›Keine Gewalt, Schwerter zu Pflugscharen‹, das waren alles Friedensparolen, keine Angriffe auf den Staat. Wir haben uns gesagt, wir waren in den letzten Wochen in der ARD zu sehen, wir sind bekannt, wir haben die Chance, wir nehmen uns das Recht auf Demonstrationsfreiheit.

Wir hatten extra zwei Fotografen organisiert, die alles aufnahmen. Einer oben im Haus, einer mittendrin. Die Fotos kamen dann in der Tagesschau. – Wieder das Prinzip Öffentlichkeit: Rein in die Wohnzimmer der DDR-Bevölkerung. Nicht im eigenen Saft schmoren.«

In den Folgewochen sucht der Kreis Kontakte zu anderen, auch ausländischen Friedensgruppen. Vom 11. bis 13. Mai kommt es in der Wohnung von Ulrike und Gerd Poppe zu einem Treffen mit Vertretern der westlichen Friedensbewegung. Dabei sind unter anderem Petra Falkenberg, Gerold Hildebrand, Roland Jahn, Peter Kähler.

Auf Anregung des ausgebürgerten Michael Blumhagen schließen auch Jenaer persönliche Friedensverträge mit westdeutschen Wehrdienstverweigerern ab.

Am 27. März finden sich Vertreter der Jenaer Friedensgemeinschaft und Udo Siebert, der Superintendent der Stadt, in dessen Wohnung zu einem Gespräch. Siebert ist der einzige, der bereit ist, sich halboffiziel ihre Ziele erörtern zu lassen.

Beim Pfingsttreffen der FDJ in Jena am 19. Mai beteiligt sich die Friedensgemeinschaft ungefragt mit eigenen Transparenten. Ein FDJ-Funktionär agitiert gegen das von Roland Jahn hochgehaltene Plakat »Schwerter zu Pflugscharen« und ruft leichtsinnig ins Mikrofon: »Wenn ihr diskutieren wollt, dann kommt her.«

Jahn läßt sich das nicht zweimal sagen, versucht taktisch zu reden, bezieht sich auf »Radio Moskau« und erklärt über die Platzlautsprecher: »Schwerter zu Pflugscharen, das Gebot der Stunde für alle Völker, so hat Radio Moskau am 15. Mai um 21 Uhr gefordert, und wir schließen uns dem Vorschlag von Erich Honecker auf Gewaltverzicht an. Wir lassen uns nicht verbieten, eigene Gedanken zum Frieden zu äußern.«[7]

Daraufhin entreißt man ihm Mikrofon und Plakat. Plötzlich diskutieren die FDJler auf dem Platz und sympathisieren mit diesen Friedensfreunden. Das geht zu weit.

Vom 19. Mai an beginnt die Staatssicherheit mit der Aktion »Gegenschlag«. Mit dieser Aktion werden allein in Jena mehr als 50 Personen, teilweise binnen 24 Stunden, zur Ausreise genötigt.

Am 22. Mai fährt Roland Jahn zu einer zentralen Pfingstkundgebung der FDJ nach Potsdam, wird, als er sein Plakat »Schwerter zu Pflugscharen« ausrollt, zusammengeschlagen, für 18 Stunden festgehalten, verhört und von der Jenaer Staatssicherheit abgeholt. Die Ausreise verweigert er. Am 7. Juni bestellt ihn der Stadtrat für Wohnungswesen, von der Staatssicherheit geführt als »IMS Braun«, zu sich. Als Legende dient ihm Jahns Wohnungsantrag. Eine Falle. Jahn muß zur Abteilung Inneres, wo ihm der Leiter für Ausreiseangelegenheiten die Urkunde zur Entlassung aus der Staatsbürgerschaft aufnötigen will. Auf seine Ablehnung hin stürzen zwei Stasi-Mitarbeiter ins Zimmer, überwältigen Jahn und führen ihn ab. Beim Einsteigen ins Auto gelingt die Flucht. In der Wohnung seiner Freundin wird er kurz darauf erneut festgenommen, diesmal in Knebelketten gelegt und an den Grenzübergang Probstzella gefahren, gegen seinen Widerstand über den Bahnsteig geschleift und in den letzten Waggon des Interzonenzuges geworfen. Der wird abgeschlossen. Auf der westdeutschen Seite, in Ludwigsstadt, schließt der Schaffner im Beisein zweier Westdeutscher Grenzbeamter die Tür auf und überreicht Roland Jahn ein »Visum zur einmaligen Ausreise«, ausgestellt vom Ministerium des Inneren der DDR.

Roland Jahn: »Man konnte mich nicht mehr einsperren, also hat man mich ausgesperrt. Es gab einen Ausreiseantrag, zu dem hatte mich Anwalt Schnur im Knast überredet. Daß ich mich danach mit Händen und Füßen gewehrt habe, konnte jeder sehen. Deshalb amüsiere ich mich, wenn Leute wie Stolpe sagen, der hat einen Ausreiseantrag gestellt. Für mich ist entscheidend, was abgelaufen ist und nicht, was ich im Knast geschrieben habe.

Ich bin also rübergekommen und war erst mal schockiert, im Westen zu sein. Aber wenn man auf so spektakuläre Art abgeschoben wurde, abends in der Tagesschau war, eine Doppelserie im ›Spiegel‹ hatte über das, was in der DDR passierte, dann war man auch Ansprechpartner für DDR-Themen. Nach und nach habe ich angefangen, die Arbeit zu machen, die Jürgen [Fuchs] gemacht hat, Vermittlungsarbeit zwischen Ost und West, Informationen über Verhaftungen ...

Irgendwann gab es auch eine Krise. Ich fragte mich, ›bin ich der ewige DDR-Dissident?‹ Entscheidend für die Überwindung dieser Identitätskrise war eine illegale Reise nach Jena und ein Treffen mit Ostberliner Oppositio-

7 Jahn, Walter: Du bist wie Gift. Erfurt 1996, S. 23.

nellen, mit Ulrike Poppe, Rainer Eppelmann, Ralf Hirsch, Lutz Rathenow, die gesagt haben, du mußt zurück in den Westen, da bist du für uns nützlicher.«

Jahn wählte bei Rückflügen aus Prag, Warschau, Budapest grundsätzlich die »Interflug«, wurde in Berlin Schönefeld als der erkannt, der er war und in einem Auto an die Grenze nach Westberlin gebracht. Es war ein sich wiederholendes Spiel, mit dem er es auf die Einreise in die DDR anlegte. Dieses Mal, am 21. April 1985, rutschte er ihnen durch die Paßkontrolle und ging, wie die anderen, normalen Westreisenden, zur S-Bahn. Von Rüdiger Rosenthal, einem Schriftsteller und Freund in Ostberlin, ließ er sich noch in der Nacht nach Jena fahren. Ihre frühmorgendliche Stadtrundfahrt führte auch am Haus der Eltern vorbei. Er wollte sie nicht schockieren, sie nicht mit dieser unerwarteten Begegnung belasten. Statt dessen besuchte er das Malerehepaar Eve und Frank Rub und war ernüchtert, wie viele ausgereist waren, wie wenig Kontakte es in dieser Stadt noch gab.

Roland Jahn bekam eine Anstellung im »Reemtsma-Institut«, dem Hamburger Institut für Sozialforschung, wo ihm eine Stelle zur Erforschung der DDR-Opposition eingerichtet wurde. Er fand aber, wichtiger als die Opposition zu erforschen, sei ihre Förderung und Beschleunigung. Die Methode, mit der er beste Erfahrungen hatte: Informationen aus der DDR über Rundfunk und Fernsehen in die DDR hineinstrahlen. Wie Jürgen Fuchs begann er, mit Diplomaten und akkreditierten Journalisten ein Kuriernetz aufzubauen. Die Presseagenturen wußten, Meldungen, die von den beiden kamen, waren gut recherchiert, konnten sofort übernommen und gesendet werden. 1986 begann er, Tonbandgeräte und Videokameras in die DDR schmuggeln zu lassen. Berichte über Umweltverschmutzung, die Gefährdung durch Uranabbau, über Rechtsradikale in der DDR ... waren sein Einstieg als freier Mitarbeiter beim ARD-Magazin »Kontraste«. Er sendete Tabuthemen, die westlichen Korrespondenten ebenso verboten waren wie ungenehmigte Interviews. Oppositionelle wie Siegbert Schefke, Aram Radomski, Michael Beleites drehten unter erheblicher Gefahr.

Als Stephan Krawczyk 1985 Berufsverbot erhielt, schickte Jahn eine taz-Kollegin zu ihm. Mit ihrem Beitrag wurde er beim ZDF-Magazin »Kennzeichen D« vorstellig, vereinbarte ein Porträt, Krawczyk wurde bekannter und damit geschützter. Nach den Verhaftungen von Mitgliedern des Umwelt- und Friedenskreises in der Berliner Zionskirche am 25. November 1987 waren es die Schaltzentralen Jahn und Fuchs, über die die Weltpresse und die Funkmedien Kenntnis von den Verhafteten, den Mahnwachen und brutalen Machtdemonstrationen dagegen erhielten. – Meldungen, die das Regime zum Einlenken zwangen.

Vergleichsweise harmlos, aber bezeichnend für die Rücksichtnahme, ja Erpreßbarkeit der westdeutschen Seite war die Unterzeichnung der Städtepartnerschaft Erlangen – Jena am 18. März 1987. Die Fraktion der Grünen im Erlanger Stadtrat hatte Roland Jahn zu diesem Festakt eingeladen. Als die

Jenaer Delegation unter Leitung ihres Oberbürgermeisters Genosse Hans Span davon erfuhr, forderte sie ultimativ, keine Kontakte zuzulassen, andernfalls drohte die DDR-Abordnung mit sofortiger Abreise. Um die seit 1970 angebahnte Städtepartnerschaft nicht zu riskieren, erfüllte der Erlangener Oberbürgermeister Dr. Dietmar Hahlweg zähneknirschend die Forderung. Jahn wurde von den Erlanger Ordnungskräften von der öffentlichen Sitzung ausgesperrt, obwohl er versicherte, er plane keine Aktion, er wolle nur dabei sein und vielleicht mit dem einen oder anderen reden. Über der westnaiven Hoffnung auf lebendige Bürgerkontakte und Ost-West-Annäherung im Bereich Kultur, Sport und Wissenschaft lag plötzlich ein Schatten. Am klarsten ausgedrückt in einem Leserkommentar: »Erlangen – offen aus Tradition, aber wenn es um die Partnerschaft mit Jena geht, nur so weit es das Ministerium für Staatssicherheit erlaubt.«[8]

Dieser Kritiker konnte freilich nur ahnen, wie die Jenaer Delegation das westdeutsche Bemühen um ein normales partnerschaftliches Verhältnis intern tatsächlich wertete. In einen Brief an den Ersten Sekretär der SED-Bezirksleitung, Genossen Herbert Ziegenhahn, berichtet der Jenaer Oberbürgermeister Genosse Span in umständlichem SED-Deutsch:

»1. Erkennbar sind eine Häufung von Versuchen des Mißbrauchs der Städtepartnerschaft zur Aushöhlung von zwischenstaatlichen Vereinbarungen zwischen der DDR und der BRD, vor allem auf solchen Gebieten wie des Kontaktes zwischen wissenschaftlichen Einrichtungen, der Kirche, Begegnungen von Kindern und Jugendlichen und im Sport.
2. Erkennbar ist... [durch] die versuchte Begegnung mit dem ehemaligen Staatsbürger der DDR, Jahn, beim letzten Besuch... [und durch] Kontaktversuche mit negativ-dekadenten Elementen am 08.04.87, die Partnerschaftsarbeit auszunutzen und eine Belebung der Aktivitäten von Personen, die dem politischen Untergrund zuzuordnen sind, zu erreichen. Das wird hauptsächlich von Kräften der *Grünen* im Stadtrat von Erlangen getragen.«[9]

Wäre ein Durchschlag nicht nur an die MfS-Kreisdienststelle Jena, sondern auch an die Stadt Erlangen gegangen, wäre man damals schon um eine Illusion ärmer und eine Erfahrung reicher gewesen, was das zweite Gesicht von SED-Kadern betraf.

Die »operative Bearbeitung« politisch aktiver Ausgebürgerter betrieb die Staatssicherheit auch in Westberlin überaus intensiv. Bis zu einem Dutzend Ex-Jenaer, unter ihnen Christine und Reinhard Klingenberg, Frank Rub und Peter Rösch, wurden im OV »Weinberg« (Reg.-Nr: X/318/84) differenziert bearbeitet. Bei Thomas Auerbach, ebenfalls OV »Weinberg«, sorgten Westberliner Inoffizielle Mitarbeiter dafür, daß er nicht in die Vertreterversammlung der Alternativen Liste gewählt wurde oder auf Friedenstreffen sprechen

---

8 Dr. Ebert, Theodor: Schatten auf der Städtepartnerschaft. In: Erlangener Nachrichten vom 25.3.1987, S. 4.
9 Archiv der Stadtverwaltung Jena: Brief an Genossen Herbert Ziegenhahn, Mitglied des Zentralkomitees und 1. Sekretär der Bezirksleitung Gera der SED, 29.04.1987.

durfte. Er erhielt Einreiseverbot nach Polen und in die ČSSR, nur Ungarn hielt sich nicht an das Verbot.

Roland Jahns Erfassung im OV »Weinberg« führte zur Verschärfung in einen ZOV (Zentralen Operativen Vorgang). In der zweiten Hälfte des achtziger Jahre wurde Jahn neben Jürgen Fuchs (ZOV »Opponent« Reg.-Nr.: XV/ 5752/82) als einer der gefährlichsten Staatsfeinde eingestuft. Die Abteilung III, Funk- Telefonaufklärung des MfS, nutzte ihre Möglichkeiten – wie bei anderen interessierenden Personen in Westberlin auch –, um Telefonate zwischen den beiden mitzuschneiden. Mehr als 20 Inoffizielle Mitarbeiter waren in Westberlin auf Jahn angesetzt. Gerüchte wurden verbreitet, er betreibe sein Engagement für die DDR nur aus Geldgier. An Freunde und Mittelsleute wurde ein gefälschtes »Spiegel«-Titelbild verschickt, in dem sein Porträt in einen Tausendmarkschein einkopiert war. Anonyme Briefe wurden verschickt, um ihn zu diskriminieren.

Zeitweilig wurde Ausreiseverbot über ihn verhängt. – Bis am 17. Dezember 1987 Staatsanwalt Dr. Gläßner von der Generalstaatsanwaltschaft der DDR einen Haftbefehl wegen »landesverräterischer Nachrichtenübermittlung« gegen den Bundesbürger Roland Jahn ausstellte und MfS-Generalmajor Fister ein Ermittlungsverfahren einleitete. Jede Transitfahrt durch die DDR, jede Reise in sozialistische Staaten wäre damit zur Falle geworden.

Roland Jahn: »Es ging immer darum, Kommunikation zu schaffen, Informationen in der DDR zu verbreiten. Ich überlegte, man müßte etwas machen, an dem die Opposition direkt beteiligt ist, sie sollten lernen, nicht nur die richtige Meinung zu haben, sondern sie auch journalistisch zu verbreiten. Also habe ich mit den Leuten von ›Radio 100‹ verabredet, daß ›Radio Glasnost‹ einmal im Monat eine Stunde die Stimme der DDR-Opposition ausstrahlt. Beispielsweise Interviews mit Leuten wie Wolfgang Rüddenklau von der Umweltbibliothek. Das war journalistisch alles noch unreif, aber es zeigte Wirkung. Es wäre noch mehr möglich gewesen, aber es wurde nicht mehr geliefert. Wir haben das zwei Jahre lang gemacht, und es wurde zu einem Politikum ersten Ranges. Der Stasi war ›Radio Glasnost‹ der größte Dorn im Auge. Was mit Samisdatzeitschriften unter die Leute kam, konnte jetzt jeder hören. In ganz Berlin.

In Leipzig hatte ich auch frühzeitig Kontakte zu den Bürgerrechtlern. Uwe Schwabe, Christian Dietrich, selbst 16jährige Mädchen haben mir Meldungen durchgegeben, wer verhaftet wurde. In Leipzig gab es ja bereits im Januar '89 die erste Verhaftungswelle. Und ich war halt dran an den Ereignissen, die ich dann auch forciert habe. Zu den Kommunalwahlen haben wir hier eine Sendung gemacht, zum Wahlboykott oder zum Benutzen der Wahlkabinen, wie wird richtig durchgestrichen, wie werden die Kandidaten abgelehnt.

Uwe Schwabe, Christian Dietrich und ihre Freunde waren die ersten, die schon im Sommer in Leipzig auf die Straße gingen. Ich habe sie ermutigt. Es gab ja immer wieder Rückschläge, Festnahmen. Die Festnahmen wurden per Telefon sofort gemeldet. Es war ja kein Journalist in Leipzig, weil sie nicht reindurften. Ich habe es über Agenturen rausgegeben und man hörte über Funk und Fernsehen: 10 000 Demonstranten in Leipzig. Jede Woche gab das neu Mut. Die Leipziger Freunde hatten da auch Vertrauen zu mir und ich zu ihnen. Bestimmte Zahlen haben ich natürlich gegengecheckt. Auch da wieder die ersten Videos von den Demonstrationen mit illegal eingeschmuggelten Videokameras. Siegbert Schefke und Aram Radomski haben sie aufgenommen und rübergeschickt und ich hab die Bilder an ARD und ZDF gegeben. Als ich die Bilder im Schneideraum sah von dieser Riesendemonstration in Leipzig am 9. Oktober, mußte ich daran denken, wie wir in Jena damals 1983 30 Leute waren. Und jetzt, sechs Jahre später, waren es 70 000. Tja, jetzt kann ich lachen und einfach sagen, ›es hat sich gelohnt‹.«

Diktatur funktioniert durch Druck und der schafft Demokratieverlangen und Aufbegehren. Das ist flexibel, findet immer Wege und unerwartete Wirkungen. Schon deshalb können Diktaturen nie dauerhaft bestehen. Roland Jahns Anteil am Mauerfall wurde im Oktober 1998 mit dem Bundesverdienstkreuz geehrt. Die Mauer war für ihn »nur noch eine Herausforderung, kein Hindernis mehr«[10], brachte es die »Süddeutsche Zeitung« auf den Punkt.

Die SED-Diktatur wurde zu keiner Zeit von mehr als 30 Prozent der Bevölkerung unterstützt. Das räumt sogar eine ihrer wesentlichen Stützen, der Ex-Spionagechef Markus Wolf[11], ein. Mit ihrem Ethos der Unterordnung schuf sich diese Diktatur die »Staatsfeinde«, die das Regime mit Hilfe des Resonanzraumes Westberlin zum Zusammenbruch brachten.

Die Bedeutung der unabhängigen Jenaer Friedensgemeinschaft in diesem Prozeß hat die Beteiligten selbst überrascht. Nach ihrer Ausbürgerung wurden sie von Friedensaktivisten in Belgien, Dänemark, Schweden eingeladen, um über ihre Erfahrungen zu berichten. Im Spätsommer und Herbst 1989 glühten die Telefondrähte zwischen den Organisatoren der Leipziger Montagsdemonstrationen und den Ex-Jenaern in Westberlin, berichtete Christian Dietrich aus Leipzig auf der Tagung der Jenaer Geschichtswerkstatt zur Jenaer Friedensgemeinschaft am 1. November 1997. Man stützte sich auf die Erfahrungen der Jenaer. Franz Alt ging noch einen Schritt weiter: Das Wissen um die Jenaer unabhängige Friedensbewegung sei eine wichtige Ermutigung für die westdeutsche Friedensbewegung gewesen. Die wiederum, habe ihm Michail Gorbatschow erklärt, hätte ihn in seiner Abrüstungspolitik wesentlich bestärkt.

Welche Bedrohung die SED-Führung im Zusammenfinden unabhängiger Friedenskräfte aus Ost und West sah, zeigte sie an der Person Jürgen Fuchs besonders markant. Durch ihre damalige Brille betrachtet, ist der Schriftsteller und Sozialpsychologe Fuchs von einer Gefährlichkeit, die so leicht nicht zu übertreffen ist: Seine Texte zeigen die Diktatur nackt und finden überdurchschnittliche Resonanz. Er beweist einen hohen Grad an Intelligenz, Eigenständigkeit und Gespür für wirksame Einmischung. Ihm gelingt nahezu beliebig der Zugang zu den Medien. Er verfügt über enge Kontakte zu den

---

10 Küpper, Mechthild: Die Einheit in Person. Auch nach seiner Abschiebung aus der DDR bekämpfte der Bürgerrechtler Roland Jahn den Unrechtsstaat. In: Süddeutsche Zeitung vom 13.10.1998, S. 11.
11 Vgl. Wolf, Markus: Spionagechef im geheimen Krieg. München 1997, S. 132.

West- und osteuropäischen Friedenskräften und Menschenrechtsorganisationen und er betreibt deren Vernetzung. Er besitzt vielfältige Kontakte über den Schriftstellerverband und später über den PEN.

Dieser Mann ist ihnen ein Horror, denn er stört vehement den »Wandel durch Annäherung«, die schleichende Anerkennung der Diktatur durch die Demokratie.

Seit 1968 wird Jürgen Fuchs durch die Staatsicherheit erfaßt. Allein der nach seiner Ausbürgerung bis zum 30. Dezember 1989 gegen ihn geführte ZOV »Opponent« umfaßt 25 Bände, von denen 22 vernichtet werden.

Generaloberst Markus Wolf, Stellvertreter des Ministers für Staatssicherheit, schickt dem Leiter der Hauptabteilung XX, Generalmajor Kienberg, am 4. Mai 1982 eine prägnante Zusammenfassung zu Jürgen Fuchs.

Bemerkenswert ist dieses Papier nicht nur seines Inhaltes wegen, sondern auch, weil es die Verflechtung zwischen der Hauptverwaltung Aufklärung und der »Abwehr«, dem gegen die eigene Bevölkerung gerichteten Repressionsapparat des MfS, belegt. Eine solche Verflechtung leugnet Markus Wolf, der sich gern als Symbolfigur gegen Stasi-Unrecht sieht, wiederholt: »Sie [die »Aufklärer«] sind nicht verantwortlich für die Unterdrückung im Inneren des Landes.«[12]

In diesem Fuchs-Dossier, das es nach Wolfs Behauptung einer strikten Abgrenzung zwischen der hehren »Aufklärung« von der schmutzigen »Abwehr« nicht geben dürfte, läßt er den Schriftsteller Siegmar Faust, den Jugendpfarrer Rainer Eppelmann und Jürgen Fuchs als »geheimdienstlich gesteuert« kriminalisieren. Jürgen Fuchs wird dabei der »Organisierung einer Pseudofriedensbewegung in der BRD mit antisowjetischer Stoßrichtung«[13] beschuldigt.

Dieser Vorwurf genügt zur Eröffnung eines Ermittlungsverfahrens durch die Generalstaatsanwaltschaft der DDR und zum Erlaß eines Haftbefehls am 6. Mai 1982 wegen landesverräterischer Nachrichtenübermittlung von der Geheimhaltung nicht [!] unterliegenden Nachrichten und wegen staatsfeindlicher Hetze. Die Festnahmefahndung ist bis Dezember '99 ausgeschrieben.

Sie versuchen, Fuchs in die ČSSR zu locken. Aber der Bürgerrechtler ahnt die Bedrohung und ist vorsichtig. In der Bundesrepublik und Westberlin werden mehrere Dutzend Inoffizielle Mitarbeiter der Staatssicherheit und zahlreiche SED-nahe Kräfte gegen Fuchs' politische Einmischung mobilisiert.

Jürgen Fuchs: »Ich sprach auf der großen Friedensdemo am 10. Juni 1982 in Bonn. Im Vorfeld gab es massive Probleme. Eppelmann wurde als Redner abgewehrt. Die volle Auseinandersetzung lief seit 1981. Robert Jungk und die Grünen unterstützten mich. Lukas Beckmann kam mit auf die Bühne, sicherte die Treppe und die Lautsprecher. Die DKP war stark vertreten, vor allem mit Info-Ständen. Eine richtige ›Kampfsituation‹. In dieser Auseinandersetzung war jemand wie ich als Einzelperson ›auszuschalten‹. Die Grünen, auch Biermann waren gefährlich, in Prag die Charta 77, in Warschau Solidarność kei-

12 Wolf, Markus: Im eigenen Auftrag. München 1991, S. 7.
13 BStU ZA AOP 15 665/89, ZOV »Opponent« Bd. 1, Bl. 240.

nesfalls besiegt. Wir thematisierten Militarisierung in Ost und West, damit auch Diktatur und Menschenrechte. Im Schriftstellerverband kämpfte Engelmann massiv gegen diesen Blick. Auch Hermlin mit seinem Friedenstreffen[14] kam dagegen nicht an. Der ›Berliner Appell‹ von Robert Havemann und Rainer Eppelmann wirkte.«

Jürgen Fuchs organisierte dessen Verbreitung. Die »Frankfurter Rundschau« brachte ihn als Aufmacher.

Die Hauptabteilung XX/5 warnte in ihrem »Sachstandsbericht über die Feindtätigkeit des Jürgen FUCHS« vom 15. Januar 1983:

»... daß sich die Schwerpunkte der Angriffe etwas verlagerten und sich der jeweiligen Situation anpaßten. Dabei ist außerdem zu berücksichtigen, daß sich die Aktivitäten zu bestimmten Anlässen, wie die Popularisierung der ›Berliner Appells‹, der Rummel um HAVEMANN anläßlich seines Todes, die Friedensdemonstration in Bonn am 10.06.1982 und der Rummel um Maßnahmen der Sicherheits- und Justizorgane gegen feindliche Elemente im Raum Jena im zweiten Halbjahr 1982 immer massiv verstärkten und auch zukünftig verstärken können.«[15]

In diesem Sachstandsbericht wird weiter herausgearbeitet, wie sich Fuchs »immer stärker als Organisator feindlicher Untergrundhandlungen im Gebiet der DDR profiliert«[16] und kontinuierlich Informationen über »feindlich negative Aktivitäten, über andere politische Vorgänge in der DDR und über die Reaktionen staatlicher Organe auf negativ-feindliche Handlungen«[17] sammelt und verbreitet.

Jürgen Fuchs' außerordentlich lange, 26 Blatt umfassende Karteikartenerfassung der Hauptabteilung XX, das stichpunktartige Who-is-who der Stasi, weist ihn unter anderem aus als die »zentrale Führungsperson« der Jenaer Friedensgemeinschaft im westlichen Ausland und als »politischen Berater« Roland Jahns nach dessen Abschiebung.

Als er im November 1987 vor Intellektuellen in Paris den Überfall der Staatsmacht auf die Umweltbibliothek und die Friedensgruppe in der Berliner Zionskirche anprangert, meldet die Staatssicherheit als politische Reaktion: Es sei fraglich, ob Mitterrand die Einladung an Erich Honecker aufrechterhalten werde.

Jürgen Fuchs: »Die Lage war für sie nicht so reizend. Aber gerade das auf Veränderungen reagieren, Ost- und Westgrenzen nicht akzeptieren, sondern etwas tun, auch machtkritisch von links, links im Sinne von authentischer Haltung, nicht einer Haltung, die fordert, ›jetzt will ich einen Posten dafür haben‹ – da war, da ist schon ein Potential da. Diese Einmischung von intellektuell wachen Leuten störte.

---

14 »Berliner Begegnung zur Friedensförderung« in Ostberlin vom 13.–15.12.1981 mit rund hundert Schriftstellern, Künstlern und Wissenschaftlern aus der DDR und der Bundesrepublik.
15 BStU ZA AOP 15 665/89, ZOV »Opponent« Bd. 1, Bl. 588.
16 Ebenda.
17 Ebenda Bl. 591.

Böll hatte mich mehrfach ermutigt, ›Fassonschnitt‹[18] zu machen. Er hatte ja über die Wehrmacht geschrieben. Er sagte: Fuchs, führen Sie das bitte fort. Es gibt nichts ähnlich Taugliches bisher. Sie müssen unbedingt schreiben, wie sich die deutsche Armee fortsetzt.

Dann sagte er zu Egon Bahr bei einem SPD-Treffen: Der Fuchs bringt eben das andere zum Ausdruck. Ich stand dabei, bin rot geworden, es war mir peinlich. Böll als sehr wichtige Person, Literatur-Nobelpreisträger, diese Verstärkung war da. Das hatte natürlich, wie auch der Zuspruch durch Manés Sperber, einen wahnsinnigen Drive.«

Die Staatssicherheit reagiert mit massiven Zersetzungsversuchen. Fuchs' Telefon in Westberlin wird abgehört. Nächtliche Stör- und Drohanrufe, nicht bestellte Lieferungen von Einrichtungsgegenständen bis zu Sexartikeln, nächtlich anrückende Havariedienste sollen die Familie zermürben. Im Herbst 1982 wird die Mutter seiner Frau Lilo durch die Staatssicherheit so massiv unter Druck gesetzt – sie soll Einfluß auf ihren Schwiegersohn nehmen –, bis sie den einzigen Ausweg im Suizid sieht. Am 30. Oktober 1986 explodiert vor Fuchs' Haustür eine Sprengladung im Kofferraum eines PKW genau in dem Augenblick, als seine Tochter Briefe zum Briefkasten bringt. Wenig später versucht der mehrfach zu Kurzreisen nach Westberlin geschickte, vor allem auf Roland Jahn angesetzte Inoffizielle Mitarbeiter »Mario«, bei Freunden herauszufinden, welche Reaktion Jürgen Fuchs auf den Anschlag gezeigt hat.

Jürgen Fuchs: »Die Hauptantwort ist, nicht das Illegale zu suchen, sondern tun, was normal ist. Wir haben zum Beispiel weiter telefoniert, nicht nur in Kürzeln. Ich denke da an Leute, die in großartiger Weise nicht die Klappe gehalten haben, wie Lutz Rathenow, der alle möglichen Leute angerufen hat, der auch zu mir engen Kontakt gehalten hat. Wir haben weiter Briefe geschrieben. Das waren alles keine Riesenstrategien. Lilo und ich haben zeitgleich auch immer sozialpsychologisch gearbeitet, Krisenberatung für Kinder und Jugendlichen, Zusammenarbeit mit ›amnesty international‹ bei schwierigen Fällen, bei Folteropfern, Zusammenarbeit mit Menschen, die Trennungen erlebten, die aus DDR-Gefängnissen kamen. Das wichtigste war, sich nicht hysterisch machen lassen, sich nicht depressiv machen lassen. Da gehört auch rein: Du hattest Pläne, Bücher zu machen über die Armee, oder über das und das. Ja, warum machst du sie nicht? Weil es viele nicht so wichtig finden, weil Freunde sagen, fang doch nicht schon wieder damit an?

Meine Erfahrungen in den Kontext stellen, auch international – was wird wo anders geschrieben und gesprochen –, dafür habe ich mich immer sehr interessiert. Dazu gehören die Menschenrechtsfragen. Welche Menschenrechtsverletzungen sind euch und uns passiert, unter welchen ideologischen Vorzeichen, auch im Iran, Südafrika, Chile, Argentinien.

Wichtig ist gewesen, daß ich mit der Charta 77 aber auch mit Solidarność enge Beziehungen unterhalten habe, Informationsaustausch, Geldsammlungen für Material, für Druckmaschinen. Akkreditierte Journalisten gewinnen, die Briefträger spielten, Bücher mitnahmen, Manuskripte von dort nach hier.

---

18 Fuchs, Jürgen: Fassonschnitt. Reinbeck bei Hamburg 1984.

Das betraf nicht nur die DDR, auch die Tschechoslowakei, Polen, Ungarn. 30, 40 waren gelegentlich bereit, relativ wenige waren richtig bereit, etwas zu riskieren. Außerordentlich mutige Leute habe ich kennengelernt wie Herrn Winters von der FAZ, Helmut Lölhöffel von der Süddeutschen, später Frankfurter Rundschau.

Daß diese Arbeit so eine Wirkung hatte, lag, denke ich, auch an der deutsch-deutschen Konstellation. Damit habe ich auch viel Haß und planmäßige Maßnahmen auf mich und die Familie gezogen. Das wäre die andere Seite, die man reflektieren müßte.

Dann Versuche abzuwiegeln: ›Jena, das ist nicht so wichtig‹, meinten welche. Im Gegenteil, Jena war auch ein Weltort und wurde so verstanden. Das hat mich ungeheuer befreit, auch intellektuell.

Ich habe Interviews gegeben, auch international: Erklärt, was für Gruppen das sind, Hinweise auf den Ostmilitarismus. Ich habe vor Wehrdienstverweigerern in Kopenhagen gesprochen. Sie verstanden, die neue Generation der Deutschen sind vielleicht doch keine Nazis mehr. Es war wichtig, daß wir auch ein wenig Botschafter waren für ein anderes Deutschland.

Dann Wolf Biermanns großes Konzert Ende ’89. Ich hatte Kontakte hergestellt, habe mit Wolf gesprochen: In Berlin ist eine große Halle, oder in Leipzig in einer Messehalle, darunter gar nichts.

Wolf sagte: ›Gut Leipzig. Du hältst vorneweg ’ne Rede.‹[19]

Man hat versucht, mich nicht einreisen zu lassen. Biermann ja, ich nein! Man wollte bis zuletzt verhindern, daß ich spreche. Ich habe gesprochen, habe gesagt: ›Der Bann ist gebrochen.‹

Einen Tag später, wir waren auf dem Weg nach Grünheide, kam es in den Nachrichten: Der Sturz des Politbüros kündigte sich an. Da wurde uns richtig komisch. Wir haben nicht gelacht. In Grünheide trafen wir das DDR-weit organisierte Gremium des Neuen Forum. Bärbel Bohley, Katja Havemann und zwanzig andere lachten und klatschten, als wir zur Tür reinkamen ...«

Jena machte im Juli und August 1983 noch einmal von sich reden. Eine Gruppe Frauen und Männer in weißen Blusen und weißen T-Shirts hatte sich schon die Wochen zuvor am 18. und 25. Juni morgens um neun Uhr auf dem zentralen Jenaer Platz der Kosmonauten getroffen. Nichts geschah. Beim dritten Anlauf, die etwa 30 Personen hatten einen Kreis gebildet, den »Weißen Kreis«, forderten Polizisten: »Lösen Sie die Zusammenkunft auf.«

Sie übergaben der Polizei ihr Ausreisebegehren. Am 17. Juli schrieben sie an die Volkskammer, daß ihnen die Staatsbürgerschaft der DDR zu einer unerträglichen Last geworden sei. Am 18. Juli berichtete die Tagesschau über ihre Weiße-Kreis-Aktion. Daraufhin demonstrierten beim nächsten Treff trotz hermetischer Abriegelung der Stadt etwa 180 Ausreisewillige aus verschiedenen Teilen der Republik stumm ihren Freiheitswillen. Auf mehreren T-Shirts prangte ein »JA – Jena Ausreise«. Entgegen der üblichen zermürbenden Wartefrist von ein bis drei Jahren, häufig verbunden mit Arbeitslosigkeit und ei-

19 Biermann-Konzert am 1. Dezember 1989 in der Leipziger Messehalle.

nem Leben unter dem Existenzminimum, erreichten etwa 70 Personen aus Jena nach dieser spektakulären Aktion gleich ihre Entlassung aus der Staatsbürgerschaft.[20] Es war ein anderer Kreis als jener, der sich als Opposition verstand und für Veränderungen im Land eintrat. Entsprechend geteilt war die Meinung über diese Aktion.

Danach hatten die Machtverwalter die Stadt bis weit in die zweite Hälfte der achtziger Jahre fest im Griff. Interessant wurde Jena wieder 1987. Thomas Grund, »Kaktus«, und seine Freunde von der JG Stadtmitte initiierten die Reihe »Künstler für andere«. Sie luden vom staatlichen Kulturbetrieb geächtete Liedermacher und Schriftsteller in die Jenaer Friedenskirche und ins Lutherhaus ein. Freya Klier, Stephan Krawczyk, Monika Maron, Gabriele Stötzer, Lutz Rathenow und andere kamen. Das Bedürfnis nach Diskussion und politischer Positionsfindung blieb ungebrochen. Praktische Hilfe für die Dritte Welt gehörte in das Selbstverständnis dieses Kreises ebenso wie die vom Staat ignorierte Schwulen- und Lesbenarbeit. Diese unspektakuläre Selbsthilfe erstreckte sich bis zum Umbruch 1989.

Einen Höhepunkt der neunundachtziger Ereignisse in Jena stellte die Auflösung der MfS-Kreisdienststelle dar. Am 4. Dezember gegen 17 Uhr erfuhr die Jenaer Gruppe des Neuen Forum von der Besetzung der MFS-Bezirksverwaltung Erfurt. Mit etwa 150 Leuten versammelten sie sich daraufhin vor dem Tor der MfS-Kreisdienststelle Am Anger, Gerbergasse 18. Angst auf beiden Seiten. Ein erstes Gespräch einer zweiköpfigen Abordnung mit dem Leiter der Kreisdienststelle lief auf Hinhaltetaktik und weitere Aktenvernichtung hinaus. Die sofort erstattete Anzeige und der Druck der Menge zwang den Staatsanwalt unter Einschaltung des zuständigen Militärstaatsanwaltes zum Handeln. Die Archivräume wurden noch in der Nacht versiegelt und durch Volkspolizei und die Bürgerinitiative bewacht.

Wie hatte der Vorgangsleiter des OV »Pegasus«, Oberstleutnant Horn, in seinem Abschlußbericht am 6. Dezember 1976, fast auf den Tag genau 13 Jahre zuvor, bemerkt: »...innerhalb der Gruppierung »Pegasus« verfolgten alle ihre Mitglieder eindeutig das Ziel, durch *Druck von unten* und durch die Schaffung einer Massenbasis auf langfristigem, evolutionärem Weg die bestehenden gesellschaftlichen Verhältnisse in der DDR zu verändern«[21]. Damit schließt sich ein Kreis.

Statt eines Epilogs – **Bernd Markowsky:** »Ich lief zur Bornholmer Straße, sah den Strom der Menschen in den Westen. Klar war ich auch voller Überschwang, daß der ganze Unsinn vorbei war. Aber wie sie alle in den Westen kamen, fand ich auch seltsam. – Mit welcher Erwartung sie kamen. Sie wurden ja auch herzlich willkommen geheißen, weil ein altes Verhältnis sich wieder aufrichten konnte. Auch wenn der Moment vollkommen beglückend war,

20 Vgl. Schmidt, Elker: Die unerträgliche Last der Staatsbürgerschaft. In: Gerbergasse 18 – Forum für Geschichte und Kultur. Geschichtswerkstatt Jena e.V. in Zusammenarbeit mit dem Landesbeauftragten Thüringen für die Stasi-Unterlagen, Heft 2/96 S. 13 ff.
21 OV »Pegasus«, Bd. 4, Bl. 247.

wußten wir natürlich durch bittere Erfahrung, daß das, was in der DDR passiert ist, im Westen fast niemanden interessiert hat.

Ich bin in der Nacht rüber nach Ostberlin. Es wurde ja in beide Richtungen nicht kontrolliert. Es war sehr kalt, und ich bin allein eine Straße entlanggelaufen, in diesem seltsamen gelben Licht. Als erstes liefen mir zwei besoffene Bauarbeiter über den Weg. Die schrien sich in gegenseitigem Einvernehmen an durch die wie leergefegten Straßen: ›Die Schweine, die betrügen uns doch wieder nur. Wirste sehn, morgen ham' se alles wieder dicht gemacht.‹

Dann ging ich weiter bis zum Alex. Da war 'ne kleine Menschenversammlung und ein Polizist stand da rum. Und auch das war wieder interessant zu sehen. Sie hatten wirklich den kleinsten, dünnsten und harmlosesten Polizisten hingestellt. Mit der Haltung, ich habe nichts gehört und nichts gesehen. Die Leute versuchten, mit ihm zu sprechen. Er grinste nur vor sich hin, war eigentlich nicht da. Er sollte keine Reibungsfläche bieten.

Dann hab ich versucht, mit der S-Bahn Richtung Friedrichstraße zurückzukommen. In dem Waggon standen zwei Männer, die sich auffallend ähnlich sahen. Bloß etwas an ihnen war auch wieder verschieden. Der eine erzählte ihre Geschichte. Sie waren eineiige Zwillinge und hatten sich vor 20 Jahren trennen müssen. Der eine war im Westen groß geworden, der andere im Osten. Die hatten sich gerade wiedergefunden. Und zwar an der Mauer am Brandenburger Tor. Der eine war vom Westen aus hochgestiegen, der andere vom Osten aus. Und so sahen sie sich wieder, von Gesicht zu Gesicht. Der eine, der Ostler, saß jetzt da, lächelte glücklich in seinem bescheidenen Charme, und der andere, der Westler, erzählte ihre Geschichte.

Kurze Zeit später war die große Demonstration in Prag, bei der die Studenten mörderisch eins abgekriegt haben. Ich bin sofort hingefahren und habe fotografiert. Ich stand auf dem Letná in der Nähe von Jaroslav Hutka[22] und daneben der kleine wunderbare Vaclav Havel. Es war herzerwärmend zu sehen, wie sie miteinander umgingen. Für mich war das mein Erlebnis, daß dieser Umschwung passiert ist.

Auf dem Rückweg habe ich wieder einmal versucht, über die DDR einzureisen. Und tatsächlich, an diesem 6. Dezember war die Einreisesperre aufgehoben. Da bin ich erst mal in Ostberlin rumgelaufen, habe dann Gerd Poppe, einen alten Bekannten, besucht. Ich sagte: ›Wir müssen so schnell wie möglich wieder zusammenkommen, miteinander sprechen lernen, denn die da oben aus Ost und West sind schon zusammen. Die arbeiten schon daran, wie es weitergehen soll. Wenn wir etwas bewegen wollen, müssen wir jetzt anfangen, miteinander zu sprechen.‹

Er: ›Wie meinst du das?‹

Ich: ›Wenn du in der DDR schon mal eine Geschichte gehabt hast, und wenn du zehn Jahre woanders lebst, hast du auch neue Einsichten.‹

22 Jaroslav Hutka, tschechischer Liedermacher, der im November 1989 nach zehn Jahren holländischer Emigration nach Prag zurückkehrte und durch seinen Auftritt und die Präsenz westlicher Fernsehteams möglicherweise die blutige Niederschlagung der entscheidenden Demonstration auf dem Prager Letná-Platz verhindert hat.

Poppe arbeitete damals mit der kleinen Gruppe ›Demokratie Jetzt‹. An diesem Abend trafen sie sich und er lud mich ein. Im Haus der Demokratie war das, vielleicht 30 Leute saßen an einem langen Tisch. Er stellte mich kurz vor, und ihm gegenüber saß eine Dame, so um die 40, die redete sofort dazwischen: Also ein Abhauer!

Das ist eine sehr empfindliche Stelle. Das tut böse weh. Ich war etwas aufgeregt und konnte nicht richtig gut antworten. Auch Poppe versuchte etwas zu sagen. Doch Marianne Birthler, sie war sehr eloquent, hat sofort die Diskussion an sich gerissen. Die anderen haben betreten auf die Tischplatte geschaut. Ich bin dann gegangen. Andere haben mir von ähnlichen Erfahrungen erzählt. Da waren sofort atmosphärische Störungen da. Mit dem nächsten Zug bin ich zusammen mit dem Schriftsteller William Totok nach Rumänien gefahren, nach Temesvar, wo in diesen Tagen noch geschossen wurde.«

Gesprächspartner in diesem Band

Thomas Auerbach
geboren 1947 in Leipzig, aufgewachsen im thüringischen Pößneck und Gera. Bürgerliches Elternhaus, vier ältere Geschwister, die vor 1961 in die Bundesrepublik zogen. Polytechnische Oberschule bis 1964. Christenlehre und Konfirmation 1962, ab 1963 Mitglied der Jungen Gemeinde Gera, ab 1966 Vorsitzender des Stadtjugendkonvents. Bis 1967 Lehre als Elektromonteur bei der Deutschen Reichsbahn in Gera. Mit 18 Jahren Verweigerung des Wehrdienstes und des Dienstes bei den Bausoldaten der Nationalen Volksarmee. Danach erste »Bearbeitung« durch die Staatssicherheit. 1967 bis Ende 1970 Ausbildung zum Diakon am Johannes-Falk-Haus in Eisenach. Ab Anfang 1971 Leiter der Offenen Jugendarbeit in der Jungen Gemeinde Jena-Stadtmitte. November 1976 Verhaftung durch das MfS, September 1977 Zwangsausbürgerung nach Westberlin, dort zunächst als Leiter eines kirchlichen Jugendfreizeitheimes, dann als Religionslehrer an einer Realschule tätig, daneben beim »Gesamtdeutschen Institut« der »Bundesanstalt für gesamtdeutsche Aufgaben« als Referent in der politischen Erwachsenenbildung beschäftigt. Zwischen 1978 und 1989 mehrere berufsbegleitende Ausbildungsgänge (Abitur, Studium der Erziehungswissenschaften an der Freien Universität Berlin, Berufsabschlüsse als Erzieher, Religionspädagoge und Diplom-Sozialpädagoge). Mitarbeit an der blockübergreifenden Friedensbewegung Anfang der achtziger Jahre. Unterstützende Aktivitäten für die Freunde in der DDR (Friedensgemeinschaft Jena u. a.), deshalb weitere Bearbeitung durch die Staatssicherheit im Zentralen Operativen Vorgang (ZOV) »Weinberg« bis 1989. Mitarbeit in der »Arbeitsgruppe Berlin- und Deutschlandpolitik« der Alternativen Liste Westberlin. Im Dezember 1989 beteiligt an den ersten Verhandlungen um die Besetzung der MfS-Bezirksverwaltung und der Stasi-U-Haftanstalt in Gera. Seither mit der Aufarbeitung des DDR-Unrechts, besonders in Thüringen, befaßt. Ab 1993 Mitarbeiter in der Abteilung Bildung und Forschung beim Bundesbeauftragten für die Unterlagen des Staatssicherheitsdienstes der ehemaligen Deutschen Demokratischen Republik (BstU). 1998 Lehrauftrag am Sozialpädagogischen Institut der Technischen Universität Berlin zum Thema Kinder und Jugendliche im Zugriff der Stasi, Jugendszenen in der DDR.
Veröffentlichungen:
»Vorbereitung auf den Tag X. Die geplanten Isolierungslager des MfS«, Dokumentation (1995); »Einsatzkommandos an der unsichtbaren Front. Die Terror- und Sabotagevorbereitungen des MfS gegen die Bundesrepublik«, Dokumentation (1999); »DDR-konkret. Geschichten und Berichte aus einem real existierenden Land«, Anthologie (1978); zahlreiche Zeitschriften- und Zeitungspublikationen.

Matthias Biskupek
geboren 1950 in Chemnitz, aufgewachsen in Mittweida/Sachsen. Abitur und Facharbeiterabschluß als Maschinenbauer. 1969 bis 1973 Studium der Technischen Kybernetik an der TH »Otto von Guericke« in Magdeburg, Diplomingenieur. 1973 bis 1976 Systemanalytiker im Chemiefaserkombinat Schwarza. 1976 bis 1979 Regieassistent am Theater Rudolstadt, 1979 bis 1983 Dramaturg und Texter am Kabarett »Fettnäppchen« in Gera. Seit 1984 freier Autor. 1979 bis 1993 Mitarbeiter der Zeitschrift »Die Weltbühne«, seit 1982 Literaturkritiker des »Eulenspiegel«. 1990 Vorsitzender des abzuwickelnden Schriftstellerverbandes Gera. 1993 Kreisschreiber in Neunkirchen/Saarland. Lebt in Rudolstadt/Thüringen und Berlin, verheiratet, ein Kind.

Veröffentlichungen (Auswahl): »Meldestelle für Bedenken«, Geschichten, Satiren und Grotesken (1981); »Leben mit Jacke«, Geschichten (1985); »Streitfall Satire«, Essay, zusammen mit Mathias Wedel (1988); »Blumenfrau und Filmminister – Ein Estlandmosaik«, Reportage (1988); »Die Abenteuer der anderen«, Geschichten (1990); »Wir Beuteldeutschen«, Satiren, Glossen und Feuilletons (1991); »Das Fremdgehverkehrsamt«, satirische Feuilletons (1992); »Karl Valentin«, Bildbiographie (1993); »Biertafel mit Colaklops«, Satiren (1995); »Der Ouotensachse«, Roman (1996); »Schloß Zockendorf. Eine Mordsgeschichte« (1998); »Die geborene Heimat. Spöttische Lobreden« (1999).

Wolfgang Diete
geboren 1954 in Jena, Polytechnische Oberschule und anschließend bis 1973 Lehre als Kfz-Mechaniker in den Verkehrsbetrieben der Stadt Jena. 1973 bis 1977 Arbeit als Pflegehelfer im Pflegeheim Apolda und als Stationshelfer in der Neurologie der Universitätsklinik Jena. 1974 gemeinsame Wohnung mit »Ponder«, K. Helmut Kurz, in Jena, Gartenstraße 7. Nach dem Polizeiüberfall im Januar 1975 und anschließender Verhaftung von Gästen verstärkte Auseinandersetzung mit den politischen und gesellschaftlichen Verhältnissen. 1981 nach dem gewaltsamen Tod von Matthias Domaschk in der Geraer Stasi-U-Haft desillusioniert, 1982 Ausreise nach Westberlin. Von 1977 bis zur Ausreise Arbeit als Fensterputzer. Lebt heute in Westberlin, arbeitet als Krankenpfleger, verheiratet, zwei Kinder.

Achim Dömel
geboren 1950 in Jena, Polytechnische Oberschule und im Anschluß Lehre als Gebrauchswerber (Dekorateur) in den HO-Industriewaren in Jena. Grundwehrdienst von Mai 1973 bis November 1974, Februar bis Juni 1975 Inhaftierung wegen »Öffentlicher Herabwürdigung« und »Widerstand gegen die Staatsgewalt«. November 1979 Antrag auf Entlassung aus der Staatsbürgerschaft der DDR. Arbeitete bis zur Ausreise im Juni 1982 als Schriftmaler in Jena und Apolda. Bis 1995 wohnhaft in Mainz, danach in Roßdorf bei Darmstadt. In verschiedenen Firmen für Werbung und Messeausgestaltung tätig, verheiratet, zwei Kinder.

Renate Ellmenreich

geboren 1950 in Oranienburg bei Berlin. 1968 Abitur und Facharbeiterabschluß als Krippenerzieherin. 1968 bis 1973 Studium der Theologie an der Humboldt-Universität Berlin. 1974/75 Katechetin in Jena-Neulobeda, 1976 bis 1978 Vikariat in Bad Frankenhausen/Kyffhäuser und Nöbdenitz/Kreis Schmölln, 1978 bis 1980 Pastorin in Nöbdenitz. 1980 im Rahmen der Familienzusammenführung Ausreise in die Bundesrepublik. 1981 bis 1993 Pfarrerin im Frankfurter Frauengefängnis und einer Frankfurter Gemeinde. Seit 1993 Rechercheurin in der Geraer Außenstelle des Bundesbeauftragten für Stasi-Unterlagen. Verheiratet, zwei Kinder. Der Vater ihrer Tochter Julia, Matthias Domaschk, kam 1981 unter bisher nicht geklärten Umständen in der Geraer Stasi-U-Haft ums Leben.

Veröffentlichungen: Mitherausgeberin: »Beschädigte Seelen. DDR-Jugend und Staatssicherheit«, darin: »Das Bild vom Kind – Spiegel einer Gesellschaft«, Dokumentation (1996); »Matthias Domaschk. Die Geschichte eines politischen Verbrechens in der DDR und die Schwierigkeit, dasselbe aufzuklären.« In: Publikationsreihe des Thüringer Landesbeauftragten für Stasi-Unterlagen, (2. Auflage 1998); »Frauen bei der Stasi. Am Beispiel der Bezirksverwaltung Gera.« In: Publikationsreihe des Thüringer Landesbeauftragten für Stasi-Unterlagen (1999).

Jürgen Fuchs

geboren 1950 in Reichenbach/Vogtland. Nach dem Grundwehrdienst Studium der Sozialpsychologie in Jena. Seit 1971 literarische Veröffentlichungen in Zeitschriften und Anthologien der DDR (u. a. »Auswahl 74« und »SINN UND FORM«). Bemühte sich um den Eintritt in die SED mit dem Ziel, Veränderungen herbeizuführen und den Apparat von innen heraus zu beschreiben. Halblegale Lesungen in Wohnungen und kirchlichen Räumen, 1975 nach Auftritten mit Bettina Wegner und Gerulf Pannach Lese- und Publikationsverbot. Im selben Jahr Exmatrikulation von der Friedrich-Schiller-Universität wegen »Schädigung des Ansehens der Universität in der Öffentlichkeit«, Ausschluß aus FDJ und SED als »Konterrevolutionär« und »Staatsverleumder«. Verdiente seinen Lebensunterhalt zunächst als Transportarbeiter, später als Pfleger in einem kirchlichen Kinderheim. Wohnte mit seiner Familie bei Robert Havemann in Grünheide. Ab November 1976 Stasi-U-Haft wegen »staatsfeindlicher Hetze«. Nach der Ablehnung, sich von eigenen Westveröffentlichungen und politischen Freunden zu distanzieren, Druck und Folter in der Untersuchungshaft und Abschiebung nach Westberlin im August 1977. Bis Dezember 1989 von der Staatssicherheit als »Feindperson« bekämpft, zum Einsatz kamen über 100 »Inoffizielle Mitarbeiter«, zum Teil in »aktiven Maßnahmen der Zersetzung«. Seit 1989/90 Mitarbeit in Bürgerkomitees zur Auflösung des DDR-Geheimdienstes. Mitglied des PEN. Lebt und arbeitet als Schriftsteller und Sozialpsychologe in Berlin, verheiratet, drei Kinder.

Veröffentlichungen (Auszug): »Gedächtnisprotokolle« (1977); »Vernehmungsprotokolle« (1978); »Tagesnotizen«, Lyrik (1979); »Pappkameraden«, Lyrik (1981); »Fassonschnitt«, Roman (1984); »Einmischung in eigene Angelegenheiten«, Essays (1984); »Das Ende einer Feigheit«, Roman (1988); »Poesie und Zersetzung«, Essay (1993); »Magdalena«, Roman (1998); Übersetzung in mehrere Sprachen und verschiedene Preise, u. a. »Internationaler Pressepreis« 1977 und »Kritikerpreis für Literatur« 1988.

Wolfgang Hinkeldey
geboren 1952 in Jena als Sohn eines Dachdeckers. Lehnte Mitgliedschaft in der FDJ ab, deshalb keine Zulassung zur Erweiterten Oberschule. Lehre als Elektriker bei Zeiss Jena. 1971 staatliche Verschleppung zur Wehrpflicht in eine Kaserne der Bereitschaftspolizei nach Magdeburg. Nach der Entlassung Mitarbeit im von Lutz Rathenow gegründeten Arbeitskreis Literatur in Jena-Neulobeda. Anstellung als Hausmeister beim Stadtmuseum Jena. 1974 Ehe und zeitweilige Namensänderung in Graf, 1976 Scheidung. Seit 1975 Arbeit als Beleuchter am Stadttheater Jena. Im Dezember 1976 im Zuge der Biermann-Säuberungen wegen »Staatsfeindlicher Hetze« von der Staatssicherheit verhaftet und im September 1977 aus der U-Haft nach Westberlin verbracht. Ab 1978 Beleuchter an der »Schaubühne am Halleschen Ufer« bis 1991. Arbeit als Beleuchtungsmeister bis 1996, Beleuchtungschef am Theater der Altmark Stendal und seit 1997 Chef der Beleuchtung am Schauspiel Frankfurt/M.
Veröffentlichungen: »DDR-konkret«, Sammelband mit Thomas Auerbach, Marian Kirstein, Gerd Lehmann, Bernd Markowsky und Michael Sallmann (1978); Beiträge in mehreren Anthologien.

Roland Jahn
geboren 1953 in Jena. 1972 Abitur, anschließend Grundwehrdienst bei der Bereitschaftspolizei Rudolstadt bis 1974. Bis 1975 Sportplatzarbeiter beim VEB Carl Zeiss Jena. September 1975 bis Februar 1977 Studium der Wirtschaftswissenschaft an der Universität Jena, politische Exmatrikulation nach Protesten gegen die Biermann-Ausbürgerung. Bewährungsauflage: Transportarbeiter im VEB Carl Zeiss Jena. Seit 1974 Mitarbeit in verschiedenen oppositionellen Gruppen in Jena, ab 1980 Unterstützung der polnischen Gewerkschaftsbewegung »Solidarność«. Verschiedene Protestaktionen, konspirative Weitergabe von Informationen und Fotos an westliche Medien. Mehrere Verhaftungen und Verhöre, gelangte besonders ins Visier der Staatssicherheit durch seine Öffentlichkeitsarbeit im Zusammenhang mit dem Tod von Matthias Domaschk. Im September 1982 inhaftiert, nach fünf Monaten U-Haft verurteilt zu einem Jahr und zehn Monaten nach Paragraph 220 und 222 (»Öffentliche Herabwürdigung« und »Mißachtung staatlicher und gesellschaftlicher Symbole«). Freilassung im Februar 1983 nach internationalen Protesten. Im März 1983 Mitbegründer der unabhängigen Friedensgemeinschaft Jena, betrieb deren Öffentlichkeitsarbeit. Teilnahme an offiziellen Demonstrationen mit eigenen Plakaten, u. a. »Schwerter zu Pflugscharen«. Juni 1983 gewaltsame Ausbürgerung

in die Bundesrepublik, Fortsetzung der Öffentlichkeitsarbeit für oppositionelle Gruppen in der DDR. 1985 bis 1987 Studienprojekt zur Opposition in der DDR am Hamburger Institut für Sozialforschung, freier Journalist u. a. bei »Radio 100« (Radio Glasost), »taz« und ARD-Politmagazin »Kontraste«, seit 1991 fester Mitarbeiter, Redakteur und Autor bei der »Kontraste«-Redaktion des SFB, zunächst mit dem Schwerpunkt DDR-Aufarbeitung. Oktober 1998 Auszeichnung mit dem Bundesverdienstkreuz.

Edwin Kratschmer
geboren 1931 in Komotau/Tschechische Republik. 1945 Vertreibung. Landarbeiter und Abitur in Thüringen. Studium der Psychologie, Literatur und Kunst in Berlin, Greifswald und Leipzig, Promotion. Bis 1983 Lehrer an der Erweiterten Oberschule Saalfeld/Thüringen. Austritt aus dem Staatsdienst und Arbeit in verschiedenen Berufen, u. a. als Galerist. 1990 Aufbau eines Heinrich-Böll-Gymnasiums in Thüringen. Seit 1992 Lehrbeauftragter (Jugendlyrik, DDR-Lyrik und Internationale Jenaer Poetik-Vorlesungen) an der Universität Jena.

Buchpublikationen als Herausgeber: »Und Mut gehört zum Wort«, Lyrik (1964); »Offene Fenster«, Lyrik (neun Bände 1967–1990); »Literatur und Diktatur«, Dokumentation zum Internationalen Autorencolloquium *Kunst und Freiheit. Literatur und Diktatur* (1997); »Poesie und Erinnerung. Jenaer Poetik-Vorlesungen zur Beförderung der Humanität 1993–1998« (1998).

Buchpublikationen als Autor: »Dichter Diener Dissidenten. Vom Sündenfall der DDR-Lyrik«, ein Abriß (1995); »Poetologie des Jugendgedichts. Ein Beitrag zur Poetogenese« (1996); »Habakuk oder Schatten im Kopf«, Roman (1999).

Doris Liebermann
geboren 1953 in Leimrieth, Kreis Hildburghausen/Südthüringen. Prägende Erfahrungen durch die Offene Arbeit des Kreisjugendpfarrers Jürgen Hauskeller in Zella-Mehlis. Abitur und Facharbeiterabschluß als Handelskaufmann, Studium der Theologie in Jena. 1976 vorübergehende Festnahme wegen Beteiligung an der Unterschriftensammlung für Wolf Biermann. 1977 Ausbürgerung nach Westberlin. Bis 1989 Einreiseverbot in die DDR und ČSSR. Studium der Osteuropäischen Geschichte/Slavistik an der Freien Universität Berlin. Seit 1983 freie Autorin für Funk- und Printmedien. 1989 bis 1994 wissenschaftliche Mitarbeiterin an der Freien Universität Berlin, Fachbereich Politische Wissenschaft/Osteuropaforschung. Mitglied von »Memorial St. Petersburg/Berlin«. Ein Kind.

Veröffentlichungen (Auswahl): »Rußland an der Spree«, Dokumentarfilm über russische Emigration der zwanziger Jahre (SFB 1987).

Mehrere hundert Rundfunksendungen zu osteuropäischer Literatur, Politik, Geschichte: Schwerpunkt Stalinismus, Zweiter Weltkrieg, Frauen, deutsch-tschechische Beziehungen, u. a.: »Porträt der Josefa Slánská [Slánsky-Witwe] (SFB 1995); »Besuch bei Kafkas Nichte in Prag« (SFB 1996); »Der Tod des Matthias Domaschk« (SWF 1997); »Toronto, Cabbage town: Der tschechoslowakische Exilverlag *Sixty Eight Publishers*« (DLF 1998); »Der Prager Frühling und die DDR« (DLF 1998); »Wir flohen vor Hitler. Die anderen Sudetendeutschen«, Co-Produktion Radio Praha und DLF (1999).

1995 Hörfunkpreis der Stiftung Ostdeutscher Kulturrat für »Von goldenen Schlössern und rostigen Trompeten – oder was die Schlesische Funkstunde mit Radio Wrocław verbindet

Buchpublikationen zur russischen Literatur, u. a.: »Im Reich der Schatten. Andrej Belyj« (1994); »Von St. Petersburg nach Berlin-Charlottengrad« (1998). Mitherausgeberin: »Dissidenten, Präsidenten und Gemüsehändler. Tschechische und ostdeutsche Dissidenten 1968–1998«, Essays, Porträts und Interviews (1998).

Bernd Markowsky
geboren 1951 in Greifswald, 1967 bis 1973 Buchdrucker, Schlosser, Soldat, Buchverkäufer, 1973 bis 1976 in Jena Wäschereiarbeiter in der Universitätsklinik, Fräser im VEB Carl Zeiss Jena. Mitbegründer des Arbeitskreises Literatur, einer Kabarettgruppe, einer Theatergruppe. Szenische Lesungen und Aufführungen in der Jungen Gemeinde Jena-Stadtmitte und im Haus der katholischen Studenten. 1976, nach öffentlichen Protesten gegen die Ausbürgerung Biermanns Inhaftierung mit zwölf Freunden, neun Monate Untersuchungshaft wegen »staatsfeindlicher Hetze« und staatsfeindlicher Gruppenbildung im schweren Fall«, September 1977 Ausbürgerung nach Westberlin. Offsetdrucker bei »Oktoberdruck«. Mitautor des Sammelbandes »DDR-konkret. Geschichten und Berichte aus einem real existierenden Land« (1978). Seit 1980 fotografische Arbeiten, kritische Umsicht im westlichen Alltag. 1981 Reise durch die ČSSR, dort Begegnung mit dem Fotografen Ivan Kyncl. Reisen ins Polen der Solidarność-Zeit. Foto-Ausstellung »Aus der Traum?« gemeinsam mit Ivan Kyncl in der Galerie 70, Berlin (1982). 1983 bis 1985 Reisen durch die ČSSR, Polen, Jugoslawien. 1984 Senatsstipendium für Fotografie. Initiator der Ausstellung »Fotografie im eigenen Auftrag« in der Galerie im Körnerpark, Berlin (1984). »Mit eigenen Augen Fotoausstellung in Krakau (1984). 1985 bis 1988 Fotoreportagen über Kohlenträger, Leichenwäscher, Gefängniswärter, Gerichtsvollzieher, teilweise veröffentlicht im Stadtmagazin »Zitty« und in der »taz 1989 Fotoreportage über den letzten Parteitag der SED. November/Dezember 1989 in Prag, danach Rumänien. 1990 bis 1993 Verlagshersteller im BasisDruck Verlag. 1992/93 Reisen durch das Somalia des Bürgerkrieges und der Hungersnot. Fotoausstellung »Erde in ihnen« im »Ausstellungszentrum am Fernsehturm Berlin (1993). 1994 Reise durch Indien (u. a. ins Krisengebiet Kashmir) und Bangladesch. 1995 Reise zu den Ziganis in Rumänien. 1994/95 Mitarbeit im Verlag Druckhaus Galrev. 1994 Fotografien zu »incubus versus phoinix« von Oliver Mertins, 1996 Fotografien zu »Monachoi« von Oliver Mertins, beide Druckhaus Galrev. 1997 Bild-Text-Installationen mit Texten von Oliver Mertins. Neunmonatige Reise durch Indien und Bangladesch, Begegnung mit Tigermenschen. Seit der Rückkehr nach Deutschland arbeitslos.

Lutz Rathenow

geboren 1952 in Jena. Abitur, Grundwehrdienst als Grenzsoldat. Ab 1973 Geschichts- und Deutschstudium an der Universität Jena; Gründer und Leiter des Arbeitskreises Literatur. März 1977, drei Monate vor Studienabschluß politische Exmatrikulation. Transportarbeiter und Beifahrer im VEB Carl Zeiss Jena. September 1977 Übersiedlung nach Berlin, freier Theatermitarbeiter und freischaffender Autor, zunehmendes Doppelleben mit öffentlicher literarischer und konspirativer politischer Arbeit. 1980 zusammen mit Frank-Wolf Matthies wegen ihrer ersten nur in der Bundesrepublik erschienenen Bücher kurzzeitig verhaftet. Erreicht DDR-Öffentlichkeit überwiegend durch Lesungen in Kirchen und Wohnungen. Kuriertätigkeit zwischen Berlin und Jena, verbreitet Material von Jürgen Fuchs und anderen in der DDR. Gilt neben Sascha Anderson als Mitinitiator der »Szene vom Prenzlauer Berg«, zu der er zunehmend in Distanz gerät. In der ersten Hälfte der achtziger Jahre wird mehrfach seine Verhaftung vorbereitet (u. a. 1984 wegen dem drei Tage vor der Uraufführung am Studententheater Leipzig abgesetzten Stück »Keine Tragödie«). Gehört 1989 zu den wenigen Ostintellektuellen, die schon im Herbst für eine linke Deutschlandpolitik plädieren und die Vereinigung als normal ansehen. Erhält vor und nach der Wende Preise – die ihm wichtigsten: Jörg-Mauthe-Preis für Prosa 1989, Karl-Hermann-Flach-Preis 1998. Verheiratet, zwei Kinder.

Buchveröffentlichungen (Auswahl): »Mit dem Schlimmsten wurde schon gerechnet«, Prosa (1980); »Zangengeburt«, Gedichte (Ausgaben 1982/1987); »Ostberlin. Die andere Seite einer Stadt«, Text-Bildband zusammen mit Harald Hauswald (Ausgaben 1987/1989/1990); »Die lautere Bosheit«, Satiren (1992), »Verirrte Sterne«, Gedichte (1994); »Sisyphos«, Erzählungen (1995); »Der Wettlauf mit dem Licht«, Gedichte (1999); mehrere Kinderbücher.

Siegfried Reiprich

geboren 1955 in Jena, lebte bis 1971 in Weimar, danach in Jena. Vater Leiter der Ernst-Abbe-Bücherei. Mitbegründer des Arbeitskreises Literatur in Jena-Neulobeda. November 1973 bis April 1975 Grundwehrdienst. 1975 Philosophiestudium, politische Exmatrikulation im April 1976 nach verweigerter Distanzierung von Jürgen Fuchs und dem Arbeitskreis Literatur. 1976 bis 1979 Hilfsarbeiter im Jenaer Glaswerk Schott & Gen., September 1979 Studium der Feinwerktechnik an der Ingenieurschule Carl Zeiss Jena. Nach erneutem Bekenntnis zu demokratischen Grundpositionen im März 1980 exmatrikuliert. Arbeit als Telegrammfahrer, stellt einen Ausreiseantrag. November 1976 Unterschriftensammlung gegen die Biermann-Ausbürgerung, Zersetzungsversuche durch die Staatssicherheit, er sei Stasi-Spitzel. 1977 konspirative Kontaktaufnahme zum Sozialistischen Büro Offenbach, 1978/79 Gründung eines illegalen, von der Staatssicherheit unentdeckten Lesekreises nach Vorbild der »fliegenden Universitäten«, konspirative Nachrichtenübermittlung über Verhaftete; August 1981 zusammen mit seiner Frau Ausreise, nachdem das MfS festgelegt hatte, die Bearbeitung im OV »Opponent« gegen sie nicht mit Haft, sondern mit Abschiebung zu beenden. Weitere »Feindbearbeitung« im ZOV

»Weinberg« u. a. wegen Aktivitäten im Westberliner »Friedenskreis atomwaffenfreies Europa« und eines Solidaritätsaufrufes für verhaftete Jenaer Freunde. 1983 Eintritt in die SPD, Proteste gegen Bestrebungen die DDR-Staatsbürgerschaft anzuerkennen. Seit 1989/90 Mitarbeit in verschiedenen Kreisen von Bürgerrechtlern. 1992 Austritt aus der SPD, u. a. wegen Behandlung des Falles Stolpe. 1998 Eintritt in die CDU. 1982 bis 1990 Studium der Physik, Geophysik und Ozeanographie an der Christian-Albrechts-Universität Kiel, 1986 bis 1988 Studienunterbrechung, wissenschaftlicher Mitarbeiter auf einer Antarktisstation, 1990 bis 1996 wissenschaftlicher Mitarbeiter für Erdbebenforschung, seit 1997 freier Autor, Vortragstätigkeit.
Buchveröffentlichung: »Der verhinderte Dialog. Meine politische Exmatrikulation« (1996).

Peter Rösch
geboren 1953 in Jena. Polytechnische Oberschule, bis 1972 Lehre als Feinmechaniker, bis 1982 Feinmechaniker in der Universität Jena; 1971 bis 1982 Mitglied der Offenen Jugendarbeit der Jungen Gemeinde Jena-Stadtmitte, deshalb 1973 Berlinverbot während der Weltfestspiele der Jugend. 1975 nach dem Polizeiübergriff in der Gartenstraße verurteilt zu 500 Mark Geldstrafe und zwei Jahren »PM 12«, November 1976 Protest gegen die Biermann-Ausbürgerung, Verhaftung und Verhöre. 1978 bis 1979 Wehrersatzdienst als »Bausoldat« in Bautzen. 1979 und 1980 gemeinsam mit Lothar Rochau (Halle-Neustadt) Vernetzung oppositioneller Gruppen in der DDR, April 1981 Inhaftierung zusammen mit Matthias Domaschk in der Stasi-U-Haft Gera wegen »Staatsfeindliche Gruppenbildung«, »Wehrkraftzersetzung« und »Schleusung staatsfeindlicher Nachrichten«. Lehnt das Angebot der Ausreise in die Bundesrepublik ab. Aktivitäten in der unabhängigen Friedensbewegung Jena und Halle, u. a. Mitarbeit am Aufruf »Abrüstung in Ost und West«. Hausdurchsuchung und Beschlagnahme des Aufrufs. 1982 Übersiedlung nach Westberlin. 1983 Beteiligung an der Aktion »Persönliche Friedensverträge zwischen Ost und West«, Vorbereitung der ersten Reise der Bundestagsfraktion der Grünen zu Erich Honecker; 1983/84 Teilnahme an Blockaden und Demonstrationen gegen Nachrüstung in der Bundesrepublik; 1983 bis 1989 zahlreiche Aktionen zur Unterstützung von Gruppen in der DDR (Schleusen von Büchern, Informationsmaterial, Drucktechnik), seit 1983 Arbeit als Restaurateur im Deutschen Technik Museum Berlin; 1991 Gründungsmitglied des »Bürgerkomitee 15. Januar e.V.« und Redaktionsmitglied der Zeitschrift »Horch und Guck«.

Hannes Schwenger
geboren 1941 in Meiningen/Thüringen, von 1945 bis 1960 aufgewachsen in Würzburg. Ausbildung als Verlagsbuchhändler, neben der Berufstätigkeit Studium der Germanistik, Psychologie und Politologie in Würzburg und Berlin, Promotion 1974. Frühe Mitarbeit in Bürgerrechtsbewegungen (Humanistische Union, Ostermarschbewegung und Außerparlamentarische Opposi-

tion). Seit 1963 Mitglied der SPD, Austritt 1967 aus Protest gegen die große Koalition unter Kurt Georg Kiesinger, 1971 Wiedereintritt.
Schriftsteller und Journalist, 1961/62 Chefredakteur der »Literatur-Revue«, 1963 bis 1965 von »Berlin im Spiegel«, 1966 Redakteur in der Projektredaktion »Heute« des Spiegel-Verlages Rudolf Augstein, 1967 bis 1969 des »Berliner Extradienst«. Seit 1965 aktiver Gewerkschafter im Buchhandel, Medien- und Verlagswesen (IG Druck und Papier, Gewerkschaft HBV und Rundfunk-Fernseh-Filmunion im DGB). Verlagstätigkeit in den Verlagen Weismann, Edition Voltaire, Edition Mariannenpresse. 1970 bis 1990 Geschäftsführer des Berufsverbandes bildender Künstler Berlin. 1971 bis 1987 mehrfach Vorstandsmitglied des Landesvorstandes Berlin und des Bundesvorstandes im Verband deutscher Schriftsteller (VS) in der IG Druck und Papier, von 1973 bis 1978 Vorsitzender des VS Berlin. In dieser Funktion Mitbegründer und von 1976 bis 1979 Sprecher des »Schutzkomitee Freiheit und Sozialismus«. Von 1996 bis 1998 Mitarbeiter im Forschungsverbund SED-Staat.

Buchveröffentlichungen (Auswahl): »In schwarzen Garnen«, Lyrik (1961); »Berlin im Widerstand«, Sachbuch (1965); Schriftsteller und Gewerkschaft«, Sachbuch (1974); Herausgeber: »Solidarität mit Rudolf Bahro. Briefe in die DDR« (1978); »Literaturproduktion«, Sachbuch (1979); »Im Jahr des Großen Bruders«, Dokumentarsatire (1983); »Ernst Reuter. Ein Zivilist im Kalten Krieg«, Biographie (1987); »Mauerstückchen«, Erzählung (1996).

Journalistische Arbeiten u. a. für Deutschlandfunk, »Die Zeit«, »Vorwärts«, »Stuttgarter Zeitung«, »Tagesspiegel«. Seit 1999 Literaturkritiker für »Die Literarische Welt«.

Danksagung
Der Autor dankt Prof. Lutz Niethammer für seine unterstützende Förderung, und er dankt der BStU, Außenstelle Gera, und der Staatsanwaltschaft Gera für ihre Recherchehilfe.

Besonderer Dank gilt allen Gesprächspartnern, ohne deren Erinnerungen, ohne deren zur Verfügung gestellte Texte und Dokumente das Buch in dieser Form nicht möglich geworden wäre. Möge es – auch angesichts vielfach nur andeutbarer Biographien – Anstoß sein, mehr über erlebte Geschichten zu erzählen.

Personenregister

Decknamen stehen in Anführungszeichen. In Klammern sind Spitznamen, Geburtsnamen, Berufs- oder Rangbezeichnungen ergänzt.

Angaben zum Autor

UDO SCHEER,
geboren 1951 in München, aus familiären Gründen 1960 Übersiedlung in die
DDR. Abitur und Facharbeiterabschluß als Elektromechaniker, 1970 bis
1974 Studium der »Technologie für den wissenschaftlichen Gerätebau« an der
Universität Jena, Diplomingenieur. Bis 1976 tätig als Konstrukteur im VEB
Keramische Werke Hermsdorf, bis 1989 als Gruppenleiter Konstruktion in
der Kassettenrecorderentwicklung des VEB Elektronik Gera.
Von Dezember 1973 bis zu dessen Selbstauflösung im Juni 1975 Mitglied
des Arbeitskreises Literatur in Jena-Neulobeda, bis 1990 taktische Mitgliedschaft im »Zentrum Junger Autoren« in Gera. Nach Abschluß des OV »Pegasus« im Januar 1977 Eröffnung der OPK »Mentor«, 1979 umgewandelt in OV
»Mentor« mit dem Ziel, systemkritische Aktivitäten und literarische Veröffentlichungen zu verhindern, erfolgreich u. a. bei dem Romanprojekt »Das
Delta« im Mitteldeutschen Verlag. Seit 1982 Einreisesperre nach Polen. Seit
1988 unter Umgehung der Postkontrolle Veröffentlichungen in der Eßlinger
und Nürnberger Zeitung. 1990 Wahl zum Vorsitzenden des Wirtschaftsaus-
schusses im Betriebsrat der electronicon GmbH Gera, 1993 Kündigung angesichts der nahezu vollständigen Liquidation des Unternehmens durch die
Treuhand-Anstalt. Seit 1993 freiberuflicher Publizist und Schriftsteller. Vorsitzender der am 17. Juni 1995 gegründeten Geschichtswerkstatt Jena e. V.
Verheiratet, ein Kind.
Veröffentlichungen: »Kennenlernen und Verstehen«, Reportagen (1994);
»Z«, Erzählungen (1995); Anthologiebeiträge, zuletzt: »Wie kam die Axt in
den Rücken des Zimmermanns?« (1999); Rundfunkfeature: »Im Visier der
Stasi«, Bayerischer Rundfunk (1993); »ÜBER LEBEN«, Mitteldeutscher
Rundfunk 1993; »Jenaer Kreise«, Mitteldeutscher Rundfunk (1994); zahlrei-
che publizistische Beiträge für Rundfunk, Zeitschriften und Zeitungen.